大久保利通

「知」を結ぶ指導者

瀧井一博

新潮選書

はじめに

「知の政治家」として

まず一枚の写真を見ていただきたい。これは、明治一〇年（一八七七）に開催された第一回の内国勧業博覧会の際に撮られた集合写真である。この人の集まりを、ひとつの円と見なしてみたい。ここで、本書が主題とする人は、円の中心にいる。その人を支点にして、円は描かれた。明治国家という円である。そして、その人とは、大久保利通である。

円の中心とは不思議な一点である。人は、円を見ても、その中心は見ない。中心を意識せずとも円は円である。中心は円の内側にあって、隠れて見えなくなる。だが、円を描くにあたっては、その中心が定められなければならない。円を描く起点がなければならない。

本書が論じようとするのは、円の中心としての大久保利通である。それは、これまでの大久保伝とは、いささか趣を異にしているかもしれない。

大久保は言わずと知れた明治を代表する政治家である。その政治スタイルは果断で時に非情な独裁者のイメージがつきまとう。彼は幕末の政局のなかで倒幕へと突き進み、王政復古を実現した。その過程で、徳川家を含んだ公議政体の創出を説く諸侯の声を封殺した。また、かつての主君・島津久光を裏切って廃藩置県のクーデタに加担した。征韓論政変で政府が分裂した末に、下野した江藤新平や西郷隆盛を中心とした不平士族の反乱が起こるや、徹底的な鎮圧を行った。佐賀の乱を起こした江藤に対しては、「江藤醜体笑止なり」[1]と言い放ち、竹馬の友・西郷隆盛が西南戦争の挙に出た時は、「心中笑ヲ生候」[2]と嘲笑したというエピソードは、彼の冷厳な側面を表すものとしてしばしば引き合いに出される。

そのようにして多くの政敵を追い落としながら、彼は明治政府の実権を掌握し、大久保政権と呼ばれる有司専制の体制を築いた。絶大な権力をほしいままにして彼が追求したのが、富国強兵と殖産興業の明治国家の二大政策であり、今日ふうに言うならば、大久保は権威主義体制下で開発独裁を推進した国家指導者の典型となろう。

しかし、近時、そのような大久保の指導力に疑義を呈する声があがっている。それらによれば、そもそも大久保が独裁的な権力を握って、強力なリーダーシップで征韓論政変後の政局や政策を指導していたのは虚像であり、大久保は一参議として太政官政府の有力政治家の一人に過ぎず、岩倉具視や木戸孝允、さらには配下にあるはずの伊藤博文、井上馨、大隈重信らに比しても決して隔絶した政治力を誇っていたわけではないとされる。加えて、当時の政府は、台湾出兵やその後の日清交渉で強硬的な姿勢を取る外征派に対して、内治を優先する内治派が主導権を握っていたが、大久保は内治派の一員として必ずしも政策立案や政見について他の内治優先論者を凌駕していたわけではなく、むしろ驥尾《きび》に付していたとも指摘される[3]。

また、明治期の大久保といえば、自らが創設した内務省に内務卿として君臨し、同省を中心に殖産興業政策を推し進めて国の礎を築いたとされるが、小幡圭祐氏によれば、内務省は決して他の諸省——特に工部省や大蔵省——に比して国政の運営に主導権を握っていたわけではなく、そ

第一回内国勧業博覧会開会式の記念写真　（国立歴史民俗博物館）

〔拡大図〕勲一等の大綬を帯びた大久保を中心に、向って右は前島密、左は松方正義

の政策自体、廃藩置県後、井上馨が大蔵大輔として強力な指導力を発揮した時期の政策を踏襲したものであって独自性に乏しいと論じられている。小幡氏が松沢裕作氏とともに著した論稿においては、内務省による殖産興業政策の綱領を定めた有名な「本省事業ノ目的ヲ定ムルノ議」の成立過程が克明にたどられ、その作業を通じて、「勧業寮、地理寮、警保寮、駅逓寮のそれぞれにかかわる案件が、それぞれ独立した政策として提出される予定」であったことが指摘され、「従来自明のこととされてきた大久保の省内統制と政策への関与の実態の再検討」が必要視されている。[4] 内務省にあっても、大久保は配下の者たちを束ねて統率していたのではなく、下から支えられ、担がれていたに過ぎないとのイメージが暗示されているのである。

このように、政治家としての大久保利通の評価はいま大きな見直しを迫られている。筆者は、これらの重要な問題提起に刺激されて、本書において新しい大久保像をデッサンしてみたい。それは必ずしも、これまでの強権的独裁的指導者像を反転させた、実権なき張子の虎というものではない。むしろ当時の様々な政治的勢力や政策的意見を媒介し結び合わせ、国家としてのひとつの大きな政治的潮流と制度的まとまりを造形したのが大久保だったのではないか、とのイメージである。

このように考えた時に示唆的なのが、反アパルトヘイト運動の闘士で黒人として初めて南アフリカ共和国の大統領となったネルソン・マンデラの説く「羊飼いとしての指導者」という考え方である。マンデラは自伝のなかで、次のように述べている。

羊飼いは群れの後ろにいて、賢い羊を先頭に行かせる。あとの羊たちはそれについていくが、全体の動きに目を配っているのは、後ろにいる羊飼いなのだ(5)。

つまり、マンデラによれば、指導者とは前衛に立って人々を引っ張っていく存在というよりも、むしろ群れの後ろに付き従って、群れの行き先を見通しながら、彼らを束ねていくべきものなのである。大久保の指導力というのも、羊飼いとしてのそれだったとはいえないか。人々のしんがりに位置しながら国の行くべき先を展望し、国内の様々な社会的政治的要請を汲み取って、あるべき方向へと国民的諸勢力の水路付けを行った政治家だった、と。すなわち、本書で論じられる大久保とは、普段は人々の後衛に立ってそのまとまりに腐心し、何か事があった場合には前面に出て皆を導こうとしたそのような政治的リーダーである。

こういった指導者像を表現するのに、筆者の念頭にひとつのコンセプトがある。それは、「知の政治家」というものである。かつて筆者は伊藤博文について論じた際、この語を用いた(6)。旺盛な好奇心の持ち主だった伊藤は、自らの才覚と知識をもとに身分制の足かせを乗り越えて出世し、また、その自らの経験から知識を糾合して活用できる国のあり方を求めた。伊藤にとって、立憲制度や議会制とは、国の随所から知識を吸い上げるためのものだった。そのように旧著では論じられた。

筆者はそのような「知の政治家」の先蹤《せんしょう》を大久保に見出せるのではないかと期待している。大久保を「知の政治家」と呼ぶことは、あまりにも奇を衒《てら》った物言いに響くかもしれない。確かに、彼は有識者とはいえないだろう。この点、佐佐木高行*の伝える岩倉具視の大久保評がある。佐佐木によれば、岩倉は木戸と大久保を対照させて、次のように述べたという。

木戸は先見あるも、すねて不平を鳴らし、表面に議論をせず、陰に局外の者へ何角《なにかと》不平咄をなすは木戸の弊なり。大久保は才なし、史記なし、只確乎と動かぬが長所なり。

すなわち、木戸は卓抜した識見はあるが、不平家で、裏で色々と画策する難があるという。これに対し、大久保には才知が無いが、物事に動じないのが長所だとされる。これを受けて、佐佐木も、「大久保は無知で文才も無く、自分だけでは何も確かなことを述べることはできない」と応じている。(7)

このように、同時代においても、大久保は決して才気煥発で、知性溢れる人物と見なされていたわけではない。この点、知略に富んだ木戸や自ら洋書を読み新しい知識を吸収するのに貪欲だった伊藤とは相違がある。

にもかかわらず、大久保を「知の政治家」とここで称しようとするのは、彼が知ないし知識の機能というものをまさに弁えていたと目されるからである。知の機能とは何か。本書はそれを、地縁や血縁といった直接的な人間関係とは異なる、人と人との新しいつながりを生み出すものと捉えたい。大久保は知を通じてのネットワークの形成に並々ならぬ関心を寄せ、そのようなネットワークから編み出された、知識の交換と交流を成り立たせるためのフォーラムを作ることに腐心していたというのが、筆者の見立てである。大久保にとって国家とは、そのようなネットワークであり、フォーラムだった。

そう聞くとあまりに突飛に響くかもしれない。本書は、このことの妥当性を論証するために著される。知のネットワークを築き、フォーラムを作る。大久保にとってそのクライマックスが、冒頭で触れた内国勧業博覧会であり、さらには晩年の彼による殖産興業政策そのものが、大久保なりの知の国制を造り出そうとする試みだったと考えられる。

大久保は決して、強権的なリーダーシップでもって果断に国家経営を行おうとしたのではなく、むしろ人々を結び合わせ、その連結のなかから国民国家というものを立ち上げようとした。そのようにして人々を結び合わせようとするための媒体が、「知識」であった。知識が交流し合う公明な政治を大久保は希求し、そのために権力を行使しようとした。この点を指し示すエピソードを引いておこう。

ある日内務省で腹心の前島密*と松田道之*の三人で昼食をとっていた際のことである。卓上にガラスの水差しが置かれていた。透明なガラス越しに、その内に細かなほこりが混じっているのが見えた。これを見て、松田は次のように言った。

佐佐木高行（一八三〇―一九一〇）土佐藩士。坂本龍馬らと交わり、戊辰戦争では海援隊を率いて長崎奉行所を占拠。大政奉還実現にも関わる。維新後、新政府に入り参議、侍補や工部卿などを歴任。岩倉遣外使節団にも参加。その日記『保古飛呂比』は、明治政治史の裏面を伝えるものとして貴重。

前島密（一八三五―一九一九）新潟の豪農上野家に生まれる。江戸で洋学を修め、幕臣前島家を継ぐ。イギリス留学の後、駅逓頭・駅逓総監などを歴任し、我が国近代郵便制度の創設に尽力した。明治一四年の政変により政府を去り、立憲改進党の結成に参加。

松田道之（一八三九―一八八二）鳥取藩士。尊王攘夷に傾倒した後、新政府に入り、京都府大参事、大津県令等を歴任したのち、内務大丞に就き琉球処分を断行。後に東京府知事。

ここに見るところのほこりのごときは、もとより飲んでも害はありません。ただ、ガラスがあまりに透明なので、これを見た人は咎めてしまいます。茶色か緑色の水差しのほうがよかったでしょう。蓋《けだ》し、政府の処置も、これに類するものと思われます(8)。

あまりに透明に過ぎると、瑕瑾《かきん》にまで目がいって咎められる。政治の内側はある程度ぼやけているに如くはない、との見解である。これに対する大久保の返答は、以下のようだった。

それはそうだが、ガラスの外からこれを透視するのならば害はまだ小さい。その内側で明かりを失うようなことは大いに避けなければならない(9)。

前島によれば、大久保はこの言葉の意図するところを、「民の側から政府をまじまじと観察できるようにするべきだ」と敷衍したという。外から見られることを恐れて内側まで暗く閉ざされることになるのは避けるべきであり、むしろ政治は透き通ったガラスとなって外と内から見通しやすいものでなければならない、というのが大久保の応答だった。そうやって、内と外が協働する政治を彼は志向したのである(10)。

このことを裏書きする大久保自らの筆も引いておこう。王政復古を成し遂げた直後の明治元年(一八六八)一二月二五日、大久保は新しい政府の政治指針を滔々と弁じる書簡を岩倉に送った。そのなかに、次のような彼の言葉がある。

ある書によれば、政府が自ら恐怖するのは、必ずや酷薄にして狐疑するところがあるからです。政府が安泰でないのは、必ずや何かに怯えているからなのです。これは、政府の根軸となるべき者がまさに肝に銘じておくべき名言と存じます。天下を中興するには、とりわけこの言葉の意味を弁え、胸襟を千里万里に開き、虚心坦懐でなくては成し遂げることは困難です。(11)

大久保にとって、明治維新とは、広く万民に胸襟を開いた政治を志すものだった。それは、当時の言葉で言えば、公議公論に基づいた政治ということだが、その最終的な姿は、知を結び合わせた円としての国家だったのではないか。本書を読み終えた時、読者諸賢にこの見立てが腑に落ちるものとなることを念願して、筆を起こしたい。

大久保利通　目次

第四章　結ぶ人　

〈注記〉

- 明治以前は「大坂」と表記される同地名について、史料の引用時を除き、本書では「大阪」に統一する。
- 引用史料内における〔　〕の表記は、引用者による注記とする。
- 引用史料の一部において、現代の社会通念に照らした際に不適切と判断される表現があるが、歴史的意義および価値を鑑み、本書では原文表記を優先する。

大久保利通

「知」を結ぶ指導者

大久保利通
岩倉使節団で訪れたパリで撮影（国立国会図書館）

第一章　理の人

I　志士への道

バンカラ気風と読書会

大久保利通は、文政一三年（一八三〇）八月一〇日、薩摩藩、すなわち現在の鹿児島県に生まれた。生地は鹿児島市内の高麗町であり、そこに生誕の碑が建っている。

だが、より堂々とした「大久保利通君誕生之地」と記された碑は、これより直線距離で約四〇〇メートル。同町を仕切る甲突川《こうつき》の向こう岸の加治屋町に残されている。幼少時に一家で同町に移った利通にとって、こちらのほうが生い立ちの場というにふさわしいということなのだろう。

実際、加治屋町は明治維新の源流地のひとつと呼んで差し支えない土地である。大久保と西郷隆盛が、近所同士で竹馬の交わりを結んだことは有名である。また、彼らのほかにも、税所篤《さいしょ》＊、吉井友実＊、伊地知正治ら同世代でやはり幕末の動乱をくぐり抜けた英傑や、大山巌、東郷平八郎、山本権兵衛のような維新後に明治国家の屋台骨を支えた歴史的人物がここで生まれ育っている。この小さな界隈で、新時代への革新のエネルギーを秘めた幾多の青年が、幼き時より互いに遊び興じ、切磋琢磨していたのである。そこからやがて、明治維新へのビッグバンが生じる——そう言いたくなる衝動に駆られる。

それはいささか講談めいた解釈だとしても、この狭い町内でともに学び、語り合い、時にぶつかり合って、進取の気性を鍛え上げていった彼らが、西南の地を踏み台に日本という新国家を作り出していった。それは紛れもない歴史の事実である。

そのように述べた時、しばしば薩摩藩で行われていた郷中《ごじゅう》教育が引き合いに出される。郷中とは数十戸を単位とした町内会のような地縁組織で、そのなかで青少年教育がなされていた。そこでは年長者が年少者を教え導くことが指針とされ、そのような密な人間関係のなかで、武士としての士風と道徳を鍛錬することが郷中教育のエッセンスだった。

このような郷中教育が、薩摩における人材養成のシステムであり、幕末における幾多の英傑を生み出した要訣と説明されることが多い。ただ、当の郷中教育は、この時期大きな曲がり角にきていた。嘉永四年（一八五一）に薩摩藩主となった島津斉彬は、その翌年五月に郷中の風紀や秩序の乱れを戒める訓令を出している。そこでは、郷中の体たらくが、例えば次のように指弾されている。

近年、諸士の風俗がよろしくない。ささいなことで争論に及び、竹木をもって打ち合い、郷中の集会などにおいても行儀がなっていない者もあるように聞いている。はなはだもってけ

税所篤（一八二七—一九一〇）薩摩藩士。誠忠組の一人として奄美遠島の西郷復帰に尽力。新政府では大阪府権判事、堺県令等を歴任。元老院議官を経て宮中顧問官。

伊地知正治（一八二八—一八八六）薩摩藩士、誠忠組の一人。藩校造士館教授、軍役奉行などを経て、戊辰戦争では江戸、会津の攻略で指揮を執る。左院副議長、宮内省御用掛等を経て、宮中顧問官。西南戦争後は帰郷して薩摩復興に尽力。

しからぬことである。武士道を律儀にたしなめば、このようなことはあり得ないことで、争論に及ぶなどあるまじきことである。(1)

これによれば、近時の藩士の風俗は乱れ、暴力沙汰の争論も頻発していたとある。そしてその弊は郷中にも及んでおり、武士道に鑑みて頗《すこぶ》る問題があると訓示されている。このように旧来の郷中教育はいわば弛緩していて、明君の誉れ高い斉彬のもとで、その締め直しが要請されていたのである。

斉彬が襲封した時、すでに大久保は藩の仕事に就き、齢二十を数えていた。すなわち、大久保や西郷という維新の英傑とされる人は、むしろ郷中教育の弛緩期に人間形成を行ったというのが適当のようである。そもそも郷中教育の本来目指したところは、長幼の序に基づいた年長者による訓導体制であり、それを通じての封建的官僚養成だったとされる。(2)西郷も大久保も上意下達の官僚的分限関係に収まりきれる人間ではなかったし、また収まらなかった破格さに彼らの歴史的価値がある。そのことはこれからの行論で明らかとなっていくだろう。だとすると、むしろ郷中教育が窮屈化する前に、郷中が提供する同志的紐帯に支えられながら、〝バンカラ〟の気風を享受した世代として、彼らは位置づけられよう。

実際、大久保が残している最初の日記からは、そのように自由に青春を満喫するさまがうかがえる。現存する大久保利通日記の最も古い日付は、嘉永元年(一八四八)のものである。この時大久保は藩の記録所書役助として勤めていた。藩の文書を整理したり、その由緒を照合したりするアーキビストのようなものである。公務の傍らで、彼は記録奉行隈岡五助について和漢の学を学んだ。[3]

日記には、当時一八歳だった大久保の伸びやかな学びの様子が綴られている。学友たちと典籍の素読や会読を重ね、時に連れ立って雄大な鹿児島の情景に抱かれながら詩情を横溢させる青年の姿である。例えば、嘉永元年二月一〇日の日記は次のように書き出されている。

> 今日は日の出頃に起床。本日も好天で、もはや早春と相成り、すべての景色は改まり、天は茫々と青々しく、山はおぼろげに緑に色づき、春風が柳の枝を払い、池の水をかすかに波立たせている。まことにまことに言葉に尽くしがたく気分は自ずとのどかになってくる。[4]

青年期の大久保利通

春の訪れに胸の高鳴りを覚えている若人の心が髣髴される。次の日彼は、学友たちと浜辺に繰り出している。

> 海の気色は碧く、山々の色は緑にして、日差しは暖色を増している。足に任せて出歩き、御茶屋下に至る。
>
> 　こゝろからひろくなりたるここちすれ
> 　　あおうなはらにふねてせしより
>
> という古歌などを打ち吟じ、実に心も晴

れ晴れとして、常世の模様は面白さ言葉に尽くしがたく、三人それぞれ談じ合い、笑い合うこと限りなし。(5)

春の陽気に呼応し、仲間たちと訳もなく笑い興じ、詩歌を吟唱する。鹿児島の広大な自然に抱かれ、大久保にも、このように闊達で愉快な青春の日々があったのである。続けて、彼らは歌作を競い合うのだが、大久保の作った歌と漢詩を披露しておこう。(6)

かきりなく春のけしきをと、むるは
　このあをうみの水の上なり

早春携杖出　暖日気氛氳
碧海曠無限　青山断水雲

このように仲間たちと和気藹々と交遊しながら瑞々しい覇気を育む一方で、この時期の日記からは日々孜々《しし》として勉学にいそしむ姿も浮かび上がってくる。その学びは、和漢両学に及んだ。「国学の会読あり。論語の素読もあり」(7)とあるように、論語のみならず国学の素読会読に励んでいる姿が書き留められている。和歌を詠み、詩を作ろうとするところにも、幅広い教養を求める様がうかがえる。

また、漢学といっても、単に四書五経の訓読に終始していたのではない。この年の正月二〇日の記載には、『理気鄙言《りきひげん》』の抄本やその他の書物を受領したとある。『理気鄙言』とは仙台藩の儒学者・桜田虎門が著した宋学の理気説の概説書である。その写本を友人から借り受け、いささか興奮の態がうかがえる。江戸期は遊学や写本といった手段で、文人たちのネットワークが築かれ、多様な知識の回流が行われていた。そのネットワークのもとで、日本の津々浦々にまで洋の東西を問わない多彩な学問がなされていた。大久保も自分の興味にあわせて様々な学問を学ぶ姿勢を見せているのである。

ここで、大久保の学習のスタイルについても一言しておこう。それは素読会読を中心としていたが、特に大久保が精を出したのが会読だった。この会読というものは、江戸時代後期の学びの方法として重要な地位を占め、これにもとづく読書会が日本の随所に成立した。以下、江戸思想史における会読と読書会の意義について論じた前田勉氏の研究に拠りながら、説明しておこう(8)。

当時の学問とは、儒学にせよ国学にせよはたまた蘭学にせよ、権威あるテキストの精読による内容の解釈＝訓詁学であった。生徒たちはまず師についてテキストの読み合わせ（素読）を行い、内容が分からないながらも、とにかく書かれている文章を復唱し、師の講釈を聞くことから始めた。

しかし、それがすべてだったのではない。さらにその先に、より深くテキストの内容を理解するため、それを皆で討議する会読がなされた。ここでは、師から弟子への一方通行の伝授ではなく、書かれている内容について自由に意見を述べ合う議論空間が現出された。

このような会読スタイルの読書会が盛んに行われていたことは、江戸時代末期の人々の政治意識に少なからぬ影響を与えた。前田氏の研究によれば、会読の場では、相互コミュニケーション性、対等性、結社性という三つの原理が支配していた。相互コミュニケーション性とは、既述のような先生から生徒への一方通行的な講釈とは異なる参加者全員による討論を意味する。

そのような討論の場では、対等性が旨とされた。すなわち、参加者は貴賤尊卑の別なく、対等な立場で議論に関与するものとされた。会読の場ではしばしば無礼講が奨励され、上下の関係にこだわらず互いの真摯な論弁が展開されるべきものとされたのである。

最後の結社性であるが、これは様々な立場の人々が読書を目的として自発的に結成した集会ということである。先に江戸時代の文人ネットワークということを述べたが、この時代には、地縁血縁や時には身分をも越えた知的結社が中央地方を問わず日本の各地に誕生した。まず挙げられるのは和歌や俳諧、漢詩を愉しむ文人的サロンの叢生であるが、私塾として成立した学問の場もその一形態といえる。実際、日田にできた広瀬淡窓の咸宜園、シーボルトによる長崎の鳴滝塾、緒方洪庵の適塾などなど様々な地方に設立された私塾には、全国から学問に引き寄せられた青年が集まった。彼らはそこで単に知識を学習したのみならず、知の下での平等の意識を胚胎させた。自らの得た知識をもとに仲間内で議論し、自己をアピールする術を修得したことは、身分制社会の枠に収まらない自我意識の涵養をもたらすであろう。

以上のような三つの原理からなる会読は、そのうちに体制変革的なポテンシャルを含み持っていた。前田氏は、儒学の経書を読むための会読結社が、単なる詩文結社とは異なって、政治的な朋党と化していく幕末期の思想的メカニズムに注意を促している。「参加者が対等な立場で儒学の経書を相互に討論しながら読む共同読書会が、政治的な問題をテーマとする『車座の討論会』になり、政治的な結社になって」[9]いった。

これから本書でも言及していくことになるが、幕末の政治史は、尊王攘夷というスローガンのもと、藩や身分格式を越えて結びついた浪士などの志士たちの運動（草莽《そうもう》崛起《くっき》）と彼らによる自由な政治談議（処士横議）、さらには、そこから生まれた政治改革を求める声を上層の政治過程に反映させるべしとの言路洞開の思想によって突き動かされる。それらの思想や運動を成り立たせた指導理念が公議輿論と称されるものであるが、江戸時代を通じて盛んに生起していた会読による読書会の習わしは、そのような公議輿論を支える志士的エトスの歴史的培養器だった。

大久保もまた会読に励んだ。嘉永元年正月の日記を読めば、学友たちとともに会読を重ねた記載が散見される。大久保が会読にいそしんでいたことについては、海江田信義*の証言もある。西郷、大久保らが結成したいわゆる誠忠組に加わることになる海江田は、彼らと最初に相まみえた時のことを次のように回想している。

自分が二十歳の時、西郷吉之助ならびに大久保一蔵の少壮者が世間でめきめきと頭角を表し、郷党の間で異彩を放っていると聞き、会ってみて深く交誼を通じた。その後、西郷、大久保、長沼嘉平と約して、日を定めて『近思録』を読んだ。ある日、四人が一堂に会すると、論じて曰く。目下の時勢たるや、いたずらに読書に汲々として、文章や字句の討究に時を費やすの日ではない。いやしくも男児たるもの、必ず大志を起こし、もって身命を実地に投げ出す

海江田信義（一八三二―一九〇六）薩摩藩士、誠忠組の一人。幕末期は有村俊齋の名で活動。江戸で藤田東湖に師事。生麦事件で英国商人にとどめを刺したことでも知られる。維新後は元老院議官、貴族院議員、枢密顧問官などを歴任。弟の有村雄助、次左衛門はともに桜田門外の変に加わり、自刃。

べきである。曰く、志とは何ぞや。曰く、国に尽くすという至誠である。曰く、己の精神を錬磨することである。曰く、何、曰く、何、と。この時、大久保の論ずるところは最も精緻で、かつ高邁であったという[10]。

西郷と大久保を中心に、朱子学のテキストである『近思録』を読むサークルができ、そこに海江田も加入した。そこから彼らによる薩摩藩内の政治結社である誠忠組が誕生することになるのであるが、誠忠組とはそもそも『近思録』を読む読書会だったのである[11]。

その会読の場では、前述の前田氏の説のように、テキストの厳密な解釈に拘泥するのではなく、それを踏み台にして自由に時勢が論じられ、そのもとでの政治のあり方について丁々発止の議論がなされていたことが記されている。誠忠組はまさに、会読を通じての政治的結社の典型だったといえよう。そして、「是時大久保の論する所最も精且つ高かりし」とあるように、大久保こそがその会読を引っ張る車座の中心だったのである。会読による政治的読書会の申し子のような存在が、ここでの大久保だったことは強調しておきたい。

騒乱の時代へ

多少話が先走ったようである。嘉永元年に話を戻そう。この時期の大久保の日記を通じて浮かび上がるのが、青春を謳歌する若者の姿であったことを思い出したい。しかし、このような屈託のない日々は長くは続かなかった。翌年嘉永二年一二月（一八五〇年一月）、お由羅騒動と呼ばれる薩摩藩のお家騒動が勃発する。次期藩主の座をめぐって島津斉彬を推す一派と息子・久光の家督相続を目指す藩主側室・お由羅らの確執が嵩じ、ついに斉彬派の重鎮の者たちが久光やお由羅はじめ取り巻きの重臣たちの暗殺を画策したとの疑いで粛清されたのである。

この時主犯格として切腹を言い渡された高崎五郎右衛門の名を取って高崎崩れとも称されるこの事件は、大久保の運命も大きく左右した。父利世が連座によって罷免されて、喜界島に流されたのである。また、彼自らも記録所書役助を免職となり、謹慎を命じられた。未来への前途洋々たる歩みを確信していた希望と自信の日々から一転、困窮と苦闘の日々の始まりである。『大久保利通文書』のなかには、この時期の借金を依頼する手紙や証文が残されており、一家の大黒柱を失い、生計の道を閉ざされた大久保家が陥った苦境をうかがわせる。熾烈な権力争いに巻き込まれて突然の雌伏を余儀なくされたことによって、次にわれわれが目にすることのできる大久保の日記からは、かつての明朗快活な姿は前景から退き、権力との対峙を意識したかのような青白い意志の炎が感じ取られるようになる。

十年の断絶を経て、大久保の日記の次なる記載は、安政六年（一八五九）一二月からである。すでに二九歳である。この間、大久保を取り巻く環境は激変した。彼個人は嘉永六年（一八五三）五月に謹慎を解かれて公務に復帰していたが、薩摩藩の内外では激震が続いた。

何よりも挙げるべきは、嘉永六年六月のペリー来航である。これを機に、外交と通商関係を強要する西洋列強からの対外的圧力にさらされ、日本は幕末という騒乱の時代を迎える。

安政五年、アメリカとの間に日米修好通商条約が調印された。調印に際して、幕府は朝廷の勅許を求めた。しかし、外夷を嫌忌する孝明天皇によって拒まれてしまう。思わぬかたちで天皇からの抵抗にあった幕府は、大老井伊直弼の主導で勅許を得ぬまま条約調印を行い、オランダ、ロシア、イギリス、フランスの諸国とも同様の条約を結んだ。ここに日本は西洋諸国に対して開国することになった。

これらの条約は、外国人に対する領事裁判という治外法権を認め、協定税率を定めて関税自主権を放棄した不平等条約と言われるが、この時問題とされたのは、むしろ天皇の許しを得ることなく条約を調印したというその手続きにあった。条約調印を知らされた孝明天皇は激怒し、それを難じる勅諚を幕府と水戸藩に降した。このうち水戸藩という一介の藩への勅諚降下は異例なことで、そのことを指してこの件は戊午の密勅と言われる。そして、この勅諚降下をきっかけに、幕府による水戸藩士ら反対勢力への大がかりな弾圧が始まる。安政の大獄である。

開国から安政の大獄へと中央政治が激震するなか、薩摩藩でも大きな動揺が生じていた。安政五年七月に島津斉彬が急逝した。新たに藩主となったのは斉彬の養子の茂久《もちひさ》であるが、藩政の実権はその実父島津久光に委ねられる。久光は幕末政治の進展とともに、国父と称されて絶大な権威をもって藩に君臨していくことになる。大久保にとっても久光は良き理解者となり、その手引きがあってこそ大久保は世に出ることとなるのだが、やがて明治に入ると大久保はその恩義を裏切る行動をとる。

安政の大獄が猖獗を極めるなか、それは薩摩藩にも波及していった。この時すでに西郷隆盛は斉彬の命を受けて京都や江戸を往還し、情報収集に努めると同時に、中央政治にも絡んでいた。島津家から正室を迎えていた左大臣近衛忠熙《ただひろ》*と通じることができた西郷は、水戸藩への密勅降下工作に関わる。こういった活動によって幕吏に目をつけられるようになった西郷は、近衛忠熙から庇護を頼まれた勤王家の僧月照とともに鹿児島に戻る（正確にはまず西郷が帰還し、月照を迎えた）。

しかし、斉彬亡き後の薩摩藩は安住できる地ではなかった。藩政府にとっては代替わりを幕府に認めてもらわなければならないという微妙な時期であり、先行きを悲嘆した西郷は、月照とともに鹿児島湾に入水するが、西郷のみが生きながらえる。死にきれなかった西郷に対して、薩摩藩は一二月二八日に奄美大島への遠島を命じた。同じ日、茂久は江戸城に登城し、斉彬の遺領相続が認められ、正式に薩摩藩主となった。

藩当局の処置に、大久保の一派はいきり立った。あまつさえ幕府は迫害の手を緩めず、年が改まった安政六年には反井伊派の頭目と見なされていた水戸藩の徳川斉昭が永蟄居を命じられた。ここに来て、大久保たち有志は、脱藩して井伊ら幕閣を襲撃するという「突出」計画を立てることになる。この計画は藩中枢の知るところとなり、藩主茂久から大久保らに対して慰撫する諭書が同年一一月五日に出された。「誠忠士之面々江」と宛て名されたこの書は次のように記されている。

万一事変が到来した節は、順聖院様〔斉彬〕の深き御心を貫き、国家を護り奉り、天朝に忠勤する心得である。有志の面々はそのことを深く心得、国家の柱石となり、我の不肖を助け、国名を汚さず忠誠を尽くすようひとえに頼み申し上げる[12]。

近衛忠煕（一八〇八—一八九八）関白、左大臣。妻が島津斉興の養女であったこともあり島津家とは近く、島津家から篤姫（天璋院）が徳川に嫁すにおいては、近衛の養女とする。安政の大獄に連座して失脚の後、復飾し再び関白となったが、三条ら急進派公家の台頭により辞す。

万一「事変」が到来した場合は、斉彬公(順聖院)の遺志の通りに勤王に忠勤するから、汝ら有志たちはその時に国家の柱石となってくれるようにと述べ、それまでは国名を汚さず忠誠を尽くせと自重を促している。

この文面は大久保たちを瞑目させたであろう。突出計画はさすがに容れられなかったものの、藩主自らが自分たちの志を是としてくれたのである。この書状に初めて、「誠忠之士」=誠忠組の語が現れた。これを機に、大久保や西郷を中心とする有志たちの結社は、名実ともに誠忠組として成立したのである。(13)

久光が蒔いた「理の種」

この頃、大久保は囲碁を通じて久光に取り入ろうとしたとのエピソードがある。久光が碁を趣味としていたことを知って、自分もそれを学び、久光に近寄ろうとしたとされる。権力者に虎視眈々と狙いを定めた策略家=大久保のイメージとして語られる挿話だが、佐々木克氏によれば、これは差し引いて考えなければならないらしい。何よりも、それ以前の大久保の日記に碁を打つ記載があり、彼がずぶの素人であったわけではない。久光と親しく接することのできた吉祥院住職乗願(大久保の郷中仲間税所篤の兄)から碁の指導を受けるなかで、乗願を通じて久光に意見を具申できるようになったというのが実状だろうと佐々木氏は考証している。(14)実際、先の諭書の翌日、久光は大久保に直々に書状を与えており、その文面はこのことを如実に物語っている。

再三の封書を通じて、委細について了解した。実にもって、天下の一大事と深く心痛している。先に吉祥院へも申し含めておいたように、何分にもいさましい立場や和議を重んじる立場があり、密路を開くことが難しく残念であるが、いずれとくと面談もできようと考えている。(15)

これによれば、久光は大久保から再三にわたって封書（密書？）を得て、その内容に理解を示していた。そして吉祥院に申し伝えた通り、今はそなたと「密路」（密談）できそうになく残念だが、いずれ面談できるであろうと綴られている。すでに吉祥院を通じて、大久保は久光と相通じていたことが分かる。このように下級藩士からの建言をも真正面から受け止めてくれる久光の存在は、大久保ら一派の俄然期待するところとなったであろう。

年が明けた安政七年（一八六〇。この年の三月に万延に改元）、江戸では水戸藩士と薩摩藩士が密談を重ね、井伊大老の襲撃計画が練られた。水戸藩の側は自分たちが決起した場合、京都を守衛してくれるよう薩摩藩に依頼し、二月にそのことは鹿児島にも伝えられ、大久保の耳にも入った。大久保の日記によれば、彼は水戸と行動を共にするよう久光に建言したもようである。これに対して、久光は次のように語って大久保を諭した。

争乱が生じるとしたら、それは非常時で当然ではあるが、今はまだ兵を差し出しては無名の出兵となる。ただ今にあっても、勅諚があれば差し出せるが、とにかくどこまでも名を正すというのが久光公の御趣意であり、いずれこの大事については、一同久光公の御英断を望み奉りますと申し上げたところ、これは余の一存で決断できることではない、左州とも評議のうえ、決定するとのことだった。[16]

争乱のような非常時が生じたら、もちろんわれわれも事を起こすが、今の時点では「無名ノ兵」となる。勅諚も下っておらず、一存で決められることではなく、その時が来たら左州〔左大臣近衛忠煕。島津家と遠戚関係にある〕とも評議のうえ決断する。そのように答えて、大久保をいなした。

しかし、大久保は引き下がらなかった。「水戸が決起したうえは、京都の一大事は顕然であるから、たとえ勅諚はこれ無くとも、それを傍観していてはかえって名分に背くこととなりましょう[17]」とさらに畳み掛け、気色ばんでいる。だが、久光はこれに対しても、無名の兵を動かしてはならぬことは、幕府の私法ではなく、天下の大法であるとして、ぶれることなく重ねて自重を説いた。

久光の確然とした姿勢を受けて、誠忠組内部で議論がなされた。そして、久光の意見に従う一方で、藩庁に対して、①江戸から「変事」があった場合、すぐに藩士を差し出すこと、②間近に迫った藩主茂久の参勤出発まで「変事」の報がなかった場合、出発を延期するか出発するならばお供に誠忠組を加えること、③西郷隆盛を島から呼び戻すこと、などが要望された。[18]

下級藩士の集団が徒党を組んでこのような要望を上に出すこと自体、「突出」であろう。お咎めがあっても不思議ではない。ところが藩庁からは、「変事」の際は人数を派遣するとの回答があった。大久保は、「我が党の主意を汲み取ったもの」と日記に記している。[19]

久光は誠忠組の言動をたしなめる一方で、それを今後の薩摩藩の指針へと落とし込んだのである。いったん有事となったならば出兵して京都を守護する、その際には誠忠組も藩の精鋭として加える――前年の藩主茂久が出した諭書と合わせ、これが薩摩藩の藩是として以降の藩の行動を規定することになる。誠忠組の建言は、その触媒となったのであった[20]。

安政七年三月三日、江戸城桜田門外で井伊直弼を乗せた籠が急襲を受け、井伊は殺害された。桜田門外の変である。水戸藩脱藩者有志によるテロだが、薩摩藩出身者も加わっており、井伊の首級をあげたのは誠忠組の有村次左衛門だった。

襲撃の成功を京都の同志に伝えようとした次左衛門の兄雄助は、途中で薩摩藩関係者に捕えられ、三月二三日、鹿児島に護送された。彼とともに凶事の知らせも薩摩藩庁に届き、大久保の耳にも達した[21]。藩庁はその日のうちに雄助に自刃を命じた。誠忠組同志たちの見守るなか、彼は「同志一同へ永訣を告げ、従容迫らずの態で臨終に及んだ」。盟友二人の死に大久保は、「ああ、これが天命なのか。一同愁傷。憤激の念は言葉にできない」と日記に書き記している[22]。

翌日、大久保は久光邸に押しかけた。約束通り、京への派兵を直談判するためである。しかしここでも久光は、どうも今回の事件はわずか十数人の浪人の所業のようで、「変事には違いないが兵乱とは言い難い」。天下の閣老を亡き者とするとは「古今未曾有之御大事」であり、慎重に取り扱わなければならないと語って大久保を抑えた。そのうえで、久光は次のようにも述べたという。

天皇から内々に命ぜられるところがあれば何の憂いも無いが、何分ただ今のところ卒然と兵を差し出しては物議となることは疑いが無い。しかし、この後、周囲の動静によっては、兵を差し出すこともあり得る。このように申せば、朝廷を二の次にして、幕府を恐れているように思われるかもしれないが、そうではない。天皇の御意思も幕府を扶助せよとのことである。とにかく、幕府の令に背くことはできない。どこまでも勤王をつくすとの考えでかく申すのである。(23)

今はまだ「内勅」=天皇の意思が示されていない。自分は決して幕府を恐れて天皇を後にしているのではない。むしろ天皇の意思は幕府を支えよというものであるから、幕府の命令に背くことは叡慮にもとる、というわけである。久光はあくまで名分を尊重し、朝命の何たるかを慎重に見極める立場を崩さず、軽率な行いには加担しないという自重の姿勢を示したのである。

この時の久光の振る舞いは、まさに「冷静な大局観と状況判断に基づいて、誠忠組の要求にたいして、説得力をもった論理で対応」したものだった。(24)血気にはやる大久保の強請を真正面から受け止め、その理非を説きながら、理とする部分を汲み取り藩是に包摂した。大久保は切歯扼腕しただろうが、他方でこの時の久光の姿は強く印象づけられたと思われる。徹底して名に拘り、理を追求する立場は、やがて倒幕の最終局面で大久保自身がその身をもって示すこととなる。この時、久光は期せずして、大久保のうちに後に大きく実る種を蒔いたのだった。

藩の密命を帯びて

文久元年(一八六一)一〇月、大久保は久光によって、藩政中枢の御小納戸に抜擢された。藩政の指導部に取り立てられたことになる。一介の下級藩士からの画期的登用である。[25]繰り返すが、藩主の父に取り入り直談判を試みるなど、国政を壟断するような行いとして厳罰に処されてもおかしくない。しかし、久光はそのような大久保に見どころを感じ、彼を藩政に用立てていこうとの度量を示したのだった。そして大久保もこの時には、久光の強い感化の下にあり、忠誠を尽くすこととなっていた。

一二月二五日、大久保は久光の命を帯びて京に向かった。この前の月に孝明天皇の皇妹和宮が江戸に入っている。将軍徳川家茂との婚姻のためである。その見合わせ工作が、大久保の密命だった。

この婚姻には、朝廷と幕府の一体化を進めようとの朝幕双方の目論見が背景にあった。岩倉具視などはこの点における朝廷側の急先鋒だった。この問題で、天皇の諮問を受けた際に次のように奉答している。

関東へ委任された政権を隠然と朝廷に回収するとの策にのっとり、輿議公論に基づき国是を確立遊ばされることが、天下のための長計と存じ奉ります。[26]

江戸に委任した政権を朝廷に奪還し、「輿議公論」に基づいた国是確立のための方略として和宮降嫁あるべしと臆することなく持論を展開したのである。

大久保が本来主君へのおめもじなど叶わない下級藩士だったのと同様、岩倉も公家としての官位は低く、朝議に与れる身分ではない。未曾有の危機意識が日本の諸層に瀰漫するなかで、それを梃子にして強靭で首尾一貫した行動の論理と気概をもった者が立ち上がり、彼らの考えが積極的に登用される傾向は、あちこちで高まっていたのである。

やがて討幕の盟友となり、また維新政府をともに支えることになる二人だが、この時はまだ接触は無い。もしあったとしたら、両者の間には確執が生じたであろう。大久保の上京とは、前述のように、岩倉が推し進めようとする和宮降嫁に反対するためのものだったのだから。大久保は、和宮の将軍家への輿入れは幕府による暴挙としてこれを阻止し、あわせて久光の率兵上京を許可する勅命を得ようとして周旋を行った。かねてからの宿望を実現する機会を大久保は得たことになる。

この周旋は見事に実を結ぶ。翌年の文久二年（一八六二）二月、前月に生じた坂下門外の変を知った朝廷は、京都でも凶事が勃発することを恐れて、久光の上京を認める書状を送った。かくして、三月一六日、久光は藩兵一千余りを引き連れて鹿児島を発し、京都を目指した。もちろんそのなかに大久保の姿もあった。彼の得意を思うべきである。京を目指す途上で、彼はいくつか歌を詠んでいる。壇ノ浦を経た後での一首は次のようである。

天か下春をしめたる花にして
　やかて矢島の秋の夜の月

次に、赤穂城を遥かに見て、

此城の根に居りたる大石の
　動かぬ道を世にてらすかな

そして、明石を出て一ノ谷を過ぎながら、

千代を経しみとり松原一ノ谷
　魁し名の色添にける

歴史の残像に思いを託しながら、武者震いを抑えきれない心情がうかがえるではないか。

Ⅱ　弛緩する朝幕体制

寺田屋事件

文久二年（一八六二）四月一六日、久光の一行は京都の薩摩藩邸に入った。幕府の任を帯びていない者が、一千もの兵を引き連れて入洛したのである。ましてや久光は、薩摩藩の実質的指導者とはいえ無位無官の人間である。これまでの近世的秩序を覆すような驚天動地の事態であった。久光の率兵上洛は、世の尊王攘夷派有志を大いに活気づかせた。久光の上京に先立ち、そのような者たちが続々と京大阪に結集した。「どれほどの人数が上ってきたのかはわからないが、それは上方における幕府の治安維持能力をこえるものであったのは確かである」と高橋秀直氏が述べているように(1)、このような事態を前に、京都所司代は機能不全に陥った。

恐れおののいた朝廷は、久光に京都の警護を要請した。久光に対して、京に跋扈する浪士たちを取り押さえるようにとの勅旨が下される(2)。大久保ら誠忠組がかねてより懇望していた薩摩藩による京都の守衛が実現したのである。

しかし皮肉なことに、これによる鎮圧の矛先は身内に向けられた。四月二三日、京都伏見の旅館寺田屋に集まっていた薩摩藩の尊攘過激派が、久光の命を受けて鎮撫に訪れた薩摩藩士と揉み合いになり、壮絶な斬り合いが引き起こされる。寺田屋事件である。

命を落とした尊攘派志士のなかには、誠忠組の者も三名含まれていた。また、彼らを征伐した薩摩藩士八名のうち実に七名が誠忠組メンバーだった。盟友であったはずの彼らが、同士討ちを余儀なくされたのである。尊攘派のシンボルとして京都に入った久光だが、彼の真意はあくまで勅命を奉じて既存の秩序を守ることにあった。名と理を護持する姿勢を崩さずに、彼は非情な上意討ちを命じたのだった。

この時すでに大久保は、久光の命に従順となっていた。誠忠組同士の血で血を洗う惨事を前にしても、日記からはいささかの感傷も見られない。深手を負いながら使命を果たして帰還した藩士山口金之進の報告を淡々と筆記している。

> その場の次第は、初め討手一同伏見に着。相手方の挙動をうかがっていたところ、京橋近辺の茶屋〔寺田屋〕に上陸。一同既に討伐の用意をしていたが、まず注進を行い、それから討手一列勇み進んで差し越し、有馬新七・田中謙助・橋口伝蔵・柴山愛次郎を呼び出し、二階より降りてきたところを上意の旨を申し聞かして自決を勧めたが、なかなか承知せず、「上意」と呼びかけ、先太刀を道嶋〔道島五郎兵衛〕が切り出したとのこと。それより一同抜刀して争い、ついに四人を斬り、続けて弟子丸龍助・森山新五左衛門・西田直五郎□□□□《原文ママ》らが駆け寄り刀を抜いてきたので、ことごとく切り捨てた。[3]

ここに名前のある者のうち、有馬、田中、森山は誠忠組草創時の仲間だった。討手として遣わされ、現場の実況を報告した山口もそうである。にもかかわらず、大久保の筆はただただ事実の連なりを書き留めることに終始している。次の日になると、大久保の日記は、何事もなかったかのようにまた日々の出来事を筆録しているのである。

公武合体論、尊王攘夷論、開国論

この変事が起こった後も、彼は久光に従い、公卿らへの折衝に随伴した。そして、五月二〇日、大久保は御小納戸頭取に昇任し、二二日には久光に付き従って江戸へと出発した。政治工作の場は、いったん京から江戸に移される。彼らが目指すのは、公武合体による国内体制の強化である。

寺田屋事件からほぼ一カ月後の文久二年五月二二日、久光は幕府に勅旨を伝えるために派遣された大原重徳《しげとみ》*に随従して江戸に向かった。彼らが江戸に着く前日の六月六日、それと入れ替わるように、江戸にいた長州藩主毛利敬親は京都へと発った。長州藩では京都での尊攘論の高まりを受けて藩論がそちらへ転換しようとしていた。そのようななか、久光の画策する公武合体を引っさげた勅使の到来を避けるかのように、敬親は京へと上ったのだった。

ここで公武合体論と尊王攘夷論（尊攘論）との関係を整理しておこう。(4) しばしばこの両者は対立するものとして捉えられる。幕府と朝廷の一体化を通じて基本的に現状の幕府統治の維持強化を図ろうとする公武合体派に対して、旧来の政治体制を根本的に刷新し朝廷中心の新たな統治の枠組みを作り出そうとする尊攘派という二項図式である。

だが、公武合体派も尊攘派も、尊王ということでは径庭はない。そのことは公武合体を推し進めようとしている久光が、名分に拘り、あくまで勅意を奉じる姿勢を崩さなかったこと、さらには誠忠組の突出を抑え、寺田屋で藩内の過激派志士の粛清を行ったことが如実に示している。久光らの説く公武合体とは、尊攘論と同じく、朝廷のもとに既存の幕府のみならず雄藩の指導者も糾合した新たな政治体制の構築だったと考えられる。

　このように、尊王論ということで公武合体派と尊攘派の間に本質的な相違はなかった。これは攘夷論についても言える。公武合体派も攘夷を否定していたわけではない。むしろ、効果的に攘夷を行うための前提として国内体制の一和＝公武合体が不可欠と考えられたのである。やみくもな攘夷は勝算がないから、まずは盤石な政権を築こうというわけである。

　いわゆる開国派と攘夷派の対立図式についても同様である。攘夷、すなわち外国勢力をはねのけるという意識においては、開国派も思いは同じだった。[5] 国を開いて国力を蓄えたうえで西洋列強の圧力をはね返すというのが、開国派の考えだったのである。この点は、ファナティックな攘夷論者と見なされている吉田松陰も決して鎖国論者でなかったことを考え合わせれば、理解が容易になるであろう。松陰は積極的に諸外国と通商および外交を行い、日本の国威を海外にとどろかせるべしと高唱していた。攘夷＝鎖国ではないのである。

　正確を期すならば、この時期の政治的対立は、積極的開国論か消極的開国論、あるいは航海遠略説か破約攘夷論の相違として理解されるべきである。航海遠略説とは、長州藩の直目付長井雅楽《うた》*が文久元年三月に取りまとめた「航海遠略策」と呼ばれる建言書に由来する。[6] そのなかで長井

大原重徳（一八〇一―一八七九）尊攘派の公家として日米修好通商条約に反対するが、その後失脚。後に復権し勅使として江戸に向かい幕政改革・将軍上洛を伝えた。新政府では参与・議定などを歴任。

長井雅楽（一八一九―一八六三）長州藩士。藩直目付として公武合体と航海遠略策で積極的な開国を提唱して藩是に認められるも尊攘派の台頭により失脚。自刃を命じられる。

は、「皇威海外に振」うべしと鎖国を批判し積極的開国論を展開した。長井にとってこれこそ攘夷だった。「急速航海御開き、御武威海外に振ひ」、「一箇の皇国を以て五大洲を圧倒」すべし。すなわち国を開いて海外と通交して国威を示し、外圧をはね返せと長井は遠略を論じている。「時勢事理を深察」すれば、鎖国を維持することはできない。開国したうえで国力を蓄え、列強と対峙するべし。そのための前提として必要なのが、公武合体による盤石な国内体制の確立だった。このような政治構想を主君の毛利敬親に建策して受け入れられた長井は、京都と江戸で朝廷と幕府にも周旋を行い、公武合体を働きかけていた。

これに対して、破約攘夷論とは、幕府が結んだ安政の五カ国条約を破棄し、即座に外国勢力を打ち払えとの主張である。だが、この立場もいわゆる鎖国と必ずしも同義だったのではない。破約攘夷派が問題としたのは、幕府が勅許を得ずに条約を結んだことであり、手続的瑕疵に基づく条約締結の見直しこそ彼らが掲げたことだった。吉田松陰がそうだったように、その立場を鎖国論と見なすことはできない。

以上のことを整理すれば、航海遠略説＝積極的開国論＝通商的攘夷論に対して、破約攘夷論＝消極的開国論＝好戦的攘夷論となろう。そして繰り返すが、両者ともに尊王と攘夷の理念と目的を共有し、開国を認める点でも相違はなかった。両者を別つのは、航海遠略説が公武合体を目指した国内統治体制の改革を最優先とするのに対し、破約攘夷を掲げる尊攘派が行動ありきで、それこそ突出しようとする点に求められる。

話を戻そう。既述のように、公武合体論を唱道しその実現に向けて尽力していたのは、もともとは長州藩の長井雅楽であり、長井の建策によってそれは一度は長州藩の藩是となっていた。しかし、島津久光の率兵上京は、長州藩の内情をも一変させた。久光の上京は急進的な尊王攘夷派を活気づかせたが、長州藩でも長井と対立していた吉田松陰門下の久坂玄瑞*らの過激派が勢いづく。これによって、京都の長州藩邸では破約攘夷を主張する尊攘論へと藩論が傾いていた。そもそも、久光の上京以前に朝廷と幕府の間を周旋し、京都で隠然たる影響力を誇っていたのは長州藩だった。その御株が薩摩に奪われようとしているとの焦慮も大きかったであろう。

長州藩主毛利敬親が、島津久光を従えた大原勅使の江戸参府を避けるかのように京へ出立したことには、そのような背景があった。そして、翌月の七月四日、京都の長州藩邸では藩主の面前で御前会議が開かれ、遠略説と尊攘論との間で激論が戦わされた。その結果、遠略説は否定され、尊攘論へと藩是は転換した。それも即今攘夷論へである[7]。この過程で長井は失脚し、翌年に切腹を命じられる。

以上のプロセスを克明に再構成した高橋秀直氏は、「時代が一つの方向に大きく動くときは、その方向の最急進論を唱える者が主導権を握ることができる[8]」と印象的に総括しているが、その一方でこの長州藩の劇的な藩論転換の遠因となった薩摩藩が、今や公武合体派の主導者として躍り出たのである。薩長の確執もここに始まる[9]。歴史の綾もまたあざなえる縄の如しである。

久坂玄瑞（一八四〇―一八六四）長州藩士、松下村塾門下。吉田松陰に高く評価され、松陰の妹と結婚。尊攘派の急先鋒として長井雅楽の失脚を主導。禁門の変において、朝廷に嘆願するため鷹司邸に侵入するも、幕府勢に追い詰められ、自害。

確執の火種

さて、江戸の方では大久保らによる政体改革の周旋が着々と進んでいた。文久二年（一八六二）七月六日、一橋慶喜が将軍家茂の後見職となった。英邁の誉れ高かった慶喜の後見職就任は、久光はじめ薩摩藩首脳部の宿願だった。大久保は日記に、「数十年の苦心と焦心は、今となっては夢となったかのような心持だ。皇国の大慶この上なく、積年の鬱を散じる心持」と大きな感慨をもって記している(10)。

ところが、一六日に大原重徳のところで慶喜と福井藩の松平春嶽との会談が行われたところ、当初招かれていた久光の列席が慶喜によって拒否されるという事態があった。春嶽は九日に政事総裁職に任じられており、慶喜と春嶽と久光が揃えば、公武合体に立脚した新たな幕府の体制が幕開けする象徴的な場となるはずだった。しかし、慶喜はそれを拒んだ。外様である薩摩を見下していたのだろうか。

あるいは、次のことも考えられる。この両者の登用に当たって、大久保は幕府の老中との直談に臨む大原に対して、向こうが言うことを聞かなければ「閣老を返し申ましく決心」と発破をかけ、それを受けて大原は会談に訪れた老中らに対して、応じなければ事変を起こす（「変ニ及ぶ」）と脅しをかけて、彼らの顔色を一変させる（「面色相変」）との一幕があった(11)。慶喜はそのことを伝え聞き、背後で画策する薩摩の姿に嫌悪感を示していたのかもしれない。

久光参列の拒絶に対して、大久保らは頻りに抗議した（「御責申上」）が、取り合ってもらえなかった(12)。後で見るように、大久保は慶喜に対して激しい憎悪を抱くことになり、それが倒幕への導火線となる。その予兆をわれわれはここに認める。いずれにせよ、大原と久光の使節は役割を果たした。

過熱する京都の尊攘派

八月二一日、久光は江戸を発し、再び京都へ向かった。この時、世に名高い生麦事件が起こっている。久光の行列の面前を乗馬のまま通り過ぎようとしたイギリス人商人が、憤った薩摩藩士に斬り殺された。これより先にやはり乗馬で一行と遭遇したアメリカ人は、馬から降りて敬礼したというのであるから、殺されたイギリス人の現地の慣習に対する配慮の無さが災いした面はあった。薩摩側としては、イギリス人の犯したことは立派な犯罪であり、斬り捨てられて当然である。イギリスとの条約に従っても、日本人である下手人は領事裁判の対象にならず、イギリス側から罪は問えない。大久保も「夷人が生麦村にて御行列の前へ騎馬にて乗り出してきたため、一人を切り捨て他の者は逃げ去った。神奈川あたりは格別の騒ぎとなった(13)」と日記に記すのみで、一行は騒ぎを尻目に何事もなかったかのように京へと歩を進めた。

翌月の閏八月七日、久光は京都に入った。凱旋する英雄を迎えるかのように、人々は沸き立った。「御行列を拝見する貴賤老若おびただしく、ようやっと御輿の通行ができるというくらいである。ことに御所のあたりは、下の位の官女の類まで拝見に現れ、後に従い、実に恐れ多いとも何とも言語に尽くし難い。夢中の心持である(14)」と大久保は感動を書き留めている。

しかし、京都のこの熱狂には落とし穴があった。久光が江戸に行っている間、京都では尊王攘夷運動が過激化し、親幕派への粛清やテロが横行するようになっていた。その急先鋒である三条実美《さねとみ》らの糾弾によって、幕府に通じていると目された岩倉具視が内大臣の久我建通《こがたけみち》などとともに失脚して蟄居を命じられたのはこの時である。

久光への熱狂は、尊王攘夷のシンボルをそこに人々が重ね見ていたからであり、彼の真意とは背反したねじれ現象だった。既述のように久光自身は、藩内の過激派を寺田屋事件で討伐していたが、京を不在にしていた間、尊攘論は広く飛び火し、手のつけられない事態となっていたのである。その勢いは朝廷にも及び、三条実美らを中心とする過激派公卿が朝旨を左右するようになった。ついに彼らは攘夷の勅命を引き出すことに成功し、それを幕府に伝えるために江戸へ派遣されることになる（一〇月一二日）。そのような京の実情を忌避した久光は、閏八月二三日、鹿児島への帰還の途に就いた。大久保もこれに同伴した。

朝幕逆転

さて、一一月二七日、三条ら勅使一行は江戸城に入った。この時、従来の勅使待遇のしきたりとは一変し、勅使が上段に座し、将軍はそれより下で迎えた[15]。これより先、皇妹和宮が家茂に降嫁した際も、和宮に供奉して江戸城に入った岩倉具視が、幕府の閣老に対して、幕府に天皇廃立の企てがあるのではないかと詰問し、そのようなことはないとの誓書を書かせるという一幕もあった[16]。下位の名も無き公家から叱責される立場にあった幕府は、今や正式に儀礼のうえでも朝幕の上下関係を演出せざるを得なくなったのである。一二月五日、すでに上洛の意を表していた将軍家茂は、攘夷の勅旨の受け入れを表明した。

そのようななか、一二月二〇日、久光の意を受けて大久保は京都に舞い戻った。彼の帯びた使命のひとつが、将軍上洛の中止であった。攘夷の勅命を帯びた将軍が尊攘論吹き荒れる京都に来たならば、火に油を注ぐこととなる。それは防がなければならない。大久保はそのために、京都を経て江戸へと向かった。江戸に着いたのは、翌文久三年（一八六三）一月三日。懸命の工作の結果、将軍上洛の一カ月延期にいったんは成功する。大久保の狙いは、そうやって時間稼ぎをする間に、まずは久光と松平春嶽、山内容堂の雄藩指導者に京に集まってもらい、国是を確立するということだった。(17)

このことを取りまとめた大久保は、二月に鹿児島に戻った。大久保を待っていたのは、御側役・御小納戸頭取兼務を命ずるとの辞令だった。三十代前半での異例の若さでの藩重役への抜擢である。この昇進は藩内でも聳動をもって迎えられた。「速なる昇進にて、人皆驚怖いたし物議甚敷候、年輩も三十歳内外にて、御用取次仰付候も昨年末にて、箇様の事は古今稀なるものにて候半」とは同じく久光側近だった市来四郎*の言である。(18)

二月一三日、家茂は京に向けて江戸を発ち、翌三月四日、京に入った。将軍の上洛は、三代将軍家光以来、二百年以上このかた無かったことである。大久保の上洛延期の周旋は、結局は実を結ばなかったわけだが、この出来事は、朝幕関係の逆転をさらに衆目にさらすことになった。

三月五日、朝廷から将軍に対して、庶政委任の勅諚が出される。これまで通り大政を幕府に委任するとの勅旨が下されたわけだが、その際、「事柄によっては、直接諸藩へ御沙汰あらせられる」とも言い伝えられた。(19)事案によっては朝廷から直接諸藩へ指示を出すとの申し渡しである。

市来四郎（一八二九—一九〇三）薩摩藩士。島津斉彬、久光の側近として藩政改革、軍備拡充に尽力。維新後は歴史家として島津家の史料収集を行う。

大政の執行はあくまで幕府に信託されたのであって、主権は天皇に担保されているとも解せられよう。

さらに数日後の一一日、天皇は攘夷祈願のため家茂を引き連れて上賀茂神社と下鴨神社へ行幸した。天皇に随従する家茂に向かって、高杉晋作が沿道から「征夷大将軍」とかけ声をかけたのはこの時だが、この有名な挿話がなくとも、行幸出発前に家茂のお辞儀する前を天皇や堂上家がしずしず通り過ぎていく姿を見れば、将軍の権威の凋落は誰の目にも印象づけられた。なす術のない幕府側は、四月二〇日、攘夷の実行期限を五月一〇日と約束した。

攘夷の綻び

その五月一〇日が来た。尊攘論を主導する長州藩は、待ってましたとばかりに実力行使に及んだ。関門海峡を通りかかったアメリカ商船に、砲撃を加えたのである。攘夷の火ぶたが切られた。だが、要路にある者たちの間では、この路線を転換する動きもすでに見られていた。下関砲撃の二日後、長州藩士五名がイギリスへ向けて密航の旅に出た。これをお膳立てしたのは、藩の実権を握っていた周布《すふ》政之助*だった。周布は、ここでいったんは攘夷の一撃を西洋諸国に加えるが、じきに諸国との通商交通を進めることになるから、その時のために西洋の事情に通じた「一の器械」が必要だとして、そのような器械となるために五人の若き藩士を留学させたのである。周布の言葉を引いておこう。

長州において、ひとつの器械を求めたく思う。その器械とは、人の器械である。今、つらつらと世の情勢の成り行きを考えるに、尊王攘夷は疑いの無きことで、諸藩の輿論が赴くところであるが、これはいったん日本の武威を外国に示すのみである。その後で必ず各国が行き交う日が来る。その時に当たって、西洋の事情を熟知していないとわが国にとって大変な不利益である。よってその時に用いるための器械として、野村弥吉〔後の井上勝〕と山尾庸三の両人を英国に遣わしたいと思う。[20]

俗に言う「長州ファイブ」である。右引用文中にある野村弥吉、山尾庸三のほか、伊藤博文、井上馨、遠藤謹助の五人がここでイギリスに派遣された。彼らの密航留学が近代日本に何をもたらしたのかは、本書の主題からそれるし、筆者は別著で触れたこともあるので、ここではこれ以上立ち入らない。[21]

もうひとつの攘夷の主役、朝廷でも動きがあった。しかし、こちらはむしろ動揺と呼ぶべきものである。何と攘夷決行からひと月もたたない五月三〇日に、孝明天皇は島津久光に自ら書簡を送り、再度上京して尊攘激派を一掃してくれるよう懇望した。そのなかで天皇は、今回の事態は過激な上級公家が偽勅を出した結果であり、在位しても有名無実で朝威相立たず悲嘆の極みと窮状を訴えている。三条ら過激派公家が長州などの尊攘過激派とつるんで自分の意思とは無関係な偽勅を発し、朝廷を牛耳っているとの救難信号である。[22]

周布政之助（一八二三―一八六四）長州藩士。藩の重臣として藩政改革を行い、長井雅楽の公武合体論を進めるが、後に尊攘に転ずる。ただし久坂玄瑞ら急進派との間には温度差。禁門の変の後、責を負い自刃。

この天皇からの宸翰は、翌月の六月九日に久光に達した。これを受けて大久保は、「たとえ勅命といえども、性急な行動をもって上京」すべきでない、すなわち天皇の命令とはいえ、軽々に上京するべきでないと久光に建言している。

大久保は次のようにも言う。「つまるところ、天皇のお召しだといって今上京しても寸功も無く、かえって禍害を招く恐れがある。そのような奉勅は真の奉勅とは言えない(23)」、と。「奉勅も真之奉勅ニ不相成」。この言葉が大久保から発せられた。天皇による直々の宸翰を受けても、それをもって直ちに動くべきではない。その真贋をはっきりさせなければならない。こう大久保が言ってのける背景には、攘夷の勅旨を下したその舌の根も乾かぬうちに、いやあれは配下の者たちに突き動かされてしぶしぶ発したもので自分の真意ではないと言い繕う天皇への不信感があるのは想像に難くない。

攘夷決行という国の存亡に帰結するような重大な政治決定が、このように軽い意思でなされてはたまったものではない。大久保の胸中には、驚き、呆れ、憤り、様々な感情が波立っていたであろう。そこから、彼は勅意を越えた理非の弁別の境地に達しようとしていた。久光がかつて示していたような天皇の公的な意思を尊重するとの形式的名分論では、もはや足らない。勅意の内実となる実質的な理や義が重要なのである。後に大久保は、第二次長州征伐の朝議を受けて、有名な「非義〔の〕勅命ハ勅命ニ有らす」と喝破するが、天皇による勅命すら相対化する正義の希求は、この時から始まっていたと言えよう。

その後も重ねて上京を命じる勅命が久光に下された。しかし、久光は動かなかった。生麦事件に端を発してイギリスとの間で砲火を交える事態となっていたので（薩英戦争）、国元がそれどころでなかったということもある。だがそれに加えて、大久保の建言の通り、「綸言汗の如し」の真逆をいく孝明天皇の言動への不信と警戒も当然あったはずだ。七月二三日、久光は上京見合わせを京都に向けて回答した。

八月一八日の政変

八月に入り、攘夷運動はいよいよ猖獗を極めた。尊攘過激派は大手を振って御所のなかにまで足を踏み入れるようになる。この月の一四日には、益田弾正、桂小五郎（後の木戸孝允）、久坂玄瑞、水野正名、宮部鼎蔵、土方楠左衛門、平野国臣*の名立たる志士に対して、学習院出仕が命ぜられた。学習院とは、公家の教育機関として設けられ、また陳情・建白の受け付けも行っていた朝廷のれっきとした機関である。そのなかにこれらの志士たちが迎え入れられた。「攘夷強硬論の錚々たる志士が、御所九門のなかの朝廷の公認した場で発言し活動できるようになった」のである。[24]

このような動きに対して、さすがに彼らに与していた公家のほうでも行き過ぎを懸念する声が上がり始めた。京都の薩摩藩邸にいた高崎佐太郎と中山中左衛門は、大久保利通に宛てて京都の詳しい状況を報じているが、そのなかで三条実美もさすがに悔悟し、「入道遁世」したいと漏らしていると記している。[25] このような朝廷内の空気の乱れを見て取って、高崎ら在京の薩摩藩士が

平野国臣（一八二八—一八六四）福岡藩士。脱藩した後尊攘派の志士として薩摩藩士と交流。寺田屋事件で捕えられる。その後、八月一八日の政変で失脚した澤宣嘉を擁立して生野の変を起こすも失敗。後に処刑される。

三条実美

中心となり、過激派志士を朝廷から追放する計画が密議される。

この計画は、天皇の勅許を経て、八月一八日に決行された。八月一八日の政変である。明け方に御所に参集した薩摩、会津、淀の藩兵が御所九門を警護するなか、参内した朝彦親王*、近衛忠熙と忠房父子*、二条斉敬《なりゆき》*、会津藩主で京都守護職の松平容保らによって、三条実美ら急進派公家に官位剝奪が言い渡され、引き続いて長州藩に対して御所警衛の解任と京地からの撤兵が命じられた。報を受けて駆け付けた長州藩関係者は、すでに厳重に御所を守り固めていた諸藩の兵たちを前になすすべなく引き下がらざるを得なかった。翌日、失脚した三条実美ら七名の公家は京を落ち延び、これに続けて長州藩士も京都から追放された。

政変の目的は、「一部の強硬な攘夷論者を、朝廷と朝廷周辺から排除することにあった[26]」が、結果としてそれは長州藩の追放に帰結した。既述のように、これを画策したのは高崎を中心とする在京薩摩藩士であり、ここに長州と薩摩の確執は明確な対立となって現れた。

もっとも、この政変にどれほど国元の久光や大久保が関わっていたのかは明らかでない[27]。高崎らは事を起こすに先立って久光のもとへ使いを出しており、その指示のもと決起に及んだと佐々木克氏は考証している。ただ、京都から離れた鹿児島より実際の計画の細部にわたる指示ができたとは、当時の通信や交通の事情から到底考えられないので、高崎らにかなりのフリーハンドが与えられたと考えるのが自然である。いずれにせよ、当時の薩摩藩では、藩論は一致し、久光のもとでの藩政の統制が行き渡っていたので、高崎たちは久光ら藩首脳部の意を汲んで、それに忠実に行動するエージェントだったと言ってよかろう。

政変後の八月二六日、孝明天皇は松平容保ら在京藩主たちに宸翰を発し、次のように述べた。

これまでは、かれこれ真偽不分明のことがあったが、去る一八日以後に発したものが朕の真の意思であるから、このあたりのことを諸藩一同、心得違い無いように。(28)

これまで真偽不明の勅旨がはびこっていたが、一八日以後に出される勅言が、真の朕の意思であるというのである。言葉を換えれば、それ以前に出されていた攘夷の勅命は偽勅とされた。破約攘夷の運動が公的に否定されただけではない。勅命の絶対性を天皇自らが否定したというに等しい。(29)この後、政変による京の情勢の刷新を聞き及んだ島津久光が、一〇月三日に再上洛した。

朝彦親王（一八二四—一八九一）（中川宮、尹宮、久邇宮他多数の称）伏見宮邦家親王の第四子。得度して青蓮院門主となっていたが、日米修好通商条約に反対したことなどから安政の大獄で隠居永蟄居。井伊直弼暗殺後は還俗して、朝政に重きをなした。尊攘過激派に批判的で、八月一八日の政変に加わるが、王政復古後は逼塞を余儀なくされる。香淳皇后の祖父。

近衛忠房（一八三八—一八七三）忠煕（三五頁参照）の四男。父と同様、妻は島津家より嫁す（斉彬養女）。父に従い八月一八日の政変に加わり、後に内大臣、左大臣となるが、王政復古前に辞官。

二条斉敬（一八一六—一八七八）関白、左大臣、明治天皇の摂政。徳川慶喜の従兄。母方叔父の徳川斉昭に同調して日米修好通商条約に反対。安政の大獄で謹慎を命じられる。公家として八月一八日の政変を主導、その後も孝明天皇を支える。王政復古後、摂関制が廃止されて以降は政府の一線から退く。

京都に入った久光に対して、孝明天皇はまた宸翰を出し、勅命について真偽不明の疑いがあればどうか尋ねてほしいと書き送っている[30]。天皇の権威の失墜は、覆うべくもなかった。

このように、八月一八日政変は、急進派公家や長州藩を中央政局から追い落として、尊攘論の時代に幕を降ろしたというのみならず、天皇の権威に大きな傷がつき、公論の実質が抜本的に問い直されざるを得なくなったという効果を幕末政治にもたらした。政変は、紛れもなく幕末史に新しい意義づけを与えるものだった。

Ⅲ　好敵手・慶喜

天下之公議

政変による京の政情一変の報を得て、文久三年（一八六三）九月一二日、久光は三たび上京するため鹿児島を発った。これに先立ち、久光の上京を福井藩家老に伝える大久保の手紙がある。大久保は、「京都も先月一七《ママ》日動きがあり、暴論家の鎮圧は無事成し遂げられたとのことで、まことにもって絶好の機会となり、三郎様〔久光〕の御出立も来る一二日に決まりました」と書き送っており、[1]「暴論家圧倒」＝尊攘過激派の駆逐が久光上京の前提だったことが知られる。

一〇月三日、一千七百もの兵を引き連れて、久光は京に入った。彼は早速、政変後の朝廷を支えるべく還俗していた朝彦親王に対して、朝廷改革の建言書を送った。そのなかには、「朝令暮改で御政令が軽いものとなっては、古来から世が衰えるのが習いです」とし、「朝廷の御根軸が据わることが一大急務」との言が見られる。[2]勅命が朝令暮改でグラグラするようでは世の衰退を招くこと必定であるから、朝廷を確固とした基軸の上に建て直すことが急務だという。

では、その「根軸」とは何なのか。それは、「列藩が上京のうえ、天下の公議を御採用」すること、すなわち諸藩を京に集め、彼らの衆議を経たうえで確立された「天下之公議」だとされる。[3]これと前後して、久光は福井藩の松平春嶽にも、「目下の形勢では、公平正大な議論をもって朝廷を助け奉らなければ、とても神州を挽回し、公武が一体化する道もあり得ません」と書き送っており[4]、公明正大な議論こそ、朝廷の威厳を取り戻し、また公武一和の体制の基盤となるものだとの認識を示している。

公議にもとづく政治ということが、雄藩のリーダーからも口々に発せられた。公議公論ないし公議輿論が、これまた幕末史を動かし明治維新を導いた指導理念であることは、読書会について述べた際に、簡単に触れるところがあったが、ここで改めて再論しておこう。

五箇条の「御誓文」の第一条に「広く会議を興し、万機公論に決すべし」と掲げられたように、公議公論とは当時盛んに唱えられた政治的スローガンである。近年この概念に着目して、明治維新史の書き換えを精力的に進めている三谷博氏によれば、これは「世の多数意見と普遍的に妥当すべき正論という二つの意味を持って」おり、「いずれの面が優位に立つかは時により異なった[5]」。つまり、公議には多数による協議（談合）＝衆議と公明正大な国論という二つの含意があったが、この両者は常に両立していたわけではなかった。衆議が必ず正論に帰結するとの保証はない。幕末にやはりしばしば唱えられた語として、「勢」がある[6]。政治や社会の大変動の渦中にあると意識した志士たちは、時代の「勢」＝趨勢に棹差して、数を集めて行動を起こすことに躍起となった。直に訪れる尊攘論の激化に、その徴憑が見られる。これに対して、そのような勢の奔流を理によって制御し、正論を導き出そうとする営みに、やがて大久保は挺身することになるのだが、その点はおいおい明らかとなろう。

公議や公論の概念には、そのような相克も内包されていたが、一貫して共有された理念もあった。それは、政治参加の拡大である。公議や公論の背景には、これまでの通常の政治プロセスにあずかれなかったしもじもの者たちにも政治参加の機会を与えるべきこと、そして為政者はできるだけ幅広い政治的意見を集約したうえで統治を行うべきことという主張が通底していた。(7)

伝統的に日本社会ではトップによる専制的な上意下達は忌避され、臣僚たちへの諮問とその協議・談合を通じての意思決定が尊ばれてきた。(8) 幕末の公議公論の隆盛は、そのような旧来の慣行をさらに一層拡充させようとするものだった。明治に入ってからの日本における立憲制の受容も、このことを無視しては考えられない。

率兵上京した久光や大久保の脳裏に胚胎していたのは、まさにこのような公議に基づいた政体の確立ということだった。もっとも、右に言及したような公議がはらむ二律背反はまだ意識の埒外にある。「天下之公議」という時代の空気の尻馬に乗って、政治参加の拡充を求めるのみである。

彼らにおいてそのことは、列藩指導者を糾合したうえで公武を一体化し、諸外国と対峙できる盤石な国内体制を樹立するということである。徳川宗家とのつながりのみで政権へのアクセスを許諾するのではなく、未曾有の国難に直面した今、真に実力ある雄藩の政治参加を認めて、その連合の上に盤石な国家体制を築くべしとの考えである。だが、薩摩のこの構想は、一人の人物の上洛によって、踏みにじられることになる。その人物とは、後の徳川十五代将軍、一橋慶喜である。

慶喜という「主役」

久光に遅れて、慶喜が京に入ったのは、一一月二六日である。以後、鳥羽伏見の戦いで戊辰の内乱が勃発するまで、彼は京阪の地に四年あまり留まることになる。家近良樹氏は、この時期を指して、慶喜の「一挙手一投足が世の注目をあび、彼が文字通り幕末政治史の主役（それも最も重要な）として歩んだ年月であった。それゆえ、この時期の慶喜の活動をどのように評価するかによって、幕末史の捉え方そのものが決まるといっても過言ではない」(9)と述べている。そして、慶喜が主役であるために、薩摩の影響力は京から駆逐されねばならなかったのである。

年が明けて文久四年（一八六四年。二月二〇日に元治に改元）一月一五日、将軍家茂が上洛した。これに先立ち、松平容保、松平慶永（春嶽）、伊達宗城《むねなり》、山内豊信《とよしげ》（容堂）、一橋慶喜、そして島津久光が朝廷から朝議参預に任じられている。いわゆる参預会議の成立であり、参預たちは幕政への参加も認められ、公武一和を促進することが期待された。

一月二七日、参内した家茂に対して、孝明天皇は「古より中興の大業を成さんとするには、その人を得なければならない」として、参預の諸侯と協議することを求めた(10)。

これに合わせて、天皇は家茂及び諸侯に自ら勅旨をしたためた。曰く、

> 藤原〔三条〕実美ら、浪士らの暴論を信用し、世界の形勢を察せず、国家の危機を思わず、朕の命を枉《ま》げて軽率に攘夷の命を布告し、妄りに討幕の軍を起こさんとし、長州藩の暴臣のごときはその主君を愚弄し、故無く夷船を砲撃し、幕府の使者を暗殺し、ひそかに実美らを藩内にかくまっている。このような狂暴の輩は必罰せざるを得ない。とはいえ、これはみな朕が不徳の致すところであり、じつに慙愧に堪えない。思うに、我が砲艦は外国の砲艦に比べれば、いまだ傲慢な夷人を脅かすには足りない。国威を海外に表すには足りない。かえっ

て洋夷の軽侮を受けてしまうだろう[11]。

三条実美ら過激派公家が長州の暴臣と結託し、自分の意思を曲解して攘夷の令や討幕の軍を興そうとするなどの暴挙に及んだ。これは必罰に値するとはいえ、自分の不徳の致すところでもある。攘夷と言っても、今は彼我の力に雲泥の差があるので、まずは国力に鑑み、徒に攘夷を決行するのではなく、列藩の力をもって内治を整えるべしとの内容である。

これに先立って与えられた前記の家茂への勅語においても、天皇は、「醜夷の征服は、国家の原則であるが、そのためには討伐の軍を起こさなければならない。とはいえ、無謀の征夷は朕の好むところではない。このうえはよろしく策略を議して、それを朕に奏上せよ。朕はその可否を詳細に検討し、もって一定不抜の国是を定める」と家茂に言い渡していた[12]。即今攘夷からの大変な変わり身である。

一橋（徳川）慶喜

天皇のこの翻身に疑念を抱いたのが、慶喜だった。実のところ、家茂に与えた宸翰は、久光サイドでその草稿が作成されていた。このことは慶喜の知るところとなり、彼は天皇が久光によって操られているとの猜疑心を抱くことになる。慶喜はこれ以降、横浜鎖港に固執することになるが、それは孝明天皇の攘夷心理を掻き立たせた。久光の開国論から離間させようとの策略である[13]。

このように肝心かなめの慶喜の協力を得られず、また彼による孝明天皇の離間策の術中にはまり、大久保ら薩摩藩指導部が念願とした参預会議は、発足するもたちどころに機能不全となった。三月九日、久光ら参預全員は辞表を奉呈、参預会議はわずか数カ月で瓦解したのである。

これと入れ替わるように、同じ月の二五日、慶喜は将軍後見職を辞任し、禁裏御守衛総督・摂海防禦指揮に任じられた。これに続き、会津藩主の松平容保が京都守護職（復職）に、桑名藩主の松平定敬《さだあき》が京都所司代に任命され、ここに一会桑政権と呼ばれるものができる。

振り返れば、二年前の文久二年（一八六二）七月に慶喜が将軍後見職となったのは、久光を筆頭として大久保ら薩摩藩首脳部の大きな輿望を担ってであった。だが、その時すでに慶喜のほうでは、薩摩藩に対する微妙な距離感が生じていた。今やそれは大きな懸隔となり、慶喜はあたかも薩摩の影響力を中央から排除するためだけに、一転して横浜の鎖港を打ち出し、攘夷論へと転じようとしている。大久保は、このような慶喜に強い不信の念を抱いた。藩の江戸留守居役・新納《にい》嘉藤次《ろ》に宛てた書簡のなかで、大久保は憤懣やるかたない思いをぶつけている。

このような機会になり得たのに、功を遂げることができなかったのは、千載までの遺憾であり、ただただ大きくため息をつくばかりだ。朝廷の動揺は定まるところを知らず、最初から十分の望みをかけることは無理だったし、いわんや幕府においてはなおさらだった。慶喜は幕府の中枢で変わり身して、わが藩のみならずその他の諸侯にも疑惑の念を抱き、春嶽公に対して京都守護職を辞退するよう内諭を出し、近々そのようになる方向である。かつまた、禁裏御守衛総督と摂海防禦指揮に任ぜられるようしきりに内願しており、いずれそのようになるだろう。とりわけ、京にいる列藩すべてに暇を出すことを内々に申し立てており、これは畢竟、薩摩をいなすのが趣意とうかがい、まことに言語道断である。そのほかにもいくつかの奸略があるが、あれこれの事情はとても筆舌に尽くしがたい(14)。

四月一八日、徒労感を抱いた大久保は、久光に従って京を発ち、帰藩の途に就いた。次に中央政治が彼を必要とし上京するのは、翌年の慶応元年（一八六五）二月である。それまでしばし国元での雌伏の日々が始まる。

開成所と議政所

鹿児島に戻った大久保は、藩政の改革にあたった。大久保帰藩の翌月にあたる六月、薩摩藩に開成所と議政所という二つの組織が設置された。前者は藩士の教育のための機関であり、後者は藩政の評議機関である。ともに大久保が関与しているので、瞥見しておこう。

まず開成所である。それは一次的には軍事操練を目的として設立され、次の五学科が置かれた。①陸海軍の砲術、操練、兵法、築城、②天文、地理、数学、測量、航海、③器械、造船、④物理、分析、⑤医学の五学科である。開成所設置時の職制によれば、教授十名を配置したが、当初そのほとんどは蘭学者によって占められ、直に藩外より多数の英学者を招聘し、英学が主流となった。そのなかには、明治期に文部大臣など歴任し、教育勅語の作成にも携わった芳川顕正*や郵便の父

芳川顕正（一八四二―一九二〇）徳島の医師の家に生まれる。幕末期、長崎で英学、医学を学ぶ中で伊藤博文の知遇を得て、新政府では大蔵省に出仕。その後、工部大書記官・外務少輔などを経て東京府知事、文相、内相、逓信相を歴任。貴族院議員、枢密顧問官、枢密院副議長。

として名高い前島密が含まれる。さらに後になってからは、後の外務卿で幕末期から数度の洋行経験を有していた薩摩藩きってのイギリス通、寺島宗則*も教授となっている。

このうち、前島は明治に入ってから、大久保の重要な部下として活躍することになる。その詳細はまた後で論じられるが、両者の関係はこの時に始まったのだった。また、設立時に学頭として事務全般を統括したのは、今日の東京国立博物館の初代館長とされる町田久成*だった。町田もまた、明治の博物館設立の運動で、大久保とは密接な関係となる。明治に入ってから大久保を支える人脈の一端が、この開成所を舞台に築かれたことは特筆しておきたい。

さて、そこに置かれた学科からうかがえるように、開成所の性格は一次的には、陸海軍士官の養成機関である。だが、単なる軍事操練のみならず、数学、物理学、医学などの西洋科学の教育も掲げられていたことから分かるように、英学蘭学を基礎とした洋学の教育機関という側面も大きかった。この点、『大久保利通文書』が解説しているように、開成所は「イギリスやオランダの洋学を基礎として、海陸軍の砲術、操練、数学、測量、航海、物理、医学などの諸課を置き、かつ兵制を改革して軍艦を購入し、海軍の練習を行って大いに文武の人材の養成に努めた[15]」ものであり、単なる軍人養成の機関ではなかった。

この点は、同時代に幕府が設けた長崎海軍伝習所や神戸海軍操練所にも共通する特徴である。ペリーの黒船に象徴されるように、当時の日本人にとって、西洋の科学と技術の粋として目の前に現れていたのが、欧米の軍艦であった。日本の近海を航行し、薩英戦争の折には圧倒的な砲撃能力を見せつけた西洋の艦隊を通じて、薩摩藩の指導者たちもそれを成り立たせる科学技術の体系を学び取ることを不可避と考えたのである。

いったん立ち上がった開成所は、早くも翌月に組織編成の見直しを図った。それは、大久保の指示によるものだった。大久保による開成所改組の上申書が残されている。それによると、彼はまず第一に、「惣宰は些細な事件は伺うに及ばず、単独で決すること」[16]として、開成所トップが事務管理を自ら裁決できるような強いリーダーシップを有すべきと建言した。

そして第二に、藩校の造士館から「学才ある有望な人材を選抜し、五十人から百人くらいに開成所での修行を仰せつけられたし」として、藩士の子弟から優秀な人材を選抜して教育する精鋭主義を唱えた。[17]これまた後述するが、トップの果断とそれを支えるスタッフの重視は、大久保のリーダーシップ哲学と言ってよい。この上申書はその反映とも目され、興味深い。

次に、議政所である。議政所創設の経緯と顚末については、町田明広氏による綿密な考証があるので、ここではそれに従ってこの制度について説明しよう。[18]議政所は、言路洞開のために下級藩士を藩政の評議にあずからせることを目的として設置された。議政所創設の趣意書のなかでは、このことが次のように述べられている。

寺島宗則（一八三二―一八九三）薩摩藩郷士の家に生まれ、医師松木家（伯父）の養子となり、松木弘安と名乗る。蘭学者として蕃書調所教授手伝に就いたのち、帰藩。斉彬の命により藩近代化事業に関わり、幕末に二度訪欧する。新政府では外国官判事、外務大輔、外務卿、参議に就く。元老院議長、枢密院副議長を歴任。

町田久成（一八三八―一八九七）薩摩藩士。昌平坂学問所で学んだ後、帰藩。幕末期の薩摩藩遣英使節団に参加。滞欧中に博物館事業の重要性を知る。外国官判事、外務大丞等を経て文部大丞。博覧会事務に携わり初代帝室博物館館長。晩年は出家し、廃仏毀釈で損壊した仏像の回復や文化財保護に尽力する。

昨年非常なる経費に及び、国力の堅固や士気の強盛には至り兼ね、実に一方ならぬ御配慮を要した。これに鑑み、今般、右の掛に仰せつけられる人数は、その趣意に基づきとくと評議にかけ、その本末の順序を弁明し、時勢相当の処置をもって国の体制を樹立し、永久の御統治がなされることが肝要である。(19)

これによると、旧年来、藩の経費は非常な額にのぼり、そのことが国力や士気にも影響を及ぼしており、看過できない。このために藩政の評議に関わる者たちを仰せつけ、藩政の本末と道筋を鮮明にし、時勢に合った措置を講じて藩（国）の体制を確立し、治世を不変なものとすることが肝要である、とされている。そして、この趣意に適うために、十名の青年藩士が抜擢された。そのなかには、松方正義、岸良兼養《かねやす》*、奈良原繁*のような明治維新後に新政府で活躍した者の名も見られる。

この時彼らはまだ二十代の若者である。そのような者だけで評議させることに懸念が生じたのであろう。その月のうちに、議政所掛の補充がなされた。「御三卿・御側御用人・御側役」という重役から計八名が、議政所掛に追加されたのである。だが、これに対して、既存のメンバーから異が唱えられた。

それによれば、新たに議政所の掛を任命するとのことはよくよく吟味してもらいたいと再考を促している。すでに決定後のこととはいえ、何事も本筋が立って、進む道が生まれるのだ。命令が一途に発せられ、大小の用務が秩序だって整えられることが何よりも望ましい。いま新たに別系統から掛が来られても、所内は混迷し、様々な疑惑も生じかねない、と。(20)

このように、議政所に集った若手藩士たちは、藩の重役たちが席を同じくしては自由な議論が妨げられるとして、これを忌避したのである。彼らが煙たがった藩重役のなかには、大久保も入っていた。見方を変えて大久保らの立場に立てば、このままでは議政所は血気盛んな壮士たちの暴論の舞台となると危惧したということも容易に想像できる。彼らの脳裏に、寺田屋事件の生々しい記憶が蘇ったということもあり得よう。

松平春嶽のラジカル「二院制」

それにしても、なぜここで議政所なる制度が導入されんとしたのか。町田氏は、度重なる久光たちの上洛と薩英戦争や長州との戦闘準備などによる藩財政の逼迫、京と国元で藩中枢部が二手に分かれたことによる意思伝達の齟齬などによって鹿児島の下級藩士の鬱積が募り、言路洞開の場を与えなければならなくなったと指摘している。筆者としては、そのような下からの突き上げという側面とならんで、前述の公議の理念がやはり無視できないと考える。

この点、久光が京において、同輩の参預として親しく交わったのが、福井藩の松平春嶽だった

岸良兼養（一八三七―一八八三）薩摩藩士。久光の側近として誠忠組との連絡役に尽力。新政府においては監察司知事、弾正大巡察、刑部少丞を経て、司法少判事、司法大検事。佐賀の乱、西南戦争の戦後処理で検察の指揮を執る。後に初代検事長、大審院長。

奈良原繁（一八三四―一九一八）薩摩藩士。島津家側近として寺田屋事件では鎮撫側に立つ。明治政府では内務省に出仕。静岡県令として博徒一掃を命じ、清水次郎長の逮捕で知られる。後に沖縄県知事として十六年間、強権を振るい「琉球王」の異名をとる。貴族院議員。

ことは示唆に富む。というのも、彼は幕末においていち早く公議の理念を唱道していた存在だったからである。春嶽がまさにこの滞京時に著したと目される「虎豹変革備考」と題した意見書がある。[21] そこには、西洋の議会制度の導入を説く次のような文言が見られる。

天下公共の論を議してこれを用いるには、「巴力門《ハルリモン》〔パーラメント。ここでは上院が観念されている〕」・「高門士《コンモンス》〔コモンズ。下院を指している〕」、すなわち上院・下院の設けが無くてはならない。中国や日本の制度は、政府が権力を掌握して、ほしいままに賞罰や人の登用を行う。西洋諸国の歴史を見るに、上院や下院があって国中の政治を公共の議論に乗せ、賞罰や人の登用を決めている。イギリスの国王もフランスの皇帝もこれを自由にすることはできない。今や皇国〔日本〕の制度にも変革を加え、上院を江戸に、下院を江戸に創建し、上院には幕府の臣下やあるいは諸侯の内から選び、下院には諸藩士の有名な者を入れる。[22]

日本における最も早い時期の議会制論、それも二院制論として特筆されるものである。ここで春嶽は、二院から成る議会を江戸に設け、上院には幕臣や諸大名、下院には諸藩からの実力ある士を集め、国政を論議させよと提言している。日本や中国では政府が権力をほしいままにしているが、西洋では、イギリスでもフランスでも、たとえ君主といえども議会での議論を無視して自由に政治を行うことはできないのだ、と。

さらに注目に値するのが、これに続けて、「あるいは、上院には諸侯の藩士を任命し、下院には百姓町人、または庶人を加えるのも一策である（又ハ巴力門を諸侯の藩士ニ命じ、高門士は百姓町人、又ハ庶人を加ふるも一法なるべし）」とも唱えられている点であり、百姓町人にも参政を認めるというラジカルな建策を含んでいた。

春嶽がこのように急進的な議会制論を構想した背景には、福井藩士でいち早く言路洞開による幅広い層の政治参加を唱えた橋本左内や彼が福井藩に招聘した当代きっての経綸家・横井小楠*といった公議論の先覚者との交流があった。京都でともに国事を担おうとした久光に対して、春嶽が自らの持論を開陳したことは十分にあり得る。京から戻った久光は、国元で議政所という「公共之論議」の場を試行しようとしたのではないか。

だが、前述のように、この議政所は機能しなかった。その理由が、そこに集められた青年藩士たちが、藩上層部との意見交換を避けて分派的な行動を取ろうとした点にあったことも先に見た通りである。ここには、当時の公議公論なるものの理念と現実が垣間見える。

公議公論や議会制度といっても、当時の為政者に想定されていたのが、熟議にもとづく理性的議論空間だったわけでないことは、既に指摘した。そこで念頭にあったのは、幅広い層からの政治的意見の集約であり、それは従来、政治プロセスにあずかれなかった下級の藩士にも参政のチャンスを与えるものだった。公議公論とは、政治的動員を正当化するロジックだったのである。

そのようにして政治参加の裾野が広がったことは、政治の過熱化を招くものでもあった。尊攘運動の過激化に見て取れるように、志士たちは言論による討議にかまけるのではなく、直情的な

横井小楠（一八〇九―一八六九）肥後藩士。江戸で学んだ後、帰藩。松平春嶽の招きで福井藩政改革の指南役に。富国、強兵、士道の三論から成る『国是三論』を著わす。新政府には参与として迎えられたが、欧米信奉者と誤解され暗殺される。

行動に身を投じた。彼らにとって公議とは、志を同じくする者たちを糾合し、結託するための方便だったと言える。その意味で、幕末の公議とは、徒党を組んでの強請と紙一重であった。

実際、この時期、数に頼んでの示威行動が盛んに行われていた。安政五年（一八五八）に老中・堀田正睦《まさよし》が日米修好通商条約の勅許を求めて入洛した際に、岩倉具視らが音頭を取って八十八名の公家を引き連れ、参内して抗議した事件が生じているが（廷臣八十八卿列参事件）、これと同じようにそれまでの政治的意思決定からは疎外されていた者たちが有志と化し、数を頼りに徒党をなして上に対して物申していくということは、朝野公武を問わずおよそ世相を震撼させていたことだった。志を同じくする者たちが相互に示し合い（処士横議）、ともに行動を起こす（草莽崛起）という猪突猛進である。この時の公議公論とは、尊攘論の激化の促進剤となっていたのであり、政治をコントロールするものではなく、そのたがを緩めるものだったと言えよう。

薩摩藩での議政所の顛末に直面して、大久保の脳裏に京や江戸での浪士たちによる造反的な処士横議の実態がよぎり、彼のなかで公議論に対する警戒の念が生じたとしても不思議ではない。議政所のようなごくわずかの下士を選抜して集めてもこのざまである。四民から幅広く衆議を募るという春嶽の公議論が大久保の耳に入っていたならば、机上の空論として峻拒されただろう。

事実、これから見ていくように、大久保は数によって決せられる公議公論と対峙し、理の弁別を行うものとしてそれを捉え直そうとするようになる。そのような彼の思想的契機のひとつとして、この時の議政所の苦い経験があったということも考えられる。

西郷が見た長州征討

開成所、議政所の設置など、国政から藩政に一時軸足を移した久光や大久保だが、彼らと入れ替わって京に入ったのが西郷隆盛である。西郷は、文久二年（一八六二）の久光の率兵上京の際に、許可なく大阪に入って浪士らと連携したなど久光の逆鱗に触れる行動を取り、二度目の遠島（安政の大獄のあおりによる奄美大島への島流しからこの年の二月に帰藩したばかり）にあっていた。再度許され、元治元年（一八六四）二月に召還されると、その足ですぐに上洛した。安政期に西郷は、江戸と京都で政治工作に奔走していたが、ここでまた中央政局に戻ってきたのである。

西郷に委ねられたのは、参預会議が解体し、志半ばで久光が離京した後の京の政情探索だった。そのなかで大きな焦点となったのが、薩摩を京から追いやった一橋慶喜の動向である。それは、長州問題と連動していた。

前年の八月一八日政変で京を追われて以降、長州藩は京都での復権を目指して運動していた。他方で、京都の政局を差配していた慶喜は、この際、長州藩を完膚なきまでに討伐せんとしていた。そのために彼は手段を択ばず、外国の軍事力の手を借りようとしている、と西郷は六月一日付の手紙で大久保に記し、「各藩が一橋を憎む勢いとなっているのは、もっとものこと」[23]と嫌悪感を露わにしている。

そのような両者のさや当てのさなか、有名な池田屋事件が生じた。六月五日、長州藩士らが京都三条木屋町の旅館池田屋で密談していたところを京都守護職の会津藩主・松平容保配下の新選組が襲撃した。

この報はたちどころに長州に伝わり、激高した長州藩は藩を挙げて京都へと進発した。押し寄せる長州藩兵はついに京に入ってくるが、これに対して七月一八日に孝明天皇による長州征討の勅命が発せられ、翌一九日に御所蛤御門付近で長州藩と会津・桑名両藩との間で戦端が開かれた。蛤御門の変、禁門の変と呼ばれる事態である。

結果として長州側は、薩摩軍の援兵を受けた会津・桑名軍の前に打ち負かされ、敗走した。七月二三日、追い打ちをかけるように、天皇による長州追討の勅が下り、長州藩は朝敵の烙印を押されることになる。それどころか、八月五日には長州藩の攘夷決行の報復として、英米仏蘭の四カ国による連合艦隊が下関を砲撃し、砲台が占拠された。日本の内外から攻撃の火の手が上がり、ここに長州藩は存亡の危機に立たされる。

このような事態に追い込まれ、長州藩首脳部のなかには、理念型的な国家の観念が育まれたとは宮地正人氏の洞察である。宮地氏によれば、朝敵となった長州藩は今や、「『叡慮遵奉』の『え』の字も発言することはできなくなった。天皇の個別意思では全くなく、列強からの辱めをはねのけ、国家と民族の主権侵害を決して許さない『理念型』国家の在り方を、自らの頭で理論化しなければならず、逆に一国の君主たるものはその『理念型』国家を自らに体現しなければ君主たりえないのだ、と断言しうる強靱な精神性を確立しなければならなくなった(24)」とされる。

適確な考察であろう。付言すれば、この「理念型」国家という意識を共有したからこそ後の薩長の提携も可能だったし、ひいては明治維新後の国家経営にもこの観念が大きな刻印を与えていると考えられるのだが、このことはまた後で触れたい。もっとも、この時の長州人には、薩摩藩への憎悪が渦巻いていた。一敗地に塗れて京を追われた長州藩兵は、「薩賊会奸」と履物に書きつけて踏みつけながら郷里を目指したと言い伝えられている。

結果的に長州の怨念を買うかたちになった薩摩藩だが、鹿児島へはこの変はいかに伝わっていたのか。西郷は、当初、長州を倒そうと画策している慶喜への警戒感を大久保に書き送っていた。薩摩の要路の者は、その後池田屋事件が起こって兵乱の緊張が高まってきても、これは長州と会津の私闘だとして静観する構えであった。そのことは、次のような西郷隆盛の書簡の一節に明瞭に表れている。

このたびの戦争は全く長州と会津の私闘であり、名分を欠いた軍を動かすような場合ではなく、斉彬公の御遺言の通り朝廷を一途に守り奉る以外のことは考えてはなりません。(25)

「長、会之私闘」であるから、薩摩は「無名之軍」を起こすべきではない。あくまで斉彬公の遺訓にしたがって、朝廷を守り奉ることに専念すべきであるとの自重論である。このことは言葉を返せば、ひとたび禁裏に危害が及ぶならば、容赦はしないということでもある。そうであるから、長州が朝廷への工作を企て、八月一八日政変以前の体制に戻そうとしていると見なすや、西郷はとたんに長州への敵意を募らせる。

八月一八日以前のものを真の天皇の意思であり、それ以後のものはすべて偽物ということで上等の公家も過半が長州に同意していると見なし得ます。このうえはどんなにこらえても、必ず薩摩が打ち崩されることは疑いが無く、いずれ天皇の命を奉って戦うより以外になしようがありません。(26)

この時点で、西郷の脳裏には、八月一八日政変後の勅命こそ真の勅命であるとの観念が支配していた。そのように孝明天皇が述べて、政変前の勅命は偽勅と宣したはずである。それを覆そうとする長州とは一戦交えるほかない。彼らの立場が通れば、わが藩は打ち崩されてしまう。そのように西郷は論を展開するが、ここには久光や大久保との落差が指摘できる。

先に見たように、前年の五月に孝明天皇が久光に宸翰を送り、攘夷派公家によって偽勅を出させられたので助けてほしいと訴えた際、大久保はそれが真の奉勅といえるかどうか見極めるべきと建言していた。勅命だから従うという形式論やどちらの勅命が天皇の真意であるかという名分論とは違う地平に大久保は立っていたといえる。それはすなわち朝命さえも相対化する、より高次の公共的国家意識のレベルと言ってよい。宮地氏が指摘したような、長州藩が構築せざるを得なかった「『理念型』国家」、換言すれば、正義や公平といった抽象的な公共的価値を集約し、現世の秩序の妥当性を測る超越的な概念としての国家である。勅命の権威が揺らぎ、あらゆる政治的正統性が瓦解しようとするなか、日本全体がニヒリズムの泥沼にはまるのではなく、次の指導者たる人々が新たな公共的価値の樹立に努めていたことは、この時期の日本にとって僥倖なことだったと言ってよい。

そのような大久保だったからこそ、孝明天皇の長州征討の勅命に対しても、慎重な姿勢を唱えた。八月五日の四カ国艦隊の下関砲撃を受けて、彼は長州征討の見合わせを朝廷に建言する書を起草している。

今般長州へ異国艦数艘が襲来し戦争となり、長州側は敗走するのみと伝え聞いております。

ついては、ただ今長州征伐の件を決するべきではないと考えられます。この戦争が落着したら自ずから熟議の上至当の御処置がなされるものと思われ、そのうえで御征伐されるのが相当ではないでしょうか。そもそも長州の反逆の罪は容易ならざることで、それは何としてでも糺さなければならないものですが、緩急を得て名義が判然となるように御処置されることが肝要と存じます。いま軍勢を差し出すようなお達しがあるとすれば、それは差し控えるべきです。未曾有の大事である故、後世にわたってまで議論の的となりますので、恐れながら言上申し上げます。(27)

長州が外患にあっているなかでそれに乗じて派兵するべきではなく、その終結後に「名義判然之御処置」をなすべしとの献策である。注目すべきは、「後世にわたってまで議論の的となりますので（後世の論ニ渉リ可申儀故）」として再考を促していることである。それは、歴史の審判の場に立たされているとの政治的責任倫理の表明と見なすことができ、前述の「理念型」国家のもとでの規範意識があってこその言明と言えよう。

勝海舟の「共和政治」

他方で、京では長州討つべしの気運が高まっていた。西郷は大久保に「何と言っても狡猾な長州人であるから、どんなたくらみをしているか計り難い」（九月七日付書簡）(28)とか、「ひどいめに逢わせなくては相済まない。もし戦となればあれこれ言う余地は無い」（一〇月八日付書簡）(29)と書き送り、長州への敵愾心を隠していない。

しかし、その一方で、西郷は征討を主導する幕府勢力にも不信感を募らせていた。九月八日付の大久保宛の書簡では、長州藩の残党を匿っているとして会津藩兵が西本願寺を焼き払おうとしていることを告げ、そのようなことをしては「仏敵」となり、後々災難を呼ぶことになりかねない、「一時の愉快を欲しては、その後苦難に見舞われよう」とその所業に眉をひそめている。[30]

さらに西郷は、朝廷からの褒賞は慶喜を通じて下される始末で、「実に朝廷に取り入ることのできない諸藩の信望を失い、嘆かわしいこと」と慶喜に差配されることによる朝威の失落を慨嘆している。[31]幕府も長州もともに大義というものを見失った同じ穴の狢であり、両者の争いはまさに私闘であって、かかずらうに値しないという意識は、西郷はじめ薩摩藩指導層の胸中にはぬぐい難くあったと言ってよい。

そのようななか、西郷は幕臣の勝海舟と大阪で会った。九月中旬のことである。西郷は、「驚き入った人物」（「驚入候人物」）とその感動を大久保に伝えている。そして、今は亡き佐久間象山を髣髴とさせる学識の持ち主であり、自分は惚れ込んだと礼賛している（「学問と見識ニおひてハ佐久間抜群之事ニ御座候へ共現時ニ臨候てハ此勝先生とひとくほれ申候」）。西郷は勝のどのような識見に感化されたのか。

勝は、幕政はすでに地に落ちていると見なし、西郷に率直にその旨を語った。西郷は長州征伐のためには将軍の上洛が必要と説いたが、勝は今の幕府は長年の「太平無事」が陋習と化し、このような難局に際して幕吏はなす術を知らずうろたえているばかりだと内情を自嘲気味に話した。そして、列強が大阪湾（「摂海」）に押し寄せてきた時の対処策を質すと、勝は次のように答えたという。

今や外国人たちも幕吏を軽侮しているので、幕府が談判してもとても受け入れてもらえない。こうなっては、明賢の諸侯が四五人会盟して外国艦を打ち破るほどの兵力を結集し、そのうえで横浜と長崎を開港して、この近海に来た場合も筋を立てて談判して条約を結べば、皇国の恥辱とはならず、外国人もその条理に服するだろう。そうなれば、天下の大政も確立し、国是も定まるだろう。[32]

「明賢の諸侯が四五人会盟して」政治を執るべしとの勝の提言を西郷は「共和政治」と指称し、これでなくては日本はバラバラになってしまうと記している。また、この会見には吉井友実も同席していたが、吉井によれば、勝は「天下の人材を挙て公議会を設け、諸生といえども其会に出るべく願の者は、サッサッと出し、公論を以て国是を定むべし」とも論じていたという。[33] 先述の松平春嶽が唱えていた議会制論が想起される。

もっとも、西洋の議会制度の知識は、幕府の知識人の間でいち早く吸収されていたものだった。[34] 前年に一橋慶喜や島津久光はじめ諸侯が京都に結集した際に久光が、松平春嶽から彼の持論の議会論を伝授された可能性を示唆したが、この時に幕臣の大久保忠寛は春嶽に対して、衆議を集めるために、将軍が再度京都へ赴き、その御前で一橋はじめ諸侯はもとより、広く四民をも公議所に集め、可能ならば公家もお出まし願い、挙国総出で天下の理を定めんとの論策を書き送っていた。[35] 先述の春嶽による「虎豹変革備考」をなぞったかのような議論である。経路は異なりつつも、この時代の最先端の公議論は、薩摩藩に確実に流れ込んでいた。

翻って考えてみると、西郷が感奮した勝の所論は、大久保にとっては既知のものだったと言える。諸侯を糾合した「共和政治」とは、薩摩が主導した参預会議がまさにそれに当たる。また、衆議のための公議会という発想も、春嶽と久光との京での交わりのなかで周知のものとなっていたと推察されること前述の通りである。ましてや、鹿児島では議政所としてその端緒的導入が試みられていたが、それは紛糾の種となっていた。西郷の便りに接して、大久保は「勝安房守とご面会とのこと、議論の趣も実に感服の次第」と一言返すのみだが[36]、大久保としては十分承知のことであり、かつやや距離を置いてその書面を受け取ったのではなかろうか。

征長の勅命を帯びても、その軍勢は足並みが整わず、いたずらに時日が過ぎていった。一〇月に西郷は大阪城で征長総督の前尾張藩主・徳川慶勝から事実上の参謀役を任されたが、そうなった後、彼はむしろ長州藩の宥免のために精力的に動くことになる。長州藩内でも、この西郷の働きかけに呼応して、禁門の変の責任を取るかたちで三人の家老に自害を命じ、その首級が征長総督のもとに届けられた。長州は謝罪と恭順の意を示したのである。

長州がここまで反省の姿勢を取ったことで、征長の大義名分は消滅したと西郷は見なした。西郷の和平工作は俄然熱を帯び、自ら長州藩内に入って周旋するなど八面六臂の活躍を見せる。そしてその尽力が功を奏して、一二月二七日、征長軍の撤兵令が出された。ここに第一次長州征伐は、血を見ることなく収まったのである。このことは、西郷の政治力の勝利であると同時に、幕府にとってはボディーブローとなって後々大きなダメージをもたらすものだった。第一に、征討のかけ声だけ勇ましく、結局はぐずぐずと戦が遷延されたことで、幕府の権威に疑問符が付いた。第二に、幕府側は将帥たる将軍はついに立たず、また軍を率いる総督や副将なども容易に決まらなかった。幕府の組織力・統率力の欠如が露呈したのである。そして第三に、薩摩に頼らないと兵を出せないという幕府の軍事的実態である。征長に駆り出された諸藩の兵はいわば烏合の衆で、厭戦感が漂っていた。征長の主体となる頼みの綱は薩摩軍であり、それを束ねる西郷が和平と決しては、もはや進軍は不可能だった。

幕滅亡之表

このように京において幕府の権威は空洞化していった。その最大の原因は、江戸と京都で幕府の意思系統が不統一だったことである。将軍職をめぐって家茂派と慶喜派の対立があったように、江戸の幕閣と京の一会桑との間には微妙なすきま風が吹いていた。元治元年（一八六四）三月には、慶喜のお膝元の水戸藩で有志が攘夷決行を訴えて挙兵するという事態が生じていた。いわゆる天狗党の乱である。関東で幕府はその対応に煩わされ、水戸藩への不満がかき立てられる。必竟、京都にいる慶喜への猜疑心も募る。かくして、幕府は東西懸隔のあり様となっていた。長州征伐をめぐる足並みの乱れの由縁である。

ところが、江戸の政権のほうは、長州が屈したことであらぬ自信がついてしまったようである。九月に幕府は、参勤交代制と大名妻子在府制度の復旧を諸大名に布達していたが、その実施を強要していく。文久二年（一八六二）に福井藩の松平春嶽や久光らが主導して、旧来の参勤交代の頻度の緩和、また人質として江戸に在留していた大名の家族の国元への帰還が実現していたのだが、それを旧に復するというのである。

久光としては座視するわけにはいかず、大久保を京に派遣した。こうして元治二年（この年の四月七日に慶応に改元）二月七日、大久保は京に舞い戻って来た。久光が音頭を取った政策の維持に向けての政治工作が主眼だが、その過程で、大久保は幕府を決定的に見限ることになる。

大久保の入京に先駆けて、二日前の二月五日、幕府老中の松平宗秀と阿部正外《まさと》が幕府軍三千を率いて上洛していた。率兵入京の目的は、慶喜を江戸に帰還させることである。しかし、ここは慶喜のほうが一枚上手だった。大久保は内大臣近衛忠房に拝謁して、慶喜と老中たちの面談の模様を聴取したが、それによると「橋公〔慶喜〕がいつもの謀略で酒を勧め、酩酊したうえでついに白状してしまったとのこと」と日記に記している(37)。

策略家・慶喜の勧める酒に酔わされて、上洛の目的を白状してしまったというのである。手の内をさらけ出してしまった老中たちは、慶喜を連れ帰るどころか、逆に朝廷から家茂の再上洛を要請されてたじたじとなったらしい。江戸方は、「戊午の時分の幕府に戻ろうとの暴論(38)」、すなわち安政のころの公議公論を無視した幕政に帰ろうとしていると大久保は書き留めているが、むしろ不甲斐なさを露呈する結果となった。

ただ、大久保が幕府を見限ったというのには、もっと根源的な理由があった。先述の天狗党の乱の顚末である。前述のように、前年の元治元年三月に筑波山で挙兵した水戸の天狗党は、一一月になると京都を目指して進発した。党を率いる武田耕雲斎*は慶喜と馴染みの関係であり、彼らは京の慶喜を頼って西上したのである。

しかし、これを慶喜は拒絶した。慶喜は自ら出陣して彼らを迎え撃とうとさえした。頼みの慶喜から見放された天狗党は一二月一七日に投降し、敦賀に拘禁された。ここで彼らは幕府による苛烈な取り扱いを受ける。悪臭漂う魚の堆肥蔵に、手かせ足かせを嵌められほぼ全裸の状態で押し込められ、食事は一日に握り飯ひとつと水一杯しか与えられなかったという。北陸の厳冬のなか、多くの者がこの劣悪な環境に耐えられず命を落とした。生き延びた者も、厳しく断罪された。元治二年（一八六五）二月四日に武田耕雲斎ら二十名余りが斬首されたのを皮切りに、翌月にかけて党員八二八名のうち三五二名が処刑された。残りの者にも遠島や追放の処分が待っていた。さらに、水戸藩では天狗党の家族までもが処刑されるという凄惨な結果となった。

天狗党への仕打ちを大久保は、二月一一日に聞き知った。この日の日記に彼は書いている。

〔幕府の処置は〕苛酷を極め、衣服をはぎ取り裸身となし、獣類に餌を与えるかのような仕打ちをしているとのこと。これは田沼〔意尊。幕府軍の指揮者〕の取り計らいで、慶喜公あたりへは全く知らされていないらしい。実に聞くに堪えないことである。これをもって、幕府滅亡の表れと察せられる。(39)

「幕滅亡之表」――幕府滅亡の表れ。そのように大久保は言い切った。人を獣類のように扱う政権はもはや正当な権力の担い手とは言えず、単なる暴力装置に過ぎない。そのことを大久保は察知したのではないか。幕府に代わる政権の樹立はもはや不可避である。そのことを彼はここで悟った。

武田耕雲斎（一八〇三―一八六五）水戸藩士。徳川斉昭の藩主擁立に動き、家老となるが、安政の大獄で失脚。その後藩政に復帰したが、藤田小四郎（東湖の子）の筑波山挙兵を助けて天狗党の首領となる。慶喜への直訴のため上洛を目指したが、道中捕えられ、刑死。

三月二日、参勤交代制復旧を停止せよとの勅書が下った。同じく幕府が要請していた長州藩主父子と三条実美ら長州に下った公家の江戸召還も見合わせとなった。大久保の周旋の成果である。同月二二日、大久保はまたいったん、鹿児島へと帰って行った。新時代を切り開くとの覚悟と自負を胸にしての道中だったであろう。そして、また程無くして京に戻るであろうことを期していたのではないか。実際、この翌月、幕府は長州征伐を蒸し返し、大久保は勇躍、京に戻ってくることになるのである。

ところで、大久保日記には、この時の在京中、そして鹿児島への帰路に彼が詠んだ歌の数々が書き留めてある。そのいずれもが花鳥風月を詠い、大久保とは似つかぬ柔和な歌作である。例えば、「都をたちけるに」と題した二首。

散花に契やおかん散とても
　またこん春に咲ぬと思へハ

山の端にたゝすともよし春霞
　われをとゝめん関とたになれ

京を発ち難いとの想いが込められた歌である。これは単なる型通りの戯れ歌だったのだろうか。次に続く歌を見ると、どうも違うように思えてくる。

はなの香ハたもとにうとく成ぬとも
　ひとのこゝろのにほハさらめや

ためとしを思へハ社あれ君にけふ
　こゝろにあらぬわかれをそする

あはさるとあふとふたつの上にしも
　ふむへき恋の道ハ有けり

想う人との裂かれた恋を詠う歌である。殺伐とした奸計渦巻く政争のなかを奔走しながらも、大久保は京の夜に色恋も楽しんでいたのかもしれない。[40]鹿児島でひと月余り過ごした後、五月末に再度京へと向かう途次に、彼は次のようにも詠んでいる。

まずは、「不言恋といふことを」と題した二首。

くれ竹の世にことの葉の甲斐あらハ
　はやくもひとにいはましものを

なかなかにふかきいろなる岩つゝし

いはぬ思ひをひとはしらすや

次に、「被妨恋」の題で二首。

逢みねとたのミしものを玉章の
　道さへ今ハ絶ぬとすらむ

久かたの月にあらねとわか恋ハ
　くものはれまをまちやわたらむ

これは京にいる想い人を詠ったものではなかろうか。とするならば、それは京に暗躍した浪士や志士たちの御多分に漏れず、花街の人だったと想像される。実際、大久保にはおゆうという芸妓の愛人がいて、後に二人は京都でともに生活することになる。のみならず、彼女は維新後も東京で大久保の「第二夫人」として近くに住まい、大久保家の人々からも大切にされる存在だったという。

おゆうは、祇園の高名なお茶屋「一力」の娘と伝えられる。大久保は一力を密談の場として頻繁に使っていたのかもしれない。そして、お座敷に呼ばれた彼女に、ほのかな思いを抱くようになったのかもしれない。そのように詮索するのは、前島密の次のような回顧に理由がある。既述のように、前島は大久保が尽力した開成所に英学講師として招聘された。彼が来鹿したのはこの年の正月で、一年足らずの滞在だった。したがって、この時の大久保帰還時に初めて両者は知遇を得たものと推察される。前島によれば、ともに招かれた酒宴の席で、大久保は酩酊し、「頻りに『キナハレ』拇戦を挑」んだという。「キナハレ」拇戦とは当時京の花柳街に流行っていたじゃんけん遊びの由で、前島はそのような大久保の痴態を見て、「此人は見掛けに似ぬ軽薄男子よな、或は擬英雄に非ざる歟と。即ち敬意を没却せり」と述懐している。[41]

森厳寡黙と語り伝えられる大久保にこのような失態があったかと前島ならずとも意外の感に打たれるが、彼もまた夜の京都で遊び興じることがあったとすれば、隅におけないものである。それは、重要な諜報活動の一環だったかもしれない。あるいは、京の街に慣れた先輩たち（西郷もその一人だったかもしれない）に連れられて、男としてタガを外してしまったのかもしれない。いずれにせよ、誘われたお座敷で秘かに思い慕らせる芸者がいて、一人恋慕の念を胸に秘め、そしてその純愛を貫いたとするならば、それはそれで極めて大久保らしいエピソードではないか。

Ⅳ　連携する薩長——「共和」の国へ

面白キ芝居

大久保が京を後にして間もなく、またも政局は風雲急を告げる。幕府による長州再征である。慶応元年（一八六五）四月二〇日、幕府は長州藩をやはり征討しなければならないとして、五月一六日を期して将軍が軍を起こすことを布達した。同藩が、外国から武器を購入し抗戦の準備を進めているというのが理由である。第二次長州征伐の始まりである。

その知らせを受けて、大久保は次のような不敵な言葉を発した。

　幕府も大いに憤慨して長州征伐を再挙しようと大はずみになっているとうかがっております。これはまた格別に面白い芝居となりそうで楽しみです。おおむね私の思う通りになってきましたので、向こうは向こう、こちらはこちらで大いに意を決して策を用いなければ済みますまい。必ずお気張りくださいますよう。(1)

これから「面白キ芝居」が始まる。幕府の動きを待ってましたとばかりに笑みを浮かべる姿が見えてくる。もとより大久保は、それを漫然と客席から観賞しようというのではない。自らも役者として、舞台に上がろうとしているのである。このことを念頭に置いて、九月二一日に征長の勅許が出て、翌年の慶応二年一月二一日にいわゆる薩長同盟が結ばれるまでの政治劇を追ってみよう。

慶応元年の「赤い糸」

将軍進発の報を受けて、大久保は鹿児島を発ち、京を目指した。五月二一日に出発した彼は、翌月閏五月一〇日に入京した。大久保に遅れること十日余りで、二二日に将軍家茂も京に入った。その日のうちに参内した家茂は、すぐに大阪城に移り、長州征討の指揮を執るべく陣取った。

これに対して、薩摩藩は早々に長州征伐に非協力の姿勢を鮮明にしていた。大久保の述懐は今しがた見た通りである。西郷もまた、これは幕府の「私戦」であり、薩摩藩は出兵しないと語っていた。(2) 長州への派兵を拒否するだけではない。水面下では長州との提携も進行していた。五月末、長州は坂本龍馬に仲介を乞い、薩摩の名を借りて蒸気船や銃を購入することを依頼して薩摩側の了承を得た。さらに、七月に薩摩藩士に扮して長崎に潜入した井上馨と伊藤博文は、同地で薩摩藩家老の小松帯刀*と面談し、小松から長州のために「どんなことでも尽力する」との言を得る。(3) 後の薩長同盟の下地は確実に均されていた。

ここで、後の倒幕運動の立役者三人がこの時期に相前後して記した言葉を引いてみたい。三人

小松帯刀（一八三五―一八七〇）薩摩藩士。久光の側近、家老として、大久保、西郷らとともに薩長同盟、版籍奉還等、様々な交渉に奔走。新政府では参与、総裁局顧問、外国官副知事に就くが病没。

とは、岩倉具視、木戸孝允、そして大久保である。この三人の間にまだ密な連絡はない。しかし、これから引く彼らの言明からは、この三人を結ぶ「赤い糸」が見て取れる。

まず岩倉である。和宮降嫁を推進した彼は尊攘激派の糾弾を受けて辞官落飾を余儀なくされ、当時まだ洛北の岩倉村に逼塞していた。そのようななか、慶応元年六月に「叢裡鳴虫」と題する政治意見書を執筆し、次のように述べている。

次のように論じる人もあろう。国是を天皇が諸藩に諮問するなどもってのほかである。人の容貌が異なるように、人心も異なる。その議するところも一致しない。甲の議論は採用し、乙の議論は採用しないとなったら、採用されたものは満足するだろうが、そうでなかったら必ず不平を抱こう。としたら、どうしてこれを可とできよう。故に、朝廷はまず幕府と施政の大綱を起案し、聖意をもってそれを確定し、将軍がこれに賛同する。その後で諸藩の藩主にそれを下して、答議を上奏せしめるのがよい[4]。

国の方針を諸藩主に下問するなど不要である、朝廷と幕府が施政の大綱を協議の上確定し、その結果を藩主たちに下せばよいとの議論がある。「勅問ハ蛇足ナリ」との考えである。これに駁して岩倉は言う。

これは当たらない。国是を議定することは国家の安危に関わることで、最も重大なことである。天皇お一人が定めるべきことではない。何となれば、天下は祖宗の天下である。君臣が

相ともに是非得失を審議して、もって宸断を下すべきである。(5)

国政の大綱は、天皇一人が決してよいものでない。幕府が専断してよいものでもない。君臣が相ともに討議して、その結果を天皇が裁決すべきものなのである。それというのも、「天下ハ祖宗ノ天下ナリ」。つまり、天下は代々引き継がれてきたもので、その時々の天皇個人の、いわんや将軍一人の天下ではないからだ。

岩倉具視

木戸孝允

岩倉という独特な個性の持ち主が特異な環境のもとで著したものとはいえ、公家のなかからこのような喝破が発せられたことは瞠目に値する。天下は君主一人の天下ではない。それは衆議にもとづく公論に支えられたものでなければならない。先述の「理念型」国家へと至る道筋が、ここにも示されていると見なせる。

次に木戸である。七月一八日、彼は旧知の対馬藩士大島友之允宛の書簡で次のように記した。

自分は長州の人間ではない。日本の人でもない。天に昇って今日の皇国を見渡せば、実に天もまだ皇国をお見捨てにはなっていない。〔中略〕この世に名医がいたならば、天下を安静にし、永久の基本を立て、皇国の富国強兵の策も今から施され、天下ともに安楽することもできようと思われますが、天の方でも名医の御人選まではできないようで、拙い医者ばかりで皇国の病を治すことができていない。(6)

木戸はここで、長州人とか日本人とかを離れて、日本という国の現状を天の高みから見てみようというのである。そうして見てみた時に判然としてくるのが、この国の病状である。それは決して不治の病ではない。国のあり方がしっかりと定まって政策が施されたら、必ずや完治して繁栄をもたらすであろう。そのように木戸は診断しているのである。

ただ、問題はどこに病を治してくれる名医がいるかである。この点、木戸は続けて次のように述べる。

規模の大小が違うのみで、長州も同様である。今日のようになったのも、もとより偶然のことではない。皇国もまた同一轍である。長州が今日のようになったのを名医にうかがってみる千載一遇の機会ではないか。してみると、今日の長州も皇国の病を治すにはよき道具と言えよう。(7)

長州人という自らのアイデンティティを相対化させた上で、長州を日本を治癒するための道具としているのである。もはや長州は日本という国家共同体のなかの一部として捉えられている。付言すれば、長州も日本も天下という高みから見下ろされ、その観点から治療され、身体を改良されなければならないのである。翻って言うならば、ここには、理念的国家を演繹するための理の体現たる天下が希求されていると見なすこともできよう。

この点について、より単刀直入に論じたのが、大久保であった。大久保のほとばしる激情と透徹した思惟の発露たる書簡がこの時期に二通ある。ともに大久保の書簡のなかでも、とりわけ有名なものである。

まず第一通目は、薩摩藩密航留学生としてイギリスに派遣された新納《にいろ》久脩《ひさのぶ》と町田久成に宛てられた、慶応元年八月四日付のものである。冒頭まず大久保はあいさつ代わりに、自らが携わった藩政改革の現況を記している。中心となるのは、集成館と開成所である。前者は島津斉彬によって建設された洋式工場群であり、製鉄や造船などの事業を行った薩摩藩が誇る先進的な富国強兵策のシンボルである。また、後者が洋学講習の機関として、大久保の指導のもと設立運営されたことは前述した。

大久保は、その発展に特に期するものがあったらしい。開成所に新たに勝海舟門下の蘭学者(前河内愛之助。海援隊隊士の沢村惣之丞の変名)を雇ったことを伝えつつ、その者から「貴藩より海外渡航のことは江戸あたりでも話題となり、物の見えている藩ではとりわけ欽慕されています。とりわけ有志の洋学者は、ぜひとも薩摩に従って志を述べんと欲しています」と言われ、得意気となっている(8)。

それはさておき、日本の政情である。大久保は、長州再征の動きを報じ、「皇国の形勢も、日々歎息し、涙を禁じ得ないありさま」と慨嘆している(9)。西郷がこれは幕府の「私戦」だと喝破したのと同様、大久保も「将軍家の私闘と同様（大樹家私闘同様）」と見なし、その不義を衝く。大久保の見なすところ、この進軍は江戸の将軍と京都の一会桑が、権力を濫用し、勅命を私物化しようとしている所業と主張し、有力者たちの動きを伝える。

尾張の老公〔徳川慶勝〕からは、征長は不可であることの事理明白なる御建言があり、越前公〔松平春嶽〕も同断である。昔から大軍を動かすことは、実に国家の重大事であるから、どのような企みがあったかはかり難いこととはいえ、もしその罪があるのならば天下に明言して、朝命を奉り、名義の立った戦でありたいものとの懇々たる書面があった。藤堂*〔高猷《ゆき》〕も同断で、征長然るべからずとの建言があった。今や将軍家の私闘と同様であり、有志の者はもちろん、匹夫に至るまで征長には服そうとしない始末である。[10]

このように、長州への遠征は諸藩の支持を失っている。幕府が自らの沽券で旗を振っているのだが、その内幕を見れば、慶喜と江戸の幕閣たちとで足並みが揃っているともいえず、内輪の動乱も生じかねない危うい情勢である。大久保の脳裏に「清国之蹤跡」がよぎった。一八五一年に勃発した太平天国の乱によって、中国は混乱に陥り、それによって西欧列強に侵食されるがままとなっているという他山の石である。幕府が文久二年（一八六二）に派遣した上海への視察団によって、そのような認識は漏れ伝わっていた。その視察団のなかには、長州の高杉晋作、薩摩からも五代友厚*が乗り込んでいたのである。[11]

清国の轍を踏んで、内乱に陥ってはならない。そうならずに、日本が救われるにはどうしたらよいのか。

長州藩は、いわゆる暴論過激の徒が四国連合艦隊に敗れて以来、開眼して攘夷論を捨て、大いに開国を唱えるようになった。先見の明ある佐賀、越前、土佐、宇和島などの諸藩は、断然と交易などの開化策を実施している。もしも将軍家が龍頭蛇尾に江戸に戻ろうものなら、ますますその命じるところは相行われず、これからは各国割拠の勢となること疑うべくもない。これからは各藩富国強兵に努めて国力を充実させていくことになろう。そうなったら、薩摩一藩だけでも「天朝」を護り奉り、皇威を海外に光り輝かせるようにしなければならない。(12)

もはや幕府は頼むに足らない。今や独自の開化策に着手して富国強兵に努める具眼の藩が幕府から割拠して、乱立しつつある。大久保はそれをよしとする。ただ、そうなっても、薩摩一藩だけでも「天朝」を護り奉り、皇威を海外に光り輝かせるのだ、と。

大久保はここでまだ天朝や皇威と言う。しかし、そこで観念されているのは、もはや既存の天

藤堂高猷（一八一三—一八九五）津藩主。佐幕派の公武合体論者として、天誅組の変の鎮圧に動く。鳥羽伏見の戦いでは旧幕府勢力に付いたが、後に新政府側に転じた。

五代友厚（一八三六—一八八五）薩摩藩士、実業家。長崎で砲術、航海術等学んだ後、薩摩藩遣英使節団の使節として渡英。藩の近代化事業に尽力。新政府では外国官権判事、大阪府権判事等に就くが、実業に転じ、主に関西財界の立ち上げに尽力。利通の理解者、協力者として、大阪会議の斡旋でも動いた。

皇や朝廷ではあるまい。岩倉や木戸と同様、彼の念頭にあるのは、現行の秩序を超越した天下の構成だと考えられる。

そのことを明示するのが、次に紹介する同年の九月二三日付の西郷隆盛宛書簡である。これは、二〇日深夜から翌朝にかけて御所内で行われた長州再征をめぐる天皇の御前での徹夜会議の結果を伝える手紙である。この朝議において、長州征伐の勅許が再び下された。

朝議に列席した近衛忠房から会議の模様を聞いた大久保は、朝彦親王のもとへ駆けつけ、長州再征勅許の非を説いた。この時、有名な「非義の勅命は勅命にあらず」の言が発せられた。

もし朝廷がこれを許されるならば、それは非義の勅命であり、朝廷の大事を思う列藩はどこもそれに従わないでしょう。至当の筋を得て、天下万人がもっともだと納得してこそ勅命と言えるのであって、非義の勅命は勅命ではないのであるから、従うことはできません。[13]

至当の筋を得て、天下万人が納得してこそ勅命たり得る。そうでない勅命は義を欠いた勅命であって、勅命とは言えない。そう大久保は啖呵を切った。

憤懣やるかたない大久保は、朝彦親王から促されて関白の二条斉敬のもとへ向かいさらなる談判に及んだ。

貴職の任務は大事を決するに至公至平をもって大義を立てることであり、そのことに顧慮せずに御裁断あらせられては、私に陥ってしまいます。[14]

右のように、大久保は関白に詰め寄った。『大久保伝』では、この部分が次のように言い換えられている。「抑《そもそ》も関白の任は、天下の大事を決するにあり、宜しく公平至当の理に依り、大義名分に当りては顧慮する所なく、断乎として裁決あらんことを望む(15)」、と。関白たる者、公平至当の大義の何たるかを考えて事を処するべきであり、そうでなければすべては私事に陥ってしまう。

そう畳み掛けても、関白は言を左右にして埒が明かない。大久保は「はばかりながら、もしこれが行われないならば、今日を限りの朝廷と存じます(16)」と言い捨てて、退出した。

「今日を限りの朝廷」――恐れを知らぬ物言いである。翌二二日に朝彦親王を再訪した際にも、大久保は「朝廷これ限り」と言ってのけ、「何とも恐れ入るばかり」と親王を狼狽させた(17)。

佐々木克氏が説くように、ここでの「大久保の行動・発言は、幕末の政治運動の潮流を変える出発点となる、画期的な出来事」と言って過言でない。義を欠いた勅命は勅命でない。大久保は、正式な手続きを踏んで出された天皇の命令であっても、それが非義であるならば、すなわち義や理に背いているならば、今や勅命とは認められないと「勅命に新しい性格付けをした」のである(18)。言葉を換えるならば、天下に公明なる公平至当の理に従った勅命でなければ、勅命とはいえないのである。

ここで注意しておきたいが、この大久保の論弁が、彼一人の独創と捉えられるべきではないということである。これに先駆けて紹介した岩倉や木戸が示した天下の考え方と大久保の論拠は通底している。既存のあらゆる政治的権威を相対化し、審判する根拠としての天や理の観念は、幕府、朝廷、藩といった枠を越えて、有志たちのなかに沸々と醸成されていたと言うべきだろう。多くの者が声にならない声を上げようとしていたなかで、いち早くその声を発したのが、岩倉であり、木戸であり、そして大久保だったのである。

先に、「赤い糸」と呼んだのはこのことである。このような天下なるものの意識の共有があったからこそ、薩長の提携も可能となった。次に薩長同盟に話を移すべきであるが、しかしその前に、この時期のもうひとつの重大な政治的課題に触れておかなくてはならない。条約勅許問題である。

条約勅許

長州再征が世の耳目を欹《そばだ》たせていた時、もうひとつの大きな問題が持ち上がっていた。それは、条約勅許という外交的問題である。西洋列強からの圧力を受け、幕府はこの時期、条約を正式に天皇によって勅許させ、同時に天皇のお膝元といってよい兵庫を新たに開港させるかどうかという難題に直面していた。

発端は、慶応元年（一八六五）九月一六日にアメリカ・イギリス・フランス・オランダの四カ国の公使が、安政期に幕府と結んだ条約の天皇による裁可、そして、兵庫の早期開港を求めて兵庫沖に来航したことだった。九月二四日、将軍家茂は、兵庫で四カ国代表と面会した老中阿部正外の意見を聞いて、兵庫の即時開港を決めた。この知らせは、その日のうちに京都の一橋慶喜のもとに届いた。これを知った慶喜は激怒し、またも勅許を得ずに開港を認めたりしたら朝幕関係は再びこじれるとして、大阪に乗り込んでこの決定を撤回させた。そして、代わりに、四カ国への回答期日の延期を決定したのである。

しかし、ことはこれで終わらなかった。幕府が朝議にはからずに開港を進めようとしたとの情報は洩れ、朝廷の耳に入るところとなった。その結果、朝廷は九月二九日、兵庫開港を主張した阿部と松前崇広の二名の老中の罷免を命じた。朝廷が幕府の人事に介入する異例の事態である。大阪城内は議論沸騰し、ついに家茂は一〇月一日、将軍職辞職を朝廷に願い出て、慶喜にそれを委譲したいと申し出るに至った。朝廷の背後で慶喜が糸を引いていると見なした将軍サイドによる牽制である。

一〇月四日、大阪を出て江戸に戻ろうとする家茂を伏見で待ち構えて面会した慶喜は、条約勅許を今一度奏請すべきと説得して、京都二条城に入るよう慫慂した。慶喜の懸命の勧説を受入れ、その日の夕刻、家茂は入洛して二条城に入った。慶喜のこの日はまだ終わらない。伏見から京に戻ったその足で彼は参内し、条約勅許を奏上した。天皇が条約を認め、横浜、箱館、長崎の三港が開港されたら、異国船は兵庫から退去するであろうと述べて、朝廷の説得に及んだ。

これを受けて、その日のうちに朝議が開かれた。天皇も出御し、御簾の奥から聴くという御前会議である。この模様をその場にいた中川宮朝彦親王の日記に見てみよう[19]。それによれば、朝廷側は三港の開港は相ならずと抗弁したが、慶喜率いる一会桑側は引き下がらない。日が変わって五日となるが、議論は袋小路に陥り進展しない。休憩となったところで、慶喜から「在京之藩士ヲ被召御聞取可然旨言上」があった。京都にいる各藩の藩士たちを召し寄せて意見を聴取しようというのである。

これが入れられ、早朝から次々に、召しを受けた諸藩の藩士が参内してきた。

召された諸藩の藩士らが追々集まり、衆議がなされた。両役〔武家伝奏および議奏〕と慶喜、松平容保（会津）、松平定敬（桑名）、そして老中の小笠原長行《ながみち》が立ち合い承った。場所は宮中の仮建所である。薩摩に退去させることの見込を尋ねたところ、無策であった。その他の者は、すべて三港を開かれ、これまでの条約を替えるべしとの返答だった[20]。

呼び寄せられた藩士たちの意見は右のようなものだったが、無策とされた薩摩藩は、実はこれとは別に内大臣近衛忠房を通じて宮中工作を進めていた。中心となっていたのは、大久保である。彼の取りまとめで、次のような建言が近衛に届けられていた。

兵庫開港、三港も勅許するとの儀は容易でない。皇国の重大事であり、軽率にお許しになっては天下の人心と折り合わず、皇威が廃れかねない。名のある諸侯をお召しの上、天下の公議をもって御評決になり、その来会の時までは時間かせぎをして、朝廷から然るべき御方を使者として差し向けるべきです。薩摩に随従を仰せつけられるならば、死力を尽くして十分にそれに当たり、十中八九は成功を遂げたいと存じ奉ります[21]。

この建言は近衛によって朝議に付され、「一同同意。一〔一橋〕へ打合ニ相成[22]」、すなわち朝議ではこの薩摩藩の案が一同の同意を得られ、慶喜にその旨が伝えられた。だが、慶喜は条約勅許を求めて譲らなかった。

一橋に打ち合わせしたところ、承知せず。昨夜言上の通り、条約勅許されたしとのこと。段々と時刻も経過し、早く返答いただきたいと押して願うとの言上。内府殿は御前に従って退出しており、不敬である。もっとも夕刻に至っていた。(23)

慶喜の粘り勝ちである。条約勅許に固執する彼は、一歩も引き下がらず、ついに関白らの根負けを誘った。その夜、天皇によって、条約勅許の勅書が下された。前日に伏見に駆けつけて家茂を説得し、そのまま朝廷での徹宵のマラソン協議に臨み、全く屈することなく、ついに説き落としたわけである。恐るべき胆力と言えよう。だが同じ人物が、この二年後にはあっさりと政権を返還し、鳥羽伏見で開戦した自軍を見捨てて江戸に遁走する。その時の彼は、もはや糸の切れた凧だったのだろうか。

島津家の遠縁にあたる近衛から朝議の模様を伝え聞いた大久保は、一〇月七日付の西郷隆盛宛書簡で、以上の顚末を詳述している。そのうえで、次のように憤怒している。

慶喜は実に強情に言い張り、条約勅許をお認めくださらなくては寸歩もここを動かないと述べて、もし勅許を咎め立てる藩があったならば、自分が処置を加えるとまで申し上げる始末で、とても致し方ない勢いだったらしい。残念ながら条約はお許しの運びと内定されたとのことだ。(24)

大原重徳卿も一橋へ手厳しく激論され、「このような一大事は前もって言上し、諸藩をお召しになってとくと衆議を尽くすべきところ、昨夜になってそのようなことを申し出て、即回答せよとは心得違いである」と詰問されたが、一橋が言うには、「これは私一人の重罪であり、何とでも厳罰を受けましょう」と居丈高に言ってのけたそうだ[25]。

大久保の心中のみならず、改めて慶喜の覚悟が察せられるのである。

衆議と公議

ここで、五日の朝に招集されたという「在京之藩士ヲ被召御聞取」のことに立ち入ってみたい。近時、この在京藩士招集が特筆される傾向がある。つまり、この衆議聞き取りの場は、「大名でもない一般の家来が、国事を審議する場に、実質的に連なった」という意味で重要であり、「公議による国事審議というあり方が、外国艦船による条約勅許の強要という非常事態に、臨時の場とはいえ、藩士レベルにまで降って具体化した」ものと大書される[26]。先に、大久保が西郷宛の書簡において慶喜の対応を「天下の公議をもって御評決」することを拒んだ不埒なものと論難していたことを引いたが、実際にはこの時、数名の大名に限らず、下々の藩士たちを招集して「画期的な衆議聴取の試みが実践されていたのであり、条約勅許はその結果でもあった[27]」。

このような認識にしたがえば、大久保の怒りはお門違いで、単に自分の思った方向にことが運ばなかったが故の私憤ということになる[28]。ここでは、大久保の観点から、この衆議について考察してみたい。

大久保が、この件を全く無視していたわけではない。西郷宛の書簡では、次のように触れられている。「朝、伝奏の周旋により、御用向があって内田仲之助を差し出したところ、外国船の一件につき考えるところを尋ねられたとのこと」(29)。

大久保の言及は確かにこれだけであるが、このことはこの招集が公議評決の機会として彼にとって不都合なものだったからであろうか。そうではなく、そもそもこの集会が瑣事として重視されなかったからではないかとの理解も成り立ち得る。

そのように考える理由のひとつは、招集の手続きである。大久保の記述によれば、この日の朝、いきなり武家伝奏から参内の要請があった。詳細が分からぬまま、薩摩藩としては留守居役の内田仲之助を派遣した。帰邸後に内田から聞いたところ、外国船の対応について尋ねられた。そう大久保は伝える。

この素っ気ない記述は果たして、意図的にこの招集の意義を矮小化しようとの底意なのだろうか。大久保としては、その日の朝にいきなり呼び出しをかけるという場当たりさに呆れただけだったのではなかろうか。

そう考えたのは大久保だけではあるまい。前述の朝彦親王の日記においても、五日の未明に唐突に慶喜からこのことの提案があり、夜が明けるやにわかの招集であることが記されている。集められた藩士たちにしては、理由も分からず、何の準備もしていない状態で、いきなり並み居る歴々の前で意見を述べろと言われる。あまりに突飛で抜き打ち的である。正当な手続きを踏んでの衆論とは言えまい。

第二に、これが大久保の唱える公議と実体的に言えるかである。大久保のなかでは、公議と衆議は厳密に区別されていたと考えられる。彼においては、公議にあずかる者の資格が厳しく問われていた。そのことは、「天下の公議」の評決が、「名のある諸侯をお召しの上（有名侯伯御召之上）」なされるべきものと先に示した近衛忠房宛上書で書かれていることに明示されている。大久保にとって、公議とはこれより先に彼が尽力した参預会議のように、地位と責任のある指導者によって担われ、彼らの熟議を経て決せられるべきものであった。「有名侯伯」を排除して、その頭越しに下士たちの意見を聞き取ったとしても、それはせいぜい衆議にとどまり、正論を担保するものではないのである[30]。

ここで再び薩摩藩での議政所の始末を思い起こしてみよう。下級藩士の意見を汲み取るという衆議の取り組みは、熟議の機会とはならず、客気ある若年藩士のガス抜きの場にしかならなかった。そのことを思い知っていた大久保にしてみれば、今回のように訳も分からぬ有象無象の輩を突然呼び出して意見を五月雨式に聞くなど、お手盛り感満載の思いを抱かしめ、笑止千万だったろう。

そのことは、大久保にとどまらず、要路の者には十分に意識されていたと思われる。それだからこそ、この評議は当時の史料上でほんのエピソード的な扱いしか受けてこなかったのだと考えられる。実際、朝彦親王の日記の記載によれば、この衆議の後、いったん朝議で決せられたのは、大久保が中心になって近衛を通じて建策された案だった。当時の公的な意思決定の手続き上では、このような衆議は参考人聴取のような意味合いしか持ち得ず、それによって朝議が左右されるほうが問題だったのである。

この点は、この衆議を策動した慶喜自身が、決してその結果を盾に条約勅許を迫ってはいないことにも表れている。慶喜としても、この策は数に訴えての権道であり、禁じ手であることを弁えていたのではなかろうか。先にも言及したが、この時代は政治的秩序の弛緩によって、下層の者たちが徒党を組み、数を頼りに上層部に物申すということが横行していた。処士横議や草莽崛起のスローガンに代表される有志たちの横の連携は、尊攘運動の制御不能な過激化を生んでいたし、朝廷においても岩倉具視による廷臣八十八卿列参事件が生じていた。かような衆議は、このような下剋上的雰囲気を背に受けての朝廷に対する圧力だったと受け止められかねなかった。こういった強訴まがいの政略は、いずれ返す刀で自分に降りかかってくるかもしれない。その危うさを、慶喜は十分に感じ取っていたのではないか。彼自身による後年の回想で、この評議についての言及が「綺麗に抜け落ちている」[31]のは、理の当然なのである。

以上のことを確認して、いよいよ、薩長同盟の締結過程に立ち入ることにしよう。

薩長同盟（密約）の成立

この年、慶応元年（一八六五）五月に将軍家茂が江戸を発して京都に行軍するなか、長崎で薩長両藩がコンタクトし、薩摩の仲介で長州が武器の購入を進めていたことは前述した。多くの歴史本で、慶応二年一月に坂本龍馬の斡旋で急転直下、薩長同盟が実現したかのように描かれるが、実際には両者は以前から提携に向けて着々と歩を進めていたのである。

その大きなマイルストーンと目されるのが、慶応元年九月八日に長州藩主毛利敬親とその世子（世嗣ぎ）定広が、薩摩の島津久光・茂久父子に親書を送っていることである。ここにおいて長州側は、薩摩藩とあれこれ行き違いとなったことに遺憾の意を表明し、次のように弁明している。

それというのも家来の者に不心得者がいたからでもありますが、先年来の幕府の拙劣な対外政策による人心の動揺と朝廷の威信の低落を憂慮して微力ながら尽力しようとしたところ、諸事齟齬を生ずるところ多く、当方の素志が貫徹できなかったばかりか、今日のような仕儀になったのは、何とも残念なことであります。この度貴国にうかがった家来から詳しい話を聞き、これまでのことはすべて氷解しました。貴国において勤王の正論がことさらに護持されていることは、実にもって欽慕の至りであります。(32)

刮目に値する書面である。この親書の重要性に初めて論及した高橋秀直氏が説くように、「長州側は、藩主から藩主への書簡という最も重い形式で薩摩に提携を申し入れ」たのである。(33)この書簡に対する島津側の返書は不明なので、これを機に薩長同盟が成立したとまで言えるかは疑問である。(34)しかし、この長州からの申し出を薩摩が決して無下に扱ったのではないことも事実で、薩摩は幕府の長州再征を防ごうと陰に陽に動いていく。

年が明けて慶応二年正月、これまでの両藩の協調を受けて、その協力関係を確立すべく京都の薩摩藩邸に木戸孝允が入り、西郷隆盛らと協議した。すでに提携の実はあがっていたが、それが同盟といわれるような強固な制度的関係となるにあたっては、双方のメンツがあり、協議は難航した。

ここで助け舟を出したのが、坂本龍馬である。しばしば当事者同士での話し合いは、互いの利害が直でぶつかり合うことになって、引くに引けなくなったりする。その間を取り持ち、合意をうまく導き出すのが、クッションとしてのエージェントの役割である。坂本というクッション役を得て、薩長同盟と言われる密約が交わされた。一月二一日のことである。

この時の密約は、木戸の記録によれば、次の六カ条からなるものだった。

① 戦と相成候時は、直様二千余之兵を急速差登し、只今在京之兵と合し、浪華へも千程は差置、京阪両処を相固め候事（戦闘となった時、薩摩藩はすぐに二千の兵を派遣し、京都と大阪を守り固める）。

② 戦自然も我勝利と相成候気鋒有之候とき、其節朝廷へ申上、訖度尽力之次第有之候との事（戦闘がわれわれの勝利となりそうならば、その際は朝廷に入説して長州のために尽力する）。

③ 万一戦負色に有之候とも、一年や半年に決而潰滅致し候と申事は無之事に付、其間には必尽力之次第訖度有之候との事（万一、敗色が濃くなった場合でも、一年や半年で長州藩が壊滅することなどないだろうから、その間に長州の有利となるよう尽力する）。

④ 是なりにて幕兵東帰せしときは、訖度朝廷へ申上、直様冤罪は、従朝廷御免に相成候都合に、訖度尽力との事（幕府軍がこのまま江戸に引き下がったら、朝廷に働きかけて長州の冤罪を晴らすよう尽力する）。

⑤ 兵士をも上国之上、橋会桑等も如只今次第に而、勿体なくも朝廷を擁し奉り、正義を抗み、周旋尽力之道を相遮り候ときは、終に及決戦候外無之との事（幕府軍が上京し、一会桑が従前の如く朝廷をほしいままにして、正論を妨げ、薩摩の周旋をさえぎるようならば、決戦に及ぶほかない）。

⑥ 冤罪も御免之上は、双方誠心を以相合し、皇国之御為に、砕身尽力仕候事は不及申、いづれ之道にしても今日より双方、皇国之御為、皇威相輝き、御回復に立至り候を目途に誠心を尽し、詑度尽力可仕との事（長州の冤罪が晴れたならば、薩長両藩は皇国のために粉骨砕身尽力するのみならず、今日からただちに双方は、皇国のためにその威信が高まるよう誠心を尽くして尽力する）。

このように薩長間の合意の内容が綴られているが、注意しなければならないのは、これは正文ではないということである。この六カ条は、木戸孝允が京の薩摩藩邸での協議の翌日に坂本龍馬に宛てた手紙のなかに記されたもので、木戸は、坂本に対して、昨日の合意の内容はこれでよいかと確認したのである。これに対して、坂本は、木戸の書状に次のように裏書きして、その内容に太鼓判を押した。

表に記してある六カ条は、小松帯刀と西郷隆盛の両氏及び老兄〔木戸〕と私らが同席して議論したところであり、全く相違はありません。この先も決して変わることが無いのは、神に誓って明らかです。[35]

この密約の成立過程の精緻な実証、そしてそれに基づいてその性格や意義を再検討する作業が、この間、歴史学界では長足に進展した。その成果が教示するのは、以下のことである。

まず、ここでの合意は、薩摩藩の行動指針を木戸に伝達して、その実行を確約したものであり、双務的な契約とはいえない。その意味で、ここで薩長同盟が成立したというのは、言い過ぎとの指摘がある。[36]

とはいえ、薩長両藩が、日本の体制改革のために(「皇国之御為」)ともに力を尽くすと誓ったことは画期的である。第六条に明示されているように、事態がどう動こうとも、今日この日から両者は皇威回復のために協力することが謳われた。それは、天下という義と理に支えられた新しい日本という国家の構築といってよい。木戸や大久保といった諸士のなかで、個々別々に育まれた天下や皇国の概念が、今や結びつき、時代を大きく変える理念となっていくのである。[37]そして現実にも、薩長はこの後ぶれることなく共闘した。この点を重視し、以下では通例言われている「薩長同盟」の語を使いたい。

一月二一日に京を発って薩摩に向かっていた大久保は、薩長同盟成立の現場には不在であった。しかし、その内容は彼にとって合点のいくものだった。京を出た翌日、大阪から西郷に宛てて手紙を書いた。同地での福井藩重臣中根雪江*との面談を伝える内容である。そこで大久保は、次のように記している。

長州への御処置は、……天下の条理を立てようとすれば、目下懸案のこの御処置ぶりが至当を得ることが肝要ではないでしょうか。もしそれを失えば、恐れながら幕府の興廃はもちろん、天下の安危に相関わることになり、この処置ぶりは条理を立てて行われることの始まりではないでしょうか。(38)

長州への処置を誤れば、天下の条理が立たず、もしそうなったら幕府は存亡の淵に立たされるのみならず、天下の安危にもかかわる。長州に対する処分の如何こそ、条理にもとづいた政治を行う魁ではないか、との論である。そのように、大久保は大阪で面談した中根に告げたという。長州再征の阻止こそ、条理に基づいた政治の端緒となるとの認識である。

長州再征の阻止

慶応二年二月一日に帰藩した大久保だったが、ひと月ほどの滞在で、また京に戻った。この時に大久保は、京都上京の石薬師通寺町に町屋を借りて居を構えた。有待庵と呼ばれるその仮寓で、彼は愛人おゆうとの生活を始めたが、そこは愛の巣のみならず、長州藩士や未だ洛北に幽閉中の岩倉具視の使者が往来する政治工作のアジトでもあった。(39)

さて、「非義之勅命」である長州再征の朝命は前年の九月に下されたが、実際の進軍は遅々として進まなかった。その理由は、幕府の内と外にある。

まず外的要因である。この戦闘が非義のものであるとの意識は、既述のように大久保のみならず他の藩においても共有されていた。一月二日、福井藩の重臣・中根雪江も慶喜に書を出し、長州再征は公論に背くとして思いとどまるよう諫言している。

もともと幕府一個の思し召しで、朝廷も好まれず、諸侯も不服の御親征であり、このように天下に惨毒をもたらすとの怨嗟が滔々と瀰漫することとなれば、実に御家運の衰退もここから始まるものと深く恐懼します。(40)

今回の挙動は、幕府の私事であり、朝廷も諸藩も決して支持していない。そのようななかで兵を起こせば、徳川の衰運が来されようとの直言である。

こう述べたうえで、中根は天下に照らした「至当の公論」を採用するべきだと説く。それは、次のようにして議せられるものである。

聖人君子を廟堂に集められ、諸藩の人材も召し寄せられ、公共の政治の法をもって天下諸侯の人心を収攬遊ばされ、幕府の真の威力を御回復遊ばされることが第一等の急務です(41)

諸藩列侯の意見を集約した公議の提唱である。「虎豹変革備考」を著し、議会制論の先駆けをなした福井藩、松平春嶽の面目躍如といえよう。既述のように、参預会議というかたちで、薩摩

中根雪江（一八〇七—一八七七）福井藩士。松平春嶽の側用人として、藩政改革に尽力する一方で、中央政界における春嶽の活動を支え、幕閣や諸藩との交渉に当たる。新政府では参与、内国事務局判事等を歴任。後、越前・春嶽の動向を明らかにした『丁卯日記』などを著す。

が中心となって公議に基づく政体の萌芽的導入は試みられたが、慶喜によって覆された。ここに来て、いままた「私」を越えた「公」の政体の模索がなされることになる。じきに薩摩もそこに参画するのである。

次に内的な理由である。第一次長州征伐の時と同様、この時も幕府内部で足並みは乱れていた。その一端は、兵庫開港をめぐる将軍サイドと慶喜とのつばぜり合いからもうかがえよう。長州進発についても、ここに来て消極論に転じた幕閣らと積極論の慶喜との間で膠着状態になっていた。四月二日、大久保は、木戸孝允に宛てて、「幕府の内輪も益々紛糾している模様」と報じ、「必ずや遠からず面白き機会が生じるでしょう」と不遜にも言い放っている(42)。

大久保は座視して「面白き機会」を待ったのではない。自分からそれを演出しようとした。この語を発してから十日余りが経った同月一四日、大久保は大阪にて老中板倉勝静《かつきよ》*に面会し、薩摩藩出兵拒絶の上申書を提出した。そしてそれが却下されるや、一九日に再び板倉に面会し、「言路を閉塞し、下からの言上を相成らずとの御趣意であるか」とその対応を難詰した(43)。ここで、大久保が提出した薩摩藩の上申書のロジックをみてみよう。それは、次のように述べる。

御討ち入りという事態になれば、天下が大いに乱れることになるのは明白で、朝廷からは時勢にふさわしい処置をもって寛典〔長州に寛大な措置をとること〕せよとのお考えもあらせられたのにそれを承らないと伝聞しており、天下の人々は物議喧々で聞くに堪えない次第です。その征伐は天下国家の重大事で、後世の歴史に恥じないはっきりとした大義名分が立って、その罪を説き、令を下さずとも四方が共鳴して応じるということが無ければ、至当とは言えません。あまつさえ、凶器〔武器〕を妄りに動かすものでないとの戒めもあり、当節の天下に申し開きすれば、名分無く兵を振りかざしてはならないこと顕然明白であります。〔中略〕このように天理にもとる戦闘であり、大義において御請けし難く、たとえ出兵の命令があっても承知することはできずお断り申し上げざるを得ません(44)。

直截に言い切っている。幕府の出兵命令は、義を欠き、天理にもとる行いで、後世の史家の糾弾の的となるのみならず、現下の天下人心も離れている、と。それと言うのも、大久保が板倉老中に面と向かって言い放ったように、幕府が言路洞開を拒み、天下の声を遮断しているからなのである。先に見た中根による幕府批判と同じ論調が認められよう。

大久保によるこのような「面白き機会」の演出は、彼のスタンドプレーではなかった。鹿児島で一部始終を伝え聞いた久光ら藩首脳部は快哉した旨、西郷は大久保に書き送っている。「ご満足の由で、大久保もよくやったとの意を申され、われわれ一同もありがたく、雀躍するとはこのことです(45)」、と。

薩長といい越前といい、雄藩の間では連携して新しい日本の政治体制を創ろうとの気運が勃々と生起していた。その具体像はまだ見えないが、少なくともそれが単に武力に頼むものではなく、後世の歴史に恥じない義と理に基づいたものでなくてはならないという意識に裏打ちされていた

板倉勝静（一八二三―一八八九）備中松山藩主。寺社奉行・老中首座。松平定信の孫。藩政改革の成功により寺社奉行に任じられるが、井伊直弼と対立して罷免。直弼死後、復職し老中に。家茂、慶喜に仕え、幕政改革を進める一方で、大政奉還にも尽力。勝海舟と親しく、失脚後の勝の復権にも動く。

ことは確かなのである。義と理に基づいた政体の模索が、まさに始まろうとしていた。

「共和」政体へ

慶応二年六月七日、周防大島にて幕府軍艦が砲撃を行い、長州軍との戦闘が開始された。両軍の士気の違いは覆い難く、戦況は日を追うにつれ幕府に不利となった。そのようななか、七月二〇日、将軍徳川家茂が大阪城にて急逝した。後任の将軍職に就くべきは、一橋慶喜以外にあり得ない。だが、慶喜はこれをなかなか受けなかった。周囲の説得を受けて、徳川宗家の相続については同意したが、将軍職は固辞し続けた。幕府内部にも自らに対する反対者が多いことを知っていた彼は、盤石の体制で受け入れられるまでは、これを引き受けることを躊躇したのである。かくして、彼が将軍職を受任するまで四カ月半もの間、将軍の空位が生じる。

その一方で、慶喜はまだこの時、好戦の姿勢を緩めていなかった。八月八日、彼は自ら出陣して征長軍の指揮にあたるため、暇乞いを求めて参内した。天皇から直々に勅語と節刀を下賜され、意気揚々の出撃のはずだった。ところが、一転、長州再征は中止される。北九州の小倉での戦闘で幕府軍が惨敗したとの報を受けた慶喜は、とたんに変節して、休戦を奏請したのである。「歴史は二度繰り返す。一度は悲劇として、二度目は茶番として」とはカール・マルクスの『ルイ・ボナパルトのブリュメール18日』のなかの有名な言葉だが、長州戦争は二回とも茶番で終わったと言えようか。

このような茶番劇を横目に、日本という国の新しいかたちの胎動が始まりつつあった。ここで、先述したこの年の五月二九日付大久保宛西郷書簡に立ち返ってみたい。「天理にもとる戦闘」、

「大義において御請けし難」しと幕府に対して大見得切った大久保を絶賛するなか、西郷は次のようにも書いている。

この因循に満ちた国も、正論の国に変じたとの心持ちがして、鹿児島も広いものだと感じ入りました。[46]

西郷の言う国とは、薩摩藩である。それは旧習に囚われた因循な国だったが、それが正論の国に変わったような気がして、鹿児島も広いものだと思ったと痛快な気分を抑えられない様子である。自画自賛はさておき、ここにはわが薩摩が主体となって日本という国を変えていくべしとの気概が込められているとも言える。前年八月に大久保が、各国割拠し、それぞれが富国強兵を推し進める世の趨勢となることを予見し、そのようななかで薩摩が単独でも皇国を支える意を示していたことを想起されたい。

そう考えた場合に示唆的なのが、この西郷書簡のなかの次の一節である。

英国志と申す書物をお探しくださり、二部ほど急ぎ送り下されまいか。いまだ君公は御覧になっていないとのことで、お頼みします。[47]

『英国志』という書物を探して、二部を早便で送ってほしい、ぜひ主君へ御覧に入れたいからとの内容である。『英国志』とは、トーマス・ミルナーが執筆した“The History of England”を上

五代友厚

海在住のイギリス人宣教師ウィリアム・ミュアーヘッド＊が漢訳した『大英国志』を指す。それを長州藩が文久元年（一八六一）に翻刻していた。イギリスの歴史と制度が概略的に論述されたもので、イギリスの二院制議会についても簡単に紹介がなされている。先に言及した松平春嶽の上下両院論「虎豹変革備考」も、この書から触発されたものと言われる。[48]

ここで西郷が『英国志』を欲しているというのは、薩摩藩における海外知識習得の高まりの表れであろう。すでに薩摩藩は前年とこの年の二回にわたって、イギリスに留学生を派遣している。そういったことを通じて、西洋の政治の作りについても、一定の知識を吸収していたであろう。

そのような推察を可能とするのが、高木不二氏が紹介する次のようなエピソードである。[49] この年の六月、薩摩藩の五代友厚が長崎にて福井藩士の八木八十八（日下部太郎）と会った際の一幕である。五代は、薩摩藩の「国論」につき次のように説明した。

> 日本の今日の形勢によれば、ドイツ諸邦の例をもって西洋諸国と盟約を結び、日本の諸大名を京都に参集させ、政治の利害を議論し、天皇に奏聞して六十余州に施行すべきである。[50]

ここで五代は、ドイツ連邦の国制を日本のモデルとして挙げている。この当時、まだドイツは統一国家とはいえない状態だった。プロイセン、オーストリア、バイエルンなどの領邦国家とブレーメン、ハンブルクなどの自由都市によって構成された連合体としてドイツはあった。五代はそこに当時の日本との類似性を認め、その例に倣うことを説いているのである。その際に、京都に諸藩主を集め、議事を行って政治を執り行うべしと議会制度の導入が論じられていることも興味深い。

そしてそのこと以上に注目されるのが、ドイツの国制が引き合いに出されていることである。このことは、当時の薩摩藩内でいかに幅広く西洋の政治制度が学習されていたかを示唆するものである。ドイツというものが、単一国家としてはまだ成立しておらず、様々な分権国家による連合体でしかないという認識をもち、それを日本の幕藩体制に照らし合わせているあたり、五代の国際認識の確かさを示していると同時に、薩摩藩内での知的探求心の高まりをうかがわせるのである。

列藩連合による政体刷新の願望は、薩摩藩の内外で沸々と生起していた。福井藩の中根雪江がそのことを慶喜に訴えていたことは既に見た。また、逼塞中の岩倉も、このころ盛んに意思疎通を図っていた薩摩藩の藤井良節*と井上石見*宛の書簡で、「外国への処置は、列藩が上京して衆議を決し、基本を立てなくてはならない」と論じている。[51] 政治外交は、列藩が上京し、衆議を行っ

ミュアーヘッド、ウィリアム（一八二二―一九〇〇）イギリスの宣教師。中国名は慕維廉。上海に渡り半世紀をここで過ごした。この間トーマス・ミルナーの"The History of England"を漢訳し、『大英国志』（一八五六年／全八巻）として出版した。

藤井良節（一八一七―一八七六）薩摩藩の神職の家に生まれる。お由羅騒動で福岡藩に逃れるも、後に赦され京都において薩摩藩の連絡役として弟・井上石見とともに岩倉具視につく。維新後は鹿児島に戻る。

たうえで方針を立てるほかないとの主張である。

そう述べたうえで、岩倉は次のように続ける。「とはいえ、議論百端に及べば、取捨し弁を開く人がいなくては、かえって御心配の筋も生じよう」[52]。すなわち、そのような衆議もみなが百端議論しては収拾がつかなくなる恐れがある。議論を切り盛りする人がいなくてはならない。

岩倉はそのような役割を担えるのは、薩長を措いて無いと言う。「列藩衆議とは言うものの、勤王の筆頭の薩長の振る舞いが、朝廷の大義を大成させるものといえましょう」[53]。薩長こそが、勤王の立役者であり、列藩衆議をリードするべき両雄としたのである。

このような思潮と大久保も無縁ではなかった。九月八日付の西郷への書簡で、大久保も次のように記している。

共和の大策を施し、将軍の権力を打破し、皇威が栄えるための大綱を立てられるよう御尽力を願います[54]。

「征夷府」=幕府の権力を破り、皇威を輝かせるためには、「共和之大策」が講じられなければならない。ここで共和とは、かつて西郷が勝海舟から教えられたように、列藩諸侯による会盟政治である。その先駆けとしての参預会議は挫折したが、いままた新たに、共和の政治の試行錯誤が始まる。それは、大久保にとって、義と理の政体への試行錯誤であった。

四侯会議

慶応二年（一八六六）一二月五日、慶喜に将軍職が宣下された。第十五代将軍徳川慶喜の誕生である。四カ月以上に及ぶ将軍空位の状態が終わったのも束の間、今度は同月二五日に孝明天皇が三五歳で急逝する。幕末政治劇を彩った希代のトリックスターの突然の退場である。年が明けた慶応三年（一八六七）一月九日、睦仁親王が即位した。この時一四歳。後の明治天皇である。王政復古が宣せられ、明治維新が成るまで、いよいよ政局は最終局面に入ろうとしていた。

このようななか、在京の大久保は、小松帯刀や西郷隆盛とともども、共和の政治を実現する気運を一層盛り上げていた。そのために、国元の島津久光が、松平春嶽、山内容堂、伊達宗城らとあわせて上京し、共同で朝廷を支えることが画策された。

事態は、兵庫開港問題をめぐって急展開する。兵庫開港に難色を示していた孝明天皇がいなくなったことで、幕府はこの問題に一挙にかたをつけようとする。折しも、慶喜はフランス公使のロッシュ*やイギリス公使のパークス*に兵庫開港を約束し、その激しい突き上げにあっていた。このような背景のもと、慶喜は慶応三年三月二〇日を期限として、島津久光をはじめとする九名の有力藩の代表者や藩主に対して開港の可否を諮問し、上洛を要請した。

ところが、三月五日になって、慶喜は突然、兵庫開港を朝廷に伺い出た。パークスらの開港を

井上石見（一八三一―一八六八）藤井良節の弟。兄とともに岩倉具視のもとで薩摩藩の連絡役を担う。新政府より参与、箱館府判事を命じられるが、樺太沿岸視察中に遭難死。

ロッシュ、レオン（一八〇九―一九〇〇）フランスの外交官、駐日公使。一八六四年、二代目公使として来日。幕府に対して軍事力強化を中心に援助策を展開。鳥羽伏見の戦いの後、慶喜に再起を促したが拒絶され、一八六八年、明治政府の樹立を見て帰国。

求める圧力に抗せられなかったというのが彼の言い分であるが、このような豹変は当然、各藩の反発を招くことになる。薩摩藩はその急先鋒だった。大久保はここぞとばかりに幕府の対応を批判した。「天下の賢侯の公論を聞し召られ、衆議一決のところをもって御処置せずんばおさまるまい」[55]。天下の賢侯を招集して、その衆議を経たうえで決せられねばならないという共和の政治の訴えである。

慶喜もまた幕末史の一大トリックスターである。時局に応じての豹変ぶりは孝明天皇と双璧といえよう。もっとも、慶喜の場合は、全体的な政治の流れのなかでの自らの地位を弁え、自分の行動がもたらす結果を見極めた上での翻身である。単なるアクターとしてのスターではなく、演出家であり、プロデューサーに値すると言ってよいかもしれない。

とはいえ、この時、慶喜のプロデューサーとしての神通力には明らかに翳りが生じていた。兵庫開港を朝廷に願い出るも、勅許には至らなかった。京でのごたごたを受けて、久光は七百名の兵を率いて鹿児島を出発し、四月一二日、京に入った。松平春嶽、山内容堂、伊達宗城の雄藩指導者も続々と入洛し、「共和」の体制を支える人材が京に結集した。これに合わせて、大久保は、久光に対して次のように建言した。

今から天下を創業するにあたっては、その意気込みはひとえに仁義名分が立つこととし、その成否にも関わることですから、重々御誠忠をもって列藩を感動せしめることが根軸となるべきと思われます[56]。

これからわれわれは、天下を創業するのであるから、よくよく大義名分を尽くし、諸藩の導きとなれるよう自戒しなければならないとの忠言である。「国父」久光に対して、堂々の物言いといえよう。理念的な天下や理や義に奉仕しているとの意識の下、大久保は眼前の主君ですらそのための道具として映じ始めていたのではなかろうか。

五月四日、久光、春嶽、容堂、宗城の四名が京都の福井藩邸にて一堂に会した。四侯会議と呼ばれるものの最初である。彼らが起こした最初のアクションは、朝廷改革だった。折しも、前の月にイギリス公使パークスが伏見を経て福井の敦賀へ向かうという事件が生じていた。京都の近くを外国人が通行したというので騒ぎとなり、責任を取って朝臣のうち議奏と伝奏が辞職することになった。その後任人事に介入して、朝廷改革を進めようというのが、京に参集した四侯の初仕事となった。

だが、この件は、朝廷の抵抗にあう。五月六日に四侯は揃って摂政二条斉敬に面会し、彼らの推薦する中御門経之*や大原重徳らの登用を迫った。だが、大久保が日記に記すところでは、「摂政殿の御返事は、とにかく一同で朝議しなくては何ともお答えできない」[57]というように、二条か

パークス、ハリー（一八二八―一八八五）イギリスの外交官、駐日公使。一八六五年、二代目公使として来日。幕府寄りのフランス公使ロッシュに対し、薩長に近接する方針を採るが、幕府との交渉も維持した。幕末維新を通じて日本の政策に影響を及ぼし、江戸城無血開城、台湾出兵等にも関わった。

中御門経之（一八二一―一八九一）討幕派の公家として岩倉具視らと行動を共にするが、佐幕派の二条斉敬、朝彦親王らを弾劾し、孝明天皇より閉居を命じられる。明治天皇践祚により宮中に復帰。討幕の密勅の作成に関わる。維新後は議定となったほか、東京奠都に伴う留守政府長官等に就く。

らは朝議のうえでなければ回答できないといなされた。翌日、大久保は自ら使者となって二条邸に伺候したが、「御歯痛」につき引き取ることを請われた。八日に再び押しかけた大久保は、「臨時の朝議を行われるよう」強請したが、今日は朝議は行われない、一同揃ったうえでなければ返答し得ないと暖簾に腕押しだった。大久保は、唾棄するかのように、「いつもの因循の御評議だ」と日記に書き留めている(58)。

朝廷人事ははぐらかされたが、次に武家にとってより本質的な案件が控えていた。兵庫開港と長州藩の処分である。五月一四日、二条城に四侯が招かれ、慶喜との間でこの件が協議された。慶喜と四侯との間には見解の相違があった。兵庫開港を待ったなしとする慶喜に対して、久光らは長州藩の宥免を最優先としていたのである。一九日にも、二条城の慶喜のもとで、久光、春嶽、宗城の三人が会談したが、両者の溝は埋まらず、そのまま二三日の朝議を迎えた。朝議に先立ち、四侯は連署した建言書を幕府に提出した。それは、次のように訴えている。

天下の大政は、公明正大の至理を尽くし、時勢の当否、内外の緩急を弁明して施行しなければ実行されないのは勿論である。全体としてこれを成し遂げなければならない今、その根源を推察するに、はばかりながら幕府の年来の失態から醸し出されたもので、ことに長州再征の御一挙より物議は沸騰し、天下は離反する態に相成っている。したがって、明白至当の論理で長州の処分をなすことが急務である。兵庫開港と長州征伐は自ずから大いに緩急先後の順序というものがあり、協議の上、しばしば建言を行ってきたが、引き下がって篤と考えたところ、曲直当否の分をはっきりし、理に立ち戻っているかの実績があるかないかにかかっており、虚心にこの点を顧みるよう願い奉る[59]。

天下の大政というものは、公明正大の理を尽くし、時勢に鑑みて執り行わなければならないとしたうえで、そもそも政治が全般的に救いようのない状態になったのは、ひとえに幕府の失政にあるとはばかるところなく言ってのける。その最たるものが、長州再征の一件であり、これによって物議沸騰し、天下の支持は幕府から離れてしまった。したがって、明白至当の筋をもってこの問題を処することが急務であり、兵庫開港に先立つべき事案である。幕府が正理に返り（御反正）、その実が認められるか認められないかはこの点にかかっているので、虚心をもって熟慮されるよう願っている――そのような内容である。あまりにずけずけとした物言いであり、もはや幕府の威光は認められない。

その日の夜遅くになってから朝議は開かれた。日が改まっても会議は延々と続き、公家たちのあまりにダラダラとした応対に、臨席した松平春嶽は「一大戯場」とその様を形容している[60]。最終的に、兵庫開港の勅許は下りることになり、また長州藩にも寛大な処置が取られることが決められた。しかし、大久保はじめ薩摩藩側は不満であった。寛大な処置の具体的内容が定かでなかったからである。特に相手は慶喜である。大久保や西郷にとって、彼はすでに不倶戴天の仇敵と化していた。西郷は、「譎詐権謀（うそ偽りのはかりごと）」の輩と口を極めて罵っているが[61]、大久保も思いは同じである。いつまた裏をかかれるか分らないのである。

このように朝議の結果は、四侯による衆議を全面的に受け入れたものとはならなかった。参預会議の轍を踏むかのように、またも薩摩を中心とする雄藩が掲げる公議の取り組みの前に、慶喜が立ちはだかったのである。ここに至って、薩摩としても一線を越えることを決断する。久光の御前での会議で、今後の策が議され、長州とともに行動を起こすことが決議された。(62)倒幕へ向けての一歩が、ここに踏み出されたのである。

月が替わって六月、大久保は鹿児島の蓑田伝兵衛*（久光の側近）に宛てて書簡を出し、以上の顚末を伝えた。

畢竟、幕府の底意は、四藩の公論を採用し、悔悟反正の勅命を奉り、正大公平の道をもって皇国のために尽力するとの意図は毛頭も表れず、何としてでも私権を伸ばし、暴威をもって正義の藩といえどもこれを圧倒畏伏せしめるとの所為であることは、顕然明白であり、実に救いようのない次第です。(63)

幕府には、これまでの所為を悔悟反省して四侯会議の公論を採用し、公平の道をもって皇国のために尽くすというような心がけは微塵も感じられず、ただただ私権を振りかざし、正義の諸藩を圧服しようとするばかりだとの内容である。ここに至り、大久保は藩主茂久の率兵上京を求める。その際に、彼は次のように述べている。

迅速に御上京されなくてはなりません。衆議もなさねばならないでしょうが、篤と御熟考ください。(64)

ことは一刻を争う。迅速に上京いただきたい。衆議などと言っている場合ではない。ここにも、大久保の衆議の評価が端無くも表明されている。それは理や義を保証するものでは必ずしもない。決断の時に当たって、頼みとすべきは、多数ではない。何が理であり、義であるかを熟考したうえでの決断なのである。

では、何が理であり、義だというのか。その回答は、朝廷を支え、皇威を輝かすことという抽象的なものに未だとどまる。だが、ここに来て、そのためのひとつの具体的で不可避の方途が大久保の胸中に萌《きざ》した。それは、武力に訴えてでも、幕府を倒さなければならないということ、武力倒幕である。(65)

蓑田伝兵衛（一八二一—一八七〇）薩摩藩士。久光側近の重臣として大久保、西郷らとの連絡役を担い、藩論の統一に動く。洋画家・藤島武二は孫。

V　倒幕、そして王政復古

薩土盟約

大久保のなかで芽生えた、幕府と雌雄を決せねばならないとの決意。この考えは、藩主レベルでも明確に意識されていたと思われる。この年（慶応三年）六月七日、島津久光は、鹿児島にとどまっている息子で藩主の茂久に対して、幕府への憤懣を綴った手紙を発している。

幕府は、とても十分に反正している（正理に復している）とは言えず、去る（五月）二三日二四日には、参内して夜通し朝廷に差し迫り、開港を無理に勅許させるなど切歯歎息の至りである。摂政殿下、尹宮《いんのみや》〔朝彦親王〕、鷹司〔輔煕〕前関白などは幕府の賄賂に眼がくらむという御失態で恐れ入る。(1)

このように、幕府を見限る声はもはや藩是といって過言でなかった。もっとも、それが武力倒幕に直結するわけではまだない。とはいえ確かに、この時、大久保や西郷のような薩摩藩の指導層や以前から朝敵の汚名を着せられていた長州藩、さらには公家のなかからも明確に「討幕」の語が出てくるようになる。

五月二四日の朝議の結果を受けて、中御門経之は岩倉具視に宛てて、「実に言語に絶えることで、何とも悲嘆の限り」と怒りの念を述べ、「岩倉村での樵夫生活はお止めになり、また一段と御尽力し大いに奮発されるよう願います。内奸を誅戮し、朝敵の名をもって討幕のほかありません」として、岩倉村での閉居の生活を止めて国事のために尽力されよと迫っている(2)。

以上のように、西郷・大久保の薩摩勢力、木戸率いる長州藩、朝廷を刷新しようとする岩倉ら公家倒幕派の三者が共闘する道筋が確実にできあがっていた。彼ら武力倒幕派はこの時まだ突出した急進勢力だが、幕府の権力を殺《そ》ぎ、新たな皇国の体制を創設するべしとの意識は広く共有されていた。

六月一七日、土佐藩の後藤象二郎*は、在京の同藩重役・寺村左膳*に対して、政権の返上を将軍に働きかけ、朝廷内に設けた議事院（上下両院）に国政運営を任せるとのプランを開示し、藩主の山内容堂にも献策しようとした。この建言を受けた寺村は、薩摩藩の小松帯刀に諮り、同月二二日、後藤や寺村らの土佐藩側と薩摩藩の小松、西郷、大久保が会談し、いわゆる薩土盟約が結ばれた。

その内容は、慶喜に大政を朝廷に奉還する建白を行うことを申し合わせ、「国の根幹をともに

後藤象二郎（一八三八―一八九七）土佐藩士。山内容堂の側近として大政奉還の建白を主導。新政府では参与、左院議長、参議等に就くが、征韓論に敗れて下野。板垣退助らと民選議院設立建白書を左院に提出するが却下された。黒田内閣以降の内閣で逓信相、農商務相を務める。

寺村左膳（一八三四―一八九六）土佐藩士。後藤象二郎らと大政奉還論を支えるが、鳥羽伏見の戦いへの参戦に反対し、失脚。

正し、万世万国に恥じない」よう政権を朝廷の独占とすることを掲げたものである。[3]

また、朝廷制度の弊風を一新改革して上下両院から成る議事院を設け、そこに公卿から諸侯・陪臣・庶民に至るまで正義の者を選抜して配置する議会制度の導入が唱えられていることが注目される。

このようにして、「皇国の制度や法制の一切がすべて京都の議事堂より出」ることとし、[4]「制度が一新され、政権が朝廷に帰し、諸侯会議が興り、人民が共和し、そうして後、願わくは万国に恥じること無きよう。これをもって初めて、わが皇国の根幹が確立すると言える」と謳われるのである。[5]

しかし、ここに示された慶喜に対する大政奉還の建白は、西郷と大久保が期していた武力倒幕の路線とは明らかに齟齬する。二人は藩の総意のために自らの真意をぐっとこらえたのか、それとも一時しのぎのカモフラージュだったのか。この点、薩摩倒幕派の側には、慶喜がこの建白を拒絶するとの心算があり、そうなった場合、武力倒幕の大義名分が得られるとの目論見があったこと、そしてこの目算は後藤においても大同小異で共有されていたとの指摘がある。[6]

いずれにせよ、この盟約は極めて政治的な策謀の産物と言えるが、その一方で、ここで新体制の理念とあり方が示されていることは看過すべきでない。議会制度を備えた公議政体こそが幕府退場後の政治秩序の要石となることは、今や薩摩藩においても当然のこととして受け入れられるようになっていたのである。

だが、この薩土盟約は実現されなかった。五月二四日の朝議を受けて四侯会議は骨抜きとなり、四侯は次々にそれぞれの国元へと帰還していった。土佐の山内容堂も後藤が入京した時には既に京都を発った後で、後藤は七月三日、高知へいったん帰った。容堂に盟約を承認してもらうため、すなわち大政奉還の建白を行うこととそれを慶喜が拒否した場合に挙兵することの許諾を得るためである。

後藤が再び畿内に戻ったのは九月二日である。容堂は、大政奉還の建白には同意したが、武力の行使には反対した。大阪で後藤を待っていた西郷は、倒幕の挙兵のために後藤が兵を連れて戻ってくるものと期待していたが、藩主の許しが得られなかった後藤は手ぶらだった。約束が違うとして、西郷は盟約を解消した。

薩摩と土佐の間には、微妙な同床異夢があり、そのために両者の提携はいったん見合わせられた。薩摩の倒幕派が大政奉還の建白はあくまで挙兵のための方便と見なしていたのに対し、土佐の側は大政奉還か武力倒幕かの二者択一を慶喜に選択させる立場だった。とはいえ、このような両者の相違が破裂するには、もう少し時間が必要だった。新体制創設のためにはお互いの力が必要と弁えていた両藩は、対立を表面化させることは避けた。事態は引き続き、薩摩と土佐の合作のシナリオのうえで進行する。土佐の主導で大政奉還への政治工作が進展するなか、薩摩は虎視眈々と倒幕のタイミングをうかがうのである。

玉を奪われては致し方無し

西郷が大阪で後藤と会っていたころ、大久保は山口にいた。かの地で挙兵倒幕の具体策について協議するためである。九月一五日に大久保は大阪を出帆した。往路、伊藤俊輔（後の伊藤博文）が同行した。そして、一八日に藩主・毛利敬親、その世子・広封《ひろあつ》（定広）、木戸孝允ら長州藩首脳部と面会した。この時、藩主父子らの見守るなか、大久保は木戸と次のような問答を繰り広げた。

木戸「実に重大な事柄である。倒幕を決挙したならば、時宜によって天皇をいずこかへお移しすることにもなろう。いずことお考えか」

大久保「そうなった場合には、要害の地であることも必要だが、つまるところ大阪に御遷座いただいてはどうかと考えている」

木戸「難局を想定して議論しておくことが必要である。もし決挙の後、幕府が外国とつるみ、京阪の地にあらせられるのが困難になった場合、暫時僻遠の地にお隠れいただかなくてはならない事態もあろう。その場合はいずれの地にお連れするのか」

大久保「そのような場合は、ことの緩急にもよるが、勤王の列藩のうち適当なところへお移しし、同盟の諸藩でお守りして時宜を見計らうしかない[7]」

倒幕の挙兵を行い、いざとなった時には天皇を奪って京都から連れ出し、大阪か味方の領内に移すとの計画である。木戸と大久保は、このやり取りを聞いていた一同に向かって、「御一同、お尋ねの向きはござらぬか」、「腹蔵無く一同の教示を被らん」と呼びかけたが、異議の声は上がらなかった[8]。

他の者たちが退座した後、藩主からは、「朝廷を護り奉るのが肝要であり、玉を奪われては実に致し方無し」との言葉がかけられた[9]。玉を奪われてはならない。そうなるならば、こちらが奪うまでのことだというわけである。

実際、この時、幕府が非常時には天皇を彦根に移そうと準備しているとの情報が薩摩側に入っていた。(10)事態は、天皇＝玉というもはや唯一となった公的な正統性の源泉の奪い合いというニヒルな戦いの様相を呈しつつあった。

秘中之御話

一九日、大久保は木戸らに「条約書」を渡し、別れの杯を重ねて山口を発った。「条約書」とは、出兵のための協定である。そして二三日に京に戻った大久保を待っていたのは、土佐藩が大政奉還の建白書を将軍慶喜に差し出そうとしているとの報であった。京に着いたその日に西郷からそのことを知らされた大久保は、二七日には後藤象二郎から直接相談を受けた。翌二八日、在京薩摩藩は、異論無しとの返答を出した。これを受けて、一〇月三日、土佐藩は慶喜に大政奉還の建白を行った。

土佐藩による大政奉還の工作が進捗する一方で、大久保ら薩摩倒幕派は足止めを食らっていた。薩長との共闘を約していた安芸藩に出兵の逡巡が生じ、また鹿児島からの兵船も到着しない。倒幕のための新たな画策が必要とされていた。一〇月四日、長州から品川弥二郎*が京に入った。大

品川弥二郎（一八四三―一九〇〇）長州藩士、松下村塾門下。戊辰戦争では指揮官の一人として各地を転戦。新政府下では普仏戦争の視察や駐独公使など外交分野のほか、内務大丞、少輔を歴任し、農商務省の新設に際しては農商務少輔、大輔となる。勧業政策全般を指導。松方内閣で内務大臣。第二回衆議院議員総選挙での大規模選挙干渉でも知られる。

久保は品川と同道して、六日に岩倉具視を訪問した。二人はそこで、「秘中之御話」を岩倉から聞いた。[11]

「秘中の話」とは何か。この時岩倉は、彼と昵懇の国学者・玉松操*をして作成せしめた太政官の職制を提示した。新政府の組織案である。また、同じく玉松に作らせた錦の御旗の図案を披露し、大久保にその制作を依頼した。[12] そうすると、武力による決起も当然話し合われたはずである。

そしてこの二日後の一〇月八日、小松帯刀、西郷隆盛、大久保利通の三者連名で、討幕の宣旨降下を請う書が中山忠能《ただやす》*、正親町三条実愛《さねなる》*、中御門経之に提出された。それに添えられた趣意書には、次のようにある。

征夷大将軍の職務とは、誠意を広め、公の道理を布き、世の乱れを治めて世を整えることに尽くすのが当然のことであるが、今はそれに反して列藩の公議を退け、非をかくまい邪を遂げるの趣意で増長している。これは徳川家衰運のしからしめるところと言えよう。[13]

諸藩連合による公議をかたくなに拒否する徳川家はもはや征夷大将軍の職にふさわしくなく、幕府は討伐しなければならないとのこれまでの倒幕派の主張のリフレインである。討幕の勅が下ることによって、大久保らは国元から藩主茂久が率兵上京することを改めて促そうとしたのである。

奉還か、倒幕か

こうしたなか、大政奉還への動きも加速していた。一二日、慶喜は二条城に会津藩の松平容保、桑名藩の松平定敬をはじめとする側近の者たちを召し寄せ、これまでの幕府の「非政」を悔い、恋々と政権にしがみつくのではなく、ここはそれを朝廷に返上し、天下の諸侯とともに朝廷を助けて皇国を支えることを諭した。そして翌日の一三日、慶喜は今度は諸藩の重臣らを二条城に召集し、大政奉還の意思を告げた。散会後、後藤象二郎や小松帯刀など大政奉還の建白に関わっていた者たちはその場に残って慶喜との面談をし、速やかに天皇に上奏するよう訴えた。もとより慶喜もそのつもりであった。

同じ日、大久保は長州藩士の広沢真臣《さねおみ》*とともに、岩倉邸に向かっていた。岩倉から「秘物」、すなわち討幕を命じる密勅が仕上がったとの報を受けての訪問である。大久保の日記には、「小臣への一品の秘物を下し給い、肝心の御品は明朝、正親町三条実愛卿よりとのこと。両人感涙の

玉松操（一八一〇―一八七二）西園寺家末流の国学者。岩倉具視の腹心として王政復古の詔勅の起案に深くかかわる。

中山忠能（一八〇九―一八八八）明治天皇の外祖父。薩摩の公武合体に賛意を示すも、尊攘派の台頭により失脚。復権後、長州が武力上洛した際には支持し、禁門の変後、再び謹慎の身となる。岩倉具視らと王政復古の計画に参加、討幕の密勅作成にも関わる。

正親町三条実愛（一八二〇―一九〇九）日米修好通商条約締結に反対した公家の一人として安政の大獄に連座。薩摩の公武合体を支持し、後に、王政復古の計画に参加、「討幕の密勅」を薩摩藩に伝達する役割を担う。新政府においては議定、刑部卿等を歴任。明治以降「嵯峨」に改姓。

広沢真臣（一八三四―一八七一）長州藩士。木戸孝允らと共に討幕に尽力。討幕の密勅の降下にも関わる。新政府では民部大輔、参議等に就くが、刺客により暗殺。犯人は不明。

ほか無し」[14]と綴られている。

一〇月一四日、将軍慶喜は参内し、大政奉還を願い出た。[15]そして、この同日、大久保は正親町三条邸に参殿し、「秘物拝戴」した。討幕の密勅である。

詔源慶喜藉累世之威、恃闔族之強、妄賊害忠良、数棄絶王命、遂矯先帝之詔而不懼、擠万民於溝壑而不顧、罪悪所至神州将傾覆焉、朕今為民之父母、是賊而不討、何以上謝先帝之霊、下報万民之深讐哉、此朕之憂憤所在、諒闇而不顧者、万不可已也、汝宜体朕之心殄戮賊臣慶喜、以速奏回天之偉勲、而措生霊于山岳之安、此朕之願、無敢或懈。

言わんとしていることは、次のことである。慶喜のこれまでの所業を糾弾し、その罪悪が国を傾けんとしているので、この賊を討たなければならない、汝ら(薩長両藩主)は朕の心を汲んで、賊臣慶喜を誅殺せよ、との殺害命令である。あわせて、慶喜と並んで一会桑として京都を牛耳っていた会津の松平容保と桑名の松平定敬に対しても、名指しで同じような殺戮の命が薩長二藩に下された。[16]

一七日に密勅を携えた小松、西郷、大久保の三名は京都を発ち、鹿児島へと向かった。天皇の勅命をかざして、藩主による出兵を説くためである。途中山口を経て長州藩主父子と面会した一行は(大久保は体調不良のため同行せず)、二六日に鹿児島に着き、その足で久光と茂久に会い、説得に当たった。そして二九日、ついに「太守様御上京御決定」[17]となった。

一一月一三日、藩主・島津茂久が率兵上京の途に就いた。これに先立ち、大久保は同月一〇日に一足早く鹿児島を出発して、京へ向かった。途中、高知に立ち寄り、山内容堂に会って上京を促した後、一五日に彼は京都に舞い戻った。だが、ここで大久保を二つの事態が待っていた。ひとつは坂本龍馬の暗殺、そしてもうひとつは、討幕を見合わせよとの岩倉らの方針転換であった。

討幕の見合わせ沙汰書

慶応三年（一八六七）一一月一五日、大久保が京都に戻ったその夜、坂本龍馬と中岡慎太郎が暗殺された。大久保に龍馬の死を伝える岩倉具視の手紙には、「坂本横死とのこと、臣も実に遺憾で切歯の至り。何卒真っ先に復讐致したきもの[18]」の文字が見られる。

下手人は京都を警護していた幕府の組織・見廻組とされているが、薩摩藩黒幕説も時折囁かれる。龍馬が主唱する大政奉還による慶喜宥免と彼の手になるものとして名高い「船中八策」に代表される公議政体路線が、大久保らの倒幕運動にとって目の上の瘤だったというわけである。しかし、そのような見方が正鵠を射ていないことは、これからの論述で判明するだろう。

大久保を待っていたもうひとつの知らせとは、討幕見合わせの沙汰書が出されたとの報である。大久保たちが討幕の密勅を持参して鹿児島に向かっていたころ、大政奉還の後、平和裏に新たな政体が創設されるとの見通しが出てきたとして、正親町三条実愛、中山忠能、中御門経之、岩倉具視の公家倒幕派は討幕の方針を転換し、一〇月二一日にその見合わせを薩長両藩に伝える沙汰書を作成した。その文面は次の通りとされる。

去る一四日に申し達した条々は、その後その者が家祖以来受け継いだ国政を返上し、深く悔悟し恐懼していることを申し立てているので、一四日の条々はしばらく見合わせ、実行の可否を勘考せよ。諒闇中でしかも民衆の患いを来しかねないことであり、深遠な思し召しをもって再び仰せ出でられよ。[19]

慶喜が朝廷に大政を返上し、また自らも深く反省しているので、先の密勅はしばらく見合わせ、その実行について熟慮すべしとの内容である。だが、すでに小松、西郷、大久保という重役たちが自ら伝令となって、藩主に密勅を届けに国元へ急いでいる。公家たちもことの重大さに鑑み、すぐに在京薩摩藩邸に伝えることはせずに、藩主らが上京した時に手交することとした。[20]

では、京に帰還した大久保は、この沙汰書をいかに受け取ったのか。彼がその存在を知らされたのは、京都に戻った翌日の一一月一六日、伝えたのは岩倉である。翌一七日には、正親町三条からも討幕の見合わせを伝えられた。一体大久保はこれを聞いてどのように感じただろうか。ここに来ての公家の翻身に、血が煮えたぎる思いだったであろうか。

しかし、そうではなかったようである。高橋秀直氏によれば、正親町三条に対して大久保は、「悔悛のことをまずは尽力し、慶喜が承らない場合は、その時をもって討幕の密勅の御趣意を行うべし」と返答した。[21] 悔悟し反省の誠意を見せるよう慶喜に迫ることがまずなされるべきで、それが叶えられなかった時に、密勅の趣意が実行に移されるということで了解ができたとある。これは、どういうことか。あるいは大久保は、すでに賽は投げられているとして、公家の戯言になどもはや付き合う気など無く、こんな沙汰書など握りつぶせばよいとでも思っていたのだろうか。そうとも言えない。討幕の密勅と見合わせ沙汰書の関係について、史料を博捜して説得的な論証を行ったのは、前述の高橋氏の研究である。以下、同氏の所論を紹介しよう[22]。

先の一一月一七日の正親町三条・大久保会談において、大久保は見合わせ沙汰書の趣旨に「全符合」し、正親町三条は「安心之旨」を述べた。高橋氏は、大久保はじめ武家倒幕派は見合わせ沙汰書を黙殺したのではなく、それにしたがうことにしたのだと指摘する。それというのも、その後の王政復古クーデタは、見合わせ沙汰書の筋書きに沿って進んだからである。

つまり、この後見るように、王政復古クーデタに際しては、当初計画されていた徳川への奇襲先制攻撃は封印され、倒幕派の行動は、禁裏御所の制圧と新政府の樹立にとどまった。戦争となるか否かは、その後の慶喜の出方を見守るということになったのである。青山忠正氏はこの事情を国元へ伝える長州藩士品川弥二郎の書簡を紹介している。そこでは、「朝廷においては、火急に一発見舞うというわけにはいかず、……その訳は将軍が大政を朝廷に返上したので、一通り条理を尽くし、そのうえで聞き入れない時は、討幕の密勅の通りとのことである[23]」と記されている。このように徳川を一気に討伐し、慶喜を誅殺するとの方針はいったん見合わせられた。「王政復古クーデタは単なる武力倒幕路線の延長ではなく、見合わせ沙汰書の実行という性格をも持っていた」のである[24]。

このような方針の転換は、血気にはやる武家倒幕派にとっては肩透かしと思われたであろう。品川は先の手紙で、「公卿之条理[25]」に薩摩が屈したとして、「実に戦機を失し、徳川の反撃にあうかもしれず、懸念される」と地団太踏んでいるが、大久保らクーデタの主導者たちは、「戦機」よりも「条理」を取ったのである。

そもそも、討幕の密勅が降下された直後の一〇月一六日には、在京薩摩藩邸では当座の政策課題として、①慶喜が政権返上を早急に朝廷に申し出るべきこと、②長州藩の宥免、③賢侯の召集、④将軍職の返上、⑤八月一八日政変で京を追われた公卿の赦免が決められていた。慶喜が大政奉還を朝廷に申し出、将軍職の返上も上奏し（一〇月二四日）、その他の課題も順調に運ぼうとするなか、大久保にとって討幕をいったん見合わせることは、まさに条理の然らしめるところだったといえよう。したがって、ここでの条理とは、因循な公家の条理と捉えられるべきものではない。それは、大久保という濾過器を経て、新政権の支柱となる条理となっていくものなのである。

以上の点を踏まえて、王政復古クーデタのプロセスをたどっていこう。

王政復古というクーデタ

大久保は、討幕という一度抜いた刀を鞘に納めた。しかしそれは、公家の説く条理を受け入れたからではない。そうではなく、彼の考える条理に従い、それを実現するためである。では、大久保の考える条理とは何か。舞台は次に、その条理が立ちあがる場面へと移る。王政復古のクーデタである。

慶応三年一一月二三日、島津茂久が大軍を率いて京に入った。これと前後して、越前の松平春嶽も、土佐の山内容堂も入京した。「賢侯」たちが新生日本を創るべく京に戻ってきたのである。新参預会議、四侯会議に続き、三度目の正直と言うところだろう。大久保たちにとってみれば、新体制はこれら雄藩が共同で担う公議に立脚したものでなければならない。慶喜は政権を返上し、将軍職も辞した今、その最大の障害は除かれたと言える。だが、抵抗勢力はまだあった。朝廷の旧習である。

そのようななか、茂久入洛の翌日の二四日、大久保のもとを岩倉が訪れた。彼は、大久保に「御草稿」を提示したという[26]。これは、来る一二月九日に発せられる王政復古の大号令の草稿と考えられる。後で見るように、王政復古は、摂関制をはじめ旧来の朝廷の制度を根本から覆すものとなった。岩倉の示した案が、どこまで号令の正文をなぞっていたのか不明である。大久保の日記には、「御草稿拝見、云々承知」とあり、岩倉と意見交換して合意に達したことが示唆されている。とすると、岩倉もこの時、朝廷の抜本的刷新を考え、大久保と意気投合したのかもしれない。だとすれば、武家と公家の革命勢力がひとつに合流した瞬間だったということになろう。

一一月二七日、大久保は松平春嶽を福井藩邸に訪ねた。そこにおいて彼は、春嶽の質問に答えて、「朝廷之御基本」を立てなくてはならないが、朝廷に人材が乏しい、「公議公論」は当然実現すべきだが、どのように「御手下し」するべきか逡巡している旨述べた。朝廷の改革と議事制度の設置が懸案だったことが分かる。そしてこの二日後、大久保は正親町三条実愛と面談し、このことを直言している。

この時、正親町三条は、左右大臣と関白を辞めさせ、代わりの人を得て、漸次に改革を行うとの朝廷の人事案を大久保に告げた。これに対して、大久保は次のように答えた。

このたび薩摩・土佐・越前の三藩が大軍を率いて上京してきたのは、ひとえに朝廷に軍備を与え、至理至当の筋をもって国家の基盤を据え、これに背く者を掃討するとの決心からである。このような一大機会というものは、千載一遇であり、朝廷におかれてもよくよくそのことを洞察されて、これに応じた非常なる御尽力が無ければ大いに失望することになる[27]。

佐々木克氏が読み解くように、このやり取りは、朝廷人事の大改革がなされるから、新政府創設（政変）を見合わせるよう述べる正親町三条と、「人事で朝廷の体質は変わらない」として、「朝廷が中心になっている政治体制の根本的改革、すなわち新政府の創設」を説いて譲らない大久保とのコントラストを示している[28]。大久保の迫力に気圧されたのか、正親町三条は「終ニ御了解ニ成」った[29]、と大久保の日記は記している。

ここからうかがえるように、王政復古とは、徳川幕府の打倒ということのみならず、朝廷改革も含意されていたものだった。そして、それが政変＝クーデタだったということは、徳川に対してというよりも、朝廷に対してむしろ当てはまる。というのも、後述するように、王政復古の号令が発せられることや慶喜への処分については、あらかじめ慶喜の耳にも入れられており、必ずしも不意打ちとは言えなかったからである。それよりも、王政復古を画策する大久保ら薩摩藩有志の主たるターゲットは、因循なる朝廷の刷新だった。

その証拠に、この頃、既に大久保の近辺では遷都の声が上がっていた。薩摩藩士・伊地知正治は、この月に大久保に宛てた手紙でそのことを説いている。

> 今の京都は土地も偏小で人心も狭隘。堂々たる皇国の首都とは言えません。各国の王都を巡歴し、江戸城も見ている異人に今の皇居を見せたならば、日本中尊卑を問わず全世界に大恥をさらすこととなりましょう[30]。

今の京都の地は都としては土地狭小で人心も狭量、世界各国の首都や江戸を見知った外国人に見せられるような「堂々たる皇国ノ都地」とは言えないというのである。そこで、伊地知は、来年の九月に天皇が大阪城を皇城としてお移り遊ばされ、そこで即位されて「確固不抜の政治の条理を打ち立（不抜之御政事条理相立）」て、皇威を国の内外に輝かすことを訴えた。この時既に遷都の議が大久保の周辺で上がっていたことは、注目に値する。

二段階のシナリオ構想

慶応三年一二月になった。王政復古による新体制の樹立へ向けて、大久保の周旋も佳境に入ってきた。一日、彼は中山忠能を訪問した。「因循な論を立てられてきたので、繰り返し論駁申し上げ（因循之御論相立居候付、反覆御議論申上）」るためである。正親町三条と同様、中山も王政復古に尻込みしたのであろう。中山を説き伏せた大久保は、翌二日には正親町三条実愛、中御門経之、岩倉具視のもとを回り、王政復古決行の日を八日とすることを言上した。

王政復古のシナリオを大久保はどのように想定していたのか。このことを彼自らが詳述した史料がある。一二月五日付の国元への書簡である。久光側近の蓑田伝兵衛に宛てて、王政復古大号令の後の措置や体制の組織が記されている。詳しく見ていこう(31)。

まず、王政復古の手順は、摂関や国事掛といった旧来の官職を廃し、新たに太政官を設け、そのもとに総督（総裁）、議定、参与の三職を置き、人材登用を推し進めることとされる。その人材は官武や身分の上下の区別なく傑物を抜擢するべきで、衆議を尽くすために議事院の法制を導入する手筈だと言う(32)。

次いで、慶喜の処遇である。薩摩はじめ土佐、広島、尾張、越前の五藩の面前に慶喜を召喚し、官位の降格と領地の返上を命じてそれに従うかを見て、十分の反省と謝罪の姿勢を見定め、それを受け入れるようならば初めて真の反省がなされたものと認め、その後は公平寛大の処分を下す。反省の印として辞官納地を要請し、それを条件として慶喜を赦免するとの方針が打ち出される。[33]

最後に、武力行使の可能性である。「兵を動かすことは全くあり得ない（干戈を以テ動候義ハ万々無御座）」。すなわち、旧幕勢力との軍事衝突の可能性は無くなったと大久保は認識していた。他方で、会津が蜂起することはあるかもしれないが、それは差し知れたことと言ってのける。このようなラジカルな「大策」が一滴の血も流れることなく達成されるかというと、それは覚束ないとも述べる。おそらく反対する勢力による反乱や暴動は避けられないと大久保は踏んでいたのであろう。それを鎮圧するためにも、朝廷が軍備しておくことは不可欠とされる。[34]

その後、王政復古の決行を八日にするか九日にするかで議論が生じた。少しでもその日を遅らせようとする土佐の後藤象二郎や朝廷勢力に対して、薩摩側は八日を主張して譲らなかったが、結局九日に折れた。

なお、大久保が早期の実行に拘ったのは、クーデタの計画が漏れることを避けるためである。誰に対して漏れるのを恐れたか。それが慶喜ら旧幕側であるのは勿論だが、同時に、摂政・二条斉敬と尹宮（朝彦親王）も念頭にあった。[35] 朝廷内の守旧勢力も、王政復古クーデタのターゲットだったことはここからも分かる。

一二月八日、クーデタの前日である。大久保と西郷は、明日、中山、正親町三条、中御門に建言書を提出せんと岩倉にそれを手渡した。その内容は、以下の通りである。先ず劈頭、次のように宣せられる。

王政復古の大号令が渙発されたならば、一大混乱は避けられないだろう。二百年以上もの泰平の旧習に「汚染」された人心を刷新するには、一度干戈を動かし、天下の耳目を一新することも必要である。戦を決して、死中に活を得ることが急務と考える(36)。

このように必戦の覚悟を説きながら、筆は一転して、戦争への逡巡も説く。

戦闘は好んで行うものでない。それは、条理の大原則として不動である。とはいえ、何事もなく太政官や三職の設置など朝廷の改革が成し遂げられるなど戦争よりも難しいだろう。古来、創業守成の成否は後世の識者の評を免れないものだ(37)。

かく述べられたうえで、論は徳川の処分に移る。

徳川家の処分については、尾張藩と福井藩に周旋を命じて、真正の反省と謝罪をさせるよう御内諭とのこと。実に至当かつ寛仁の趣意である。そもそも皇国が今日のような危殆に瀕したのは幕府の大罪であり、そのために一〇月一三日には討幕の密勅が下された。この期に及んでは、諸侯と同列とし、官位降格と領地返上をもって謝罪するのでなくては、公論に背き、天下人心も納得しない(38)。

では、実際に、真正の反省と謝罪がなされなかったらどうなるのか。

真の反省が無ければ、それは公論に反したことであるから、断然辞官させ納地させるべきだということになる。それ以上の寛大な処置は公論と条理に背反し、王政復古の初政においてそのようなことをすれば、朝廷の権威が損なわれ、必ずや禍根を残すに相違ない[39]。

このように、王政復古のクーデタは二段階で構想されている。第一段階として、慶喜に辞官納地を迫り、真の反省の意が認められるかを見定める。徳川家から徹底的に権威と実質的勢力を剝奪し、諸侯と同列の存在となることを認容したら、徳川は初めて免罪される。そうでなかった場合に、第二段階として、武力による討幕へと事は進むのである。

この建言書は、二つの相拮抗する考え方のせめぎ合いの上に成り立っており、その意味で座りの悪さを感じさせる。そのうちのひとつの考え方は、好戦的な立場であり、それは冒頭に掲げられているように、死中に活を得、新たな政治的生が生み出されるために戦いが必要だと説く。

もうひとつの立場は、ギリギリまで理を尽くし、公論に堪え得るものであることを新体制に求めている。この二つの立場が、微妙なバランスの上でかろうじて両立したところで、王政復古のクーデタは成立したのだと言えよう。そして、後者の立場、すなわち理を尽くすとの立場をここで貫徹したのが大久保だったことは疑いがない。

維新の一週間

一二月九日、その日が来た。午前中、長州の復権を了承する廟議が行われた。それが終わるや、薩摩藩を主とする兵が禁裏御所の周辺の九門内と禁裏御所に進入し、その場を固めた。「御所の警衛のさまは未曾有の壮観であり、見る者は肝を失う」[40]と大久保は日記に書いているが、文久三年の八月一八日政変を思い起こさせる光景である。あの時薩摩藩兵が動員されたのは長州を追い落とすためであったが、今度はそれを迎え入れるためである。京の外で待機していた長州軍は、翌日入京し、御所の警衛についた。また、岩倉具視のもとへも勅使が派遣され、蟄居の処分が解かれて晴れて復権を果たした。

同日夜、その岩倉も加わって、禁裏内の小御所において天皇の簾前で会議が開かれた。三職については後述するが、新たに総裁となった有栖川宮熾仁《たるひと》親王*や正親町三条、中山、中御門の有力公家、そして雄藩の列侯ならびに大久保や後藤象二郎ら参与となった藩士が参集して慶喜の処分を巡って話し合った。小御所会議である。

席上、慶喜への寛典を説く土佐の山内容堂が「幼帝を擁して、権力を盗まん」としているとクーデタ派を難詰したのに対して、岩倉が「幼帝を擁するなど何という妄言か」と一喝し、会議の形勢が決まったとは有名な一幕である。[41]その真偽はさておき、ここでは大久保が記すところの会議の模様を見ておこう。

有栖川宮熾仁親王（一八三五―一八九五）仁孝天皇の猶子。尊攘派を支持したため、禁門の変により失脚。新政府において総裁となり、戊辰戦争では東征大総督、西南戦争では征討総督として出征。日清戦争で参謀総長を務めるも、戦中に死去。徳川家茂に嫁いだ孝明天皇異母妹・和宮の当初の婚約者でもあった。

大久保の日記は、この会議の次第を次のように伝える。まず、春嶽と容堂が「大論」を吐き、「公卿を圧倒して傍若無人」の態だったと言う。

これに対して、岩倉が堂々と論破し、大久保は感服した。しかし、容堂の異論は止まず、たまらず大久保が前に進んで「豪論」に及んだ。越前と土佐の論は、この場に慶喜も召し寄せよとのことだが、「幕府を助けんとする論」として大久保らにはとても受け入れられるものではない。

ここでいったん一同退座し、休憩中に後藤から大久保に妥協が持ちかけられたが、大久保は「かねてより決定している国論をもってあえて動ぜず」と取りつく島を与えなかった。結局、春嶽と尾張の徳川慶勝が二条城に慶喜を訪ね、辞官納地の朝旨を伝えることに落ち着いた(42)。

翌日の一〇日、徳川慶勝と松平春嶽は二条城に慶喜を訪ねた。慶喜は内大臣から降格するとの辞官は受諾したが、納地については回答を保留した。激昂する家臣たちを制御し得る自信がなかったのである。

一二日夕刻、慶喜は二条城裏門から抜け出し、大阪城に向かった。その許しを慶喜は朝廷に願い出ている。それによれば、「誠心誠意尊王の道を実践しているが、いたずらにしもじもの者たちが粗忽に及び水泡に帰してしまっては、恐悦至極であり、人心が折り合うまで暫時大阪のほうへ引き下がりたい(43)」とあり、配下の兵力の暴発を防ぐために彼らを京から引き下げて暫時大阪に移るとの趣意である。

この慶喜退京は、京都が再び兵火に包まれることを回避するものとして廟堂に受け入れられ、聴許された。大久保も、「会津と桑名を引き連れ、大阪に下がるとの書を受け取ったと知る(44)」と満足気に記している。

一四日、王政復古の大号令が、諸藩に宣布された。それは、冒頭次のように宣した。

徳川家が従前から委任されていた大政を返上し、将軍職を辞退するとの両条は、今般はっきりと聞き届けられた。そもそも、癸丑以来〔嘉永六年（一八五三）の黒船来航以来〕、未曾有の国難で先帝の孝明天皇が年来苦悩を深められたのは人々の知るところである。これによって叡慮は決せられ、王制を復古し、国威挽回の基礎を立てられ、今より摂政関白の職や幕府などは廃絶し、ただちに総裁議定参与の三職を仮置きして万機を行わせ、神武天皇創業の始まりに基づき、縉紳武弁堂上地下の別なく〔公武や卑賤の別なく〕至当の公議を尽くし、天下と喜怒哀楽を同じくする考えであり、各々勉励して旧来の驕りや怠惰の汚習を洗い落とし、尽忠報国の誠意をもって奉公いたすべきである。(45)

以上のようにして、かねての企図に従い、幕府のみならず摂政関白も廃絶された。これに先立って、政府の要職として新たに総裁・議定・参与の三職が置かれ、総裁には有栖川宮熾仁親王、議定には皇族、公卿および尾張、薩摩、越前、安芸、土佐の藩主格が就き、参与には公家および前記五藩（後、肥後・長州などが加わる）から藩士複数名が任ぜられることになった。

大久保は参与に任ぜられた。これによって、神武天皇のときの創業の始原に立ち返り、公家や武家、堂上や地下の別なく至当の公議に則り、政治を行うことが謳われた。さらに細則において、太政官の設置や朝廷礼式の改正が定められているが、あわせて、人材登用が次のように奨励されていることは特筆しておこう。

旧弊を一掃し、言語の道を洞開する故、見込ある向きは貴賤に拘らず、忌憚なく献言いたすべし。かつ人材の登用は第一の急務であり、心当たりの人間がいれば、早々に言上すべし。(46)

旧弊を一新し、言路洞開を進め、貴賤に拘らず幅広い層からの献言を認め、人材登用を行うことが第一の急務だとされている。王政復古が、言路洞開や草莽崛起という下からの政治革新のエネルギーを吸収して新たな政治体制を創設しようとするものだったことを如実に指し示すものといえよう。復古とはいうものの、これはまことに維新である。

実際、公家のなかには、「摂家廃滅は何の例に習いしや、これまで国事掛りの衆中にも、ずいぶん暴論を発せられたる公家も、このたびは、案外の事に申され候。もっとも、神武創業と申し候、二千五、六百年の復古にて、あまり復古すぎたり、これまで立てたる規則の差別なく、一列一同のひら公家となる。王政を取るに、公家と陪臣と同役なり」と呆然とする向きもあった。(47) 神武創業の時に戻るとはあまりに復古が過ぎるではないかというわけである。当然であろう。これはもはや復古ではない。創造的破壊に基づく創業なのである。井上勲氏の名著『王政復古』のなかの言葉を引こう。

神武創業に原づいて天皇統治をのぞく他の一切を否定すれば、その後に来るものは、規範の喪失に所由する無秩序である。武力討幕派は、そうした無秩序を望んでいた。神武創業より以降、それこそ二千五、六百年の歴史が生みつづけた制度・組織・慣行の集積を否定し去って、新たな創業をはかることができるからである[48]。

「神武創業」のレトリックがはらんでいる歴史的意義を、見事に言い当てている。ただ、一点異論がある。武力討幕派は必ずしも皆がみな革命的ニヒリストとして、一切の規範の喪失に基づく無秩序を望んでいたのではない。これまで論じてきたように、大久保は徹底的な秩序の破壊が端的なアナーキーに陥らないように、条理という一点にしがみつき、それに踏みとどまりながら、公論の秩序を希求していた。その真価が目に見えるようになるには、もう少し待たねばならない。

破壊と創造

王政復古クーデタとは何だったのか。以上の論述をまとめておきたい。

まず第一に、佐々木克氏が説くように、このクーデタは「新政府の創出であって、武力討幕ではなかった」。「討幕の密勅は、（薩摩藩主の出兵を促すための方便で）王政復古の政変には直接的には何の関係もなかった[49]」。高橋秀直氏が、王政復古クーデタは討幕見合わせ沙汰書の実行だったと論じる所以である。

第二に、新政府の創出とは、単に幕府勢力の打倒を意味していたのではない。それと同様に、あるいはそれ以上に、朝廷の刷新が目論まれていた。そもそも、慶喜は一二月六日には福井藩を通じてクーデタについて聞かされていた。慶喜にとって、一二月九日の政変は予告されたものだったのである。

しかし、そのように内報を得ていたにもかかわらず、慶喜は事態の成り行きを静観した。彼としては、摂政の二条斉敬や朝彦親王ら朝廷内の守旧勢力とつるんで、この計画を妨害することもできたはずであるが、そうしなかった。家近良樹氏が考察するように、慶喜には旧体制の復活はもはやあり得ないとの諦観があり[50]、また彼自身も朝廷の因循に歯がゆい思いがあったものと考えられる。

他方で、大久保のほうも、一二月五日にクーデタの計画を国元に伝える建言書に書いていたように、「幕府においては、あえて兵を動かすようなことは万一にもあり得ず」と慶喜の出方については楽観視していた。三谷博氏も指摘するように、彼が最も気にしていたのは、クーデタの計画をむしろ摂政と朝彦親王に対して隠すことであった[51]。「神武創業」という維新を成し遂げるには、旧幕勢力のみならず、朝廷の旧弊も一掃されなければならない。そして、この時に課題として大久保の脳裏にあったのは、むしろ後者の方であった。この課題は、既述のように、慶喜の〝協力〟があって、初めて実現された。後世のわれわれは、慶喜と大久保の共同作業として、王政復古を把握することもできるのである。

第三に、王政復古は、一切の既存の政治的権威を一掃して、政治秩序の更地化を行っただけではない。それと同時に、新たな秩序を方向付ける指針も据えられた。大号令に掲げられているように、まず何よりも公議に基づく政体が謳われ、そのために言路洞開と人材登用が急務とされた。

これと関連して、議事機関を設けることも意識されていたことは、一二月五日の薩摩藩建言書のなかで、「衆議の枠を出し、議事院の法に倣」うとされていたことから推察できるが、さらに、一二月一三日の朝議において、「公家の議定参与は奥向に参集し、武家の議定参与は表の方へ参集し、各々別れて庶務を談論し、大体合意に達したら、両者が一席に会同して評議すること。これを議事と称する」と議事の手続きの議論が始まっていることも注目される[52]。議会制度の導入へ向けての最初の一歩が踏み出されたのだと言えよう。

また、慶喜に対する納地の要請には、波及的な効果があった。彼一人にこのような仕打ちを強いることに対する疑念は各方面から起こり、強大な権勢をふるう薩摩の横暴を意識させた[53]。そして、このような処分はすべての大名もこれに倣うべきとの意見もこの時唱えられていた。岩倉具視は、「諸侯も夫《それ》に準じ、一段は領地差出、兵隊も差上、云々」と語っていたし[54]、山内容堂は一二月一二日に差し出した上書において、「徳川はじめ諸侯ともどもそのようにあるべき（徳川始諸侯共左モアルヘキ筈）」と献策していた[55]。徳川のみならず、すべての大名がその領地を朝廷に差し出すべきというのである。その後の歴史が、実際にその通りに運んだことをわれわれは知っている。後年の版籍奉還の思想が、ここにすでに胎動しているとの評価も可能なのである[56]。

以上を総括するに、王政復古クーデタとは、破壊と創造を絶妙にブレンドさせたものだったと言える。そこには、打ち立てられるべき価値が明瞭に意識されており、その価値を実現するためにこそ破壊がなされなければならなかった。もっとも、そのような価値の創設を前にして、まだ新政府側は、朝廷と京の地を掌握し、玉＝天皇を手中に収めたに過ぎない。大阪城に引き下がった慶喜が、果たして処分を受け入れるか。政変の完遂は、まだ予断を許さなかった。

武力倒幕の覚悟

薩摩の倒幕派も当初、慶喜が大阪城に引き下がったことを楽観視していた。しかし、そのような見方はすぐに修正を余儀なくされる。新政権の内部では、西郷と大久保の主導する倒幕路線に対して不満がくすぶっていた。政権を返上した慶喜に対する同情の念も募り、尾張藩、福井藩、土佐藩によってその復権も画策された[57]。

そのような新政権内のぐらつきを察知して、慶喜も巻き返しに出る。一二月一六日、彼は各国公使を大阪城に引見し、依然自らが対外関係を処理すると述べた[58]。そして、一八日には朝廷から奸臣を除去せよと説く奏聞書を届けるに至る。その要旨は、今般の事態は自分や諸侯の意見を無視してごく限られた藩が戒厳の下に挙行した未曾有のものであり、陪臣の輩が玉座の周りを徘徊し、幼冲の陛下を担いでほしいままにしている。何としても正を挙げ、奸を退けなければならないというものである[59]。王政復古クーデタに対する真正面からの反撃である。

この奏聞書は、岩倉を通じて、二〇日に大久保の耳にも入った。大久保としては、武力倒幕の決意を固めたであろう。他方で、朝廷のほうもこの内容が穏やかでないということでは一致しており、それを握りつぶすことにした。岩倉も、大久保に対して、「知らないということにしておいてくれ」と懇願した[60]。この対応をめぐって廟議が開かれるから、その結果が出るまで待ってくれということだろう。

廟議は、二三日と二四日の連日にわたって開かれた。ここで慶喜へ下される沙汰書案が確定されたが、その内容は領地を「天下の公論をもって、御確定されること（天下之公論を以御確定可被遊候事）」との文言となった。

これに先立って大久保が岩倉に提示した文案は、「天下の公論をもって、返上するよう仰せつけられるべきこと（天下之公論を以て返上候様可被仰付候事）」であった[61]。「返上」の文字が消えてしまったのである。大久保は、自らの案を岩倉に示した際、「一字一句も添削されることなきよう」

と釘を刺している。[62] ところが、大久保の文言は削られた。それも、「返上」という謝罪の意を表す重大な語が、である。あまつさえ、これにあわせて、徳川家のみならず、すべての大名が所領を高割りで朝廷に献上すべきことも議された。それでは、納地という慶喜への処分は有名無実化される。ことここに至り大久保は王政復古政権に見切りをつけ、干戈に訴えることを決意した。薩摩藩による王政復古の建言書に示されていた、死中に活を見出す立場へと転じたのである。

だが、彼の立場は微妙であった。二八日、山内容堂と伊達宗城が会談している。この時、容堂は、「小松〔帯刀〕の胸の内は、西郷らとは異なる」と語り、宗城も「西郷と大久保の両人は、徳川の討伐を主張しているが、大芋〔久光〕は知らないようである」との観察を述べた。[63] 大久保や西郷らの強硬路線は、切り崩すこと可能と冷ややかに捉えられていたのである。

しかし、大久保には勝算があった。それは長州藩の存在である。国元へ京都の政情を伝える二八日付の書簡において大久保は、朝廷の内情は「実に心痛の次第」だが、長州にかくまわれていた三条実美も京に帰還するなど士気は上がっており、「勤王の藩も段々と立ち上がり、戦争になっても朝廷の兵力は十分で決して懸念はありません」と書き送っている。[64]

これは決して強がりではあるまい。八月一八日政変、禁門の変を経てからの臥薪嘗胆の日々をくぐり抜けてここまで来た長州軍は精鋭で、戦闘となった場合には百人力と思われていたに違いない。

そして、長州勢ももはや単なる復讐の血に飢えた無頼の徒ではなかった。長州を率いる木戸孝允は、一二月二七日付の書簡で伊藤博文に宛てて言っている。

たとえ戦を起こすのが上策とはいえ、元来それが止むを得ざることであるのは万国普遍の公論であり、必竟無数の義民を治め民を助けるための道具なのであるから、戦をもってすることとは常に止むを得ないものであること海内は申すに及ばず、海外へもしっかりとそのことを示さなくてはならない。古来より有為の君が、その国のため、その民のために国家の大業を立ててきたのは、みなここを眼目として尽力してきたのは言うを待たないが、愉快に乗じ、憤怒に過ぎる輩がそれを弁えず、かえって公論を敵に与え、千載一遇の絶好の機会を失うということは、古来よりその例は少なくない。実に神州も今日の危急は過去に類が無く、わずかの間も留意して天下四方に仇無く敵無くの心をもって至誠を立てたならば、これからも成り立っていくだろう。とにかく今日の状態では、全く覚束無く、ことに御国の弊は上の統御が利かなくなっていることで、これを病にたとえたら、弱体だから生じるのではなく、剛健であるから発症するもので、腕っぷしが強いのに任せて勝手に動き、それを心が制し得なくなっているというものである。これまたこの勢いを醸成すること一朝一夕のことではない。実に千載の遺恨なのである。貴兄らただその心のみに従い、斃れて初めて止む以外に無策である。何卒貴兄にあっては、現世の至愚となり、柔弱となり、臆病となり、かえって永遠に恥じない心をもって今日の弊を矯正されるようただただ祈り奉る。(65)

武力は止むを得ざる場合に初めて行使すべきこと、それは万国普遍の公論であり、今こそその道理を国の内外に示さなければならないこと、そもそも今われわれが銘記すべきは、手足の強き(強大な兵力)に任せて、心によるその制御が利かなくなるのを防ぐべきであること、そのような弊を矯正し、後世に恥じない行動を取らなければならないこと、が諄々と説かれている。

堂々とした正論である。ここにあるのは、もはや天下を治めるのは我であるとのみなぎる自信であり、そうであるが故の強烈な責任感と道義心の表れと言えよう。この手紙が書かれた数日後の三〇日、長州藩の広沢真臣と井上馨を朝廷に参与として迎えることが内定していたのに対して、両人はこれを辞退した。「長州と薩摩の朝廷になってしまうようではいけない(66)」というのが、その理由である。

これに対して大久保は、「このような急迫の時に臨んで、あれこれと思案あるべきものか。戦になるほどの見込があるうえは、あいともに関与すると受けられ、必死を尽くすべきではないか」とたたみかけている(67)。理を堅持し続けた大久保と勢いに乗じてきた長州との立場の逆転であるが、見方を変えれば、理と勢の掌握、前者による後者の制御という歴史の転轍手となる条件をこの時、薩長の立役者は共有したのだとも言える。

そのような木戸と大久保に、時勢は味方した。二三日に江戸城が出火した。薩摩藩士による挑発的テロ行為であることがまことしやかに語られ、これに引き続き二五日には薩摩藩の江戸藩邸焼き討ち事件が引き起こされた。旧幕勢力の憤懣とフラストレーションは臨界点に達し、一触即発の情勢となっていた。そして、年が明けた慶応四年（以下、明治元年。一八六八）一月三日、徳川の軍勢はついに決起し、大阪から京へと進軍、その途上の鳥羽伏見で戦いが勃発し、戊辰戦争の幕が切って落とされた。

戦いのモメンタムは、新政権側に転がった。一月六日には、将帥たる慶喜が自らの兵を見捨てて大阪城を脱出し、江戸へ逃避行した。その翌日、慶喜の追討令が発せられ、慶喜は朝敵と認定された。大久保にとっては瞑目の心境だったのではないか。だが、彼の眼前には新たな課題がそびえていた。戦闘のことは西郷に任せればよい。大久保にとっての新たな課題とは、破壊の後の創造である。理に支えられた新たな体制をこれから築き上げていかなければならない。王政復古を明治維新としなければならないのである。

第二章　建てる人

I　東京遷都――一君万民の国造りへ

共和革命としての維新

これから、大久保利通の活動に即して、明治維新の諸相を描いていきたい。まずその前に、明治維新についての筆者の捉え方を明らかにしておこう。私は、明治維新とは革命だと考えている。当然ではないか、と思われるかもしれない。明治維新が、暴力によって既存の政治体制を覆し、全く新しい政治秩序を樹立した日本史上の一大転換点だったことは明らかである。そのことを前提として、明治維新の革命性をめぐって、日本の歴史学界は長らく激しい議論を続けてきた。いわゆる講座派と労農派との論争である。そこでは、マルクス主義による階級闘争史観の見地から、明治維新の歴史的位置づけが議論された。つまり、明治維新は完成されたブルジョア革命なのか否かということが論点だった。

それは次なる革命のあり方とリンクしていた。不完全なブルジョア革命で、まだ封建的残滓があるとする講座派からすれば、その払拭を目指してブルジョア革命の完遂が期されねばならない。これに対して、明治維新は立派なブルジョア革命だったと見なす労農派にしてみれば、次には一気にプロレタリア革命がなされて社会主義体制が樹立されるべきとされる。

だが、冷戦の終焉とソ連の崩壊に伴い、このような革命戦略に立脚した明治維新論はさすがに成立し得なくなった。もちろん、明治維新の階級的性格を問うという問題設定は可能だろう。しかし、本書ではそのような視角を取らない。大久保利通を中心とする明治維新をもたらした政治指導に着目する本書では、彼らが成し遂げようとしたことの再構成を目指し、その観点から明治維新の革命性を問いたい。その思想と行動が、結果的に特定の階級的利害やイデオロギーに制約されたものだったかどうかの検証は当然なされるべきだろうがそれよりもまず、明治維新が打ち立てようとしたものの内在的理解を、大久保という政治的個性に即して説き明かしていきたいというのがここでの問題関心である。

そうした場合に、筆者の脳裏に浮かび上がるのが、共和革命としての明治維新という像である。明治維新とは、日本においてRepublic＝共和制を樹立しようとしたものだったのではないか、とのイメージである。もちろん、明治維新は王政復古を実現し、天皇制国家を築いた。それは君主制を打破して、共和国を創り出したのではない。にもかかわらず、共和革命としての明治維新という奇を衒った表現を提示しようとするのは、それが、①国家主権を確立し、国際関係のなかでの独立を保持しようとしたこと、②身分制や幕藩体制を撤廃して国民（臣民）という均質な政治単位を造出しようとしたこと、③国民の政治参加を認め、政治を担う公民＝市民という存在を認容したこと、④そのために憲法を制定し、議会制度を導入したことが念頭にある。すなわち明治維新とは、①の意味で独立革命であり、②の意味で国民革命であり、③の意味で市民革命であり、④の意味で立憲革命だった。[1]

これらの要素の総合として、明治維新を共和主義の革命と見なしたい。共に和して、公共的な秩序＝国制を作っていこうという運動だったとの見立てである。そして何よりも、日本国民を創り出そうとするものだった点を重視したい。明治維新は、共和制の基盤としての国民を生み出し、日本人をそのなかに包摂して宥和させることを目指した。その制度的中核として天皇制があり、立憲制度が構築された。そのような明治維新像を本書は掲げる。

これは、階級闘争史観に基づく革命論とは鋭い対照をなす。というよりも、闘争による旧体制の打破を革命の本質と捉える革命観とは明らかに区別される。フランス革命にせよロシア革命にせよ、世界史上の偉大な革命は、目前の体制を敵視し、その打倒を呼びかけることから開始された。階級や人民の敵を設定し、その仮借ない殲滅が革命の第一ステージだった。およそ革命とはそのようなものだとわれわれは考えている。それは内乱を不可避的に伴う。戦闘によって、旧体制を瓦解させ、その上に新たな体制を築くのが革命というものであり、革命とはおしなべて暴力革命と言えよう。

しかし、その点で、明治維新はやや趣を異にしている。それは、敵を完膚なきまでに打ちのめし、旧体制を完全に解体することを通じて、その灰燼のなかから新しい制度を創造しようとしたのではなく、むしろ早い時期から敵との宥和を心がけ、共和の精神による国民国家の創出を課題とした。こうしてみると、暴力という要素よりも、価値の建立という契機を革命にとって本質的なものと捉え、そのような価値からの偏差も見据えて革命の実際のプロセスを考察することが、明治維新の歴史的理解のために一つの有効なアプローチと言える。

だが、このような提言には、たちどころに異論が生じることが予想される。何を馬鹿な。明治維新は倒幕の結果として生じたのではないか。大久保利通は徳川慶喜を完膚なきまでに打ちのめそうと決して譲歩しなかったではないか。内乱として戊辰戦争が起こっているではないか。会津など東北地方では、今なお維新の記憶が禍根となっているのではないか。あるいは、日本もナポレオン戦争のように、明治維新の結果として帝国化して近隣諸国への侵略を行ったとの批判もなされ得よう。

これらの指摘は、それぞれもっともなものである。だが、ここで繰り返し主張したいのは、維新の立役者とされる指導者たち、そのなかでも特に大久保において、維新の真価がどのようなものとして把握され、現実との齟齬を修復するためにいかなる努力がなされたかの内在的理解である。

これから見ていくように、大久保は維新を確立させるために、まず何よりも日本人の間に宥和がもたらされなければならないと考えた。そのためには、かつての幕府や佐幕派の人たちとも提携できるような素地を編み出さなくてはならない。大久保にとっては、旧幕勢力や東北諸藩との内戦も、対外的侵出も、維新の過程で生じた繕わなければならない綻びだった。彼は、敵との宥和とその包摂をポリシーとして、維新の完成に打ち込んでいく。さらに言うならば、彼が革命の大成のために大ナタを振るい、切り捨てるのは、自らの故地薩摩藩であり、かつての主君・島津久光や盟友・西郷隆盛らである。以下の論述で、そのような大久保の具体的な活動の軌跡をたどり、その行動原理を明らかとしていきたい。

王政復古の対外宣言

鳥羽伏見の戦いが勃発し、戊辰戦争の幕が切って落とされ、日本は内戦状態となった。とはいえ、徳川慶喜は朝敵の烙印を押され、勝機は天皇という玉を手中にしていた維新政権の側に終始あった。そのようななか、戦線が東国へと移るのを横目に、京にとどまる大久保らは別の一大事に従事する。新政権の基盤固めである。だが、それに手を付ける前に、彼らは早速対外的な難問に見舞われる。

戊辰戦争に日本国内が突入して間もなくの明治元年(2)(一八六八)一月一一日、岡山藩の藩兵が神戸を進行していた時、外国人の一行がその前を横切るという事件が起こった。岡山藩士らは当時の常識に従い、無礼の廉でただちに発砲に及び、英仏米の守備兵との間で暫時戦闘となった。神戸事件と呼ばれる事態である。これら各国は、報復として神戸港内にある諸藩の艦船を抑留し、神戸居留地を軍事的に占領した。新政府としては、内戦という内憂のみならず、外国との間でも外患に見舞われたことになる。

イギリス公使パークスの助言を得た新政府は、東久世通禧《みちとみ》*を勅使として兵庫に派遣、各国代表と会見して、王政復古を告げる国書を伝達した。結果的に、新政府はこの椿事を奇貨として諸外国に新政権樹立を宣明することができた。大久保も「王政復古の対外宣言」を決行したとこの事態を記している。「将軍大政を奉還し、天皇万機を親裁し給う旨を告げ、なお従前の条約はすべてこれを新政府において遵守することを通達」した、と(3)。

別の書簡では、外国への新政権成立の通告無きうちにこのような「小事」が起こり、朝廷も「別而《べっして》御心配」だったが、「是は万国之公法を以て応接に相成るほかこれなし。是がために朝廷が和親条約を破ると申すような懸念はあり得ない」とも書き伝えている(4)。大久保は、新政府が攘夷運動とは一線を画し、万国公法に則り、従前の和親条約を遵守するとの立場をこの際諸外国に対して明らかとし、新生日本の国家承認を得る機会としたのである。

そのために、当事者たる岡山藩に対して責任者の差し出しが求められ、翌月の二月に家臣の瀧善三郎が列国関係者の立会のもとで切腹するという手打ちの式が取られた。なお、二月にはこれに引き続き、大阪・堺でフランスの水兵たちが狼藉を働いたことに対して土佐藩兵が発砲し、フランス側に十一名の死者が出るという堺事件が勃発している。この時も、新政府は土佐藩士二十名に切腹を命じて幕引きとなった（実際に切腹したのは、フランス人犠牲者数と同じ十一名）。

これらの事件は、発足間もない維新政権の肝を冷やすに十分な外交的難局となり得たが、当局者は旧政府の外交を受け継ぎ、条約体制を堅持するという国家としての立場を対外的に示す機会となした。あわせて、日本側の当事者を迅速に処罰したことは、外国からの信用を勝ち得ることにもなった。大久保が言うような「王政復古の対外宣言」が決行できたとは、自画自賛が過ぎるかもしれないが、右のような結果に落ち着いたことは、立ち上がったばかりの新政権にとっては僥倖だった。

遷都論に込めた天皇観

そのような外交問題の処理の一方で、国内体制の確立も焦眉の急だった。神戸事件の余燼冷めやらぬ一月一七日、新たな官制として、三職七科が創定された。王政復古の際に、新たに総裁、議定、参与の三職が置かれたことは既に触れた。これを枢軸として、さらなる制度的肉付けが不

東久世通禧（一八三四―一九一二）孝明天皇の側近の公家。尊攘派として三条実美らとともに七卿落ちの一人として長州に逃れる。新政府では参与や侍従長等に就く。岩倉使節団にも加わり、後に元老院副議長、貴族院副議長などを歴任。

可避である。いまここに、神祇、内国、外国、海陸軍、会計、刑法、制度の七科を太政官に置き、総裁がこれを総理し、さらに議定・参与が分担して管掌する体制が据えられた。有栖川宮熾仁親王を総裁に、その下に置かれた副総裁職には、三条と岩倉が任命された。大久保はかねてより参与を拝命していたが、二七日付で総裁局顧問となった。

王政復古クーデタ当初は、皇族・公卿や公議派諸藩にも配慮した非幕府派の幅広い連合であったが、徐々に倒幕派がキャスティング・ボートを握っていく。自分たちが主導しながら、いかに公的で理に適った国制を形作っていくか。これ以降、大久保は頻繁に「制度」、「制度」と口にするが、そこにはそのような天下に恥じない国制を立ち上げなくてはならないとの覚悟が込められていると考えられる。

こうした制度の構築は、それが旧体制からの抜本的なスクラップ・アンド・ビルドであるが故に、急激な革新とそのゆり戻しという緩急をつけた改革事業の連続とならざるを得ない。明治国家の制度が確立するのは、すなわち明治国制なるものの樹立は、明治一八年（一八八五）の官制の大改革と内閣制度の創設、そして明治二二年（一八八九）の大日本帝国憲法の発布が指標となるが、そこに至るまでの二十年もの間、明治政府は作っては変えを繰り返しながら、少しずつ自らの国制を練り上げていくのである。

大久保はその目で、明治国制の完成を見ることはできなかった。だが、それを常に遠望し、その時々の政局に対峙しながら、制度の錬成と底上げに努めていった。その意味で、大久保のことを本書では、明治国制を起工し土台を作った人――「建てる人」と見なしたい。

そのような彼が主唱した最初の制度的変革が、遷都であった。大久保の日記に、初めて遷都の記載が見られるのは、明治元年一月一八日である。「内国事務掛を仰せつけられる。何よりも遷都のことがなおまた当務の急であり、広沢真臣にも示談してあれこれ言上し、さらに三条公へも言上するようにとのこと拝承」[5]とある。前日の職制改正に際して、大久保は内国事務掛を拝命していたが、その時から第一の懸案として遷都のことが持ち上がっていた。

だが、そもそも遷都＝首都移転という発想は、いかにしてもたらされたのか。管見の限り、大久保の関連史料のなかで最初にそのことが記されているのは、前年慶応三年（一八六七）一一月の日付の伊地知正治が大久保に差し出した建言書である。伊地知は、東北での戊辰戦争で戦功を挙げた薩摩藩士で、稀有な戦略家であった。深い洞察に基づいたアイデアマンと言ってよい彼の行った提言は、大久保の具体的な政策のいくつかにもこれから大きな影響を与えることになる。

その伊地知が、慶応三年一一月の時点で遷都の考えを示していることは、前章で触れた。伊地知は、現在の京都の地は狭小で人心も開かれておらず、世界中の都を見比べ、江戸の繁華も知る外国人にとても皇国の都地として見せられる場所ではなく、日本の恥さらしとなってしまうとの歯に衣着せぬ言いぶりをしていた。

伊地知正治

畳み掛けるように彼は、「かつて、三韓征伐の時分には、浪華に都を遷したことがあり、また、古人も人心の因循を抜くには遷都にしくはない」と見なしていたとして、旧習を改め、人心を一新するために「浪華」＝大阪に都を移すべきことを説いている。

旧習との決別、人心の一新、そして大阪への遷都。これから見ていく大久保の遷都論の初発の動機が先取りされている。王政復古を成し遂げた時から、大久保の脳裏には、因習に満ちた京都の地と訣別するとの想念が吹聴されていたのである。一八日に初めて遷都の議を広沢真臣らと交わした大久保は、一月二三日、大阪への遷都の建白書を朝廷に提出した。ここで注目に値するのは、大久保が延々と展開する天皇論である。大久保は、天皇が「玉簾の内」を出て、「民の父母」として「国中を歩き、万民を撫育する」存在へと変貌すべきことを主張し、次のように説く。

主上と申し奉るお方は玉簾の向こう側に在らせまして、人間に成り変わったお方で、わずかに限られた公卿以外には拝し奉ることのできないようでは、民の父母としての天から賜った御職掌から乖離したものである。この根本の道理とそれに見合った御職掌が定まって初めて内治の法が成り立つ。そのために推し進められるべき大変革が、遷都の挙である。(6)

ここに示されているのは、天皇観の根本的転換である。長らく天皇は朝廷の場において、統治の主体としてよりも儀礼を司り、形式的な権威の源泉として位置づけられていた。それは、御簾の裏に隠された秘教的存在だったのである。

そのようなあり方は抜本的に変えられるべきとされる。大久保によれば、「広く世界の大勢を洞察し、数百年来の間に凝り固まった因循の腐臭を一新し、官武の別を撤廃し、国内が同心合体した天下の主上」を仰ぐ必要がある。そのようなありがたき主上と頼もしき下々の者たちが「上下を一貫し、天下万人が感動涕泣いたし候ほどの御実行が挙がり候ことが、今日急務の最も急なる」もの。それがすなわち遷都である。

このような論旨から明らかなように、大久保の遷都論は、天皇像の刷新、すなわち世俗化した政治的君主としての天皇の創出と連動したものとなっていることが見て取れよう。これに続けて草せられた別の意見書では、万機を親裁する天皇のあり方が、次のように提示されている。

天皇は巳刻（午前一〇時頃）から申刻（午後四時頃）まで執務し、総裁以下議定参与に接見し万機をきこしめされるべきこと、世界の大勢を知るために、「名卿賢侯の内から世界の形勢にも通じたお方」からなる侍読を置くこと、馬術に通じ、軍事調練を叡覧されるべきこと、などなどである。[7] 宮中の奥深くで祭祀を執り行うだけなど最早許されない。統治者として、内外の情勢を把握しつつ人臣の前に屹立する政治的君主が求められている。

いずれにせよ大久保は、天皇に拝謁できるのを雲上人と称される一部の公卿に限ったり、龍顔は国民の拝せないものだとか、玉体は地を踏んではならぬものなどといたずらに聖化する習いを取り払い、むしろ天皇は国中を歩き、万民を撫育するものでなければならないと説く。それこそが君道であり、そのような君主に従い、それを盛り立てるのが臣道とされる。言うならば、そのような政治的君主のもとでの一君万民の体制を築くために不可欠なものとして、遷都が唱えられているのである。

このようなラジカルな遷都論に対しては、当然、抵抗が生じた。一月二三日の会議では、「遷都の議が言上されるも、衆評の結果、決せられなかった」[8]が、遷都の議がいったん提起されたことに対する波紋は大きく、二六日には大久保は岩倉から、廟堂における遷都反対の声を伝え聞いている。それは、「遷都のことは薩摩の奸計であり、これを機にして薩長が相組み、大いに権勢を強めようとしている」(9)というものであった。

事態が動くのは、三月に入ってからである。この月の一四日、五箇条の「御誓文」が公にされた。よく知られた内容だが、改めて全文を掲げておこう。

一、広ク会議ヲ興シ万機公論ニ決スベシ
一、上下心ヲ一ニシテ盛ニ経綸ヲ行フベシ
一、官武一途庶民ニ至ル迄各其志ヲ遂ケ人心ヲシテ倦ザラシメン事ヲ要ス
一、旧来ノ陋習ヲ破リ天地ノ公道ニ基クベシ
一、智識ヲ世界ニ求メ大ニ皇基ヲ振起スベシ

ここでは、第二条から第四条に注目したい。そこに謳われているのは、公家や武家、さらには庶民に至るまで(「官武一途庶民ニ至ル迄」)、上下の違いなく国民がひとつとなって(「上下心ヲ一ニシテ」)国を盛り立てること、そのために旧来の因習を打破すべきとのことである。先ほどの大久保の遷都の議とこの点で共鳴している。そのことは、この日、天皇が国内に向けて発した宸翰にも表れている。該当箇所を引用しよう。

近来、世界は大いに開け、各国が四方に相雄飛するようになっている。この時に当たり、ひとりわが国のみが世界の形勢にうとく、旧習を固守し、一新の効を図らず、朕は徒に皇居内に安住し、その日の安楽を享受し、百年の憂いを忘れるならば、遂に各国の凌辱を受け、上

は列聖を辱め、下は億兆の民を苦しめることになると恐れる。故に、朕はここに百官諸侯と広く相誓い、列祖の御偉業を継承し、一身の艱難辛苦を問わず、自ら四方を経営し、汝ら億兆を安撫し、遂には万里の波濤を切り開き、国威を四方に宣布し、天下を富岳のように安からしめんことを欲する。汝ら億兆の民は旧来の陋習に慣れて、朝廷を敬うばかりで、神州が危急にあることを知らない。朕が立ち上がり前へ進もうとすると、非常に驚き、種々の疑惑を生じ口々にこれを止めようとする。それは、朕の君主としての道を阻むものであり、祖先が守ってきたこの国を失わせるものである。[10]

天皇による堂々たる為政者の宣言である。大久保の君主論と見事に通底している。「汝ら億兆の民は旧来の陋習に慣れて、朝廷を敬うばかりで、神州が危急にあることを知らない。朕が立ち上がり前へ進もうとすると、非常に驚き、口々にこれを止めようとする。それは、朕の君主としての道を阻むものである」とは、遷都に反対する朝廷の守旧勢力に対する強烈な牽制であろう。

このように見てくると、大久保の遷都論が形を変えたものとして、「御誓文」を捉えることも可能だろう。実際の「御誓文」と件の宸翰は、ともに木戸孝允の強力な意向のもとに作成された[11]が、一月に遷都を建議して以来、大久保と木戸は密に提携して朝廷の抜本的改革に向けて共闘していた。[12]「御誓文」と遷都とは、木戸と大久保による朝廷改革の車の両輪とも言えよう。「御誓文」公布の翌日の一五日、天皇の大阪への親征が令せられた。天皇を京都から引き離し、新たな君主としてのイメージを確立するための第一歩である。「御誓文」というバックアップを得て、

松浦武四郎

遷都へ向けた布石が打たれようとしていた。

天皇の大阪行幸は、数日後の二一日に敢行された。この時、大久保は行幸先の行在所で天皇に拝謁した。「無位無官の藩士が天皇と対面した、未曾有の大事件」(13)である。大久保も感涙にむせび、「実に卑賤な身の私ごとき不肖で才に乏しい者が、このように玉座を汚し奉るなど言語道断で恐懼の次第である。一生の幸せであり、感涙のほかない。藩士の身では初めてのことで、実に未曾有のことと恐縮至極である」(14)と日記に書き記しているが、そもそも万民に姿を現し、権威を示す存在へと天皇を化すことは、大久保が仕組んだことである。日記の記載は、大久保の勝鬨《かちどき》の声と言えよう。

もっとも、この時の天皇の大阪滞在は短期間にとどまり、天皇はまた京都に還幸した。大久保としては、この親征を口実に遷都を実行するとの目論見があったが、それは叶わなかった。翌月の閏四月二日付の木戸孝允宛書簡で、大久保は還幸の評議が京都から届いたことを受けて、「この度の御親征の発端は、遷都の意味合いで行われたものですが、折角の機会が失われ、結局中途半端なものとなってしまいました。今日の態では、すべて有名無実に陥ってしまいます」として、溜息交じりに記している(15)。

かくして天皇はまた京都に戻った。だが、大久保は公家の守旧派に対する反撃に向けて虎視眈々とその機会をうかがっていた。先の閏四月二日付の木戸宛書簡で、彼は旧幕臣から広く人材を登用すべきことを述べ、具体的に福沢諭吉や西周*のような当代きっての学識者、北海道開拓で知られる松浦武四郎*、また長崎で英学塾を開いている宣教師フルベッキ*の名を挙げている。(16) これに加えて、幕府が設けていた開成所のような学術機関を興すことが急務とも書き足している。大久保は、旧幕派からも進取の気性に富んだ人材は積極的に新政府に迎え入れようとしていた。いまや彼が対抗すべきは朝廷の因循勢力であり、それを封殺するためにも、ともに天下創業に参画できる人材を糾合し、また養成することが不可避とされたのである。

その一方で、新政府内での自らの勢力拡張のためにも、大久保は着々と歩を進めていた。天皇の京都帰還後の閏四月二〇日、議定・参与一同が小御所にて天皇に拝謁し、酒肴を賜わった。大阪では大久保単身の謁見だったが、今回は天皇を前にして重臣一同が居並び拝謁した。これは、かつての堂上の公家も大久保のような一介の藩士も天皇の前では同列との絵柄を皆に提示するものとなったろう。

そして翌日の二一日、政体書（正式名称は「政体」）が公布された。五箇条の「御誓文」に立脚した政府組織を定立するために出された根本法であり、日本で初めて三権分立を明記した法令と

西周（一八二九―一八九七）津和野藩医の家に生まれ、榎本武揚らとオランダに留学。法学、経済学等を学び、新政府では軍制の整備にあたり、軍人勅諭の原案を起草。明六社のメンバーで啓蒙思想家としても活躍。森鷗外の縁戚でも知られる。
松浦武四郎（一八一八―一八八八）伊勢の郷士、庄屋の生まれ。諸国遊学の中で蝦夷地を探索。後に幕府から蝦夷御用御雇を命じられ、新政府でも蝦夷開拓御用掛となり蝦夷地を「北海道」と命名する。
フルベッキ、グイド（一八三〇―一八九八）オランダ生まれのアメリカの宣教師。幕末期に来日、長崎などで大隈重信らを教育。維新後も大学南校の教頭に招致される。ヘボンらと明治学院を創設。旧約聖書の邦訳にも尽力した。

して特筆される。だが、ここで注目したいのは、その付録において規定された措置である。それによれば、禁裏御所における維新官僚の居場所が、詰所は錦鶏白張間、休所は外様小番書と定められた。これによって、「禁裏御所の内部深く、かつての公家の場に彼らは進入したのである」[17]。この改革を国元に伝える書簡で、大久保は、これまで政府と宮中が隔絶し、内廷には後宮や様々な冗官という悪弊があり、特に「禁裏の内官たちが、太政官の役人を見ること仇敵のごときであり、実に言語に耐えない」[18]という有様であったが、岩倉の「必死ノ御尽力」で宮中府中一体の変革に成功したと報じている。

かの地をもって「東京」と定める

じわじわと朝廷内守旧派の切り崩しを進めるなか、遷都論も新たな局面に移る。天皇の御東行、すなわち江戸への遷都である。やはり閏四月に岩倉に宛てて差し出された意見書において、「東京の説を定められ、御親征を迅速に御決定し、列藩を鼓舞して兵隊を供すること」[19]との文言が見られる。今度は東へと「御親征」を行い、東方で戦う官軍を鼓舞すべしとの提言であるが、それにとどまらず東にも都を建て、東京とすることが唱えられている。翌月二四日、大久保は岩倉邸にてこの案の詰めの協議を行った。大久保の日記には、「大事のことを話し合い、内定に至る。大いに愉快で大慶の至り」[20]と記されている。

このように大久保は岩倉を抱き込み、江戸の東京化と遷都を画策した。もっとも、この案は岩倉のほうから持ち出された可能性もある。岩倉のもとへはすでに江戸に都を移すべきとの声が届いていた。四月一一日に江戸は無血開城されたが、これを受けて江戸城に入城した岩倉の子息具《とも》定《さだ》と具経《ともつね》は、父具視に宛てて江戸入城後の官軍を取り巻く厳しい空気を書き送っている。それによれば、「官軍の勢いは微々たるもので、しかも安楽を貪り、怠惰で政治の本筋は全く立っていない[21]」と自軍の士気の甚だしい低下が伝えられ、それがために江戸の住民は「大いに軽侮の心を生じ、児童や下僕に至るまで官軍を見ては唾棄して罵倒する有様です」と慨嘆されている[22]。このような惨状を打開するために、二人は父に対して天皇の江戸への行幸と東京奠都を説いている。

是非是非、この挙に乗じて、天皇の御車を江戸城に行幸願い、乱を鎮め政治を興し、万民を撫育する御基本を立てて、かの地をもって東京と定めるべきです[23]。

以上のように、江戸を都とするとのアイデアは、かねてより岩倉の脳裏にインプットされていた。後述するが、岩倉は最後の最後で京都から東京への遷都に抵抗を示す。彼としては、京都と東京の二都体制を思い描いたのかもしれないが、江戸の東京化は、大久保によってより抜本的な遷都の企てとなる。

六月に入り、大久保は江戸に向かった。天皇東幸のお膳立てのためであろう。後から到着した木戸や大木喬任《たかとう》らも交え協議した後、彼らは三条実美に建言し、その同意を得た。六月二七日のことである。

かくして、月が改まった七月一七日、江戸を東京と改称することが布告された。次は天皇の東幸である。それに向かって事態が動き出すのは、八月になってからである。この月の一七日、大久保は京都に戻っていた木戸に宛てて、天皇の東幸を主張している。それによれば、いまだ奥羽では戦闘が続いており、「人心が乱れている折柄、根軸たる御方様が御東行されることは実に大事なことと存じます」とされる。[24] 関東の人心を安定させるためにも、天皇の東遷が急務との認識である。

これに先立ち、三条も京都の岩倉に宛てて、「永世之基礎神州之根拠」を定めるため政府を東京に移すとの考えをしたためていた。その一方で彼は、「目下の形勢によれば、京摂の人心も失うべきではありません。実に全国を一体視する御処置が肝要と思われ、先ずこの度のところは暫時の江戸御滞在として西にお帰り遊ばされ、来年の春暖温和の時期にまた御東幸され、その時には必ず永世不抜の基礎を立てられるようにすべき」とも書いていた。[25] 関西の人心も失うべきでなく、四海同視の処置が肝要である。ついては、まずは暫時の東行としてまた京都に戻り、来春になってから再度東京へ赴き、その時に「永世不抜之御基礎」を立てる、すなわち遷都を遂げるとの方略である。

実際の遷都はここで三条が書いている通りとなったが、この手紙を受け取った岩倉は即答できなかった。京都の朝廷や民心の間に拡がる動揺や抵抗が、火を見るよりも明らかだったからだろう。かたや三条の方は、東京の状況が悪化しているとの危機感を募らせ、九月六日、改めて岩倉に書状を送り、「京摂の人心も測りかねますが、東方の状況もよくよく御勘考願います。ひとえにお願いしたいのは英断果決であり、衆議を排してまちまちの俗論に頓着されないようお願い申し上げます」と懇願している。[26] 衆議を排し、細々とした俗論などに頓着することなく、英断果決を願う、との思い切った物言いである。

実際には京都でも、東幸に供奉する兵隊の調練を天皇が叡覧するなど出発の準備はそれなりに進めていたのであるが、[27] 通信がままならない当時の事情では、西と東で意思疎通に難が生じるのは無理がない。京都には、東京の焦慮の念は十分に通じていなかったのである。三条が所感を書き送ったのと同日、大久保も木戸に対して、天皇の東幸を「泣血奉伏冀」という切願の手紙を出していた。血涙を流して伏して願い奉るということであろうか。そのなかで大久保は、榎本武揚ら幕府の残党が戦艦に乗って依然北上し、抗戦の姿勢を示していることを危惧する声があることを説伏し、次のように論じる。

畿内西国の人民を治めるのと東国の人民を治めるのとでは、いずれが易くいずれが難いか。これまた明鏡を見るかのように明らかではないでしょうか。さすれば、皇国の興亡に関わるが故に、この難所に大いに力を尽くさないわけがないでしょう。忝《かたじけな》くも、塗炭の苦しみにある万民を救わんとの聖断をもって御親征を仰せ出でられたのではないでしょうか。いつつまでも民の父母としての御赤心を失わず、東京奠都も布告され、遠からず京都を出て、一家同視の思し召しで東行するぞと宣明されたのです。まことにもってありがたきお心で、東京府内の人民は初めて安堵に向かっているところです。[28]

このように京都に向けて書き送った翌日の九月七日、天皇の東行を促すため京都へ向かうべしとの命を大久保は受け、九日に東京を発した。一三日に京都に着いた大久保はそのまま政府に出仕し、「御東行の日取りは、来る二〇日と御決定」との回答を引き出した。[29] 大久保の気迫に接して、京都の朝廷は重い腰を上げざるを得なかったのであろう。

かくして、九月二〇日、天皇は京都を発し、東下の途に就いた。大久保は海路大阪から東帰した。先に東京に着いて、天皇を迎えるためである。「天皇、御東行のため、御出車。滞りなくお済みになるとの見通しを申し上げる。(30)希望通りの御盛典で紙上に尽くせぬありがたさである」とこの日、大久保は感慨を書き留めている。

ところで、この暫時の京都への帰還中の一八日、大久保は木戸から重大な秘事を打ち明けられている。版籍奉還の企てである。木戸は日記に、「この日、大久保に秘密のことを談じる。彼は一諾し、尽力すると述べた」と記している。(31)しかし、他方で、木戸は「大久保はいまだよく深意を語っていない。ただ表面の条理のみに止めている。実に遺憾である」とも書いており、その反応が決して意中のものでもなかったことが分かる。(32)いずれにせよ、東京に都を移し、京都の公家臭を一掃して、一君万民の新たな政治体制を樹立しようとしていた大久保に対して、木戸はさらにそれを実質化するため、藩を解体して中央集権化の徹底を目論んでいたのである。これは公家のみならず武家の一掃を意味する。怯懦な官人を相手にするのとは訳が違う。大久保は、木戸の覚悟を前にして、その場では色を失ったのではないか。彼自身は、日記に、「今日、木戸より内談のことあり」としか書いていない。(33)

しかし、木戸が示すベクトルの向きは、大久保の目指す方向でもある。東京遷都が成った後は、版籍奉還が新政府の次なる課題となるだろう。だが、その前に、東京遷都の成り行きを見届けておこう。

東京城入城のメッセージ

京都を発って約二十日後の一〇月一三日、天皇の御輿が江戸城に入った。それまでの二十日間、東幸の歩が進められるなか、東北の戦線では着々と成果が収められ、九月二二日には会津藩、二四日には盛岡藩、二五日には長岡藩、二七日には庄内藩、二八日には米沢藩がそれぞれ新政府の軍門に降った。東北が平定されるなか、天皇の一行はさながら凱旋軍のように江戸城に入城した。実際、この日は、東北に進軍していた官軍の江戸帰還の日と重なった。「東北平定の官軍数千、凱歌を奏しながら帰還。何たる偶然か[34]」と大久保は日記に書いているが、軍関係者の計らいとしたら、これ以上はない絶妙な演出である。

江戸湾では、外国の艦船が、祝砲を発した。この日、江戸城を皇居とし、東京城と改称することが布告された。事実上の東京への遷都である。一五日、大久保に登城の命が下り、天皇に拝謁した。[35]関東鎮撫の功を賞せられ、天盃と羽二重が下賜された。「冥加ニ堪ヘス」と日記には記されている。

天皇の東京入城が実現した今、大久保は次の課題に取り組む。それは、「人材黜陟《ちゅっちょく》」、すなわち新政府へ人材を選抜し結集することである。そもそも大久保が遷都を企図したのは、天皇を京都という因習の地から引き離すためだった。天皇を禁裏の官人たちに囲われた存在から解き放ち、あらゆる民の庇護者として目に見えるかたちで君臨させることが目指された。国民統合のシンボルと言ってもよかろう。朝敵の巣窟といってもよい江戸に天皇が赴き、東に遷都するということは、これ以上はない国内宥和のメッセージとなり得たのである。

このメッセージを有名無実なものとしないために、大久保は旧幕臣からも有為の人材を積極的に登用しようとしていた。天皇が東京へと向かうなか、国元へ宛てて発せられた手紙において大久保は、徳川への「朝廷の御処置は愛憎にかかわらず、至当公平に出て失態なきように御注意あれば、何も憂うべきことはないでしょう」と書いている(36)。

まさにそのことを実践するために、彼が具体的に福沢諭吉や西周、松浦武四郎の登用を推奨していたことは先述した。これにとどまらず、大久保はいきなり本丸とも言える慶喜の宥免を唱える。一一月一二日の朝議で、このことが議されたが、ひとり三条が反対した。大久保は一四日に三条邸を訪問し、彼を説得して慶喜の謹慎免除に漕ぎつけた(37)。去年まで牙を剝いてやまず、あらゆる温情の声を封殺して臨んだかつての仇敵に対して、豹変した対応である。大久保としては、慶喜が恭順の意を示し、また徹底して権力を剝奪された今、人としての慶喜にこだわる気持ちはなかったのだろう(38)。

蛇蝎のように敵視した慶喜に対して、かくも温容な姿勢を示すに至った大久保だが、その裏には、天皇の東遷を果たしたことによる安堵の思いがあったであろう。束の間の安逸な思いに彼は浸っていたのではないか。この頃、彼は重ねて吉原に遊んでいる。かつて戯れた遊女と再会し、「ともに往時を語り合い、歓楽を尽くして再会を期し別れる」とある(39)。戦士の休息といったところか。

だが、東京遷都が完遂するには、もう一波乱迎えなくてはならなかった。天皇の京都への還幸の議が持ち上がる。一一月二五日の朝議でこれが上がり、「種々議論評議これあ」った末(40)、一一月二七日、天皇が京都へひとまず還幸することが発表された。これを受けて、一二月八日、天皇は東京を発輦《はつれん》した。大久保も天皇に供奉して、京都に向かった。天皇一行が京都に着輦したのはこの月の二二日である。

一二月二四日付の書簡で大久保は、京都に無事到着したことを木戸に報じているが、そのなかで、参朝しても、「いまだに何も方針は立たず、漠然としています。こちらとしても、なお一層根軸が据えられなければ、何事もなし得ません」と相変わらずの朝廷内の因循を述べ、かといって「役無しのわれわれでは、なかなか思い通りにならず、甚だ心痛の至りです」と天皇の取り巻きに苦慮している様子を伝えている(41)。

還幸を告げる布告では、「明春再幸」の旨が記されていたが、問題はそれが本当に履行されるかどうかである。大久保が最初から天皇に供奉して京都に行ったのは、その目付となるためであろう。東京への〝還御〟をはやる彼は、年が明けた明治二年一月九日、福岡孝弟《たかちか》と連名で、「再度東国に行幸遊ばされ、すべての諸侯を召されることの次第、何分にも早々に御布令なされますよう」と岩倉に宛てて書いている(42)。

これに対して、岩倉は、同月二五日に書かれた「時務四策」という意見書において、遷都論に触れている。そのなかでは、人材登用や君徳培養について、大久保の持論を取り入れた建策を行っているが、遷都論に関しては、「決して遷鼎して京都を廃するが如きことなかるべし」と釘を刺し、江戸を東京と改称したのは東西一視の叡旨によるものであって、遷都の聖意ではないとしている(43)。京都への思い入れの強かった岩倉は、東京への遷都に割り切れない思いも抱いていたのである(44)。

しかし、東京への事実上の遷都は着々と進展していた。天皇が京都に還幸している間、太政官が東京城内に設けられ、政府機能の東京移転の布石が打たれた。また、衆議のための機関として設置が決められていた公議所も、東京での開設に向けて準備が進められた。外堀は確実に埋められていったのである。

かくして、三月七日、京都還幸の詔に書かれていた通り、春の東京への再幸のため、天皇は京都を発した。そして、その月の二八日、東京に到着し、皇居・東京城に入ったのである。再幸と称されたが、これ以降、ここが天皇の終の棲家となる。この同じ日に、東京城を「皇城」と称すとの令が下った。事実上の東京遷都令である。(45)

日本国民を創り出す企て

以上論じてきたことをまとめておきたい。京都からの遷都は、新国家の基軸となる政治的君主の創出を意味していた。公家の朝廷を刷新し、国民の政治的一体性を具現するような新しい天皇像を確立するという目論見と遷都は連動していた。

この時期に、大久保が旧幕勢力との宥和を図るかのようにかつての幕臣からの人材登用を唱え出したことも、これとの関連で理解される必要がある。天皇という君主のもとで、日本人が恩讐を越えて、国民として一体となることが求められたのである。

そのために、君主たる天皇には、特別の克己と君徳が要請された。天皇は、民の父母たらねばならない、民を撫育するものでなければならない、と大久保が重ねて論じていたことはすでに紹介したが、そのように天皇を導く臣下の役割が不可避とされる。大阪遷都の議に際して草された意見書において、大久保が「名卿賢侯」を侍読に採用することを提言していたのは前述した。京都還御直後にも、大久保は岩倉に宛てて、君徳培養の重要性を説いて言う。

どんな聖君と言えども、耳目鼻口が備わらなくては、御盛徳をお示しになるのは難しいと思われます。従って、今のうちにそのような天皇の耳となり、目となり、鼻となり、口となる御方を選び、至急任ぜられるようひとえに願い奉ります。才略は必要ではなく、君子としての体裁を備えられるよう切願しております。(46)

天皇の耳目鼻口となるのは、それにふさわしい臣下の者である。逆に言えば、天皇とはそのような有能な人材というパーツを寄せ集めて初めて成り立つ存在なのである。天皇を御簾の中から招き出し、国民に見える存在とすることは、国家を盛り立てる国民を創り出すという企てでもあったということができよう。

このために大久保は、待詔局の設置を唱えている。年が明けた明治二年(一八六九)一月七日、やはり岩倉に宛てて、彼は「政府の体裁に関する建言書」を提出した。そのなかでは、人材選挙の法が整うまでのつなぎ的措置として、待詔局なる機関を設けることが説かれている。これは、まさに天皇の耳目鼻口となって情報や意見を寄せられるような人材を広く招き入れるために構想されたものだった。(47)

他方、藩主を主君と奉じていた人々が、いきなり天皇の赤子となることには無理がある。まずは天皇の直臣をそのような人材で固めなければならない。大久保は、旧幕臣からも人を物色する一方で、要路の者たちの意識改革を求める。そのために、人材を選抜して、洋行させるべきことを唱える。明治元年一二月二五日付の岩倉宛書簡である。

今日の状態で、政体や制度を御決定されても、日進月歩の世上であるから、いつまた変わるか知れたところです。議事を行うとか申しても、今年や来年のうちにホンマ〔本間〕に行われるのでしょうか。口を窮めて言いますが、できるわけがありません。天下の人心、いまだ議事の何たるかを知らず、府県どころか藩も深くは理解していません。ついては、和漢西洋の学問を折衷し、歴史に鑑みて今を振り返り、確固不抜の皇道の基軸を闡明《せんめい》するような豪傑が出て初めて王政一新の根軸は立てられるものと愚考します[48]。

既述のように、この年の閏四月に政体書が公布され、政府組織の改変がなされたが、この時に地方制度についても、府県を創置して藩とともに三治の制度とした（府藩県三治同規）。旧幕府領を府・県と改め、元将軍家を含む旧大名の領分が藩とされたのである（ちなみに、藩が制度の名称として公認されたのは、この時が初めてである）。だが、そのことを承知している日本人がどれほどいるだろうか。さらに、その後発せられた藩治職制（一〇月二八日）によって、各藩から公議人を選出し、政府の議事に当たらせることが定められたが、今の時点でそんなことが「ホンマ」にできるのか。むしろ、まずなされるべきは、次のことだと言う。

取りも直さず、人材を造り出すことが焦眉の急であり、早々に洋行して学問させることです[49]。

年が明けての明治二年一月七日、大久保は正式にこのことを岩倉に言上した。「公卿四、五名、諸藩から精選した士に外国への留学を仰せつけられること、今日の急務[50]」。公卿や諸藩の有望な士を厳選して、洋行留学せしめるべしとの建議である。これがやがてかの岩倉使節団へと結実する。それは、大久保その人が洋行し、新しい指導者へと脱皮する機会となる。

いずれにせよ、大久保は天皇を京都から引き離し、東京に遷座させることによって、天皇を戴く日本国民というものを現出させようとしたのだといえる。だが、それが一朝一夕に成し遂げられるとは大久保は考えていない。まずは求心力ある君主としての天皇が演出されねばならず、またそれを支える盤石なエリート層の創出が不可欠とされる。そのために、そのような天皇の股肱の臣の洋行が唱えられるのだが、その前に、新政府はもうひとつの劇的な改革を準備していた。廃藩置県である。

Ⅱ　廃藩置県

「大体」と「大権」

明治四年（一八七一）に行われた廃藩置県は、大政奉還や王政復古と並ぶ明治維新の重大な出来事である。それどころか、社会的な革新性ということで言えば、廃藩置県の方が画期的だったとも評し得る。前者では幕府（武家）から朝廷への政権の移譲がなされたわけだが、後者は藩という全国的な国制上の基礎的単位が撤廃され、何百年にもわたる支配階級であった藩士としての武士という身分も解体されたのである。それがなぜ可能だったのかは、日本近代史上の一大トピックである。

以下の論述は、この問いに直接答えるものではないが、廃藩置県に至るプロセスを大久保利通のサイドから描写し、その実相の一端を浮かび上がらせたい。

前章で論及したように、王政復古に合わせて徳川慶喜に辞官納地が命ぜられた際、大名たちも挙ってこれに倣うことが岩倉具視や山内容堂から提議されていた。そこで記したように、版籍奉還の思想は、この時すでに胎動していたのである。

このような動きは、ここではいったん差し止められた。既述のように、諸侯が一斉に土地と民を返上しては、慶喜に対する懲罰の意味合いが無くなってしまうからである。これを主導したのが他ならぬ大久保であったことも、詳述した。大久保は、旧体制との徹底的な訣別をもたらすために、徳川幕府を血祭りにあげることを必要視したのである。

だからといって、彼が全大名からの版籍奉還を峻拒していたわけではない。鳥羽伏見の戦いで幕府軍が敗走した後の明治元年（一八六八）二月一一日、薩摩藩主島津忠義（茂久、維新後に改名）は、朝廷に対して領地の一部を返還する願書を提出した。大いに陸海軍を興し、理財の道を確立するのが今日の急務であるところ、いまだ皇国統一の成業に至っていないので、微力ながら「代々預かってきた領地のうち、万分の一の十万石に過ぎないが、御用のために返し奉りたくお願い申し上げます」と建言している。[1]

これは大久保の建策に基づくものだった。[2]もともと薩摩藩内には、かねてより版籍奉還の論策がなされていた。慶応三年（一八六七）一一月二日に寺島宗則が洋行中の見聞をもとに、「全ての封建の諸侯を廃されたならば、真の王道が相立つものと思われます。……その封地と民とを朝廷に返還奉り、自ら庶人と相成り、その後の抜擢の機会を期すべきです[3]」と建言しており、大政奉還と討幕の密勅を受けて鹿児島に帰藩していた大久保もこれに接していた。[4]すべての藩が、自らの版籍（全てではないとしても）を朝廷に献上するとの発想それ自体は、要路にある者たちの間で早くから意識に上っており、大久保もその趣旨には反対していなかったのである。

維新政権のもう一人の雄、木戸孝允もこの薩摩藩からの願書と相前後して、版籍奉還の議を上程していた。既に言及したが、木戸はこの年、明治元年の九月にこの件を大久保に内談した。その時は、木戸の急進論に大久保が言葉を失い、木戸を慨嘆させた。

とはいえ、このような重大政策は、大久保の協力無くては実現できない。木戸は明治の初年も押し迫った一二月一四日、岩倉に対して政策意見書を差し出し、そのなかで版籍奉還についても論じ、「今日一新の時に至っては、いったん王土を束ねて朝廷に返し奉る」べしと述べている。(5)そして、一定のルールが定まった後、改めて天下に分与すべきだと言う。

この建言を木戸は大久保と意を通じたうえで行った。「大久保一蔵に謀り薩公より口を開かん事公意公心を以て相論す」と木戸は岩倉に告げ、「大久保大に余の意に応する事あり」と補うのを忘れていない。(6)決して長州単独の暴走ではなく、薩長が連携しての画策であることを念押ししているのである。年が明けた明治二年正月の日記で、木戸はこの件で去年から大久保と密談を重ねてきたことを述懐しつつ、進展が見られないことに焦慮している。しかし大久保は決して木戸の進言をうっちゃっていたのではない。明治二年一月一〇日、大久保は小松帯刀に対して、長州藩に示す「土地人民御返上」の建白書草案の起草を依頼していた。このように木戸の訴えは薩摩はじめ雄藩によって真摯に受け止められ、二三日、薩長土肥四藩連名にて版籍奉還の建白書が提出された。

建白は劈頭、次のように言う。

臣某《それがし》ら、謹みて案ずるに、朝廷が一日として失ってはならないものは、「大体」であり、「大権」である。天祖が初めて国を開き、その基礎を建てられてから、皇統一系万世永久に天の下の土地その有に帰せざるものはなく、民でその臣下でないものはない。これが「大体」である。授与し剝奪する爵禄をもって下々を維持し、一尺の土地といえども私物化してはならず、一人の民といえども私用に供してはならない。これが「大権」である。[7]

維新後の朝廷にあって、失うべからざるものは「大体」であり、「大権」だと謳われている。「大体」とは、万世一系の皇統にこの国の国土と民は帰せられるとの建国の根幹を指し、後に国体と称されるものである。天皇による支配の正統性と言い換えることができよう。他方で「大権」とは、その保有する土地を民に分与し、民に位階を授け禄を支給するなどの実際の統治の実権である。主権と言ってもよかろう。名実を備えた主権国家の確立。それが、ここで掲げられていることだと言えよう。四藩主は、そのために自らの領地と民を返上すると建白する。

そもそも臣らが居るところはすなわち天子の土地である。臣らが牧するのはすなわち天子の民である。どうして私有してよいことがあろうか。今、謹んでその版籍を返上する。願わくは、朝廷におかれては宜しく処置されて、そのうち与えるべきを与え、奪うべきは奪い、全ての列藩の封土についても宜しく詔命を下して、これを改め定むべきである。そうして、制度や軍事の政治から戎服器械のあり方に至るまでことごとく朝廷から命が下り、天下の事は大小となく皆一つに帰せしむべきである。その後に、名実ともに得て、初めて海外各国と並び立つことができる。これが朝廷の今日の急務であり、臣下の責務である。[8]

右の建言には煮え切らないところがある。確かに国土と民は天子のものとして、いったん返上される。しかし、「列藩ノ封土更ニ宜シク詔命ヲ下シ、コレヲ改メ定ムベシ」、すなわちまたそれを改めて下付すべきとされているのである。いずれにせよ、この手続きを経て、名目上は割拠体制ではない統一国家としての体裁が整い、海外各国と並び立つことができようと唱えられる。

このようにして、版籍奉還を通じて維新政府は主権国家としての体制を確立しようとした。しかし、その実態は、旧来の藩主による領地経営を否定するものとなっていない。「名実相得」ることが謳われているが、ここではせいぜいまだ国家主権の「名」しか成り立っていないと言わざるを得ない。その「実」を備えるための試行錯誤がこれから始まる。

さて、薩長を中心とする雄藩が版籍奉還の建白を行ったことのインパクトはやはり大きかった。これを受けて、他の諸々の藩も乗り遅れまじと版籍の返上を朝廷に申し出る。

明治二年二月二二日、大久保は木戸に宛てて、「御建白（版図返上）の一件は、よくよく好都合に運び、とりわけ時機も適当で、追々列藩に波及していく勢いです。その後、段々と出願してくる藩が大半となると推察しています」と書き送り、順調に各藩からの版籍奉還の動きが続いていることに祝意を表している。(9)

版籍奉還をともに画策するなかで、大久保には木戸に対する敬意と感服の念が揺るぎないものとなった。この頃、大久保は岩倉に宛てて木戸を称揚する言葉を述べている。

大本＝根幹に着眼し、全体を見通し、政略にも長けた当代の人物は、木戸その人です。(10)

このような木戸への信頼をこれ以降、大久保は堅持する。時に両者の間には、具体的な政策において看過できない隔たりが来され、確執が生じたりもするが、大久保は決して木戸との連帯を断ち切ろうとはしない。

これに対して、木戸はこの頃から急激に体調を悪化させる。戊辰戦争が終わり、薩長の藩兵が凱旋してくるなか、今度はそれら兵士たちの処遇が大きな課題となっていた。実際に戦闘で勝利を収めた藩兵は藩の実権が殺がれるような改革には反対で、薩長両藩の統制が木戸にとって悩みの種となった。そのストレスから、体調を悪化させたのである。維新後の木戸は身心の不調から感情の起伏も激しくなり、次第に彼のもとから人心が離れていくこととなる。だが、そのようななかでも、大久保は木戸を切り捨てることなく、常に彼を政府内に取り込もうと腐心するのである。

大久保が木戸に版籍奉還の進捗を書き送った翌三月、天皇が東京に再幸した。先述したように、事実上の東京遷都である。この二つの難事業を成し遂げ、心のゆとりが生じたのであろうか。四月一日、大久保は思い立って京都から伊勢参りに出かけた。京都から大津に至る途上の蹴上《けあげ》の丘陵に登った彼は、京を振り返り見て大きな感慨に襲われている。日記に書き留められたそれを引用しておきたい。

> 初夏の景色よろしく、蹴上あたりにて眺望すれば、うっそうとした木々が青々として、日はまさに暮れんとし光の妙なることに言葉を失う。ああ、一昨年まで焦慮し苦心して死をも覚悟したことが何度あったか分からない。今日、ここに来てこの景色を見ることなど考えられただろうか。世運の変遷は実に夢の如きである。往事を思い返しながら、程なくして大津に着く。[11]

つい一昨年前には、幕末の血なまぐさい時局のただなかにあり、大久保自身も死を覚悟すること一再ならずあった。しかし、それもはや過去のものとなり、初夏の瑞々しさを存分に楽しむ姿がある。世の移り変わり、実に夢のようだとしみじみと感じ入っている。

ついでながら、四日に伊勢を参拝した折の述懐も引いておこう。

伝聞してきたよりも、はるかに古雅であり、世の大山が荘厳華麗を極めるのとは天と地ほどの違いがある。わずかにひとつのみすぼらしい社殿があるのみで、草木に荒れている。とはいえ、神霊はあらたかで、身心実に洗われるが如きである。皇国たるわが国が万国に冠たる所以である。この地を拝して初めてそれを知ることができる。年来の願望を達することができ、何物にも代えがたい喜びである。(12)

荘厳華麗とはとてもいえない草木の荒れるに任せた茅社の態に驚きを隠していないが、即座に「神霊巍々《ぎぎ》然」たる厳かさを感じ取り、皇国の神国たる所以を体得したかのように記されている。大久保としては、事実上の遷都が成り、版籍奉還も着々と進展するなか、新たな国家を建ち上げていくとの清新な気風を我が身に充塡させていたのであろう。

新政府内部の刷新

しかし、そのような大久保の意気込みとは裏腹に、新しい政治の地である東京の政情は予断を許さなかった。かつての敵地・旧江戸における新政府を取り巻く緊迫した空気、政府内の対立と不一致、外国人との相次ぐトラブルといった紛擾に見舞われ、東京をあずかる三条は疲労困憊だった。京の岩倉に向けて彼は、窮状を訴え、東下を哀願する手紙を出している。四月六日の日付である。

東に下ってから当地の形勢を見聞するに、内外の情勢は実にもって容易でなく、ほとんど瓦解の地の様相で、このままではいずれ大混乱ともなりかねず、まことにもって危急存亡の時とただただ焦慮し苦心しています。概歎に堪えません。……外国人の馬車に差し迫るようなトラブルが何度かあり、関係断絶を迫られるなど英仏などの憤怒は一方ではありません。もはや弥縫策では難しい有様です。加えて、政府内では、上の者たちが一致協力して規律や法度を立てることは一度としてなく、各人疑惑を懐き、職務を果たす気概も無く、これはもう瓦解土崩は防ぎ難いような状態です。このように、これまでのように内憂外患が眼前に迫り、四方の人心には旧幕府を慕う心が生じ始め、新政府の失態を軽侮するような勢いで、恐れ多いですが、朝廷の権威はすでに地に落ち、皇威の振るわざる累卵のごとくで、この責任は一体誰にあるのでしょう。実に臣下の罪であり、私は死んでも罪をぬぐえません。岩倉卿はじめ木戸・大久保の東下を待ち望むこと一日千秋の思いです。(13)

これを受けて、大久保は急ぎ東京へ向かった。四月一八日に京を発し、二四日に東京に着いている。到着後、直ちに彼は東京の状況を確認し、岩倉に報じている。

東に下ってから実地に情勢をとくと見聞しまするに、英国公使〔パークス〕が要路の者たちを恥ずかしめ、子供のように愚弄し、草莽の士たちは政府を凌辱して下郎のように蔑視し、内外の侮蔑が見られないところはありません。それどころか、天下の人心は政府不信に陥り、怨嗟の声が路傍に喧々とし、武家の旧政を慕っているというのは事実です。かつまた、天皇がこちらにお着きになってから、政体を変改し、恣意的な人事を行い、一体どんなお考えがあるのか分かりませんが、このような大事を軽々に行ってよいものでしょうか。人の登用についても甚だ怪しむ者があり、錯雑妄動の極みであります。堂々たる天下の朝廷による御一新の政府はどこにあるのでしょう。ここまで権威ある政令の衰微したことは、嘆息流涕の思いに堪えません。(14)

先に三条が伝えたことが裏書されている。新政府は外国公使からも在野の草莽の輩からも侮蔑され色を失っている体たらくであり、天下の人心の乖離を招き、武門の旧政が慕われるようなありさまである。

このような新政府の現実を認めざるを得なかった大久保は、今は政体の変革を急ぐべき時ではないのではないかと考えた。つまり、版籍奉還のような大改革に着手するより先に、政権内部が身を正して体制を引き締めることが肝要とされたのである。

天下の民衆が嬉々として政府を仰ぎ望み奉れるよう、政府は統治の実績をあげ、その大本を確立することが何よりの急務で、これよりほかに目的とすべきものはありません。そのうえで版籍奉還や法典といった事案に及ばなければ、今の態でそれをやっても体と用が転倒して迂闊の極みであります。[15]

これに続けて彼は、くれぐれも廟堂の「人心を一つにし、政府はますます白く〔透明に〕なっていると知らしめることが急務と存じます」と記し、政府内の求心力を高め、信用を勝ち得ることを重ねて切言している。[16]そして、なぜこのような憂うべき事態になったのか、どうしたらこれが克服できるかを考え、「昼夜落涙するばかり」と結んでいる。[17]

このような大久保の悲愴な切言にもかかわらず、事態は深刻の度を深めていく。この頃、新政府の発行する太政官札（金札）が大きな信用問題に発展していた。信用の確立しないまま不換紙幣として発行されたことによって、太政官札はたちまち流通難におちいり、「紙幣を以ては日用の物品をも購入することを得ざるに至れ」る有り様だった。[18]

にもかかわらず、政府内ではこの時、あくまで金札と正金との交換を厳禁しようとの動きがあった。東京に入った岩倉と四月二九日に面会した大久保は、その時の模様を次のように日記に書き留めている。

即今の事態は実に切迫しており、当地の様子を種々御承知になられ、その度に嘆息をもらされるばかりで、とにかくこのうえは英断をもって進退についても考え、大変革をするほかないととりわけ御奮発の趣旨で、自分も心中のことを申し上げた。[19]

政府の権威と信用を確立するために、政府の人員の刷新が急務と二人は語り合ったのである。

ダメ押しのように大久保の覚悟を決める事態が起こった。五月二日、大久保は大原重徳が議定に就任する運びとなっていることを知る。かつて攘夷派公家として鳴らし、維新後もその立場を崩さず、守旧派としてやかましい存在だった。「大原卿議定云々のことを承る。[20]ああ、これでこの成り難きを知る。実に慨歎に堪えない。自分の本意はここには書けない」と大久保は筆舌に尽くしがたい不満の念を日記に書き留めている。

ここに来て彼は、版籍奉還は時期尚早ではないかと逡巡していたのとは打って変わって、その果断を求めることになる。すなわち、奉還の次第について、各藩がもちかえって審議し、改めて建言せよと三条が提案してきたのに対して大久保は、薩長土の「三藩が打ち合わせした上で同意すれば、急場のはかりごとでも十分である。遠方の国元とのやり取りなどと言っても、大いに手間取ることであろう」と異を唱える。[21]迂遠な手続きを重ねるのではなく、長州など雄藩が率先して迅速にことを進めるべしとの意見である。以後、大久保は版籍奉還の実現に向けて、突き進んでいく。

これとあわせて進行したのが、政権内部の刷新だった。大原の議定就任を機に、岩倉、木戸、大久保らは、「断然と在職の徒御取替」の決意を固めた。[22]先に出された政体書に議官は公選入札の法を用いて選出すべしとあることを盾に、公選法の詔書が布告され、五月一三日に入り札（投票）による政権首脳部の選挙がなされた。

この投票による選抜は、朝廷において議定、参与をはじめ冗員が多いことを是正するため、従来の議政官を廃し、輔相、議定、参与の定員を限り、政権の人員を淘汰しようとしたものであった。これにより、輔相に三条実美、議定に岩倉具視、徳大寺実則《さねつね》*、鍋島直大、参与に東久世通禧、大久保利通、木戸孝允、副島種臣、後藤象二郎、板垣退助が選出された。大久保は、最高点を得た。この結果、大原重徳ら守旧派に属する公卿や公議政体派の諸侯は、麝香間祗《じゃこうのまし》候《こう》などの閑職にまわされ、政府の中枢から遠ざけられることになった(23)。大久保らによるクーデタと言ってよい。これを嚆矢として、大久保は開化主義に共鳴し、それを促進するのに尽力してくれる人材で政府を固めるべく努めていく。政府の結束を高めるための施策である。版籍奉還の実現後、大久保はこれに挺身していく。

　だがまずは版籍奉還である。大久保も関与して、その実施に向けた原案が準備されていった。六月に入って大久保は、「版籍奉還の一件も、議定されて御下問と相成った。二三日のうちに御発表されるだろう(24)」と国元に書き送った。

　いよいよ版籍奉還実現の運びとなったが、ここでもうひと悶着が起こった。こう書いた翌日、「知藩事の名目を改めるだけでいいのか」との論(25)が廟堂であがった。大久保は、奉還後も藩主をそのまま知藩事として任用して藩政にあずからせ、その職も世襲とすることを想定していた。事実上、従来の藩主の地位を保証したのである。あまりにラジカルな改革を避けようとした漸進策であるが、完全な郡県制への移行を求める木戸や伊藤博文らの急進派は、これに不平を唱えた。

徳大寺実則（一八四〇—一九一九）明治天皇の侍従長、西園寺公望の兄。尊攘派の公卿として活動したが、八月一八日の政変で失脚。新政府では議定、参与、宮内卿、内大臣を歴任。

六月一二日の朝議で知藩事の世襲が内定すると、木戸は大いに憤慨し、伊藤や井上馨は辞表を出して抗議の意思を示した。結局、この抗議が入れられ、実際の版籍奉還に際しては、知藩事の世襲制は排除されたのである。(26)

かくして、六月一七日の版籍奉還の奏請勅許の日を迎える。版籍の返上を申し出ていた諸藩に対してその請願を聴き入れ、それをまだ奏上していない藩に対しては奉還が命じられた。これを受けて、総勢二七四名の藩主に対して、逐次勅書が授けられて、彼らは新たに藩の知事とされた。あわせてこの日に定められたのが、公卿・諸侯の称の廃止であり、これによって皇族・華族・士族・平民という新しい身分制度が成立した。官武一途、上下協同を旨とした一君万民の体制への重要な一歩である。藩主と家臣との君臣関係は制度的に撤廃され、これ以後は政府が藩士を登用する際も、藩に問い合わせる必要はなくなった。(27)

理ある公論の体現者であるために

版籍奉還がなされた後の維新政府の次なる課題は、集権化のさらなる促進である。それには、二つのベクトルがあった。ひとつは廃藩置県を目指す立場である。版籍奉還を機に、次は名実ともに藩を廃止し、郡県制を施行することが掲げられた。これは、木戸孝允を頭目とする政治集団によって牽引された。もうひとつは、大久保が主導したものであり、政府内部の人的凝集力を高め、政権基盤の盤石化をもたらそうとの立場である。そこでは、国制上の大改革よりも、まずは政府組織の確立と合理化が念頭に置かれた。これら二つの流れは、開化政策の推進という点では方向性を同じくするが、そのための政策の優先度においては径庭するところがあった。それはそのまま木戸と大久保の相違でもある。この両者が衝突と妥協を繰り返しながら、明治四年の廃藩置県が実現する。そのプロセスを次にたどっていこう。

版籍奉還勅許の翌月七月一日、大久保は岩倉に対して、政府要路の人選及び官制改革につき英断を促す書簡を発した。「紛々の衆議にわたるようでは、必ずうまくいかないでしょう。非常の御英断がなされて然るべきで、そのうえで御確定されるよう改めてお願い申し上げます[28]」と衆議に諮って徒に時間を浪費するのではなく、「非常之御英断」をもってトップダウンに改革を行うべきだと詰め寄る内容である。大久保は政府組織の改革のために、人材の淘汰と結集を強権的にでも行うべしとの覚悟だった。

七月八日、職員令が制定された。これによって、政府の中枢機関として太政官が設けられ、そのもとに民部・大蔵・兵部・刑部・宮内・外務の六省が設置された。さらに、太政官のうえには神祇官が置かれ、二官六省の制がここに成立した。この職員令体制は、神祇官の位置づけに注目して、祭政一致の政治体制と目されたりもするが[29]、むしろ重要なのは太政官政府内のメンバーが精選されていったことである。

すなわち、太政官には左右大臣が各一人、その下に大納言三人、参議三人が配され、各省には長官たる卿と次官としての大輔が置かれるとされた。実際に右大臣に任ぜられたのは三条実美（左大臣は空位）、大納言には岩倉具視と徳大寺実則の二名、参議も当初は副島種臣と前原一誠*の

前原一誠（一八三四―一八七六）長州藩士、松下村塾門下。急進的な尊攘派として活動。新政府では越後府判事、参議、兵部大輔に就くが、政府方針を巡って木戸らと対立、帰郷。熊本「神風連の乱」に呼応して「萩の乱」を起こすも鎮圧。斬首となる。

二名が任ぜられた。

参議に副島と前原という藩士が取り立てられたように、この改革によって藩士が参議や大輔となって政府の実権に与る道が開けた。これこそ大久保が強く要請したものである。本来ならば、大久保と木戸こそが参議となるべきであったろうが、大久保が任ぜられたのは、やはりこの時に設置された待詔院の学士と呼ばれるポストだった。大久保と並んで、木戸と板垣退助の三名が命を受けた。

待詔院とは、この年の三月に設置された待詔局が改組されてできた組織である。それは、「言路洞開」のために、有志の者が国事に関して建言した建白書を受理し討議する機関として開設された。従来、ここで大久保が待詔院に配属されたことについては、木戸の参議就任が固辞された手前、その均衡上、大久保も参議となることを遠慮したがために、ともに待詔院という閑職がいったんあてがわれたのだと理解されている(30)。しかし、大久保にとっては待詔院の開設に期するものがあったと考えられる。

そもそも、前身の待詔局の設置に大久保の強い要請があったことは前述した。この年の一月に建策した「政府の体裁に関する建言書」において彼は、まだ現下の政権では学校制度が未整備のため、自前で人材を育成するに至っていないが、その応急措置として「党を率い、仲間を集め、あまねく天下の賢人を得」るための施策が必須であることを説いている。人材登用の法を整備する必要を感じていた大久保は、世間にうずもれている賢才を登用する方策を求めていた。そのために設置されたのが、待詔局だった。

今度の政体改革については、人材の選抜が第一義であり、決然と私見を去り、公平に人を挙げることが必要である。[31]

大久保は、そのように日記に記している。彼が求めていたのは、新しい政権のために働きたいという意欲をもった人材を公平に登用できる仕組みだったのである。[32] そのために、広く建白書を受けつけ、これはと思う建白者を政府に招き入れる選抜機関として期待されたのが、待詔院だった。木戸や板垣という実力者二人も招き入れ、大久保としては国家にとって有益な建白をともに討議することを通じて、待詔院が新政府の諮問機関となることを秘かに念じていたのではなかろうか。

さらに言うならば、大久保は言路洞開と公議のための機関として、待詔院を位置づけていたということも考えられる。後述するが、大久保の発案でこの翌月八月に、大臣・納言・参議の首脳陣の間で政権運営のための誓約書が交わされる。この時、これら三職は「熟議を行い、諸省卿輔弁官または待詔院集議院へその案件につき諮問を経た後、上奏して勅裁を仰ぐべきこと[33]」とされた。

ここに言う集議院とは、それまで設けられていた公議所の後継として設置された議事機関である。それと並んで待詔院の名が見えるが、この並置の意味するところは深長である。よく知られているように、各藩から派遣された議員によって構成された公議所は、保守的守旧的な意見が支配的で議事手続きも整備されておらず、しばしば混乱が生じた。こういった公議所の弊風に鑑みて、その権限を縮小した集議院を開設すると同時に、建白受理機関としてより広く公論を吸収できる場として待詔院を設置しようとしたのではないか。前記の誓約書の後、待詔院と集議院とは合併されることになるが、[34]このことはこの二つの機関が、あわせて公論の集約を行うものと目されていたことの表れと考えられる。そして、待詔院および集議院での議論を監督し、それに公論としてのフィルターをかけるものとして、大久保は木戸などとともに待詔院に入ることを希望したのではないか。

しかし、このような大久保の思いはなかなか通じなかった。肝心の木戸が、待詔院への任官を拒んだ。木戸は「待詔院学士との御沙汰をいただきましたが、無学の私が、いかに鉄面皮とはいえ、天下に対して学士の名をもって安閑としていられることはどうしてもできません」[35]と無学の身で学士など恐れ多いと謙遜するが、無論本心は別にある。

版籍奉還に際して大久保との間に廃藩についての見通しに差があることが分かった木戸は、大久保と席を同じくすることを拒否したのだった。先述のように、彼ら二人は開化主義ということでは目指す方向は異ならない。中央集権的統一国家を築き、列強と対等に通商関係を築ける独立国となることは、両者がともに護持する国家像である。しかし、そのためにまずは限られた開化派の政治資源を結集し組織化して強靱な中央政府を作り出そうとする大久保に対して、木戸はもっと積極的に開化政策を実行していくことを考える。

そのような開化主義の推進役となったのが、大蔵省である。大蔵省と民部省はその主要官員が兼任となり、特に大蔵大輔の大隈重信は民部大輔を兼ねた。事実上、民部省は大蔵省によって吸収合併されたのである。大隈のもとには、伊藤博文と井上馨が集まり、木戸が彼らを庇護した。民蔵省は木戸派の根城であり、大久保との間に鞘当てが展開されることになる。

大久保としては、木戸と密に協議する場を確保することで、こういった微妙な路線の齟齬が国家を分裂させる奇禍となることを防ぎたかったのだと推察される。大久保は、「待詔学士の肩書は、何ら本質には関係なく、どうぞ改めてくださって結構と考えます」[36]と速やかな改称を求め、結局、両者は待詔院出仕というかたちで任官する。

もっとも、当初は参議として首脳部に入ることを控えた大久保だったが、懇望を受けて、七月二三日に参議に就任した。これに合わせて大久保は、三条と岩倉の両公に「定大目的」＝政権の大目的を定めるとの意見書を提出している。そのなかで言路洞開について、次のように論じているのが注目される。

言路洞開は善政の根本であり、要路にある者は最も心を用いるべきものである。とはいえ、これまで卑しき者が高位の者を侮蔑するような弊害があり、一介の浪士でありながら頻りに顕官に出入りし、機密を与り聞き、甚だしきに至ってはこれによって廟議が動かされることもあった。このようななか、どうしたら廟堂の威厳を示し、規則を施行することができよう。実に嘆息のほかない。これからはこのようなことは断然改め、政府要路にある者以外が、公事を談ずることを厳禁するよう望む[37]。

大久保はここで言路洞開の弊害を論じている。その御旗の下で、立場の違いを弁えず、草莽の野士までが政府高官のもとに押しかけ直談判し、甚だしきに至ってはそれによって廟議が動かされることもある。まことに憂うべき事態であり、今より先は、政府は毅然として要路の者のほかは政治を談ずることは厳禁とすべきである。そう訴えかけられている。

一見、これは公議公論を封殺する極めて高圧的な言辞である。しかし、大久保が言路洞開のために待詔院の充実を期していたと目されることに鑑みれば、彼が端的に言路洞開を抑圧しようとしていたとは言えない。むしろ、ここで大久保の脳裏にあったのは、理路整然とした公議のあり方だったのではなかろうか。このことは、幕末の時に大久保が数や声の大きさに頼んでの浪士らによる強請を忌避していたことを考え合わせれば納得されよう。

しかも、まさにこの時期に、排外的攘夷にはやる過激派が、大久保のもとに押しかけるという椿事が出来していた。これは、かねて来日していたイギリス王室のアルフレッド王子が参内し天皇と対面するということを聞き知った者たちによる抗議の直談判だった。七月五日と六日の両日にわたって草莽の士が押し寄せ、大久保は岩倉とともに説得に当たった[38]。アルフレッド王子と天皇の面談は七月二八日に無事終わったが、大久保にとっては「この事件は心痛のことであったが、何とか無事に済み、実に安心の至り[39]」と日記に書き留めるほどの心労の日々だった。

このようなこともあり、大久保はなお一層、直接行動的な造反に走りかねない処士横議に対処する必要を感じていた。大久保によれば、それは公論とは言えない。公論とは、意見や知識の交換と交流を促す熟議の所産でなければならない。分を弁えず、自分の意見を居丈高に押し通そうとする姿勢を大久保は嫌忌した。公論が口論に堕しないよう、政治的空気の一新が不可欠である。それを期して、大久保はまずは政府中枢が結束して、前衛となって新しい政治のあり方を指し示すことを求めたのである。

「定大目的」の意見書は八月四日に決議された。これを受けて、一〇日、大臣、納言、参議の間で一致団結して政権を運営していくための誓約が交わされた。大久保の発議によるものである。その第二条と第三条に言う。

万機宸断を経て施行すべきは勿論であるが、公論に決するとの御誓文に基づき、重要な事案は三職が熟議を行い、諸省卿輔弁官または待詔院集議院へその案件につき諮問を経た後、上奏して勅裁を仰ぐべきこと(40)。

たとえ自己の論が採用されずとも、他の衆論に従い、いったん決行されるに至った時は、異論が四方に生じて天下の人が皆その是非を論じることがあっても、自分のせいではないとして難を避けるような軽薄の醜態をなしてはならない(41)。

前者では、天皇親政といえども、決して独裁となってはならず、御誓文にあるように公論に則ったものでなければならないとされる。その公論とは、各省や待詔院・集議院など政府の諸組織において十分に諮られたうえで大臣・納言・参議ら閣僚が熟議したものとされる。天皇は、その公論にしたがって、宸裁を下すのである。

そして後者では、いったん熟議を尽くして一定の結論に達した後は、たとえ多少の異論はあろうとも政府の一員として結束してその結論に従い、世間の風評におもねるような「軽薄の醜態」を演じてはならないとされる。大久保は、政府が理ある公論の体現者として、時に世論に対しても、一丸となって対峙しなければならないと考えていたことがうかがえよう。

この時の思いをより直截に書き残した書簡がある。一〇月二九日付で鹿児島の新納《にいろ》立夫（利通の姉ナカの夫）に送られた書状である。そのなかに次のような一節がある。

仰せの通り、公家の弊習は実に胸くそ悪いものばかりで、たまりかねます。総じて華族たちの間では、当地では公卿は軽んじられ、藩の方でも藩士を軽んじる弊害があります。参議らに対しては格別異議不平があるように聞いています。確かに私のような鈍物が非常なる抜擢を受けているのですから、人によっては異論が生じるのは致し方ないと思いますが、こちらが望んでそうなったのではありません。朝議をもって仰せつかったのですから、藩士だからと言ってどうこう言うことに理は無いでしょう。今日の政府は門閥を打破し、草莽といえども登用されるような決まりになっているのですから、是非その趣旨を貫徹し、十年後には華族や士族といった差別など無くなるようにならなくては、世界各国に対して皇威を輝かせるなどのことは夢のまた夢でしょう。したがって、益々私情を取り去ってこの弊害を洗除しなければ相済まないことで、その御心得でお励みくださることを願います(42)。

「門閥を打破し、草莽といえども登用される」政体を建て、やがては「華族や士族といった差別など無」き世を創り出す。そうしなければ、世界のなかで栄えある地位を築くことはできないと説かれている。「門閥制度は親の敵」と公言し、「天は人の上に人を作らず」と言ってのけた福沢諭吉の言かと見まがうほどである。

これまでの論述を勘案すれば、次のように言えるのではないか。大久保は、公論によって担われる政体を望んでいた。その公論とは、身分を超越し、万民に開かれた言論でなくてはならない。そのためには、その言論にはタガが嵌められている必要もある。言論は秩序立ち、理路に従ったものでなくてはならない。いま、そのような公論の担い手となる人士は限られている。その限られた人材を政府に糾合し、一致団結して社会の先導とならなくてはならないのだ、と。

このような社会の先導役としての強靱な政府を作り出すには、何よりも薩長がまず連帯する必要があった。一二月一八日に大久保は「妄論」と題した意見書を発しているが、そのなかでは、「今日の急務は、薩長が力を合わせて朝廷に尽くすことにある」(43)と訴えかけられている。いま微力で基軸も立たない朝廷をしっかりと支えられるのは薩長二藩をおいては無く、「両藩が一致協力して速やかに天皇のもとに参上し、断然と朝廷を補佐奉り、公議をもって右大臣や納言を助け、鍋島閑叟公(鍋島直正)、越前公(松平春嶽)、宇和島公(伊達宗城)らが公平至誠をもって熟論に及べば、諸公も奮発奮励すること明らかだ」(44)とされる。

だが、政府内はなかなか一枚岩とはいかず、大久保は苦慮していた。既述のように、木戸と大久保は待詔院出仕に任じられていたが、木戸は政務をサボタージュした。「薩長合一ノ根本」を確立して朝廷に尽くすために、木戸に対して待詔院への出勤を重ねて慫慂していたが、色よい返事は得られなかった(45)。

そのようななか、薩摩と長州から島津久光や毛利敬親の上京を促すべしとの議が起こり、岩倉からその命を受けた大久保は、久光にそれを伝えるため鹿児島に帰ることになる。大久保自身も、薩長合一を希求するなか、久光を担ぎ出し、政府に加わってもらうことで、政権の重石となることを期待したのであろう。同様の命は木戸にも下った。こうして二人は、一二月一九日、横浜から共に出港した。
大久保は大阪や山口に立ち寄り、鹿児島に着いたのは、年が明けた明治三年の一月一九日だった。到着の翌日、彼は島津久光と忠義に面会した。大久保は今やかつての主君を「知事公」と呼ぶ。そのような大久保に対して、久光は無理解と冷たい仕打ちで応じた。当初久光は大久保の求めに対して健康面の不安を口にしたりしてはぐらかしていたが、徐々に牙を現し、ついに二月二四日には、大久保を突っぱねた。大久保は、この時のことを次のように記している。

(会って話しているうちに)段々と激論と相成り、(久光公の)御真意は十分に拝承できた。つまるところ、門閥の件や知藩事のことなどとてもお気持ちが収まりそうな見込みはなく、新しい政治制度には格別御不平たらたらで実に愕然とするばかり。私の考えは忌憚なく曲直を明らかにして名分を正して言上に及んだが、聞く耳をお持ちでないとのことで止むを得ず引き下がった。ああ、今日のこのことは、何の因縁であるか思い当る節が無い。熟考するに、どれだけにじり寄って忠言申し上げても、ただただ遁辞を述べられるばかりでどうしようもない。今のところは召し置かれておいたほうがよろしかろう。過激な動きに出る見込みは無いので、いったん退いた(46)。

このようにして交渉は決裂し、翌二五日、大久保は徒手空拳で鹿児島を発たざるを得なかった。久光の新政への不満は大きく、このすぐ後の三月四日には、知事の忠義とともに、官位を辞した。さて、帰京途上の三月二日、大久保は岩倉からの手紙を受け取った。そこには次のように書かれてあった。

東西両京ともまずは無事です。草莽の士たちがどうだとの風聞も聞きますが、格別のことはありません。貧民のことはいずれも苦慮していますが、凶作の年だったので何とも致し方ありません。しかし、今日のところは、強いてどうということもありません。総じて表面上は平穏ですが、内外議論多く、とりわけ民部省と大蔵省の物議が少なくなく、こればかりはすこぶる懸念しています。(47)

草莽の浪士たちの動向には色々と風聞もあるが、まずは東京も京都も何事もなく無事であると伝える一方で、凶作による貧民問題に触れている。これについて岩倉自身は、今のところどうしようもないと傍観の姿勢で、むしろ「民蔵物議不少、是計は頗掛念候」と政府内部の民部大蔵両省をめぐる問題を案じている。だが、ここで言及されている凶荒問題と民蔵問題は、まさにリンクしたものとして政府を内と外から揺さぶっていたのである。

戊辰戦争の余波もあり、明治二年は全国規模の凶作に見舞われた。各地で飢饉に襲われ、貧窮に陥る民の姿があった。明治政府は、八月二六日に窮民救助の詔書を発している。(48)このように、凶荒対策はかねてより政府内で議論され、一二月には参議は官禄のうち半石を返納し民の救恤に当てることが決議されていた。大久保などは、さらに残りの半分の返上を願い出ている。(49)年末に鹿児島に帰郷する途中の大阪では、凶作の実態とそれに伴う政府からの人心の離反を見て取り、憂慮の念を深めている。(50)

帰京後の明治三年三月末には、大阪府や長岡藩など地方から窮状救済の懇願が届き、事態は深刻の度を増していた。このようななか、大久保は東北地方の諸藩については、要請していた政府への献金を免除すべきと説いている[51]。また、この頃、彼のもとを旧会津藩出身者が何度か訪れ、会津の復興について陳情している。五月には大久保は岩倉に会津の開墾の話を持ち出しており[52]、彼が晩年に心血注ぐ東北復興はすでにここで胚胎していたと見なせる。

このように民情の不安が募るにもかかわらず、政府の内部は足並みが乱れて統率が取れず、島津と毛利の旧主君を政府に招き入れて薩長合一の実を持たせようとしたが、この試みは失敗した。大久保は、政府内の病根と真正面から向き合い、それを切除することを余儀なくされる。それが、民蔵問題である。

政治指導体制の合理化と強化

既述のように、大隈重信の統率の下、木戸派の開明主義の牙城として大蔵省と民部省が合併してできた民蔵省は、地方からの貢租を集約して、積極主義で殖産興業を推進しようとしていた。その徴税は凶作や太政官札問題による経済の混乱にもかかわらず強行され、民の窮乏に拍車がかかっていた。そのようななか、大久保は民蔵両省の分離に着手する。東京に戻った大久保は三月二二日、岩倉と民蔵分離について協議した。前述したように、この頃、地方からの貢納猶予の歎願が相次いでいる。この問題は、大隈が呼び立てられるなかで太政官において評議された。周囲からの厳しい批判を受けた大隈は、後日大久保のもとを訪れて、悔悟の念を表した。

大隈が恭順の意向を示したため、民蔵分離に弾みがついた。次なる問題は指導体制の確立である。民蔵省の突出を招いたようなセクショナリズムを抑制し、強力な政府中枢の指導部を築かなくてはならない。このために、大久保は木戸の参議就任を不可欠と見なす。しぶっていた木戸だったが、今回は六月一〇日についに参議に就任した。しかし、ここで木戸は大隈の参議就任を求めてきた。木戸は大隈の辣腕と才覚に頼むところ大きかったのである。これに対して、六月二二日に大久保は、広沢真臣、副島種臣、佐佐木高行の同僚参議とともに辞表を出して抵抗した。大隈によって再び政府が攪乱されることを恐れたのである。結局、この件は、民蔵分離が決定する（七月一〇日）一方で、大隈重信の参議昇任も実現する（九月二日）というかたちに相成った。大隈を大蔵省から切り離すが、その頭脳は活かそうとなったのである。

引き続いて、大久保は「藩制」と題した藩政改革の指針を作成した。そこでは藩の組織や財政についての統一基準が定められている。藩制は五月頃から副島と協議のうえ準備されてきたもので、九月一〇日に公布された。

これに先駆け、岩倉も江藤新平の手を借りて、「建国策」という改革提言書を起草していた。建国策では、藩知事の東京移住、藩を改めて州都とすること、内政・財政・兵制・刑事制度をそれぞれ民部省・大蔵省・兵部省・刑部省に一元化することなどが列挙され、中央集権化の促進が唱えられている。藩制はこれに対する対抗策となっている。建国策が目指すような急進的廃藩論ではなく、当座は藩を存置し、それに立脚して建国を行おうとの趣旨である。大久保は、藩制改革を一挙に成し遂げようとするのではなく、まずは中央政府の改革と綱紀粛正に傾注すべしと岩倉に説いた。廃藩に臨むのはその後だ、と大久保は論じた(53)。

岩倉を説得した大久保は、中央政府改革の策定のため、動き出す。一〇月に入り、大久保は岩倉と協議を重ねて案を練った。日記の中では、「二大機密」と形容されている。念頭に置かれているのは、朝廷の人員整理を通じての政治指導体制の合理化と強化である。一〇月九日付の岩倉宛書簡で大久保は次のように説く。

今日の朝廷で取り立てられている者の多くは、小人俗吏ばかりです。実に乱世の後、文官が国家を誤っている事跡は明々白々で、今日の態様はほとんどその轍を踏まんとするものと嘆息しています。(54)

これまで元公家の守旧家たちの淘汰に努めてきたわけだが、なお今の朝廷は混迷を克服できていない。それは、「小人俗吏」が跋扈し、彼らによって国の政治が壟断されているからだと指弾されている。ここで念頭に置かれているのは、大隈の手引きで大蔵省に集められた旧幕臣を中心とする人材である。

一〇月二五日にはやはり岩倉に宛てて、郷純造や坂本政均《まさひら》という旧幕臣の名を具体的に挙げ、大蔵省からのその追放をもちかけている。両者は大隈の手足となって大蔵省で活躍すると同時に、渋沢栄一、前島密、杉浦譲といった逸材を大隈に推挙していた。大隈を中心に、大蔵省内では井上馨や伊藤博文のみならず、そのような旧幕府の人間もリクルートして、血気盛んな開明官僚の一団が形成されていた。(55) 大久保は彼らを「築地連」（当時、築地に大隈の住まいがあり、そこは梁山泊とも呼ばれ、大隈グループが集っていた）と呼び、その動向を警戒している。(56)

とはいえ、大久保が政府内からの旧幕臣の淘汰を画策していたわけではない。既述のように、彼はかつての幕府の人間からも有為の人材を取り立てることに執心していた。ただ、大久保が求めていたのは、福沢諭吉や西周のような当代を代表する知識人や松浦武四郎のような経験に裏打ちされた定見の持ち主である。この時も、彼は大久保一翁のような幕府を支えた経綸の士を何とか政府のなかに迎え入れられないかと腐心している。大隈の配下にある者のなかでも、先述の杉浦や前島はその後、大久保によって重用されることになる。ここで大久保が忌避したのは、下からの突き上げでスタンドプレーのように政策が決められ、政権に亀裂が入ることだったといえよう。幕末の時から、草莽崛起による数を頼みの下からの強訴的行動は大久保が激しく拒んだものだった。彼が求めていたのは、上下の気脈が通じた確固とした政権運営だったのであり、そのためには政権中枢部の指導体制の確立が何よりも求められた。

このために、彼が心を砕いたことが二つある。ひとつは、政権の基軸としての天皇の君主化である。九月八日、天皇は薩長土肥の四藩から徴された兵隊の操練を閲兵した。これに際して大久保は、天皇による親閲と兵たちへの勅語の下賜を岩倉具視に進言しているが、そのなかで次のように喝を入れている。

人はあるいは、勅語を士卒に賜うなど朝威を冒瀆する恐れがあると論じるかもしれませんが、これは大局に通じていない者の言です[57]。

杉浦譲（一八三五―一八七七）幕臣として、幕末期に二度渡欧する。うち一度は徳川昭武の随員としてパリ万国博覧会に参加。維新直後は徳川家に従い静岡に下るが、後に新政府に招致され民部省に入り前島密らと郵便制度の確立に努める。大蔵省、太政官、内務省において富岡製糸工場設立や地租改正を牽引する。

天皇を可視化し、国家統合のために権威化することは、東京遷都からの大久保の一貫した関心事だったが、ここでも彼は軍の士気を高める将帥として天皇が兵士たちの前に現れることを要請した。さらに大久保は、後述するように、天皇がこの任を担えるよう自ら君側に侍して君徳培養に努める所存であった。

もうひとつは、政府指導部の盤石化である。それは、すでに示唆されたように、薩長の開明派による前衛的な政権の確立である。そのためには、どうしても木戸との提携がなければならなかった。一四日、大久保は木戸と会談し、思いの丈を語り合った。大久保の日記には、次のようにある。

従前のあれこれの行き違いをはっきり話し合い、とにかく今日の形勢を一定させ相和し、反省して朝廷の根幹を助け奉らなければ、遂には救いようがなくなる。思うに、政府の進むべき道さえ立てられたならば、天下のことは恐れるに足りない。幸いに貴兄〔木戸〕が同意してくれるならば、僕はその驥尾に従い、身をもって尽くし、ただただこの命を捧げるのみだ云々。熱く談論に及び、大いに承服した様子でまずは安心した。今夕、大いに盃を傾け、肚のうちを吐露し、少しの隔たりもないものと思われた。[58]

腹を割って木戸と心事を語り合い、彼の理解を勝ち得たと確信した大久保は、政体改革の自らの構想を岩倉に届けた。

もっとも、政府組織の急進的改革に突き進むことには彼は消極的だった。「政体規則に大変革をもたらすのは、少し早過ぎると考える」と大久保は言う[59]。それよりも、政権の枢軸が動揺せず盤石であることが何よりも肝要とされる。

第一には、恐れながら、右大臣の三条公と殿下〔岩倉〕とで朝廷の根軸を占められ、確固不抜の趣意を貫かなくては、何事も行われかねることは申すまでもありません。只今の朝廷の根本が定まるか定まらないかは、三条公と殿下の御心得にあります。今、所労で引きこもっている間に諸方の者たちの論を承っても、ますます物議騒然となり、誓って申し上げますが、このまま立ち行くとは思えません。何もかも水泡に帰し、画餅に陥るものと日夜泣き悲しんでいる次第です[60]。

政権の帰趨は、右府公＝三条と殿下＝岩倉の姿勢いかんにかかっていると弁じられている。新政府の実質的な頭目といえる二人に覚悟を求める内容である。大久保は制度をいじること以前に、政権を支える指導部の結束と士気を何よりも求めた。それなくしてはどのような制度を描いても無駄になると述べる。

換言すれば、この時の大久保の政治改革の構想とは、冗官を排除して参議ら三職による少数指導体制を確立し、そこに民蔵省など各行政機関の指揮監督権限も集約することが中心だった。付け加えれば、彼は参議ら執行部が節倹に努めることや参議による君徳培養の重要性についても切言しており、君権の確立による政権の求心力の強化が最大の懸案だったことが分かる。これを受けて、翌月閏一〇月の五日には、参議の職務分掌が定められ、木戸と大久保は特に君徳培養の任に当たるものとされた(61)。

岩倉や木戸とはこの点意を通じることができたが、引き続き大久保は血気盛んな部下たちの統率に苦慮する。明治三年閏一〇月二〇日に設置された工部省はその象徴である(62)。同省はこれ以降の殖産興業政策の司令塔となる官庁であるが、民部省のなかから鉄道・造船・製鉄・電信などの近代産業技術を移管して設立された。つまり、それは開明的事業を一手に握って推進するために設けられたものであり、もともと大隈重信の着想に由来し、伊藤博文などの木戸派がそこに結集した。民蔵分離によって大大蔵省構想の頓挫を余儀なくされた彼らが、巻き返しのための牙城としたのが工部省と目することができる。

実際、工部省の設置には、下からの激しい突き上げがあった。いわゆる長州ファイブの一員として伊藤博文や井上馨とともに幕末に密航して渡英し、いち早くイギリスの近代工業を実地に学んだ山尾庸三はその急先鋒だった。岩倉に宛てた大久保の書簡でそのことが次のように記されている。

工部省のこともすでに片付き、(省ではなく)寮となるはずだったところ、山尾庸三が辞表を差し出し、遂に省に決定し御発表となったとか。三条公もやむを得ない御事情があったのでしょうか。折角閣下が発つ前に定めておいたことを変えられたわけで、あれこれお考えを申し上げられていました(63)。

これによると、当初工部省は省として独立するのではなく、民部省内のひとつの部局（「寮」）として設けられるはずだった。しかし、山尾が激しく抗議してその方針が覆ったのである。岩倉が京都に出かけ、東京を不在にした直後に生じた造反である。大久保は、「必竟、下から迫られて廟議が動くとは、かねてからの病根を慨嘆してしまいます（必竟下より迫られて廟議之動クト申事ハ、何れも兼而御病根を慨嘆仕居候事御坐候）」とも書き加えている。

これだけではなかった。同じ書簡には、井上馨を造幣寮から大蔵省本省に少輔として迎えるとの大隈重信の提案に当惑する大久保の姿も見られる。大久保は、造幣寮の仕事に嫌気がさした井上が、大隈と結託して大蔵省を牛耳り、自らの開化政策を継続発展させようとしているものと邪推し、警戒した。

右のことは邪推ではありますが、井上はもはや造幣寮のことは懲りていやになり、大隈へ迫ったに相違ありません。そのように諸人が好き勝手なことを申し立て、それを政府が押さえることができず、その者たちの言うがままに動くようでは、まことにもって嘆息の至りです。ああ、皇国のことを天は幸いしてくれないのかと落涙のほかありません。(64)

読者は気づかれただろうが、この時期の大久保の史料には、「流涕」、「涕泣」といった語が繰り返される。いつまでも一定せず、揺らぎ続ける政権の姿に、焦慮し、一人涙を禁じ得ない彼の姿がある。

西郷と木戸のツートップ制

さてここに来て、大久保は木戸とともに再び、島津久光と毛利敬親の大政参与を実現するため、国元へ戻ることになる。今度は岩倉具視がそのための勅使として帯同するという周到な陣容である。さすがに久光は、勅命とあれば受けざるを得なかった。

久光を上京させることに何とかこぎ着けた大久保だったが、今回の帰郷にはもうひとつの目的があった。西郷隆盛の上京も実現させることである。繰り返しになるが、今の政権に必要なのは、安定感である。そのために、政権指導部には重鎮となる者の加入が望まれた。西郷の如き歴戦の勇士が入ってくれれば、その効果は絶大だろう。大久保は、西郷の存在感に期待した。

年が明けた明治四年（一八七一）一月三日、大久保は西郷と連れ立って鹿児島を出帆した。途中、山口や高知などに立ち寄った一行が東京に着いたのは、二月二日である。この間、徳島藩知事より廃藩と州県設置の請願が出されている。これ以降、他の諸藩からも同様の建議が沸々と起こり、世はこの年七月の廃藩置県へ向けて、ゆっくりと助走を始めた(65)。

とはいえ、この時の大久保のなかでは、廃藩はまだ先の目標であった。彼はあくまで、中央政府の組織改革に執心していた。一定不動の執政部に導かれる機動的行政機構の確立である。西郷とともに帰京した大久保は、そのための手土産を持参した。薩摩藩からの献兵である。西郷の建議に基づき、鹿児島から約三千の藩兵が政府の御親兵として差し出された。長州や土佐と歩調を合わせての処置である。倒幕を成し遂げた雄藩からの兵力提供により、新政府の軍事的基盤に一定の目途がついた(66)。

新政府への西郷の呼び込みに成功した大久保は、制度改革に乗り出していく。二月の帰京後、大久保の日記に「制度」や「政体規則」の語が頻発する。この時、大久保は江藤新平と密に協議し、万機親裁のあり方について検討を行っていた[67]。

これと並行して、政府首脳部の陣容について引き続き彼は模索していた。そしてたどり着いたのは、西郷と木戸をツートップとした指導体制である。五月三日、大久保は木戸に上京を促すために山口へと向かった。前年末に大久保とともに東京を発し、旧藩主の上京を説得するため帰郷した木戸は、かつての主君・毛利敬親が病重く、三月二八日についに没したことを受けて、山口にとどまっていた。大久保は敬親の墓参をし、五月一七日に木戸と連れ立って山口を後にした。帰京してほどなくの六月一日に大久保のもとを西郷が訪れた際、二人は「政治が一本化するには、根本が一つとなるに如くはない。根本が一つとなるには、一人の人を立てるに如くはない。よって、木戸を押し立て、心を合わせて協力し、互いに助け合ってやるべしと示談を遂げた[68]」と木戸を政府の根軸として推挙することで合意している。

一三日、西郷はさらに板垣退助、井上馨、山県有朋を相次いで訪問し、木戸を「単独で諸参議の上に立たしめ、もって天下の重任を担わしめん[69]」と木戸を首班とする政権の樹立に向けて地固めを行った。一七日には三条と岩倉を訪れて、このことを言上している。

だが、案の定と言うべきか、木戸はこれをなかなか受けようとしなかった。ここで大久保が満を持して出してきたのが、先述の木戸と西郷のツートップ制である。二三日、大久保は西郷に対して、木戸とともに政府の主軸となることを説き、その同意を取りつけた[70]。翌日、大久保は今度は木戸の説得に出向いた。木戸も西郷とともに政府の上に立つことを承服し、大久保はその足で参朝して三条と岩倉に面談、「明日は諸省の少輔以上参議まで廃官とし、新参議として木戸と西郷の両人を即日仰せつけられ、そのうえで政府にて人選を行い、少輔以上を任ぜられるよう切迫して申し上げ」た。[71]そして、この通りに翌二五日、全参議は解任され、新たに木戸と西郷の二人が新参議に任ぜられることとなった。なお、大久保は大蔵卿に任ぜられ、懸案の大蔵省を統括して木戸を支える所存であった。

大久保の画策通り、政府の実質的トップに祭り上げられるかたちとなった木戸だが、彼とてかたちばかりのお飾りに甘んじるつもりはなかった。この間、木戸も自らの政体改革案を引っさげて、三条や岩倉に談判していた。参議就任を受諾した後の二七日、木戸は制度改革について朝廷でぶちまけた。

今日のことは自分もまた至誠をもって国家の重大事を背負い、これでもかの論議を陳述した。……政府の基本が確定し、諸省の権限や章程が定まらなければ、何をもって国家を治癒できるだろうかとの思いは今日最も切迫している。然るに、西郷はじめ諸省の権限のみを論じ、政府の基本を語らない。よって、議論の混乱を招いている。[72]

これによれば、木戸は諸省の官制のみならず「政府の基立」の確定を迫った。既述のように、大久保が主導した政体改革は、一定不動の執政部の確立であり、そのもとでの秩序だった行政組織の運営だった。

両者の間では行政省庁の権限画定ということでは、相違は無い。違いは、大久保が指導部のチームとしての一体性を確保したならば、当座はそれによる独裁的な執政を担保しようとするのに対して、木戸は「諸省の制限」だけでなく「政府の基立」、すなわち大臣や参議らの権限も画定すべきと求めたことである。換言すれば、大久保がより長期的スパンで政体の建造を考えていたのに対し、木戸は早期の竣工を目指したのだった。大久保は、木戸の案に対して、「木戸の論は、政府の基本を定め、そのうえで諸省の変革に及ばんと言うが、改革の緩急の面で異論が生じている[73]」と当惑を示している。

政府のトップに押し上げられた木戸は、攻勢を強めた。六月二九日、木戸はついに三条、岩倉、西郷を説き伏せ、制度改革の決定にこぎ着けた。この結果、七月五日に木戸と西郷が議長となった制度取り調べの会議が開かれ、大久保のほか、大隈重信、佐佐木高行、井上馨、山県有朋、福羽美静、寺島宗則、後藤象二郎、江藤新平らに調査掛が命じられた[74]。調査の趣旨に言う。

> 各国の進歩の由来を究明して、本邦の現下の体制を補塡し、旧来の弊習を洗い落として、国家の盛運を企図する[75]。

文明諸国の制度を調査し、その長所を現下の政体に取り入れ、旧習を刷新して国家の隆盛を期そうとの雄大なプランである。木戸は制度改革の主導権を握ろうとしていた。

木戸を中心に政府のエネルギーが凝結し、一つの方向に向かって突き進まんとする現象がもたらされようとしていた。かねてから木戸が抱懐していた廃藩置県がここに来て、急転直下、実現に向けて動き出す。

七月六日、山県有朋が西郷隆盛のもとを訪れ、膝詰めで廃藩の断行を訴えた。山県は木戸の素志であることを諄々と説いたに違いない。自らがトップに担いだ木戸を支えんとの一念に突き動かされていた西郷は、これを容れ、八日に大久保を訪れて山県と木戸の「大英断」を入説した。[76]西郷の廃藩論承諾を聞き知った木戸は、「図らずも今日に至り、先年非とされたこともまた是となる。敵だった者からも支援を得て、時勢の進展を思わざるを得ない。この間苦慮したことは筆紙に尽くしがたい。今日、ようやく晴れやかな思いをした[77]」と日記に綴り、もって瞑すべしの心境を記している。

翌日の九日は、朝廷で制度取り調べの議事である。ここで大久保は、なお自説に固執し木戸に食い下がった。木戸は制度の「物事の末ばかりを論じ、その本体を論じるものが少ない。これでは制度の確立は甚だ難しい[78]」と手を焼いている。

しかし他方で、大久保は廃藩についてはもはや木戸の前に折れた。朝議の後、場所を木戸宅に移して、西郷、大久保、井上、山県らが参集した。「廃藩論の順序を論」ずるためである。[79]廃藩はここに既定路線となった。一二日、大久保は木戸と西郷の求めに応じて、岩倉のもとを訪ね、廃藩を天皇に奏上するよう伝達した。この時の心境を彼は、次のように書き留めている。

木戸と西郷の示談がおおよそ決した。概略は見込のようになった。細部に異存はあるが、これを論じ出せば、大事のことに関わるから熟考を要する。今日のままで瓦解するよりは、むしろ大英断に出て、瓦解するに如くはない。よって大事の成功を目的にして、小事のことは問わず、同意した。木戸・西郷の両氏より三条公へ言上し、木戸からは私が岩倉公へ言上するよう切迫して言い渡された。[80]

大久保は、木戸と西郷が合意した今、廃藩については受け入れるしかなかった。このままで瓦解するよりも、大英断をもって瓦解したほうがましだとやや自暴自棄気味になっているが、彼としては廃藩論という「大事」では譲歩するが、政体論で細部(「小事」)について修正や補強に努める意図だったのだろう。

こうして、七月一四日、廃藩置県の詔書が下った。この日、まず薩摩藩、長州藩、佐賀藩、土佐藩の四知事が宮中に召されて廃藩置県の勅意が示された。次いで、名古屋、熊本、鳥取、徳島の四知事による郡県立制の建言が受納され、その後、大広間にて在京の諸藩知事がことごとく御前に召され、「藩ヲ廃シテ県トナスノ大英断御発表[81]」となったのである。木戸は、日記に次のように記している。

七百年の旧弊がようやく改まった。初めて世界万国と対峙するの基礎が定まる[82]。

Ⅲ　政体調査としての欧米回覧の旅

木戸の勢い

王政復古が幕府と因循に満ちた朝廷に対するクーデタであるならば、廃藩置県とは新政府におけるクーデタだった。急進的な開化主義を推進しようとして木戸孝允のもとに結集した伊藤、井上馨、大隈といった次世代グループによるクーデタである。それまで自明の政治単位だった藩は、突然の上からの下達によって有無を言わさずに廃止された。

その成功の要因は、木戸という頭脳と西郷という剛腕のタッグに求められよう。この時、二人の間は揺るぎない同志的紐帯で結び合わされていた(1)。前述のように、西郷の納得を得られたからこそ、ことは一挙に廃藩へと突き進んだのである。西郷の方も、いったん腹をくくったからには、もはや不退転の決意であった。廃藩断行の翌日の七月一五日、朝議の場で西郷は、「此の上、若し各藩にて異議等起り候はば、兵を以て撃潰しますの外ありません」と啖呵を切った(2)。木戸の構想を守り抜く仁王の姿と言えようか。

他方で、大久保はこの日、転任の願いを出した。大蔵省を離れ、代わりに宮内省へ入って君側にて力を尽くさんと願い出たのである(3)。言ってみれば、この時、大久保は一敗地に塗れた。木戸の廃藩論を徐行させるのが大久保の立場だったが、その努力は無駄に終わった。しかも、結果的にそれを導出したのは自分である。大久保こそが、木戸を政府に呼び込み、西郷とのツートップを実現させたのだった。それは思いの外のシナジー効果を生んで、廃藩置県というクーデタへと突進したのである。

木戸が目論んでいたのは、これだけではない。彼はさらに、政体の抜本的改革を目指していた。統治機構の刷新である。これも大久保は時期尚早と見なし、まずは執行部の指導体制の確立を唱えていた。しかし、木戸の勢いの前では、今やそれもかき消されそうである。大久保は、まずは天皇の君主化を促し、その権威を揺らぎなきものとして国権を確立することを掲げていた。ここに来て彼は、せめて君側に伺候して君徳の輔導に尽くし、新政府の求心力を堅持することに専心しようとしたのではなかろうか。

廃藩置県がなって数日後の明治四年（一八七一）七月一九日、大久保は木戸のもとを訪れ、転任のことを相談した。あわせて、参内した彼は、大蔵省章程案を提出している。政府は各省に対して、組織の改正案を取りまとめさせていた。後述するように、その結果として、大蔵省は再び民部省と合併し、大大蔵省が成立する。この意味でも、大久保は一敗地に塗れた。

七月二九日、太政官職制及び事務章程が制定され、太政官制が改正された。この改正の眼目は、木戸の次のような述懐に明らかである。

従来大いに嘆くべきは、政府がとかく論の是非を分別せずに、多数か少数かや声の大小にしたがって人々の気に入られようとして事を決したり、事を設けたりすることが少なくなかったことです。自分は長年大いにこのことを憂いていたが、無駄だった。この度この機に乗じ

て、諸省のことをはじめこの弊害を多く改めることができる。国家のため、いささか安心できるものである。(4)

これによれば、人の多寡や声の大きさによって左右されることのない自律的で合理的な政治過程を可能にする制度の確立が、木戸の期するところだった。その思いは大久保も共有するものである。何度も言うが、両者の目指すところは同じ方向を向いている。ただその違いは、一挙に制度の全容を打ち建てるか、微修正を施しながら漸進的に行うかである。

こうして木戸の主導による官制改革の結果、太政官に正院・左院・右院が設置された。太政官三院制の成立である。正院は天皇が親臨して、太政大臣・納言・参議の輔弼と参与によって万機を総判する場所で、立法・行政・司法に関する最高決定機関である。左院は立法の議事機関、右院は諸省の卿や大輔が行政上の審議を行う場とされた。また、刑部省・弾正台が廃されて司法省が置かれたり、大学が廃止されて文部省が置かれるなど諸省の存廃もなされたが、ここで取り上げるべきは、民部省が大蔵省に合併のうえ廃止されたことである。いわば民蔵両省は再合併され、大大蔵省が復活することになった。(5)

このことは、大久保にとって政治生命の一大危機だったと言ってもおかしくはない。木戸派の面々としては、ここで大久保を政治の表舞台から退場させることもできたはずである。実際、大久保もその覚悟で、せめてもの自分の延命の場として君側に仕えることを真剣に考えていた。だからこそ、新生大蔵省のトップの話が来ても、これを辞退する構えだった。

雨降って地固まる

七月二三日、井上馨が民蔵合併の話と大久保の民蔵卿就任の打診にやって来た。その時は「考えておく」と答えたが、大久保は翌日辞退の旨を伝えた。だが、井上は承服せず、それならば自分も省を去ると大久保に重ねて懇望した。大久保の「手足となって尽力する（手足ト成尽力可致）」意思を伝えた井上は、さらに翌二五日には由利公正を通じて、大久保の人選案や改革案をすべて呑むからと重ねて卿となることを要請した。[6] ここに至り、単なる井上の操り人形となることは無いとの確信を得た大久保は、大蔵卿への再任を受諾したのである。

路線闘争に敗れた政治家が、閑地に追いやられることも無く、ましてや粛清されたりもせず、対立していた勢力から三顧の礼で迎えられる。明治新政府にそれだけ人材が払底していたからだとも言えるし、大久保ほどの実力者を失脚させることによる政権の瓦解を恐れたということもあるだろう。だが、ここには明治維新の共和革命としての性格が表れているとも言えないか。大久保が微妙な政見の相違にもかかわらず、常に木戸との協調に腐心していたことを思い起こそう。今度は逆に、木戸一派が大久保に手を差し伸べたわけである。木戸と大久保を双璧として、政権中枢部には小異に拘らず大同で結束するという共和主義的な同志意識が支配していたのだと言えよう。指導層の結束がかえって固まったという意味では、この一連の政局は大久保にとって雨降って地固まるというものであった。

制度改正に合わせて、人事も大幅に刷新された。大輔以上の顕職は薩長土肥中心の藩閥均衡人事となった。そして何よりも、三条と岩倉以外の公卿や諸侯は悉く排除された。[7] 八月一日には、宮中の女官がすべて免職された。宮内大丞として大ナタを振るった吉井友実は、「是迄女房の奉書（天皇側近の女官が天皇の意思を奉じて発した文書）など諸大名へ出せし数百年来の女権、唯一日に打消し、愉快極りなし」と述べている。(8)

また、同月には神祇官が廃止され、太政官下の神祇省となった。これまでの太政官と神祇官の二官体制は改められ、太政官政府に一元化されたのである。廃藩置県からの一連の制度改革は、朝廷の守旧勢力や神権化の傾向を淘汰し、開明主義を推進する実践的な指導体制への純化を進めるものだった。このようななか、俄然脚光を浴びることになったのが、欧米への使節の派遣である。

岩倉使節団

廃藩置県が成し遂げられてから四カ月後の明治四年一一月、岩倉具視を大使として、木戸孝允、大久保利通、山口尚芳、伊藤博文の四名を副使とする欧米諸国への遣外使節団が組織された。一行は、明治六年九月の大使岩倉の帰国まで、二年に及ばんとする西洋歴訪の旅に出る。使節団のメンバーは四十名を超え、彼らに同行した留学生などをあわせると百名に達するという大がかりな陣容だった。その規模もさることながら、政府の大立者がこぞって長期にわたって国外に出て世界を周遊したという点で、世界史上に類を見ない出来事と言ってよい。

このような瞠目すべき使節団の派遣は、大隈重信の発案に起因すると言われる。この当時、幕末に徳川幕府が諸外国と結んだ条約の改正交渉期日が明年に迫っていた。その交渉、というよりも日本側の準備不足による期日延期を要請するために西洋諸国に全権使節を発遣すべきとの議が、大隈から持ち上がった。(9)

もっとも、これにとどまらず、何らかのかたちで西洋に使節を派遣すべしとの声はかねてより様々な方面から湧き上がっていた。全権大使となる岩倉は、維新前から何度もそのことを説いており、例えば慶応三年（一八六七）三月の「済時策」と題した建言書においては、「内に座して外国の要請を受けて条約を結ぶをもって足れりとせず、我が皇国から勅使を派遣して条約を結ぶとの英断がなければならない」として、天皇の勅使を欧米に派遣すべしと提言していた。[10]

また、大久保や木戸も維新直後から要人の海外視察を献策している。大久保の日記には、彼が公卿や諸藩のエリートを海外に遊学せしめることを急務と見なしていたことがうかがえるし、[11]木戸に至っては、自ら洋行することを所望していた。[12]さらに明治四年の初頭には、伊藤博文が、財政・金融制度の調査で訪問していたアメリカから、欧米に調査団を派遣し、来る条約改正交渉に備えるべしと意見書を送付していた。[13]西洋諸国へ向けて使節を派することは、政府指導者層の間で醸成されていたと言ってよかろう。

その動きが加速するのは、やはり廃藩置県の後である。廃藩置県の布告からひと月が経った明治四年八月一八日、木戸は大久保のもとを訪れ、「洋行の心事を談」じた。[14]さらにこの二日後の二〇日、参内した大久保は、そこでも「宮中外国使ノ議アリ」と外国への使節派遣の話が持ち上がっていることを知る。翌日の二一日には、太政大臣の三条から直々にこの件で大久保に相談がなされた。

三条公がお出でになり、右院規則のことを示談。ならびに外国使節の見込みについて御下問。岩倉公お出でになる。第一に外国使節のことを特に談議。[15]

これによれば、三条実美から大久保に対して使節派遣の議につき下問があった。その後、岩倉ともその件で協議したとある。前年に木戸洋行の打診を受けた時、大久保はこれに反対していたが[16]、この時も最初話を聞いた時、彼は難色を示したようである。二日後の二三日に岩倉に宛てた手紙には、次のようにある。

木戸が参上して意外の内話がありました。このところ種々の妄説が行われ、いよいよ流布しているのは承知のことで、それを一々気にしていては際限が無く、実にあほらしきことと思われます[17]。

ここで大久保が岩倉に伝えた「あほらしきこと」のなかに、木戸と大久保がともに洋行に出かけるとの計画も含まれていたのではないか。そんなことになったら、これからともに大蔵省を切り盛りしていこうとしている井上が承知しないだろうと大久保は井上への気遣いを見せている[18]。井上にとどまらない。木戸・大久保両人の派遣の話は、二五日に大隈にも伝えられたが、彼は「今日のような状況で木戸や大久保など皆々加えるなどは、決してすべきでない。誰か全権となる者を一名差し出せば、それでよろしいでしょう[19]」と唱え、全権大使一人を派遣すればそれで十分と反対した。

このような下からの異論を受けて大久保も逡巡するところがあったのではと推察されるが、翌月になると自ら洋行するとの腹をくった。彼自身は、その判断を岩倉に宛てて次のように説明している。

大蔵省の権限が強大になり、これを殺がなくてはならないとの論議がございます。……将来のことを熟思洞察すれば、いつの日か必ずや不測の弊害を生じ、またまた変革とか申すことになりかねません。そうなった場合、一人や二人の進退などもとより何でもありませんが、そうなっては取り返しのつかない事態になること必定です。折角今日のように落ち着いたのに、実に遺憾としか言いようがありません。ついては、よくよく勘考し、他日を期して今日のところは治療の策を施さないとなっては大変なことになり、過日来承っている小生らの洋行のことは悪くないかと思われ、木戸なり小生なりを断然お差し出し下されたく存じます。木戸にもこのことを談じおき、今朝、西郷のもとへ山県と井上の両人が参り、熟議したところです。[20]

ここに記されているのは、復活した大大蔵省の権勢に対する疑念を顧慮し、いったんその活動を抑止すべきとの案であり、そのために大蔵卿である自分が外遊に出て省の機能に制約をかけるとの考えである。廃藩置県に伴って、中央機構の抜本的な改革も成し遂げられたが、その運転はしばし休止し、時間をおいてまずは制度それ自体の存在が受け入れられてからそれを運営させようと思案したのである。

他方で、大久保には使節に加わることへのより積極的な意味づけもあった。前月の八月に、彼は井上馨と連名で「関税改正に関する意見書」を作成している。そのなかでは、日本が条約締結した西洋諸国との間で関税自主権を放棄していることの非が唱えられ、条約改正の交渉期日が迫るなか、「勉めて万国共通の公理に依拠し、これまでの交渉の弊害を脱し、公正な条約に改定して、輸出入税目などのことは全てわが国の自主権に帰」するよう主張されている[21]。大蔵省を預かることになった大久保は、関税の設定が独自になし得ず、相手国の合意を得なければならないという現実に対して、国の税収に大きな束縛を課すものであり、また国家主権を損ねるものでもあるとして、「実ニ痛苦ノ至[22]」との思いだった。これが高じて、自ら条約改正の交渉に乗り出そうとしても不思議ではない。少なくとも、彼にはそのようにする内発的な動機があったのである。

以上のようにして、大久保は自らの洋行に想到したのだった。そして、この件について彼は西郷の了解を得ることもできた。上京以来、絶大な存在感で政府内にて一目置かれていた西郷の支援を受けて、大久保は洋行へと突き進んでいく。

いったん決断した後の大久保には、もはや迷いはない。一七日付の書簡で、彼は岩倉に対して、遣外使節派遣につき速やかに決議することを求めている。今日にはぜひとも木戸と談合の上、速やかに相決するべきであり、さもないと「日ならずして災いを招き、救いようのない形勢に陥ることは明鏡に映るがごとく明らかである[23]」と畳みかけている。これ以降、大久保は岩倉、木戸、伊藤と数次にわたって協議を重ね、外遊の調整を進めていった。

井上馨の懸念

使節団派遣までにはもう一波乱があった。一〇月に入って、井上馨が改めて大久保の洋行に異を唱えてきたのである。井上はやはり大久保が不在となることで、新生大蔵省の屋台骨が揺らぐことを危惧したのである。実際、この巨大省庁の誕生に伴って様々な軋轢が生じつつあり、前途に不安が生じていた。これに対して木戸も説得に乗り出したが、井上は大久保の派遣の撤回を頑として譲らず、一二日には辞表を提出して大久保の手を焼かせた。

一六日、井上と直談判した大久保は、ついに彼の「解心」を得ることができた[24]。大久保は日記に、「このたびの悶着は言葉にできないような混乱を招き、ほとんど瓦解に至るところだった。幸い井上は承諾し、使節派遣の趣意を満たすことができた」と書き記している[25]。この結果、翌一七日に西郷と井上が大久保のもとを訪問し、大久保不在時の大蔵省運営について三者協議がなされた。大久保が留守の間は西郷が大蔵省掛となって同省を監督することとなった。

もっとも、井上がこの措置に納得していたとは言い難い。この翌日、彼は大久保に書状を出し、留守中の西郷との意思疎通の徹底を依頼している。井上は西郷の下で円滑に事が運ぶか一抹の不安を感じていた。このような懇願もあってであろうか、使節団の出発間際の一一月七日に政府の主だった者たちの間で、使節たちが留守の間の政務について約定が取り交わされた。そこでは、使節団と留守政府との間で連絡を密にすることや各国視察の成果を帰国後に実地に適用することなどが記され、あわせて内治のことについては廃藩置県のプロセスの実行を除いては、大使帰国まで「新規ノ改正ヲ要スヘカラス」（第六款）と釘が刺された[26]。

しかし他方で、「廃藩置県ノ処置ハ内地政務ノ純一ニ帰セシムヘキ基ナレハ条理ヲ逐テ順次其実効ヲ挙ケ改正ノ地歩ヲナサシムヘシ」（第七款）とも掲げられ、廃藩置県の実を上げるための政策は着実になされるべしとされた。このような玉虫色の約定であるが故に、やがて留守政府内では井上の緊縮主義を旨とする大蔵省は予算を要求して改革を進めようとする各方面と衝突し、その果てに留守政府は分裂し、政争を招くことになる。

だが、それはまた後日の物語である。ともかくも、大久保は岩倉使節団の副使に就任し、発遣へとこぎ着けた。こうして、一一月一二日、岩倉使節団の一行は横浜から外遊の旅に出たのである。(27)

西洋文明の衝撃

明治四年一二月六日（陽暦でいえば、年が明けた一八七二年一月一五日）、使節団はサンフランシスコに到着した。まだ和装を貫く大使岩倉を中央に、洋装でそれを取り囲むようにして副使らが控える有名な写真はこの時撮られた（左頁）。ひっきりなしに舞い込む歓迎会の誘いを受けて大得意になった伊藤博文が、「我が国旗の中央に点じる赤い丸は、最早この帝国を封じる封蠟などではなく、本来の意匠たる昇る朝日の尊き徽章となって、文明諸国に伍して前方にかつ上方にへと動いていくだろう」との日の丸演説を行ったのも、この時である。(28)

それから一行は、ひと月をかけてアメリカ大陸を横断し、明治五年一月二一日に首都ワシントンに入った。鉄道に揺られながら、いつ果てるともなく延々と続く広大な大地を眺め、彼らは何を思ったであろうか。ちなみに、大久保たちは出国前に日本でいち早く汽車に乗っている。明治五年九月の日本初の鉄道開設に先駆けて、明治四年九月二一日に大久保はすでに敷設されていた品川・川崎間の三十分の汽車の旅を楽しんだ。彼の日記には、次のようにある。

蒸気汽車にて川崎まで三十分で着く。乗車して、実に百聞は一見に如かず。愉快に堪えない。

サンフランシスコ到着時の使節団。左から木戸孝允、山口尚芳、岩倉具視、伊藤博文、大久保利通（国立国会図書館）

この交通の便を起こさなければ、国の興隆はきっと不可能である[29]。

鉄路に揺られながら、彼は来るべき洋行に思いを馳せていたであろうか。

このように開通前の汽車に試乗したのは、「米国に着いて初めて汽車に乗るのでは体面に係わる[30]」との思いもあったらしい。しかし、実際にアメリカの雄大な大地を疾駆する車内に身を寄せて、彼らはただただ圧倒されていたであろうことは想像に難くない。これに比べれば、東京・横浜間の鉄路など児戯に等しい。車内で大久保は、顔色を無くしていたのではないか。

さて、ワシントンに着いた使節一行は、四日後の一月二五日*、ホワイトハウスにグラント大統領を表敬訪問した。この時、彼らはまだ衣冠直垂の装いで帯剣するなど和の礼装を貫いている。[31] 出発前、一行の礼装は和風とすることが決められていた。だが、既述のように、サンフランシスコに着港するや、使節団の随員たちは公の場に着ていける洋服を求めて奔走した。使節たちも例外ではなかった。旅を進めるにつれて洋装になじんでいった彼らは、現地に駐在する外交官らの忠言も受けて、やがて洋風の大礼服をあつらえるようになる。[32] すでにワシントンに入るころには、大久保も洋服を着こなしていただろう。アメリカ到着後の様変わりした自らの写真を、大久保は西郷に送った。二月にそれを受け取った西郷は、「貴兄の写真を受け取ったが、いかにも醜態を極めている。もう写真撮影はお止めにしてはどうか。まことに気の毒千万[33]」との感想を書き送っている。

だが、西郷がこのような書面を送付した時、大久保はワシントンを発ち、日本への帰国の途に就いていた。使節たちはワシントンで条約改正交渉を開始したが、当初の指針だった改正交渉開始の延期という消極的なものから一転、一気に条約の改正を成し遂げようとするに至る。これまでアメリカ各地で受けてきた歓待に気をよくした彼らは、伊藤博文の「立派ニ条約ヲ改正シテ見セル見込ア[34]」りとの大見得に乗せられ、方針を転換したのだった。そして、条約改正交渉に必要な全権委任状を持ち帰るため、二月一〇日、伊藤と大久保が急遽日本に戻ることになった。

こうして大久保と伊藤が戻ってくるまでの間、使節団はワシントンに足止めを食うことになる。そしてその期間に、彼らは片務的最恵国条項という既存の条約のトリックに気づかされる。これによると、日本は条約締結国のいずれか一国との間に有利な取り決めを結んだ場合、その効果は他のすべての条約国にも自動的に適用されるものとされていた。このような条約上の措置は、他国の駐日公使や欧州にいた日本人留学生によって、岩倉や木戸の耳に届いた。制度のからくりを知った岩倉は、その何たるかの説明を受けるや、「それは最も重大な事件だ！」と叫んだという。(35) 結局、明治五年六月一七日、大久保と伊藤が委任状を携えてワシントンに舞い戻ったその日、条約改正交渉の中止が決せられた。

大山鳴動して鼠一匹である。大久保と伊藤は、自らのフライングにどれほど忸怩たる思いだったであろうか。大久保について言えば、彼は使節団派遣前に井上馨と連名で「関税改正に関する意見書」を発表していた。そこでは、協定関税制度を改め、関税自主権を奪還することが謳われていた。それが急転直下実現できるかもしれないと考えたが故に犯した過ちだったと言えよう。彼の落胆、推して知るべきである。

大久保らが合流し、ようやく一行はワシントンを後にすることができた。六月二二日に同地を発し、フィラデルフィア、ニューヨークを回って、ボストンに至った彼らは、七月三日、ボストンから次の目的地イギリスへと旅立った。七月一四日にリヴァプールに着いた一行は、その日ロンドンに向かった。それから四カ月、使節団はイギリスに滞在し、随所を訪れて見聞を深めた。この間の大久保の動向については、限られた史料から推し量るしかない。だが、イギリスから彼が受けた感銘は、一〇月一五日付で西郷と吉井友実に宛てて書かれた書簡の次の一節から十分にうかがえる。

グラント、ユリシーズ（一八二二―一八八五）第一八代アメリカ合衆国大統領、軍人。南北戦争では南軍リー将軍を破った名将として知られる。在任中、岩倉使節団と会う。引退後に行った世界一周旅行では日本のほか欧州各国、中国の首脳と会談した。

大小の工場は枚挙するに遑《いとま》ありません。英国の富強の所以が分かります。最も感心するのは、いずれの僻地にも道路橋梁が整備され、便益が優先されていることです。馬車はもちろん、汽車が通っていない場所はありません。蒸気の発明以前には、水利を活かしてそれを手がけていたものと見受けられ、掘割に船を航行させています。(36)

大久保は、ウスターで目にした狐狩りのことにも触れ、その理路整然とした規律性から受けた感銘のことも記しているが、やはり最も印象づけられたのは、工場群や水陸に張り巡らされた輸送手段といった生活インフラに対してであった。産業社会の偉容とそれをつなぎ合わせる文明の網の目に、である。

大久保など洋行未経験のリーダーたちは、それまで西洋の技術に対しては免疫があると自負するところがあった。大久保の郷里鹿児島では、斉彬のもとで洋式の工場の雛形が作られ、早くから技術の導入が図られていた。明治三年一二月に島津久光に上京を促すため岩倉を伴って一時帰郷した際、岩倉は製鉄所や紡績所などの洋式工場の建ち並ぶ一帯を視察し、「製鉄所其外器械所ノ盛ンナル、小西洋ヲ見ル如シ」と東京に書き送っていた。(37)だが、西洋の地で実際に本場の工業地帯をまざまざと目にして、いかばかりの心境だっただろうか。

鹿児島での視察には、山県有朋も同行していた。山県はすでに明治二年六月から一年間ほど西洋諸国を巡覧し、絶大な彼我の差を痛感させられていた。「小西洋を見るようだ」などと悦に入る岩倉や大久保に対して、山県は二の句が継げなかったのではなかろうか。彼からしたら、鹿児島の工場など箱庭のように映じていたのではないかと推察される。(38)

そのような山県の実感を、ここで大久保も追体験するに至ったわけである。岩倉使節団の書記官として随行していた久米邦武*によれば、大久保はイギリスにおいて、「私のやうな年取ったものは此れから先の事はとても駄目ぢや、もう時勢に応じられんから引く計りぢや[39]」と打ちのめされていた。アメリカとイギリスを経て、大久保は西洋の物質文明のレベルに対する自分の認識の甘さを根本的に見直さざるを得なくなったのである。

なお、イギリスにおいて一行は、旅費を預けていた銀行が破産し、新たに旅の資金を工面せざるを得ないという苦境に立たされることになる。様々な意味で、彼らは文明の手痛い洗礼を浴びたのだった。

ほうほうの態と言ってよいイギリス訪問だった。だが、得るものが全く無かったわけではない。それは、眼差しの効用である。物質文明の何たるかを捉える視覚の力である。後に大久保は、殖産興業の一環として博物館を建立し、博覧会を開催することを推し進める。その根幹にあったのは、この時のイギリスでの経験であった。大久保は文明化のためには視覚に訴えるに如くはないことをここで感得した。明治八年（一八七五）八月に建策された「博物館ノ議」で、彼は次のように述べている。

久米邦武（一八三九—一九三一）佐賀藩士。少年期、藩校で大隈重信らと学び、後に昌平坂学問所でも学を重ねる。岩倉使節団に使節紀行纂輯専務心得として加わり、帰国後『特命全権大使　米欧回覧実記』を著した。帝国大学教授となるも、論文「神道ハ祭天ノ古俗」が神道家らの反発を招き辞職。東京専門学校（後の早稲田大）に迎えられ史学を研究する。

一八五一年、英国で初めて万国博覧会の催しがあった。ここにおいてイギリス人は初めて自国の産物の形や質が他国よりはるかに劣っていることを目撃して大いに奮発し、その技能を磨くことが緊要であると悟り、万国博の残費と政府の支出によって博物館をサウスケンジントンの地に創設し、これに科学や芸術の学校を附属せしめた。これによってイギリスの製品はついに各国を凌駕するところとなった。(40)

イギリス興隆の因として、一八五一年に開催されたロンドンでの万国博覧会があったとする。そこで世界中から集められた物品を展覧したことで、イギリス人は自らの遅れに恥じ入って奮起した。そして、万博の後、政府の肝煎りで工芸の博物館(ヴィクトリア・アンド・アルバート博物館)が創建され、産業化のための学校も付属して人々の啓発に努めた。それが、イギリス発展の礎となったというのである。

万博がイギリスの産業化をもたらしたとは、あまりに短絡だし、歴史的因果関係を見誤っているだろう。だがここで問題としたいのは、大久保の認識の当否ではない。彼が、西洋文明の地において、博覧会や博物館という文明の装置を見出したことが重要である。その背後には、圧倒的なスケールで彼の視界に入ってきたイギリス社会の偉容があった。翻って言えば、文明を捉える「眼視ノ力」に大久保は想到した。視覚によってもたらされる驚きこそが、社会を変えていく。「大勢の人々に展覧して、その知見を拡充し、技術を発展せしむる」ための催しや施設が、文明開化の起点となり、コアとならなければならない。(41)そのような視る制度として、大久保は後に博物館と博覧会を開いていこうとする。そのことは、第四章で詳述しよう。

付言すれば、このような視ることとの力に開眼したのは、何も大久保ひとりだったのではない。それは、使節団全体の体験だったと言える。一行の詳細な旅行記『特命全権大使　米欧回覧実記』を著した久米邦武は、イギリスで大英博物館を訪れた際の感銘を「博物館を見学すれば、その国の開化の順序が自ずから心眼に訴えてくる」と書いている[42]。

博物館とは、文明開化の「順序」、すなわちその段階と法則を視覚化して学び取る場なのだというわけである。「百聞は一見に如かず」。久米は博物館の効用をそう語っている。「まことに視覚は、聴覚よりも人を感化すること緊切なものがある[43]」、と。

これ以後も一行は欧州の各地で好んで博物館を訪れ、明治六年六月にはオーストリアのウィーンで開催されていた万国博覧会を見学し、その盛況に目を見張っている[44]。だが、そもそも、岩倉使節団にとっては、欧米の地そのものが、巨大な文明の博覧会場に他ならなかった。久米の『米欧回覧実記』を一読すれば、そのことが実感されよう。岩倉使節団の旅とは、西洋諸国という文明の展示場の視察に他ならなかった。

大久保も例外ではなかったということである。いや、それどころか、少なくとも大使副使のなかで誰よりもそのことを痛感したのが大久保だったと言えよう。大久保自身は、後述のように日本からの帰国の要請があり、ウィーンに立ち寄り万博を体験することはなかった。しかし、それでも彼が後年、博物館のみならず博覧会に執心することは、使節団の旅の全体が、文明のパノラマを凝視する機会だったからと考えられるのである。

明治五年一一月一六日、使節団一行はロンドンを発ち、欧州大陸へと歩を進めた。その日のうちに彼らはパリに着いている。ここで大久保はやや鬱を散じることができたようである。年が明けて（ちなみに、明治五年一二月三日をもって、太陽暦に改暦され、この日が明治六年一月一日となった）、明治六年（一八七三）一月一八日に大久保はパリの感想を大山巌に伝えている。

当府を所々見物もし、家屋の壮麗なこと、市街の清潔で気候の爽快なことは他に比類なきことと思われます。特にブハトブロニー〔ブーローニュの森〕あたりで車馬が行き交うなか、時ならず花の香馥郁としてあたかも仙界に至ったかと疑うばかりです。(45)

華の都に陶然となっている姿が浮かび上がる。パリの華美は、都市文明の愉悦を教えてくれた。その壮麗さに気圧されることなくむしろそれを堪能して、大久保はやや文明の学習に気を取り直して取り組むことができるようになったようである。

実際、この時に、大久保畢生の政治課題への一歩が築かれている。それは、勧業政策に向けた第一歩である。パリ滞在中、後に明治を代表する実業家となる大倉喜八郎がホテルに大久保と木戸を訪ねた。その時のことを大倉は次のように回顧している。

大久保から欧州滞在の理由を尋ねられた大倉は、兵隊の軍服を羅紗製に変えるため、毛織物事業を興すべく取り調べしていると答えた。これを聞いた大久保は、次のように語ったという。

成程我日本の兵服は何時迄も紋羽で押し通す事も出来まい。早晩羅紗服に改良しなければならぬ。さすれば貴公の云ふ通り遥々其羅紗を外国より購入するより日本で織るが必要である。

夫れに就いては斯う云ふ様にしてはどうか。貴公は始めて海外を視察に来た日本商人の先覚者である。其先覚者が折角よい考へを出して日本で羅紗を織る。羅紗が織れなければ毛布でも織ッて見ようとの事で、其考案は至極宜しいが、兎に角始めての事業であるから如何云ふ事で失敗せぬとも限らぬ。一旦貴公の様な先覚者が失敗すれば、次いて起るものがなくなる。夫れ故に大倉には失敗させたくない。夫れより先ツ試みに毛織事業を政府の力で着手して、相当の成績を収め事業に見込がある様になれば貴公の手に払下げる事にしては如何か。其方が安心ではないか(46)。

後年の大久保の勧業事業のエッセンスが凝縮されたような言である。大久保は輸入の超過を是正するために物産の国内供給を高め、そのために官が新しい産業の勃興を支援して民間を誘導することを掲げるようになる。

大久保は大倉に対して、使節団に随行している留学生のなかから人選して毛織物業の研究をさせることを約した。そして後日再び彼のもとを訪れた大倉に対して、次のごとく告げた。

段々話を聴いて見るに、毛織事業は中々六ヶ敷ものと申事である。之を起すには第一に織物、第二に羊に就いて研究しなければならぬ。其所で織物の研究には木戸公の選抜で長州の学生井上省三*、又羊の研究には吾輩の選抜で薩州の岩山敬義《たかよし》*と云ふ人物を選み、井上は独逸の「ケムニチ〔ケムニッツ〕」の織物を調査研究し、岩山は米国の牧場に就いて緬羊飼育の方法を研究する事になつた(47)。

佐々木長淳（福井市立郷土歴史博物館）

岩山敬義（国立歴史民俗博物館）

井上省三（山口県文書館）

ここに名前の出てくる井上省三と岩山敬義は、ともにその後、大久保が創った内務省に出仕して、その殖産興業政策の一翼を担うことになる。すなわち、井上はドイツで織物技術の研鑽に努めた後、明治一二年（一八七九）に東京の南千住に建てられた千住製絨所の創設に挺身し、その初代所長となった。岩山は、かねてからアメリカで牧畜の研究に従事しており、明治七年（一八七五）に下総に牧羊場を開いた。

大倉の右の談話がどこまで正確であるかは検証の余地があろう。しかし、明治期の勧農政策史について綿密な研究を発表し続けている友田清彦氏が言うように、「牧羊事業と製絨事業が明確に結びつき、それぞれが下総牧羊場・千住製絨所へと具体化していく契機となったのは、やはりこの岩倉使節団であったと考え」られる(48)。そして、その契機はさらにその根源をたどれば、大倉の証言にあるように、大久保の一存が触媒となったと言えよう。少なくとも、この後、彼らが内務省においてチーム大久保の一員として活躍していく素地がここで築かれたのは確かである。

なお、井上と岩山のほかに、この時に大久保は養蚕と製糸事業の調査のために工部省から欧州に派遣されていた佐々木長淳《ながあつ》*にも目をつけ、彼を内務省勧業寮に抜擢した(49)。佐々木は、近代的な農業技術伝習所として鳴り物入りで設けられた内藤新宿試験場で養蚕の研究と教育を指導するほか、内務省による官営の製糸所・新町屑糸紡績所の初代所長として手腕を発揮することになる。これなども、大久保が帰国前にフランスを再訪した際に、リヨンで屑糸から立派な絹糸が紡績される模様を見学したことに起因すると言われ、大久保の岩倉使節団の経験は、後の内務省による殖産興業に大きな刻印を与えるものだったことがうかがえるのである。

ビスマルクとの邂逅

さて、パリ滞在時の明治六年一月二七日、大久保はロシアにいる同郷の西徳二郎*に宛てて、同国の国制調査を依頼している。そのなかでは、巡遊中あちこちを見聞して得るところもあったが、何分言葉が分からず「でくのぼうに等しく、実に困却の極み(50)」と不自由を記し、これまで回った

井上省三（一八四五―一八八六）長州生まれ。維新後、木戸孝允にしたがい上京。ドイツ留学で毛織物を学び、帰国後は内務省勧業寮を経て、千住製絨所初代所長。製絨技術の発展に尽くした。

岩山敬義（一八三九―一八九二）薩摩藩士。島津斉彬の小姓を経て新政府発足後は民部省に出仕。アメリカ留学で牧羊を学び、帰国後は羊毛の必要性を説き下総牧羊場の初代場長に就任。駒場農学校の設立にも動き、後に同校校長となる。宮崎県知事にも就く。

佐々木長淳（一八三〇―一九一六）福井藩士。幕末は洋式兵器の技術者で、新政府では工部省に出仕。ウィーン万博に派遣され、欧州で養蚕を学ぶ。帰国後、内藤新宿試験場で蚕業試験を開始し、群馬に作られた新町屑糸紡績所建設も指導した。

諸国はいずれも「開化の度は数層も上を行っており、とてもとても及びようがない」と自嘲気味に書いている[51]。だが、これから訪れるプロイセンやロシアでは、「必ずや模範となることが多かろうと愚考しております」と期待をにじませている[52]。

これらの国は近代化ということでは新興国であり、その点、わが国にとって参考になることは多いに違いないというわけである。日本からの通信では、現地でも学制が発布されて全国に小学校が置かれることになり、司法制度の整備が進められ、文明国に恥じぬよう芸娼妓解放令が出され、電線や鉄道も開通していっている。こう聞くと日本も文明国の域に近づいているようだが、その実績はいかほどだろうか。そう考えれば、英米仏よりも、近代化の緒に就いてまだ歴史の浅いドイツやロシアのほうが参考になろうとして、西に「魯国政体規則並地方官ノ規則」、特に内務、大蔵の事務章程を精細に取り調べてほしいと依頼したのだった[53]。

ここで注目すべきは、大久保の関心が富国強兵のような産業化政策にとどまらず、内政の制度的確立、換言すれば国制の調査にも向けられていることである。彼我の力の差をまざまざと見せつけられた大久保としては、文明の表面的な華美や迫力に焦って追いつこうとしても無駄で、まずは国家としての盤石な統治と指導の仕組みやあり方を整備することを目指したのであろう。そのような思いを胸に、大久保は次の目的地ドイツに入った。

二月一七日、岩倉使節団はパリを後にした。ベルギー、オランダを経て、一行がドイツ帝国の首都ベルリンに入ったのは、三月九日である。ドイツ民族が様々な領邦国家に分かれていた状態が、プロイセンの主導によって統一されてひとつの帝国となってからまだ二年しか経っていない。大久保ならずとも日本とのパラレルな関係を思ったことだろう。

ベルリンで大久保が強く印象づけられたのは、鉄血宰相ビスマルクである。かねてより大久保は、ビスマルクに注目するところがあった。明治三年九月の時点で、彼は次のように書いている。

ビスマルクが重要視しているのは、ただただ兵事と会計のみとのことです。今般の大勝利もひとえに軍の士気を得ただけのことで、まことにこの点は注目しなくてはなりません。[54]

普仏戦争でのプロイセンの優勢を伝え聞いての評であろう。すでに大久保の耳にも、セダンの戦いでナポレオン三世がプロイセン軍の虜囚となったとの報が届いていただろうか。大国フランスを打ち負かした新興国プロイセンを率いる宰相ビスマルクの名は、すでに日本で高まっていたことがうかがえる。大久保は、先の引用に続けて、プロイセンの君主はビスマルクを常に自らの車に同乗させたり、一大事の際には自ら彼を迎えにあがるなど特段の誠意で遇しているとも言及している。日本もそのようにして人を得なければならないとの文脈である。[55]

アメリカからイギリスに到着した直後にも、大久保は西郷と吉井に「ビスマーク之勢益盛ん」として、彼の下には面会を乞う人々の列が絶えないと書き送っている。[56] 自らもその栄に浴することを心待ちとしているかのようである。

西徳二郎（一八四七―一九一二）薩摩藩士。新政府下で開成所等に出仕した後、ロシア留学。サンクトペテルブルク大を卒業してからは、フランス、ロシア公使館に在勤、後に駐露公使、外務大臣、駐清公使。三国干渉の際にも活躍。息子はロサンゼルス五輪馬術競技で金メダルを獲得し、硫黄島で戦死した西竹一（バロン西）。

もっとも、同じ書簡のなかで、大久保はフランス大統領ティエールのことも「あと三四年寿命があれば、必ずやフランスは安泰でしょう」と注目しており、フランスを離れる時は、その剛腕を賞賛してもいる(57)。また、彼はアメリカにおいても、「御上之御用ニ相成候」ようワシントンやリンカンの絵画を買い求めており、世界の大国を導く一流の政治家への憧憬の念を膨らませていたことが推察できる。ビスマルクに対しても、文明国の指導者としての真価を見極めようとの値踏みの姿勢で相見えたことであろう。

両者の邂逅は、三月一五日に訪れた。この日の夜、使節たちはビスマルクの招宴にあずかった。彼らの前で、鉄血宰相はその異名を彷彿とさせる一場の演説を行った。まず開口一番、彼は次のようにリアル・ポリティークの厳しい現実を突きつけた。

現在、世界各国はみな親睦の念と礼儀を保ちながら交際している。しかし、これは全く建前のことであって、その裏面ではひそかに強弱のせめぎあいがあり、大小各国の相互不信があるのが本音のところである。私が幼いころ、わがプロイセン国が弱体であったことは皆さんもご存じのことであろう。そのころ私は小国としての実際の状況を自ら体験し、常に憤懣を感じていたことは、今も脳裏にはっきりと記憶している(58)。

そのような一皮むけば冷厳な国益の追求が支配する国際社会では、万国公法などそれだけでは恃むに足らない。そんなものは大国の利害関心に沿わなければ、容易に無視されてしまう代物なのである。かく述べて、ビスマルクは国の独立と主権を全うするには、万国公法に依拠するのではなく、自らの国力の充実にいそしむべきことを一行に示唆した。そして、ドイツ帝国は軍備の増強に努めているが、それは他国を侵略するためではなく、各国が互いに自主独立し、対等の外交を遂げ、決して相互に侵略しあうことなく国権を尊重し合うためである。英仏のように、海外に植民地を築いて搾取しているのとはわけが違う。最後にビスマルクは、「国権と自主を重んずるわがドイツこそは、日本にとって、親しい中でも最も親しむべき国なのではないか」[59]と呼びかけてそのスピーチを締めくくった。

国力の充実こそ国家の独立と国権伸長の礎と説くビスマルクの演説は、大久保にも深い感銘を与えたことは疑いえない。三月二一日付でベルリンから発せられた西郷隆盛と吉井友実宛の書簡で、「ビスマルクは、ますます信任せられて、ひとつとして彼の意図によらないものはないと察せられます」と絶賛している[60]。また、同月二七日には、ロシアの西徳二郎に向けて、旅程の途中だが急に帰国しなければならなくなったと告げ、ドイツ滞在を切り上げざるを得ず、「その真価を咀嚼することはできていないが、ビスマルクやモルトケ*などの大先生と面会できたことだけが成果だ」と書き送っている[61]。

しばしば、右の一節を指して、大久保のプロイセン主義が喋々される。だが、注意しなければならないのは、彼がここで述べているのは、急に帰国の命が下り、ドイツでの視察を取りやめなければならなくなり、同国の観察は不十分なものとなってしまったということである。そのよう

モルトケ、ヘルムート・カール・ベルンハルト・フォン（一八〇〇―一八九一）プロイセン、ドイツの軍人、政治家。参謀総長として普仏戦争等で活躍。「近代ドイツ陸軍の父」と呼ばれる。

な限られた見聞のうちで、唯一ともいえる成果が、ビスマルクやモルトケのような今をときめく政治的軍事的傑物との会見だったと述懐しているのである。

ところで、この西宛の書簡にあるように、大久保は急きょ帰国せざるを得なくなった。ベルリンに着いてまだほどなくの頃、大久保は帰国を要請する日本からの命を受け取った。これを受けて、彼は翌月初旬には欧州を発つ決心を固めた。[62]かくして、ビスマルクとの会見を終えた後、三月二八日に大久保はロシアへと向かう使節一行と別れ、パリからマルセイユへと向かい、独り日本への帰路に就いたのである。

第三章　断つ人

I　征韓論政変

外遊で見出した日本の課題

明治六年（一八七三）五月二六日、大久保は横浜港に帰着した。明治四年一一月に同港を出港してから、途中伊藤とともに日本に一時戻ったりもしたが、およそ一年半に及ぶ諸国巡遊の旅であった。

この外遊は、大久保にとって何だったのか。

この問いに対してまず述べておきたいのは、大久保はあれこれの国々を物色してどこか一国をモデル国として選択したというのではないということである。従来、ともすると大久保は、ビスマルクに感服してプロイセン主義者となって帰国したとの理解がなされる。しかし、前章でも示唆したように、彼がプロイセン率いるドイツ帝国やビスマルクに突出して高い意義を認めたと考えるのは早計である。むしろ、ドイツでの見聞が不十分だとして、慎重にその評価を保留していると考えられる。

岩倉使節団という特異な異文明回覧の旅とは、どれか一国をひいきにするというのではなく、西洋文明の諸相を直に観察して得られた認識が有機的に結びつき、独自の国家像を紡ぎ出す機縁となったと考えるべきものである。そうしてみた場合、岩倉使節団の成果として、以下のような点が挙げられる。

まず第一に、国内体制の整備である。焦って西洋に追いつこうとしても無理である。そのことを感得した大久保は、着実に国の内政を固め、独立の実を上げることを期した。次節で詳論するが、大久保がこの年の末に「立憲政体に関する意見書」を取りまとめたことは、その表れである。彼は憲法を制定して君民共治の政治体制を布くことを遠望し、そのためには漸進主義の立場でその歩を進めていかなければならないことを説いた。

第二に挙げられるのが、内務省の創設である。この点も詳しくは後述するが、同省の設立はいわゆる殖産興業の推進のためのもので、その背後には政府の支援による国内産業の育成による民力の養成があった。そして、ここでもその手法は漸進主義であった。大久保は、過度な工業化の促成よりも、旧来の農業中心の経済を堅持しながら、そのイノベーションを図るかたちで漸進的に経済発展を遂げていくことを掲げることになる。

これもまた、岩倉使節団での経験に裏打ちされたものであった。そのことを大久保は、明治八年、内務省での政策実践に本格的に従事するに際して、次のように記している。

私は、かつて副使の命を忝くし、各国を巡歴してから約三年になるが、その時の各国の状況を概観するに、各々国制や政治・宗教は小異あるとはいえ、どの国も経済活動に励み、表向きの虚文を弄するようなことはせず、力を内治に尽くして、外政上の功を争ったりはしていなかった。その結果、その国の富貴やその国の民の文明に至るということは、決して偶然のことではない。私は、海外にあって、わが国のことを照らし考えてみて、大いに見るところ

があった。既に帰朝した今、現下の国勢上、最も急務なのは国内のことを養い、国外はしばらく措くことである。(1)

ここに明記されているように、その国の政治体制は、各々の独自性があるが、政治のあり方としては、外政に深入りせず、内政に力を傾注して、国力の充実を図るべしというのが、大久保が岩倉使節団を通じて何よりも学んだことだった。

帰国した彼は、一刻も早く、この課題のために働きたかったはずである。しかし、政局というものが、それを許さなかった。大久保による内治の整備と国力培養の実践については、次章で本格的に論じられる。それに先立って本章では、その行く手を遮る勢力を彼が切除していく様を見ていきたい。

留守政府異変

五月二六日に横浜に着いた大久保は、その日のうちに東京に戻った。日本に帰ってきた彼を待っていたのは、様変わりした政府の姿だった。前章でも簡単に言及したが、使節団と留守政府との間には約定書が取り交わされた。それによれば、岩倉使節団の派遣中は国内での新規の改革はこれを見合わすべしとされたが(第六款)、他方で廃藩置県を整備し確立するための施策は順次推進することが定められた(第七款)。

既述のように、廃藩置県という荒療治を成し遂げ、これからの開化政策のエンジンとなるべき大大蔵省の設立にこぎ着けた政府主流派は、ここでいったん足を休めることを決した。大ナタを振るった廃藩置県の余燼が収まり、それが定着するまでさらなる改革は避けるべきと考えられたのである。政府が岩倉使節団を派遣したのも、そのような改革の小休止という背景があった。

だが、そのように考えていない一派も政府内にはいた。大蔵省以外の各省は、開化の主導権が井上馨の率いる大蔵省に握られ、抑制されたことを不服とした。彼らにおいては、廃藩置県の実をあげるためにさらなる改革を推し進めることは待ったなしと考えられた。そもそも、そのことは第七款で申し合わせてあるではないか、というわけである。

このように、使節団と留守組に分かれた政府は同床異夢だった。そのなかで留守を預かる井上は孤軍奮闘を余儀なくされた。国家財政の財布のひもを握る彼に対して、改革のための予算を請求する声が怒濤のように押し寄せたが、井上は健全財政を理由としてこれを突っぱねた。これによって、留守政府内では大きな紛糾が生じてしまったのである。井上は欧州にあった伊藤博文のもとに窮状を訴える手紙を発し、その内容は大久保の耳にも入った。明治六年二月一四日付のスイス在住の大山巌宛の書簡である。

井上大蔵大輔の伊藤宛の封書によれば、老西郷〔隆盛〕が鹿児島へ行ったとのことです。久光公を引っ張り出すためと記してありますが、どういう事情なのか何とも理解に苦しみます。他に何も書いていないので、後報を指折り待っています。また、大蔵省と工部省が予算の定額問題で対立しているようです。山尾庸三ががんとして譲らず、井上は引っ込んだ様子ですが、それ以外からは何もありません。(2)

大久保は伊藤のもとへ井上から来信があったとして、二つのことを記している。ひとつは西郷隆盛が旧主・島津久光を東京に連れ出すために鹿児島に向かったとの報であり、もうひとつは大蔵省をあずかる井上と工部省をあずかる山尾庸三の間で勃発したいさかいである。

このうち前者の西郷の鹿児島行きは、正確には維新政権の新政に不満を募らせた久光の慰撫のためである。廃藩などの急進的開化策に憤怒の念をもっていた久光は、かつての臣下だった西郷と大久保への批判を公言していた。旧主への義理の念に突き動かされて西郷は明治五年一一月に鹿児島に帰郷し、謝罪を余儀なくされた。この時の西郷の行動には、問題がある。彼は留守政府の重鎮で、大蔵省の後見人を託されていた。にもかかわらず、中央政府から離れ、鹿児島への帰還を決行したのである。

そして、実際にこの時、大蔵省をめぐるいざこざが発生していた。書中にあるように、大蔵省と工部省との間では、予算の定額をめぐって激しいさや当てが生じていたのである。これは、明治六年度の予算折衝のなかで生じた事態で、事業拡充のために予算増額を求める工部省と緊縮財政を掲げる大蔵省との対立である。そして、この対立は工部省との間だけの話ではなかった。その他の省庁も競い合うように、新規の政策の実現を求めて止まなかったのである。この時に計画された新たな政策としては、文部省による学制の制定と実施、工部省による殖産興業の促進、司法省による全国への裁判所の設置、左院による立憲政体構想が挙げられる。

ここに井上の大蔵省は、あたかもその他の政府諸機関に攻囲され矢面に立たされるかの事態となった。攻撃の急先鋒となったのは、江藤新平司法卿の君臨する司法省である。司法省は全国の各府県への裁判所の設置を目論み、大蔵省配下の地方官から裁判権を奪取し、さらには地方官を対象とする行政裁判制度の導入を画策していた。司法省は大蔵省の地方支配の切り崩しに挑んでいたのである。[3] かてて加えて、江藤は山県有朋や井上馨の汚職嫌疑を厳しく追及しようとしていた。[4] 留守政府は深刻な内部対立を抱え、瓦解寸前の危機に見舞われていた。

にもかかわらず、西郷は不在で、政府の領袖であるはずの太政大臣の三条は、このような禍乱に直面して狼狽するばかりだった。井上は伊藤への続報で次のように窮状を訴えている。

過日申し上げたことは、きっと政府からも連絡あったことと存じますが、このままでは御留守中の番人は勤まりません。何分にも正院の力が乏しく、正院の落ち度、あるいは他省の請願があるうえは、決して勤められるとは考えておらず、この後はすぐに引き下がって帰県する覚悟です。そうなったら、直ちに瓦解のほか致し方なく、そうなったら大久保と木戸だけでも帰朝して正院を助けられると大幸の至りと存じます。[5]

力不足で省庁間の対立を調整できない正院の体たらくにさじを投げ、辞職して地元山口に帰県する覚悟だとの恨みつらみが綴られている。だが、そうなれば政府は直ちに瓦解するほかないだろうから、このうえは大久保と木戸が一刻も早く帰国し、正院を支えてくれることを祈念する。そのように井上は切願している。この井上の懇望は、政府中枢の思いでもあった。三条太政大臣は一月一三日付の書簡で政府の紛糾を岩倉に知らせ、大久保と木戸の帰国を要請した。そして、数日後の一九日に天皇名で二人に対し、正式に帰国命令が下ったのである。[6]

しかし、井上の最大の難敵江藤は、先手を打った。三条に激しい攻勢をかけていた彼は、四月一九日、司法卿を辞して参議の地位に就いた。文部卿の大木喬任と左院議長の後藤象二郎もいっしょである。井上と対立していた有力政治家が三名、新たに正院に迎え入れられたのである。井上にしてみれば、政府中枢が反大蔵省派によって乗っ取られたと映ったであろう。そして、この新生正院によって、太政官制度の大改革がなされる。五月二日、太政官職制が刷新された。世に言う太政官制潤飾という事態である。

太政官制潤飾の真意

「潤飾」と聞くと、従来の制度を拡充したというような補強の意味合いのように捉えられよう。だが、そのような語感とは裏腹に、これは太政官制の抜本的変革だった。正院・左院・右院によって構成される太政官三院制は維持されたものの、三者の職権には大きな変動がもたらされた。従来の正院は、その事務章程によれば、「凡立法・施政・司法の事務は、其の章程に照らして右左院より之れを上達せしめ、本院之れを裁制す」とされていたように、立法をあずかる左院と行政をあずかる右院が実働部隊で、そこから上がってくる案件を受動的に処理し調整するのが正院の役割だった。

しかし、大蔵省と他省庁との軋轢によって政府が四分五裂に陥らんとするなか、上からの強力な統御が必要視される。そのために、江藤ら三名が新参議に就任し、正院の強化が図られた。それは、参議の権限強化を意味した。難局にあたって狼狽するばかりの三条太政大臣を見限り、閣僚としての参議が実質的な政治判断を下すことが期されたのである。かくして、それまでの太政官職制において「太政に参与し、官事を議判し、大臣納言を補佐し、庶政を賛成するを掌る」ものとして「大臣納言」（後に、太政大臣、左大臣、右大臣となる）の補佐役とされた参議の地位は改められ、新たな太政官職制では「内閣ノ議官ニシテ、諸機務職判ノ事ヲ掌ル」とされた。

注目すべきは、「内閣」の語である。ここで初めて内閣という概念が提示され、参議はその「議官」、すなわち閣僚として国務全般について意思決定を行うものとされたのである。「内閣は天皇陛下参議に特任して諸立法の事及行政事務の当否を議判せしめ、凡百施政の機軸たる所たり」との正院事務章程の新たな規定に、そのことが端無くも示されている。

これに伴い、正院の役割も拡充された。新しい事務章程は、次のように定める。「凡そ立法の事務は本院の特権にして、総て内閣議官の議判によりて其得失緩急を審案し、行政実際に附すへきものは奏書に允裁《いんさい》の鈐印をなし、然る後主任に下達して之を処分せしむ」。

正院は参議によって構成される内閣を包含した機関として、立法や行政を先導していくものとの位置づけである。否、正院が内閣を包含しているというよりも、内閣が正院に取って代わったと言ってもよい。「内閣の議決すれは、即日本文の手続をなし、御批允裁を経れは、翌日之を頒布するを恒例とす」とも規定され、内閣が議決したことは、太政大臣がその日のうちに印を押して天皇の裁可を受け、翌日公布するべしとされた。内閣の決定が自動的に政府の意思となることの表明である。

このようにして、大久保が帰国する直前に、政府組織の抜本的な変革が行われていた。これによって、太政大臣を筆頭とする諸大臣はお飾りと化し、参議による国政の実権掌握が制度化された。そのことはまた、それまでの大蔵省による予算統制を否定するものでもあった。大蔵省と丁々発止の交渉を行っていた江藤らが新参議に就任して取りまとめられた制度改革である。それが大蔵省をターゲットとして、その権限を殺ぐものであったことは明らかである。

実際、この「潤飾」が行われてからほどなくの五月一四日、井上は大蔵省を辞職した。彼にしてみれば、江藤らによる政府の乗っ取りとすら映じたのではないか。あまつさえ、この月の五日、皇居が炎上し、太政官および左院も焼尽するという惨事が生じた。内側から解体しつつあった明治政府を象徴する出来事と言える。政府はいったん灰燼に帰し、新たに創建される必要があったのである。

緊縮財政の理

五月二六日に帰国した大久保を待っていたのは、そのような非常事態だった。大久保帰還の報を聞いた井上は、大きな感慨を山県有朋に伝えた。

昨夜大久保卿も戻られたとのこと。この方には私も可愛がられ、留守中の代理を請け負いながら、その命を全うすることができず、実に面目なく、まずは平身低頭謝るほかありません。(7)

井上は、大久保の留守を守り切ることができなかったとの慚愧の念に捕らえられている。この人には目をかけていただき、留守時の大蔵省を任されていたのに、その命を全うすることができず、謝するしかない、と。

廃藩置県当時のこの二人の関係を思い出してみたい。井上ら木戸派の開化路線に屈し、一時は政務の第一線を退くことも考えた大久保だったが、井上から懇望され、ともに大蔵省を切り盛りすることになった。そうなると主従は逆転し、井上は身上の急進的開化策を封印し、大久保の意向を受けて大蔵省の政策を進めることに翻身したのだった。これは、薩長の指導層の間では開化の緩急の程度は決して本質的な問題ではなく、国の進むべき方向という大方針は合致していたからこそ可能だったのである。

この点は、大蔵省を辞職するに当たって、井上が渋沢栄一とともに差し出した建議書を見れば、いっそう明らかとなる。この建議書は、結論としては、大蔵省がこのかん採ってきた消極主義の弁明である。それによれば、支出がどれだけ必要かを主に考え、それに従って歳入を調整するなどは欧米諸国の政策ではあろうが、わが国ではまだ国力民情がそこに追いついておらず、今のところは歳入がどれだけ可能かを考慮して歳出を抑えなければならない。

勉めて経費を節減し、あらかじめその歳入を概算して、歳出がそれを超えないようにし、政府の諸機関(「院省使寮司」)から地方の府県に至るまで、その施策の順序を熟慮してその額を確定し、わずかでもその限度を出てはならない(8)。

緊縮財政への訴えである。各省からの執拗な予算増額の要求に対するプロテストの念が込められているのは見易い。

この建議書では、次のようにも述べられている。「今欧米諸国は、民みな実学に努め、知識に優っている(9)」。しかし、わが国の民はそうではない。そのようなか、今日、開明主義を唱えている者は、民力を重んじているのではなく、徒に政理を弄んでいるに過ぎない(10)。そのような政策は、うわべばかりを追い求める安易なもので、それでは開明の実は得難いとされる[11]。そのうえで、次のように論じられる。

徒にその形のみを主として、その実を重んじないようでは、政治は遂に人民に背反し、法制はますます麗しくなっても人民はますます疲弊し、百般のことに施策が及んでも国力はいよいよもって減退し、効果が上がらないうちに国は貧弱と化し、善人がいても、その後にその善を引き継いでいくことはできない。果たしてこのようなことになったら、何をもって国であることができようか[12]。

勝田政治氏が説くように、ここにあるのは民力養成を第一とすべしとの考えである[13]。高遠な政治理念を掲げて猪突猛進するのではなく、政治は民力の程度を見極めてそれを促し、着実に歩を進めるものでなくてはならない。建議書の言葉を借りれば、「一歩一歩順序を追い、着実に成果を出し、政治の理念が民力と拮抗することを要す。決して、浮足立ち、軽率に進んで、一日での速成を求めてはならない」である[14]。

このような政治指針は、岩倉使節団のそれと合致するものだった。欧米の産業の隆盛を目の当たりにし、その根底に民力というものがあることを感得し、また西洋でも各国は独自の歴史をもって発展してきたことを学び取った大久保らは、その実践を心に期して帰国してきた。だが、大久保を待っていたのは、繰り返しになるが、分裂した政府であり、三条太政大臣は大久保が参議となって正院内閣に入り、江藤らの制御となることを要請した。

大久保はこれを断った。三条によれば、大久保は「内務のことがあるので、拝命できない[15]」と述べて固辞したという。この時まだ大久保には、政府の混迷がよく理解できていなかったのだろう。

征韓論の消せない火種

しかし、積極主義による開化政策の推進によって、国内の緊張は高まっていた。この頃、士族の不穏な動きや各地での農民一揆が頻発していた。これらの緊張は徴兵令・学制・減禄など開化政策の強行が原因となっており、「ほとんど暴走とさえいえる留守政府の開化政策の推進が社会各層の大きな反発をまねいた[16]」。そしてこの緊張の解消を国外に求めるかのように、内閣では対外強硬政策が持ち上がってくる。世に言う征韓論である。

直接の発端となったのは、明治六年（一八七三）五月二八日付の釜山の日本公館からの報告だった。奇しくも大久保の帰朝と相前後して発せられたこの交信には、朝鮮国が日本商人の密貿易取締を強化する立札を公館の前に打ち立て、そのなかに日本を「無法の国」と侮蔑する表現があると報じられていた[17]。

維新政府の成立以降、両国の関係はぎくしゃくしていた。日本は新政権発足を伝える朝鮮への書状で、「皇」や「勅」の語を用いていたが、これは伝統的な東アジアの国際通念上は中国皇帝にのみ許された表現であり、朝鮮はその受け取りを拒んでいた。かねてから政府の一部には、朝鮮の対応を無礼視し、強い態度で臨むべしとの空気がくすぶっていた。

「潤飾」内閣は、この通信を受けて過敏に反応した。六月二日の閣議において、朝鮮への出兵が議論された。事態が急展開する兆しが見えたのは、その翌月の七月である。この月二九日付の書簡において、参議西郷隆盛は、同僚参議の板垣退助に対して、使節となって朝鮮に渡るとの意思を表明した。よく知られている史料だが、重要な部分を書き出しておこう。西郷は、自らの使節派遣の意図を次のように語っている。

断然使節を先ず差遣するのがよろしいのではないでしょうか。そうなれば、あちらが暴挙に及ぶことは見易いことで、討伐すべしとの名目が確かに立てられるものと考えます。[18]

すなわち、まず使節を派遣し、向こうが「暴挙」＝使節への狼藉を働くことを受けて、相手を討伐する名分を勝ち得ようとの算段である。しかも西郷には、この「暴挙」とは「暴殺」に他ならないとの確信があった。それが故に、彼は自分を使節として派遣せよと歎願するのである。

公然と使節を差し向けられたならば、これを暴殺するものと拝察され、何卒私をお遣わしくださるよう伏してお願い申し上げます。[19]

家近良樹氏は、この時期の西郷が、旧主・島津久光からの怨念を一身に受けてストレス過多になっていたと推察されることや、体調自体が極度に悪化していたことを指摘している。[20] 西郷はこの時、あたかもタナトス（死への欲動）に駆られていたのかもしれない。

正院内での不穏な動きは、参議でない大久保には漏れ聞こえるのみである。八月一五日付の書簡で彼は、内部の騒然とした状況を察しつつ、「泰然として傍観」と高をくくっている。

こちらの形状は、……実に致し方なき次第に立ち至り、小生が帰朝いたしましてもいわゆる蚊が山を背負うような有様で、なす術を知りません。今日まで無為に一同が打ち揃うのを待っています。たとえ有為の志があっても、ここにおいて蜘蛛の糸を巻き合わせるようなことをしても何の甲斐もありません。かつまた愚考するところもあり、泰然として傍観しております。(21)

こちらの現状は実に致し方のないもので、自分一人の手ではどうしようもなく、使節一同が帰ってくるのを待つのみである。今は「蜘蛛之捲キ合」(蜘蛛同士が糸を巻き合うという意味か)のようなことをやっても何の効果もないし、考えるところもあって泰然と傍観している、との内容である。

傍観者としての大久保は、血気にはやる内閣を冷ややかに眺めていた。「国家権力を一時の憤発力で暴走させて喝采を叫んでも、決して物事は成らない(22)」。そう彼は達観し、「当今の光景は人も馬もともにあきれ果てているような次第で、不可思議な状態になっています。追々役者(使節たち)も揃うでしょうから、秋風の吹くころには政府も元通りになり、見るべき舞台の開幕となるでしょう(23)」とうそぶいていた。

だが、大久保の予測を越えて、事態は深刻度を増していった。右の手紙を発してから数日後の一八日、大久保は暑中休暇を取って、東京を離れた。箱根で湯に浸かり、富士の頂を仰ぎ、関西では泉州高師の浜で名勝の松を嘆賞した。(24) 岩倉らの帰国までの間に英気を養い、来るべき「潤飾」内閣との対決に備えようとしていたのだろうか。しかし、まさにこの時、閣議は急展開を見せていた。西郷の懇請の通り、朝鮮への使節派遣が決せられたのである。

それは、大久保が休暇を取って東京を離れようとする前日の八月一七日の閣議だった。これ以前から、西郷は三条に対して、朝鮮への使節派遣を強請していた。事の重大さに、岩倉の帰国を待ってから審議しようとする三条だったが、その粘りも空しく、この日朝鮮への使節派遣が認められた。

一九日、三条は箱根宮ノ下に行幸中の天皇に謁し、閣議の結果を上奏した。これを受けて天皇は、岩倉の帰国を待って熟議し、再度奏聞すべしとの勅旨を三条に与えた。この前日、休暇中の大久保も関西旅行の途次で天皇に天機伺いのため同地にいた。一日遅れでやって来た三条との間に、この件で何か談合があったかもしれない。そもそも、天皇の勅旨は、三条と大久保の意を受けてのものだったということも考えられる。史料を欠いているので憶測でしかないが、一考の余地があろう。

西郷の朝鮮派遣は、いちおう岩倉の帰国後に再評議されることとなった。しかし、この再評議については、その位置づけをめぐって使節派遣派と反対派の間に認識の開きがあった。西郷らは、岩倉を交えての再議は、閣議での決定事項を周知させるためのものと見なしていたが、一方の大久保らは一からの議論のやり直しを期していたのである。このような火種を抱えるなかへと、岩倉具視は使節団の旅を終えて帰ってきた。九月一三日のことである。

内閣という闘技場へ

帰国して三条と面談した岩倉は、今後の政治運営について「公論衆議に照らして決しなければならない」[25]として、大久保と木戸の政府出仕が不可欠との点で合意した。岩倉は、この件を改めて「公論衆議」にかけること、すなわち一から評議し直すことを訴え、三条もこれを了承したのである。

これを受けて、大久保に再度、参議就任が要請された。逡巡していた大久保だが、ついに止む無しと受諾の意思を固めた。一〇月九日に大久保は木戸のもとを訪れ、長談議に及んでおり、この時には意を決していたものと考えられる[26]。

参議受諾に当たって、大久保は息子たちに一筆したためた。そのなかでは、「およそ国家のことは深謀遠慮し、自然の機に身を任せて図るのでなければ、成功すること能わざるは必然である」と説かれ[27]、先に大山巌らに宛てて書いた「国家ノ事一時ノ憤発力」に頼る勢力に対峙する姿勢が示されている。

また、「小生の一身上においては、一点の思い残すことも無い。ただ今希望するのは、小生の憂国の寸志を貫徹して、各々が奮発して勉強し、心を正して知見を開き、有用の人物となって国のために尽力して小生の余罪を補うよう心がけることである」とも記している。事実上の遺書である[28]。

大久保は不退転の決意で内閣という闘技の場に入っていこうとしていた。かくして、征韓論政変という政局のお膳立ては揃った。

狼煙が上がったのは、一〇月一一日である。この日、西郷は三条に書簡を出した。

小生を朝鮮へ派遣の儀、以前にお伺いしてお許しをいただきましたが、今日に至ってその決定を変えるようなことになれば、不信を招き、天下にとって勅命が軽いものになってしまいます故、このことは決して動かされないことと拝察しておりますが、段々とそのような説も出てきたものと承知しており、念のため申し上げておきます(29)。

西郷は、岩倉帰国後、この件を再評議にかけてひっくり返そうとする動きを感じ取り、三条に太い釘を刺したのである。

西郷からのこの強力な牽制を受けた三条は、周章狼狽した。その日のうちに、岩倉に宛てて書いている。

この一件は、全く自分らの軽率からついにこのような難事に立ち至ったもので、国家に対して申し訳なく、また貴公らに対しても慚愧の外なく、いくら悔いても悔い足りない(30)。

取り乱した三条は、「此上ハ大久保之精忠ニ依頼」するほかないとする一方で、西郷の派遣ということ自体は変更せず、時機を見てからということで延期してはどうかとその場しのぎの策を弄している。すでに三条は百戦錬磨の猛者たちに四方八方から言い募られ、錯乱気味である。そのように右往左往する三条によって、政局は混迷の度を深めていく。

大久保は一二日に正式に参議に就任し、一四日、決戦の場である閣議に臨んだ。案の定、そこは紛糾の舞台となったが、その原因は独り西郷にあった。「西郷独リ速ニ使ヲ遣ルコトヲ主張ス」[31]とあるように、留守政府派のなかでも西郷以外は、延期論で一旦妥協しようとした。西郷一人がこれに抵抗し、頑として動かなかったのである。[32]

西郷がここまで使節派遣に拘ったのは、一〇月一一日付の三条宛書簡にあったように、「天下にとって勅命が軽いものになってしま」うことは絶対に阻止しなければならないとの覚悟からだったと考えられる。幕末の政局のなかで、西郷は勅命というものがいかに恣意的に発せられ、それが政治的に利用されてその挙句に国が乱れ、果てはひとつの支配権力が崩壊する様をつぶさに見てきた。彼にとって、勅命という国家の正統的意思の不動性こそが、体制の威信と存立の必須の条件だったのである。

これに対して、プラクチカルな見地からこの事態に処しようとしていたのが大久保だった。征韓反対の趣意を論述した彼の書が残されている。劈頭大久保は、自らの立場を次のように約言している。

進んで取り、退いて守るは、必ずその機を見て動き、それが不可であることを見て止めるものである。恥だと思っても忍び、義あれども取らない。[33]

恥や義でなく、国益の全体を勘案して国家の進むべき道は決せられなければならないとの言明である。

かく述べて、彼は七条に渡り朝鮮遣使の不可を説く。①政府の基礎が未だ確定せず、人心が動揺しやすく、国内に騒擾が来される可能性が高いこと、②財政赤字のなかでもし戦争となれば、民に重税が課され、償却の目途無き外債が起こされるなど国家財政は危殆に瀕すること、③緒に就いた殖産興業を中断すべきでないこと、④輸入の超過で金貨の流出を招き、政府の信用が失墜して紙幣価値の暴落を招くこと、⑤ロシアの侵出を招きかねないこと、⑥債権国イギリスの内政干渉を招来し、日本のインド化の恐れが生じること、⑦目下の急務はむしろ条約改正であり、独立国の実質の完備であること。

大久保は、使節派遣を機に戦端が開かれ、朝鮮を征服できたとしても、「数年の間常に兵を屯し要処を守」らなければならないが、今の日本ではそのようなコストを担うことはできない。また、日本はロシアとも国境近辺でしばしば摩擦を来しているが、もし朝鮮を占領したらよけいにロシアとの緊張が高まるだろうとも述べて自重を促している。そして、次のように結んでいる。

今、国家の安危を顧みず、人民の利害を考慮せず、好んで事変を起こしてあえて進退取捨の機を顧慮しないのは、実に了解不能であり、故にこのような戦役を起こすの議は肯んじることはできない[34]。

内政の実状や近隣の国際情勢を冷徹に見据えた雄渾かつ理知的な政論である。筆者としては、ここで大久保が「民」の観点を重ねて強調していることを特記したい。勝田政治氏も説くように、この時の大久保の論拠は、征韓派に対する内治派というよりも、民力の養成や撫民という要請が勝っていた[35]。そしてこのことは、大久保のなかで政治家の責任論としてこれ以降大きく展開していくものとなる。

さて、一四日の閣議後、三条は岩倉に書簡を送り、「小生においては決して変説などせず、死生を相決する所存です。西郷ただ一人をもって国家に代えることなどできない」と伝えた[36]。西郷一人のために国家が転覆するわけにはいかないから、身命を賭して遣使を阻止するとの覚悟を綴ったのである。

しかし、この覚悟は簡単に反故になった。翌日の一五日、前日に続いて閣議が開かれたが、ここでも結論に至らず、結局、三条と岩倉の二人で協議したいとして参議一同に退席が求められた。再び呼び寄せられた参議らが告げられたのは、西郷の辞職を避けるべく彼の「見込通ニ任セ」るとの三条の決断だった[37]。変説することなく、身命を賭して遣使を阻止するとの覚悟はどこへ行ったやらである。

三条は、このうえは、自分が陸海軍総裁職となって禍害を防ぐとの決意を述べたが[38]、そう言われてももはや人は白けるばかりだろう。岩倉も大久保に宛てて、「三条と私が断然たる決意でやり通すほかないとの覚悟であったのに、この日の評議で言いようのない次第となってしまい、何の面目もありません。大きくため息をつくような仕儀となり、まことに恐縮に堪えません」と平伏低頭している[39]。

一七日、大久保は三条のもとに参上し、参議の辞表を提出した[40]。木戸も同日、辞表を出しており、岩倉も「このうえは、進退を決するのほか無い[41]」との覚悟だった。内閣はまさに瓦解しようとしていた。この日に開かれる予定だった閣議は翌日に延期され、三条は岩倉のもとを訪れて談判したが、両者は決裂した。悄然とした三条は深夜、西郷を呼び、先の決定の再考を促したが、西郷が受け入れるわけがない。進退窮まった三条は、西郷が辞去した後、卒倒した[42]。

一八日の閣議はこのような異常事態のもとで開かれた。出席したのは、西郷、後藤、板垣、大木、江藤、副島の面々である。大木を除いて全員が遣使派である。注目すべきは、ここに天皇が親臨したことである。さらにその日の午後には、西郷、後藤、江藤の三名が皇居に召された。中川壽之氏が述べるように、この日、西郷ら遣使派は、「使節派遣の経緯を直接天皇に奏上することができたと考えられる」[43]。

岩倉、大久保の「一ノ秘策」

翌一九日、今度は大久保が動いた。彼のもとを訪れた黒田清隆に、大久保は「一ノ秘策」があると告げた[44]。「秘策」とは何か。それは、この日の夜に黒田に宛てた書簡にあるように、宮内卿の徳大寺実則を使っての宮中工作である[45]。書簡には、次のように書かれている。

徳大寺殿は御存知の通り純良な人物で、とても自ら成し遂げるというような器ではありません。もしこのことが中途半端に終わってわれわれが敗れたならば、なかなか取り返しもつかず、その時はそれまでのこととなりましょう[46]。

徳大寺殿がもし他へ相談することなどあっては、大変なことになります[47]。

徳大寺を介して、天皇に何を入説しようとしたのか。彼を通じて天皇に使節派遣の延期を裁断せしめることとの解釈（高橋秀直、勝田政治）が有力であったが、最近になって、太政大臣代理を務めることになった岩倉に、内閣の決定を改めて上奏させるよう天皇に勧説するものだったとの見解（伊藤之雄）が出された(48)。

両説は、天皇をどれだけ政局に関与させるかということに理解の差がある。非常時における決断者としての天皇の出現と見なす前者か、閣議での議論を受けた上での太政大臣の奏上を裁可する制度化された天皇像かの違いである。いずれにせよ、前日に生じていた遣使派による天皇への上奏という事態に照らせば、ここで天皇の意思の奪い合いがもたらされていたことは確実であろう。幕末の玉の取り合いの再現である。この点を踏まえて、事態の推移に戻ろう。

二〇日、天皇は三条邸に行幸し病気を見舞った。その後、天皇は岩倉邸にも行幸し、彼に太政大臣の職を代理せよとの勅語を賜った。そして、二日後の二二日、西郷ら遣使派の五参議が岩倉のもとを訪問した。使節派遣の上奏を岩倉に念押しするためであることは明らかである。

しかし、彼らに対して岩倉は、聞き捨てならないことを応答した。明日の上奏に際しては、自らの意見も述べると明言したのである。内閣で多数を占めた使節派遣のみならず、それに反対する太政大臣代理としての自己の意見も伝え、天皇の判断を仰ぐとした(49)。

これを聞いて江藤は猛反発した。彼は、「主上（天皇）はまだ壮年に達しておらず、聡明英知ではあらせられるが、内外のことに熟知されていないことが多い。そのため、ことの大小を問わず、大臣参議の議をもって奏聞してきたのではないか。未だかつて主上の独断専決に委ねられたことなどない。しかるにこの一事については、是非を三職が決するのではなく、ひとえにこれを宸断によらんとするとは何事か。これは難を主上に帰するものであり、不忠の極みである」と口を極めて論難した(50)。

これこそが、岩倉（と大久保）による起死回生の逆転策である。ただし注意しなければならないのは、それは決して天皇に下駄を預けるものではなかったことである。これまでの閣議で議決されたはずの使節派遣を覆して、閣議ではしかじかの議論がありましたが、自分は太政大臣（代理）として次のように考えます、と答申するというのが岩倉の姿勢だった。太政大臣が上奏したことを、天皇が裁可しないということはあり得ない。だが、それは正院事務章程に明確に背反した行いであった。

太政官潤飾によって改正された正院事務章程を思い出されたい。それは次のように定めていたはずである。すなわち、「凡そ立法の事務は本院の特権にして、総て内閣議官の議判によりて其得失緩急を審案し、行政実際に附すへきものは奏書に允裁の鈐印をなし、然る後主任に下達して之を処分せしむ」とされ、「内閣の議決すれは、即日本文の手続をなし、御批允裁を経れは、翌日之を頒布するを恒例とす」とされた。正院が立法と行政の総元締めとして強力な指導力を発揮していくことが規定され、そのヘッドクォーターとしての内閣の議決は、太政大臣がその日のうちに印を押して天皇の裁可を受け、翌日公布するべしとされていたのである。このようにして、迅速かつ強固な意思決定が謳われ、そのような内閣を構成するために、江藤新平らの急進的開化主義者が参議として入閣した。

岩倉使節団の留守中に敢行されたこの「潤飾」に従えば、すでに一度内閣の議を経ている使節派遣を太政大臣が拒むことはできない。太政大臣にできるのは、内閣の決定したことを天皇に上奏して裁可を得るメッセンジャーでしかないからである。しかし、これに岩倉は正面から異を唱えた。従前の太政大臣のあり方に立ち戻り、最終的には自分の意思を奏上するとした。江藤が色めき立ったのも無理はない。現行ルールの明白な違反である。だが、岩倉や大久保からしてみれば、自分たちの留守中に勝手に挙行された「潤飾」には国制としての正統性が欠けている。大久保の言う「秘策」とは、この点を捉えていったん無法状態を造出することにあったと考えられる。その覚悟を大久保は、岩倉に次のように書いている。

明日の国家の安危に関わる一大事は、ただただ御身の一身に基づく一挙にかかっています。しかしながら、確固不抜たる御忠誠は必ず貫徹されるものと毫も疑いを入れません。往事を回想すれば、丁卯の冬の御憤発〔慶応三年一二月の王政復古クーデタ〕の際の御尽力をもって現在の大本が開かれ、遂に今日の事態に至りました。このような難局を生じ、そしてまた偶然にもまた閣下の御責任に帰すというのも、畢竟、天の配剤といえましょう。閣下をして万事を全うさせようとの思し召しかと愚考します。(51)

大久保の念頭には、王政復古のクーデタがあったであろう。彼の現状認識は、あの時と同様、今や国制のあり方そのものが問われているというものだったのではないか。慶応三年(一八六七)の時は、公議政体か王政復古かの対立であったが、今問われているのは、留守政府が作り出した内閣による集団独裁体制が主導する前衛的開発主義の可否である。付言すれば、幕末の政局のなかで、数と力に恃む衆議に対抗して大久保が堅持した、理を極めんとする公論の立場がここにも垣間見えている。

大久保からの来簡を受けて、岩倉も覚悟のほどを綴った。

明日は云々とのこと、拝承しました。不肖、実に恐怖の至りと存じておりますが、不抜の一心で必ず貫徹する覚悟です。決して御懸念なさらぬよう。(52)

恐怖の至りだと身震いしながらも、岩倉の肝は据わっていた。この日、岩倉のもとに押しかけ、直談判に及んだ西郷、江藤ら五参議に堂々と啖呵を切ったこと既述の通りである。この模様を岩倉から伝えられた大久保は、翌日の宮中工作に確信を深めた。「明朝までのうちに天皇に拝謁を願い出て、直接迫ろうとする輩もあるように拝察」するが、徳大寺宮内卿は抱き込んであるので油断することなく貫徹するばかりだと岩倉に返答している。

続けて大久保は、「諸省の卿〔長官〕と参議を兼務させるに如くはない」と参議省卿兼務論を唱え、参議の人選を諮っている。以前のような三、四名の参議の体制に戻すことは得策でないと大久保も考える。それでは、よほど「公平至当」の人を得ないと諸省の間でまた物議が生じかねない。

大久保は、各省の長官が参議を兼ねて内閣を構成すべきとした。その背景にあるのは、「もとよりことを急ぎ過ぎてはまことによろしくありません。この節は是非とも軽挙なこと無きようとの気遣いがなされるべきとは、小生の持論でもあります」とあるように、留守政府による急進主義の否定であるが(53)、同時に内閣による前衛的主導ではなく、各省の行政的実務の円滑な遂行に重心を置いた体制への変換でもある。先述した民力の養成という観点から述べれば、積極政策でもって民力を喚起して民心を煽り立てるのではなく、じっくりと民力を養成し民心を安堵させることへの政策的転換である。

このような制度と国是の変化は、太政官制潤飾をもたらした思想の全否定であるから、その立役者たる遣使派の政府からの淘汰を意味する。こうしてみると、征韓論政変は、国制の空白状況からまた新たに国制を仕切り直して立ち上がらせるという革命劇であったとも言えよう。

二三日、岩倉は天皇にこの間の経緯を説明し、自らの意見を上奏した。それは次のような趣意だったという。

今、わが国の文明は進歩していっているとはいえ、まだ富強の実は備わっておらず、その道は一朝一夕に成るものではありません。……国勢・民力・政治・行政といったものは、その根がしっかりと根づいていれば広く枝葉を茂らせるものです。故に、わが国の政治の急務は専らここにあると意に留め、奮励従事しなければなりません(54)。

翌日、天皇は岩倉の上奏の通り、朝鮮への使節派遣の延期を認め、あわせて次のように勅語した。

国政を整え、民力を養い、勉めて永久の成功を期すべし(55)。

大久保の「秘策」の完遂である。これを受けて、遣使派の西郷、江藤、板垣、後藤、副島は辞表を提出し、政府を去った。以上が、世に言う征韓論政変の顚末である。

Ⅱ　立憲政体の構想と内務省の設立

西郷との別れ

明治六年（一八七三）一一月二四日付の書簡で、大久保は、堺県令・税所篤に征韓論政変を経た心境を綴っている。同郷薩摩の出身の税所と大久保は昵懇の間柄で、この年の八月に大久保が帰国後の夏季休暇をとって関西に遊んだときは、旧交を温めた。その書簡の中で、大久保は今回の政変を「劇場」と形容している。

この度の劇場は、早やお耳に達していることでしょう。詳しくは何も申し上げません。実に止むを得ない仕儀となり、この夏の一生の楽しみも転じて一生の災難と相成り、これまた天の定めと言うしかありません。只々世間の言うに任せるばかりです。決して私から陳弁するつもりはありません。(1)

「劇場」との語は、韜晦である。大久保にとっては不本意で余計な騒乱だった。その意味で、この劇は茶番だったかもしれない。だが他方で、征韓論政変とは、国制改革をめぐる真剣勝負のクーデタ劇でもあった。それは二幕構成で成り立っていたといえる。第一幕は、留守政府による太政官潤飾である。江藤新平によって主導されたこのクーデタは、開発独裁を推し進めるために、新任参議を中心とする「内閣」という前衛的指導部による専権体制を作り出すものだった。

これに対して第二幕は、それに対する巻き返しである。潤飾政権は正統性を欠いていると見なした岩倉や大久保らは、勅命まで得た内閣の遣韓使の決定を覆し、三条太政大臣の卒倒を奇貨として、宮中工作を行い、政権の奪回を図ったのである。このようなクーデタの応酬として、明治六年の政変は考えられるのである。

付言すれば、このクーデタは単なる派閥的政争と捉えられるべきものではない。そこには、国家のあり方を巡る抜本的な対立があった。そしてそれは単に、留守政府派の積極的開発主義に対する使節団派の漸進的民力養成主義という政策的な対立にとどまるものでもない。それのみならず国制のあり方を巡っても両者は鋭く対立した。すなわち、前者の正院(内閣)に権力を集中させた執政部中心体制に対し、後者の行政重視の調整型指導体制である。明治六年にはこの両派の確執から一種の権力の真空状態が醸し出され、それによってクーデタに次ぐクーデタが生じて最終的には天皇という玉を得た使節団派が勝利を収めたのである。

以上のように、この政変は言うならば国制変革を目指す二つの立場の戦いだったとも言える。今、勝利を勝ち取った使節団派は、荒廃した政権の土台を均し、新たな体制を整備する必要があった。大久保はここでも「秘策」を練っていた。税所宛書簡は、次のように続く。

畢竟、この災難は予期されたことで、それ故、熟慮に熟慮を重ね、容易に自ら動いたりしなかったのですが、遂に止むを得ない機会となり、舞台回しに出かけたところ、果たして一幕も終わらずに舞台は崩れ、興行主は大損と相成りました。しかし、まだ興行資金は続きますので、これから後、また幕を開き、これといったこともありませんが、幸いに天気もよろしいので、この先三四十日の間にはすべての模様も分かることでしょう。[2]

征韓論政変は、舞台演出家・大久保にとっては失敗作だったとの弁である。なぜ失敗なのか。おそらく、ここで政府が分裂し（「舞台は崩れ」）、遣使派が、特に西郷が下野したことは、大久保のシナリオに無いことだったのだろう。大久保は、征韓論は粉砕するが、西郷の政府へのつなぎ止めを画策していたのだと考えられる。

そのように推察する理由は、伊藤博文が述懐する両雄の離別の情景にある。西郷は、鹿児島に帰郷する日の一〇月二八日に大久保のもとを暇乞いに訪れた。これが、両雄が相対する最後の日となった。「後を頼む」と言った西郷に対して、大久保は「俺は知らん」と冷然と突き返し、二人の間に険悪な空気が漂ったという。[3]

西郷隆盛（国立国会図書館）

この場面を伝える伊藤は、西郷としては「天下の事は只だ貴公あるのみだから善くやつて呉れと云ふ頗る善意の」懇望を述べたものの、大久保のほうは、「此国家危急の際自分一人国に帰つて後とを己れ一人に引受けさせるなどは呑気千万ぢや、ダヾを言はずに一緒に遣つてくれと云ふ寧ろ親友間のすね言葉」だったろうと解説している。[4] さらに百尺竿頭一歩を進めて、西郷をつなぎ留められなかった大久保の忸怩たる思いの発露と筆者は考えたいが、いかがだろうか。

征韓論政変は舞台が途中で崩れるという災難に見舞われたが、興行主は残ったので、演目は仕切り直しで続けられることになった。それはとりたてて派手なものとはならないだろうが、安心して舞台が整っていくのを見られるだろう。そのように、大久保の税所宛書簡は告げているのだと解せられる。大久保は、新たにどのような舞台をしつらえようとしていたのか。

立憲政体に関する意見書

天皇による遣韓使節派遣の延期が勅断された翌日の一〇月二五日、西郷、板垣、後藤、江藤、副島五参議の辞職を受けて、新たに大隈重信参議が大蔵卿兼任、大木喬任参議が司法卿兼任、伊藤博文が参議兼工部卿、勝海舟が参議兼海軍卿、寺島宗則外務卿が参議兼任となった。「参議と卿を兼任させて多数の参議を登用するという、大久保の意見を反映させた新体制」[5]の発足である。

この日の晩、大隈邸を訪れた大久保は、大隈と伊藤とともに「朝廷の目的を確定し、その実績を上げて政府の基礎をあい据える」[6]べく協議した。具体的に相談されたのは、天皇の御輔導、大臣の役割、参議の協力体制の三カ条である。[7]これまでの経緯を勘案すれば、ここでの力点は、参議省卿兼任制を布くことにより、省による実地の行政の施行を重視し、各省の長官たる諸卿を中心とする内閣において全体的な調整が行われ、それが裁可されるよう天皇を輔導することにあったといえよう。

実は、そのための具体的な制度設計を大久保はあらかじめ進めていた。征韓論政変から三日後の二七日、大久保は同郷の薩摩出身で大蔵少輔を務めていた吉田清成*に手紙を出した。その内容はかねて吉田に依頼していた取調書を落掌した礼と「国体論」についての調査の指示である。[8]前者の取調書が何を指しているのか不明だが、吉田は前年二月からアメリカへ派遣され、この年の八月に帰国したばかりであったので、その報告と考えられる。大久保はこの依頼をすでに一〇月九日に吉田に対して下していた。[9]

そして、「国体論」であるが、「これはなるべく早めに仕上げていただきたく、大略を一通り順序を立てて取り調べいただき、それを綿密にして、その余りについてはまた後に回すように」と大久保はその作成を急ぐよう指示している。[10]

その結果として、一一月五日に吉田から大久保のもとに「政体論」と呼ばれる意見書が提出された。[11]大久保は、別途、吉原重俊*にも調査を申しつけており、その結果もあわせて正式な意見書を清書するよう求めた。[12]

こうして出来上がったのが、「立憲政体に関する意見書」と称されるものである。大久保の立憲政体論として有名なものであり、以下その内容を詳しく見ていきたい。だがその前に、この意見書を作成する過程で草された文書があるので、その検討から始めたい。『大久保文書〔憲政〕』

吉田清成（一八四五―一八九一）薩摩藩士。藩の留学生としてイギリス、アメリカに渡る。帰国後、新政府では大蔵省に出仕。後に駐米公使となり、関税自主権回復など、条約改正に取り組むも頓挫。後、農商務次官等に就任。

吉原重俊（一八四五―一八八七）薩摩藩士。藩の留学生として渡米、イェール大学に学ぶ。岩倉使節団に現地合流し、帰国後は外務省から大蔵省に転ずる。利通側近として北京談判にも随行。西南戦争の被害調査でも活躍。日本銀行創設に際しては初代総裁に就く。

所収の「政体意見（抄録）」と題された史料がそれである。吉田が取りまとめた「政体論」がこれかと思われるが、いずれにせよ「立憲政体に関する意見書」のための試案であったことは疑えない。後述のように、ここで示された論点がそのまま立憲政体論に継承されているからである。

そこでまず、「政体意見」の内容を摘記しておこう。

「政体意見」は抄録のかたちでしか残っていないが、それは次の三項目からなっている。[13] 第一は、まさに政体論であり、日本は全ての権力を君主に帰属させ、「君主と国民の共同統治の国王とは違い、君主の権力を制限するものなど無く（君民共治ノ国君ト違ヒ権ヲ制限スルモノ無ク）」さなければならないとする。すなわち、君主専制の政体である。

その一方で、君主専制も君民共治も政府の職掌においては異なるところは無いとされる。それは、「民を安んじ、国を保つの実をあげる（安民保国ノ実ヲ挙クル）」ことである。それ故、君主専制を採る日本においては、「天皇の御地位は最も重大（主上ノ御任最重大）」とされ、彼を補佐する大臣の職責も甚大である。「何事も補佐の大臣とともに諮り、聖断をもって万の政治を執り行われ、補佐奉る大臣は天皇の御職掌を分担する者として、万事に責任を負って国事に従事（毎事輔佐ノ大臣ト相共ニ諮リ、聖衷ヲ以テ万機ノ政ヲ聞食サレ、輔佐シ奉ル所ノ大臣ハ主上ノ御職掌ヲ分任スル者ナレハ、毎事ニ責ニ任シ担当シテ国事ニ従事）」すべしと説かれる。

そして第二が、農本主義である。意見書は、「国家の事業を起こすには、その国力を測って、実現可能な分を守って創始するを要す（国家ノ事業ヲ起スニハ其国力ヲ謀リ已ニ応スルノ分ヲ以テ事業ヲ創立スルヲ要ス）」とし、国の富強化のためにはその国の地理や気候、国勢、土地の状態、そして国民の慣習に基づいた施策が採られなければならないとする。

そして、これからわが国は農業・工業・通商の発展に尽力していかなければならないが、そのなかでも最も主とすべきは「耕作」＝農業だと説かれる。地方における農業の振興が国富の礎とされる。

人民が習わしとしているのは耕作である。故に、耕作をもって第一とし、製造業や貿易をもってその補助とすべきである。とすれば、地方の官吏は専ら人民を鼓舞して、物産を繁殖せしめることに留意しなければならない。これ、地方の主務である。

（人民亦耕作ニ慣習セリ。故ニ耕作ヲ以テ第一トシ製造貿易ヲ以テ之ヲ助ク可シ。然ラハ地方ノ官ハ専ラ人民ヲ鼓舞シ、物産ヲ繁殖セシムルコトヲ注意セサル可ラス。是地方ノ主任ナリ。）

第三に説かれるのが、漸進主義である。

政府の目的とするところは、富強な文明にあるとは世人が皆唱えるところである。しかし、これをなすことは、実に一朝一夕にできることではない。

（政府ノ目的トスル所ハ、富強文明ニアルト世人皆唱フル所ナリ。然レトモ之ヲ為スコト実ニ一朝ノ事ニ非ス。）

国の富強化であり文明化、すなわち開化は一朝一夕になるものではない。そもそも開化とは、「人民の教化が進み、交際の道が益々緊密となり、日用の品が整って便益がなお一層増進する

（人民ノ教化シテ交際ノ道益厚ク、器用整斎シテ便利愈増益スル）」ことである。

そのような開化に終局は無い。したがって着実に進み続けることが肝要とされる。「今日なすべきは、成功を遠望して、そのために目的を立てて順序を定めることであり、速成を求めてしきりに限度を破ることは止めなければならない（今日宜シク成功ヲ永年ニ期シ、目的ヲ立テ、順序ヲ定メ、苟モ速ナルヲ求メテ叨《みだ》リニ定限ヲ犯スコトナカラシム可シ）」と説かれる。急進的開化主義との決別であり、漸進主義の採用である。

以上のような内容をもつ「政体意見」をもとに、同月のうちに大久保による国制案である「立憲政体に関する意見書」が取りまとめられた。大久保はこの意見書を伊藤博文に手交した。政府に制度取調局が設けられ、伊藤がその掛となったことを受けてのことである。それでは、伊藤のもとに残されていた「立憲政体に関する意見書」の内容を見ていこう。

君民共治の思想

意見書は、次の文句で始まる。

政体を議する世の人はあるいは君主政治と言い、あるいは民主政治と言う。民主政治は未だ採るべきではない。君主政治も未だ捨てるべきではない。そもそも、政体とは実に建国の根幹であり、施政の本源として至大至高のものである。それが確立しなければ、国はどうやって成り立つだろうか。政治は何をもってなされるというのか。(14)

政体とは国家建設の基軸であり、政治の本源をなす最重要のものであるから、その確定が急がれることが説かれる。注目すべきは、「民主政治は未だ採るべきではない。君主政治も未だ捨てるべきではない」との言明である。政体は大きく分けて、民主制と君主制とがあるが、大久保は、民主制はいまだ採用できない、君主制もいまこれを捨てるべきではない、とする。はっきりとどちらを採り、どちらを採らないと結論づけてはいないのである。

大久保は民主制を一概に否定してはいない。むしろ、それは「天下をもって一人の者の私物とせず、国家にとっての最大の利益を考慮し、人民にあまねく自由をもたらし、法政の本旨を失わず、リーダーの任用を違わないということで、実に天理のあるべき姿を完備したもの」であると評価する。(15) しかし、実際に民主制の行われている国を見てみれば、アメリカでは党派に分かれて「土崩頽敗〔廃〕」の禍害が増しており、フランスでも君主専制を上回る「凶暴残虐」が繰り広げられたと論じる。理念だけに目が行き、現実を見誤ってはならない。岩倉使節団で実際に民主制の国々を見てきた強みが発揮されている。(16)

そもそも、一国の政治の体制とは人為によって自由に策定できるものではないというのが、意見書の立場であった。政治制度はその国の「土地風俗人情時勢」に従って構築されなければならないと説かれる。

そもそも政体には君主制か民主制かの違いがあるとはいえ、おおよそ土地風俗人情時勢に従って自然に成立するものであって、あえて今これを創り出せるようなものではない。また、あえて古式に則って墨守するものでもない。ロシアの政体をイギリスに布くことはできないし、イギリスの政体をアメリカに用いることもできない。アメリカにせよイギリスにせよロシアにせよ、その政体をわが国にもたらすべきではない。故に、わが国の土地風俗人情時勢に従って、わが国の政体を確立しなければならない[17]。

このように、一国の制度はその国の国情や国民性に沿って形作られるべきもので、他国の制度を適用して済む話ではないとされるのである。大久保は、日本の歴史や現状から演繹される独自の政体を模索すべしと言わんとしているのであろう。その政体とは、差し当たり「君主擅制」＝君主専制だとされる。

わが国の政体は、旧来からの装いを踏襲し、君主専制の体裁を存している。この体裁は、今日適用すべきものである[18]。

「政体意見」で唱えられたと同様、ここでも君主専制が弁証されている。だが、注意されなければならないのは、それが決して確固不抜の政体とは見なされていないことである。既述のように、民主制も君主制も決して固守されるべきものではないと説かれていた。大久保はこのことを次のように重ねて主張し、国の制度を規定する憲法＝「定律国法」も、わが国の「土地風俗人情時勢ニ随テ」定められなければならないと説く。

民主制はもとより適用すべきでない。君主制もまた固守すべきでない。わが国の土地風俗人情時勢に従ってわが国の政体を樹立すること。定律国法〔憲法〕をもって、その目的を定めるべきである。[19]

民主制にも君主制にも拘泥すべきではないとされる。むしろ解はその中庸に求められる。君民共治である。意見書では、それが次のように定義される。

〔君民共治とは〕君主と民が共に協議して確固不抜の憲法を制定し、万機をこれにしたがって決するものである。これを国家の根本法と言ったり、政治規範と言ったりする。すなわち政体であり、国家全体の最高規範である。この制がひとたび確立すれば、官吏や閣僚はほしいままに臆断をもって事務を処したりせず、彼らの施政には一貫した準拠があり、御都合主義というような患いも無く、民力と政府は並走して開化を遂げ、虚構に陥ったりはしない。これは国家建設の根軸であり、施政の本源なのであって、今日国家の様々な事務に従事している者は、徐々にこのことに注意しなければならない。[20]

日本は将来的に憲法を制定し、君民共治の国制を樹立すべきと論じられる。大久保は、それこそがこの国の歴史的なあり方だったとする。すなわち、民は忠君愛国の志に満ち、君はそのような民を愛し養う国柄だったとされる。西洋の歴史に見られるような君主と人民の対立と抗争のなかから言わば妥協と講和の産物としてできた君民共治ではなく、君民が宥和し一体となった政体が掲げられるのである。来るべき日本の憲法もまたそのようなものでなければならない。次の引用は、そのことを語って間然とするところが無い。

祖宗がこの国を建国したのは、民を度外視して政治を行うためだなどとどうして言えようか。民が政治を奉るにあたって、天皇を後回しにして国を保つなどということがどうしてあり得ようか。故に、定律国法〔憲法〕はすなわち、君民共治の制をもたらすもので、上は天皇の権力を確定し、下は民権を限定し、至公至正を尽くして天皇も民も地位を得て私物化してはならない(21)。

妄りに欧州各国の君民共治の制度を擬してはならない。わが国は自ずから皇統一系の法典がある。また、国民の開明の程度がある。その得失や利弊を勘案斟酌して法制や法典を制定するべきである(22)。

以上のように、「立憲政体に関する意見書」は将来の君民共治の憲法制定の指針を示した国家構想の書と言える。ここで、先に見た「政体意見」の内容に立ち戻り、それと照らし合わせて本意見書の特徴を再論しておこう。

まず「政体意見」では、君主専制が高唱されていた。これに対して、「立憲政体に関する意見書」が掲げるのは君民共治である。一見すると真逆の建策のように思われるが、両者は決して矛盾していない。立憲政体意見書も当座の体制は「君主擅制」＝君主専制としていた。意見書は右に詳論してきた本文に続けて、太政官職制と題した組織案を付している。ここで注目に値するのは、それが太政官潤飾との決別を明らかに企図していることである。

意見書は、政府たる太政官に正院、左院、右院と式部寮を置くべしとする。正院はその最高機関であるが、そこに参議らを含めた内閣を設け、実質的な国政の中枢とした潤飾体制と異なり、正院は天皇の親臨のもと太政大臣と左右両大臣によって構成されるものとされる。潤飾以前への回帰が目指されていると言えよう。そもそも、ここでは「内閣」の語自体が消えている。

潤飾以前の正院への復旧とは、その形式化を意味している。その機能は国家の意思の最終的裁可であり、権威化にとどまる。これに対して、立法議事機関としての左院と行政機関としての右院が国政を担うものとされる。特に強調されるのが、右院への権力の集中である。

意見書によれば、右院は、「天皇陛下が、太政大臣・左右大臣・参議および諸省の卿にして参議たる者に特に任じて、諸法案や事務の当否を協議し、指針を定め、太政大臣よりこれを奏上せしむるところ」とされ、諸々の政策の上奏や布令はここでの評議を経なければ太政大臣といえども天皇の允裁を受けることはできず、ここで議決されたことは右院の全体が連帯して責任を負うものとなっている。実質的に内閣として国政の全般にわたって執務する機関として位置づけられている。

このような右院の地位は、君主専制を支える大臣の責任を強調した「政体意見」と軌を一にしている。違いは、「政体意見」がおそらく潤飾後の正院を前提として、閣議を受けての大臣による天皇の補佐を念頭に置いているのに対して、立憲政体意見書は正院を形骸化させ、行政府としての右院に重心を移していることである。そして、今や参議省卿兼任制が採られたことにより、右院には各省の卿を兼ねる参議が集まり、個別具体的な行政実務の着実な実行が図られる。正院によるトップダウンの大権主義とは異なり、ボトムアップの政策形成が意図されていると言えよう。

以上を総括するに、「政体意見」も「立憲政体に関する意見書」も、ともに当面の統治体制としては君主専制を採るが、決して天皇の親裁を求めるのではなく、大臣・参議による補佐体制を実質とするものだったことが指摘できる。両意見書の第一の共通性である。

さらに第二の共通点として挙げられるのが、漸進主義である。「政体意見」は、速成を求めてはならないと説いていたことにうかがえるように、潤飾政権の積極的開発主義を排し、漸進的開化主義を掲げた。そのような志向は、「立憲政体に関する意見書」にも見出せる。そこでは将来の立憲政体のあるべき姿として、君民共治が掲げられていた。現時点では専制体制を布くが、理想の国制は君権と民権が調和してともに国を盛り立てていくものとされていた。そのためには、封建の旧習に囚われている民が徐々に開化し、国を担う自覚と能力をもった存在へと変わっていかなくてはならない。「政体意見」が社会の開化を説いていたのに対し、「立憲政体に関する意見書」は政治の開化を求めていたのである。

内務省の目的

さて、「政体意見」と「立憲政体に関する意見書」を照合して論じてきたが、読者は前者にあって後者に欠けている論点に気づかれたのではないか。「政体意見」には、君主専制論、漸進主義と並んでもうひとつの施政方針が掲げられていた。農本主義である。農業振興と立憲政体は直接には結びつきそうにない。それだから、ここでは論じられなかったのかもしれない。だが、大久保はそのための別個の企てを用意していた。それは、「立憲政体に関する意見書」と合わさって、大久保の国家構想を成り立たせ駆動させる車の両輪となるものである。内務省の創設がそれである。

内務省と言えば、戦前の日本の内政全般にわたって絶大な権力をふるった巨大省庁のイメージがある。それが故に、敗戦後の占領期にGHQによって解体を余儀なくされた。内務省が大久保利通の創設になり、彼が初代の内務卿を務めたこともあって、内務省は大久保の代名詞のように見なされ、大久保独裁の牙城のイメージがある。

だが、草創期の内務省をそのように捉えることには慎重であるべきである。結論から言えば、大久保は民力を養成し、殖産興業を推進するための府として内務省を構想したのであり、そこで基調となっていたのは、撫民と民活だった。その詳細は後述に委ね、まずは内務省設立の経緯をたどっておこう。

内務省の創設に向けての本格的な動きが見られるのは、明治六年（一八七三）一一月に入ってからである。この月の三日付の岩倉具視宛大久保書簡で、前日に内務省設置のために参議が会議を行ったことが記されている[23]。この動きを大きな感激をもって受け止めた人物が、少なくとも二人いる。当時ともに左院に在籍していた伊地知正治と宮島誠一郎*である。実は、左院では前年より、この二人の働きかけで内務省の設立が求められていた。

宮島誠一郎（一八三八—一九一一）米沢藩士。戊辰戦争に際しては奥羽越列藩同盟にありながらも、戦争に反対し、和平工作に従事。新政府においては、修史館、宮内省等に出仕。貴族院議員。

左院少議官の宮島は、前年の明治五年（一八七二）四月に「新設内務省議」を取りまとめていた。[24]そのなかでは、次のように論じられ、いわゆる大大蔵省の体制の批判とその分割が主張されている。

目下の大弊害は、撫育治産のことと租税徴収のことが一元化されていることである。県治の道はどうすれば良法を得られるであろうか。それは、金穀出納租税徴収など国家会計に属することは大蔵省がこれをつかさどるのは当然だが、山林土木勧農戸籍警保駅逓など土地人民に属することは、決して大蔵省がつかさどるべきではない。これらを管理するのは内務省である。[25]

かく述べて宮島は、「土地人民の事業と会計金穀の事務とを分立させて初めて、地方人民の気運は向上し、人民保護の道が初めて定まる」と論じ、[26]大蔵省から分離するかたちでの内務省の設立を唱えるのである。

宮島の建策には二つの性格が指摘できる。そのひとつは、当時の留守政府の大勢と同様の大蔵省批判であり、もうひとつは「人民保護」を謳った内治の充実である。

この改革案を宮島は、条約改正交渉の全権委任状を取得するために一時帰国していた大久保に直言したという。その時、大久保は建白に理解を示し、二人の間には「再度の洋行から帰ってくる日までこれを見合わせる」との約束が成立した。[27]大久保としては、大蔵卿として、井上馨に託した留守中の大蔵省を守る所存だったはずである。しかし、かと言って、大久保も大蔵省と心中するつもりはなかった。彼にとっても、「人民保護」こそ国家の本分だった。そのための改革が必要ならば、帰国後に自らが内務省の建立を実践するとの肚積もりだったのだろう。

そして、実際、この約束は反故にされなかった。九月六日、宮島は大久保に面会を求め、前年の約束を迫った。これに対して大久保は、「大いに奮発して、必ず自分が御評議へともっていく」と確答したのである[28]。このように、宮島が明治五年から温めていた建白が、内務省創設の直接の淵源となった。

伊地知正治についてはどうか。伊地知はこの時、左院副議長である。宮島の建白は伊地知の同意を得ており、彼もまたその実現を願ってやまなかった。一一月に入って、内務省新設に政府が動き始めたことを知ると、彼は次のように大久保に書き送っている。

内務省が設置されるとのお達しを昨日拝見。実に感無量で、昨夜はうれしさの余り寝られませんでした[29]。

伊地知にとっても、内務省の設置は特別な念願だったことがうかがえる。それと言うのも、彼もまた、かねてより「人民保護」のための政府組織の必要を切言していたからである。『大久保文書〔憲政〕』に、「各省政策ニ付意見」と題された伊地知の意見書が残されている[30]。成立年は不詳だが、民部省や兵部省が前提とされているので、廃藩置県以前の筆であることは確かである。このなかで彼は、「およそ国政とは、人をして人たらしめるの道であるのだから、非人《ママ》なるものが多いのは国政の大恥[31]」とし、「よく国民全体の間に産業を導き、国中の非人を無くすのが役人の務め[32]」と四民平等の徹底と民力の振興を説いている。なお、「四民ノ産業」のうち伊地知が特に重きを置いたのは、農業だった。「農学は民生の急務であり、教育の切要[33]」と力説している。

国富の基本は農業に求められるべし。その思いを伊地知は、戊辰のころから大久保に進言していた。明治元年（一八六八）七月二一日、伊地知は会津の地から大久保に書簡を出した。当時彼は東北平定の任を帯びた官軍の一員として、会津若松城の攻落に携わっていたが、従軍するなかで東北地方の豊潤な土地に強く印象づけられ、維新後の日本の可能性を同地に求めている。曰く。

奥羽（東北地方）の広大さは日本の半分に当たるとは長年聞いていたが、わずかに見及んだ限りでも、驚き入る土地です[34]。

このように東北地方の可能性に打たれた伊地知は、維新後は同地の開発を積極的に行い、そのために西洋の農法をここに投入するべきと述べている。友田清彦氏はここでの伊地知の論策を指して、「伊地知の発想の斬新さは、農兵・屯田兵的な形での開墾と、それを『西洋流行之農器』の使用と結びつけて実効を挙げようという考え方である[35]」としている。伊地知は農業という伝統的な産業を基軸としながら、そこに新しい技術や知見を積極的に盛り込むことで、日本の発展の礎とすることを構想していたのである。

さらに付け加えれば、戊辰の内戦を戦いながら、伊地知は佐幕派と宥和し、人的に一体的な国内体制の確立を志向していた。同じ書簡のなかで、彼は次のようにも記しているのである。

徳川に仕えていた者たちのうち、いやしくもひとかどの人材で才能ある者は、申し出があれば必ず採用すべし。[36]

徳川方の人間といえども、有識有材の士はこれをとりたてていくべしとの提言である。このように伊地知のなかには、旧体制の政治的遺産を継承しながら新しい体制を築いていくとの漸進主義的発想が認められる。農を基本とするということもその表れと言えよう。

以上のような宮島と伊地知の建言を受けるかたちで、大久保の指導の下、内務省の設立へとかじが切られた。一一月二九日、大久保を初代の内務卿に任じるとの命が降りた。同日、正院のもとに制度局が設けられ、伊地知正治がそこの御用掛として制度取調の任を帯びることになった。この二人が中心となって、内務省の組織構成が定められていくことになる。

オール・ジャパンの布陣

大久保がまず着手したのは、人事である。十二月三日の日記に、「内務省人選御評議有之[37]」とのくだりが見える。これを受けて、大久保は早速、人選リストを作成したようである。三日後の岩倉宛の書簡で、「別紙のように人名録をお心得までに呈上いたします。全員旧幕人ですが、その人となりは勝にお尋ねになれば、明瞭と存じます[38]」と伝えている。伊地知のかつての建言通り、旧幕臣からも有為の人材を登用しようとの姿勢である。

そもそも大久保自身が、明治の新政以来、このことを実践し、松浦武四郎などとコンタクトをとっていたことは既に見てきた。かねてより政府首脳は、「有能な人材の開発にたえず努めていた」(39)わけだが、大久保はまさにそれを率先して行っていたのである。この頃、彼は、伊藤博文と寺島宗則に委嘱した立憲政体のための制度取調の掛として、福沢諭吉の任命をも考えていた(40)。政府という器のなかに、広く人材を集めることを彼が考慮していたことをうかがわせるエピソードである。

さらに、もうひとつエピソードを加えておこう。旧薩摩藩士で当時の東京府知事・高崎五六《ごろく》*は、一二月一二日付の書簡で、大久保に旧会津藩士で高知県権参事を務めていた手代木勝任《かつとう》*の登用を大久保に慫慂している。同郷で地方の事情に明るい高崎に対して、大久保は地方の官吏でこれはという人物の紹介を求めていたのであろう。高崎は、手代木の人物を絶賛し、高知の「難県」にあっても人望高く、「一同愛惜スル」ほどの人となりであり、これまで逆境に身を置き、「天下のことは意の如くならないということを真に飲み込んだ人（理解した人）」と手放しの褒めようである(41)。

だが、この人事は実現しなかった。手代木の側がこれを固辞したものと考えられる。会津藩士として戊辰戦争を戦った者としての分を弁えていたのではなかろうか。地方の振興には尽くすが、中央政府に出仕することは潔しとしなかったものと考えられる。後に福島県令の打診が来た時も、手代木はこれを受けなかったという。

それはさておき、以上のほかにも、大久保は自らのネットワークを駆使して人材の情報収集に努めた。政体調査を依頼していた前出の吉田清成に対しても、自分には人材について分明でないところがあるので、すべて委任するから一両日中に人選案をまとめてくれと年が改まった明治七年の新年早々に書き送っている。[42] このように、旧知の薩摩藩士を駆使しながら、恩讐を越えた人材抜擢を大久保は心がけた。[43] かくして、一月七日の日記には、「内務人撰等ノコト凡決定」と書き記されるに至ったのである。

決定された主な陣容は、大久保内務卿以下、次の通りである。大丞として、前島密（駅逓頭、幕臣）、林友幸*（土木頭、長州藩）、河瀬秀治*（勧業権頭、宮津藩）、杉浦譲（戸籍頭、幕臣）、村田氏《うじ》寿《ひさ》*（警保頭、福井藩）、少丞に武井守正*（姫路藩）、新田義雄（幕臣）、松平正直*（福井藩）、さらに北

高崎五六（一八三六―一八九六）薩摩藩士。水戸藩有志と井伊直弼襲撃を企図するも断念。寺田屋に集結する過激派の動きを久光に報せ、これが寺田屋事件に繋がる。維新後は元老院議官、東京府知事等を歴任。

手代木勝任（一八二六―一九〇四）会津藩士。京都守護職だった松平容保のもと、京都所司代との連絡役や新選組の指揮役を担う。戊辰戦争後、処分を受けるも、後に赦免。新政府下では高知県などで地方統治の重責を担った。福島県令に抜擢されようとしたが、本人が固辞した。

林友幸（一八二三―一九〇七）長州藩士。槍の名手として知られ、奇兵隊参謀、戊辰戦争でも軍功を重ねる。新政府では民部官判事補、内務少輔等を歴任。元老院議官、貴族院議員、枢密顧問官。

河瀬秀治（一八四〇―一九二八）丹後・宮津藩士。鳥羽伏見の戦いで宮津藩は幕府側につくも、河瀬の説得により新政府に恭順。新政府下では武蔵知県事等を歴任。群馬、入間両県に洋式製糸工場を興す。また内務省に入っては内国勧業博覧会の成功に寄与。その後実業界に転じ中外物価新報（後の日経新聞）や富士製紙（後の王子製紙）の創設に関わる。フェノロサ、岡倉天心らと日本美術の振興にも尽力した。

村田氏寿（一八二一―一八九九）福井藩士。松平春嶽を支え、横井小楠の招聘に寄与。新政府では岐阜県令や内務大丞等に就く。

武井守正（一八四二―一九二六）姫路藩士。幕末期、尊攘派の志士として活動して捕えられるも、維新後釈放。新政府下では内務権大書記官、鳥取県知事に就き、後に実業界に転じ、銀行や保険会社の設立に関わる。

代正臣＊（土佐藩）、村田文夫＊（広島藩）、何礼之《がれいし》＊（幕臣）が上層部に取り立てられた。

ここでの大久保の人事に対する評価は、研究者の間で確定している。例えば、大島美津子氏は、それを指して、「狭い藩閥の枠にとらわれず、朝敵藩および幕府出身者であっても、官僚として成長しうる視野と能力をそなえた人材は広く登用する方針を示すものであった。幕末・維新期の同藩意識や同志的結束では乗り切れない厳しい政治状況を充分認識していた大久保は、その後も地方長官任命にあたって出身藩には拘泥せず、人材を広く求める能力重視主義を一貫してとり続ける」(44)と指摘している。このように、大久保内務省の顔触れは、藩閥を越え出た広範かつ厳正な人事の賜物であった。それはいわば、〝オール・ジャパン〟の布陣だったと言える。

次に、組織面について見ておこう。内務省の組織構成については、やはり伊地知正治が明治六年（一八七三）一一月の段階で素案を作成していた。「内務省職制私考草案」(45)と題されたその案では、戸籍寮、勧農寮、警保寮、記録寮、会計司の四寮一司体制が示され、戸籍寮が筆頭寮となっている。

この案をもとに、大久保と伊地知の間で検討が重ねられたと考えられる。明治七年一月四日付の書簡で、伊地知は大久保からの照会に答申し、「新たに創建されるべきは地理寮と勧業寮の二寮に限（新ニ可被召建は地理、勧業之両寮ニ限）」ること、その他の部署は大蔵省と司法省から分離して合併すべきと書き送っている。(46)

ここから分かるように、内務省は、大蔵省から戸籍管理や土木、駅逓の業務を、また司法省から治安の権限を分割して移管、さらに新たに地理と勧業の二寮を新設して構想された。元来、この二つの寮は大蔵省の租税寮の所轄事務であったが、それらはここでひとつの部局として独立したのである。この新寮創設が新奇な試みであり、慎重に熟慮して設計されなければならないと当路の者が考えていたことは、同書簡のなかで「新たに設置される二つの寮は、新興の職掌であり、かつまだ十分に整っていないので、権頭以下において取り扱い仰せつけられるよう[47]」と記されていることからうかがえる。

このようなやり取りの末、明治七年（一八七四）一月一〇日、内務省が発足した。大久保は日記に、「午後一時、内務省へ出席。今日から開省（一時后ヨリ内務省へ出席、今日ヨリ開省ナリ[48]）」と記している。

松平正直（一八四四—一九一五）福井藩士。新政府にて民部省を経て内務省に出仕。後に宮城県知事に就き、産業振興の一つとして野蒜築港および道路建設を進める。貴族院勅選議員、内務省次官。

北代正臣（?—一九〇八）土佐藩士。藩政および土佐勤王党に関わる。新政府下では外務省、民部省、大蔵省等を経て青森県権令。佐賀の乱で利通に随行の後、内務省。天皇の東北巡幸にも参加。農商務省、逓信省等でも活躍。

村田文夫（一八三六—一八九一）（野村文夫）広島藩の藩医野村家に生まれ、幼少期村田家に入る。藩校を経て、適塾で蘭学、医学を学ぶ。藩の学問所教授を務めながら、グラバーの支援で英国に密航、諸学問を修める。新政府では工部、内務省等に出仕したが退職。英国での経験によりジャーナリズムの必要性を説き『団団珍聞』を創刊。また自由民権運動では立憲改進党にも加わる。四三歳の時、村田家を離れ野村姓に戻っている。

何礼之（一八四〇—一九二三）長崎唐通事の家に生まれる。中国語、英語に通じ、幕末期の外交交渉の通訳として活躍。私塾を開き前島密や前田正名、陸奥宗光ら多くに英語教育を施す。岩倉使節団にも加わり、後にモンテスキューの『法の精神』等の翻訳を行う。元老院議官、貴族院議員など歴任。

民力活性化のために

同日、内務省職制及事務章程が発表された。それによると、同省は「国内安寧保護ノ事務ヲ管理スル所」（第一条）とされ、内務卿の職務として「全国人民ノ安寧ヲ計リ戸籍人口ノ調査人民産業ノ勧奨地方ノ警備等」（第三条第二）が列挙されている。これだけ見ると、伝統的な戸籍事務が最優先されているように思われるが、実際には、当初、戸籍寮の下の二等寮だった新設の勧業寮が、筆頭の一等寮とされた。すなわち、筆頭の局たる一等寮として勧業寮と警保寮、その次の二等寮として戸籍寮・駅逓寮・土木寮・地理寮、これに加えて測量司の六寮一司体制で内務省は船出した。

それまで大蔵省内のひとつの課に過ぎなかった勧業部門が、内務省の筆頭局の地位に大抜擢されたことは特筆に値する。勧業寮は、大久保内務省の目玉だったと言ってよい。これを裏書きするのが、国会図書館憲政資料室所蔵『伊藤博文関係文書』のなかの「内務卿専任ノ事務」と題された史料である。内務省職制及事務章程の草案とセットになって残されているこの書類は、同省の職掌についての覚書と考えられる。そこに挙げられている事務の一覧は以下の如くである。

一　農工商ノ業ヲ勧ムル法則ヲ施行スル事
一　郵便廻漕ヲ掌ル事
一　道路川河ヲ修理スルノ法則ヲ施行スル事
一　山林ニ関スル法則ヲ施行スル事
一　民口取調ノ法則ヲ施行スル事

一　州郡村ノ境界ヲ明カニスルノ法則ヲ施行スル事
〔以下略〕(49)

このように、勧業が第一に挙げられ、郵便、治山治水と続いて戸籍業務が来る。当初の伊地知案で勧業寮が二等寮どまりだったことが変更され、ここで最終的に一等寮をあてがわれたことは、制度設計者の明確な意思の所産である。そして、それを導いたのは、大久保以外にはあり得ない(50)。
この勧業政策のパトスを如実に語っているのが、この年の六月に提出された「殖産興業に関する建議書」である。やや先走りになるが、この建議書は、この後勃発する佐賀の乱を平定したのも束の間、台湾出兵が起こり、清国との緊張が高まっていた時期に作成されたものである。そのように慌ただしいなかでも、大久保は内務省のスタッフと協議を重ねて、同省が進めるべき殖産興業政策の指針を策定した。同書は、その狙いを記して言う。

今や諸々の葛藤ようやく断たれ、国内の人々は泰平を享受し、各人は安心してその生業にいそしもうとしている。この時にあたって政府高官の急務とすべきは、国民保護の実の追求であることは言うまでもない。実とは何か。「財用」＝富である。いやしくも富が欠けていては、上下の者、衣食に奔走してその他のことを顧みる暇は無くなる。そのようになれば、たとえ陸海軍の軍備が厳重になり、学校教育が盛大となっても、いたずらに虚美に陥り、国として成り立たないことは古今東西にその例少なくない。今日、わが国の形勢は国民保護の制度も漸次整いつつあり、決して悲観すべきものではないが、勧業殖産の一事については、未だ全くその効験が見当たらない。国内の生産と需要は日々減縮の模様である。これはひとえに国民の知識が未だ開けておらず、時勢の変化に適応して有効な業を営むことができないでいるからであるが、同時に政府高官がこの点に注意せず、民を提携誘導する力が足らないからである。(51)

言わんとしていることは明らかだろう。今、国の制度は徐々に整いつつあるが、そのなかで育まれるべき国力はまだ覚束ない。これは民の力が未発達だからである。民力が未開発なのは、民の知識や考え方が新しい時代に適応していないからであるが、それは官の怠慢でもある。勧業殖産へと民と提携してこれを導く努力が足りないからだとされる。

岩倉使節団の旅から帰って、これこそ大久保の成し遂げたかった国家的課題であった。文明国と言われる諸国の制度や産業は千差万別である。そのようななか、国家興隆の秘訣は、何よりも民力の養成に求められる。徒に文明の華美や偉容を真似しても無駄である。まずは独立を全うできる国力を着実に貯えていかなければならない。そのためには、官による民智の開発が不可避なのである。(52)

ここに大久保による殖産興業政策の大きなテーマが浮かび上がってきた。それは、官と民の提携であり、民の知識を誘導し開発するというプロジェクトだったと見なすことができる。実際に大久保がそのプロジェクトの実現に邁進する様は、次章で詳述しよう。(53)

いずれにせよ、大久保内務省は、勧業政策の牽引と促進のために構築されたと言って過言でない。それまでも政府による勧業事業は、大蔵省、そして工部省によって担われてきた。これに対して、内務省主導による勧業は、それらとは一線を画す殖産興業のあり方を示すものだった。永井秀夫氏が述べるように、「内務省の設立とその活動の本格化は、初年の機械的模倣的な西欧化（諸変革）に対する反省と現実の財政経済情勢によってもたらされた『民業』への関心を背景としている」[54]と言うことができる。そして、その「民業」とは、明治八年度の勧業寮の予算案で記されているように、「農ヲ基トシ工商之ニ応ジ」とされた。[55]農本主義である。征韓論政変後の大久保の政体構想が立憲政体と農本主義（そして漸進主義）から成り立っていたことを思い起こそう。内務省の創設は、このうちの後者、すなわち農業振興による国づくりのためのものだったのである。

内務省というツールを得た大久保が、具体的にいかなる施策を行い、どのような国家を作っていこうとしたかは、今は立ち入らない。ここでは、内務省の創建に当たって、大久保のもとに届けられたひとつの献策を紹介しておきたい。[56]明治七年一月の日付をもつ「従二位公へ建言ノ草稿」と題された建言書である。旧薩摩藩士・伊地知貞馨《さだか》の筆になるもので、大久保とはともに誠忠組を立ち上げた盟友でもある。

従二位とあるので、これは旧主・島津久光に宛ててしたためられた書状である。久光に進言しようとした伊地知が、あらかじめ大久保に供覧したものと考えられる。あるいは、大久保の見解を聴取したうえで、伊地知が取りまとめた意見書ということもあり得る。いずれにせよ、この草稿が大久保の遺文書に残っているということは、その内容を彼が共有していたことを物語っている。

この建言において、伊地知は維新の新政がいまだ人民の信頼を勝ち得ていないと直言し、上下一体となり、人心が一和となるよう為政者は心がけなければならないと説く。

官のために人民があるのではない。人民のために諸々の官の設けがあるのであって、人民のために害を遠ざけ、利益をもたらし、保護をほどこすの道は、あくまで行っていただきたい。維新以降、恐れながら未だひとつとしてお上《かみ》を敬愛することなく、一滴の恩沢も人民に及ぶことなく、人心が日に日に離反している(57)。

官のために人民があるのではなく、人民のために官はあるのだと断言されている。そのような人民に尽くし、それを保護するのが政治の正道なのに、御一新以来の政治は残念ながらそうなってはおらず、恩恵が人民に届くことなく、かえって人心の離反を生ぜしめている、と率直に語られる。この期に及んでは、「時勢人情熟察」し、「可能なものを見て令を発し、不可能なことは決して命じるべきでない(58)」と戒められ、「府県と合体し、上下が情を通じ、画然一定となる日を頻りに待ち望む(59)」とされる。急激な開発主義は抑制され、民情に従った施政が唱えられる。そのために設けられるのが、内務省だとされる。

一年の歳入を計り、歳出の使途を立て、外国から借金するなどは断然禁止し、不要不急のことは見合わせ、この際工部省のごときは定額金を減らして内務省の一部局となして、鉄道および金銀鉄石炭の鉱山の類はなるべく下々に勧奨して起業させ、上の方では十分にこれを保護して事業の成功をもたらすのを主務とし、やむを得ないのでなければ、着手するを見合わ

せたきこととなり……[60]

入るを量り出るを制するとは、まさに留守政府時の紛糾の元となった大蔵省の緊縮財政の標語である。国主導の積極的開発主義を改め、岩倉使節団発遣前の申し合わせに今一度立ち返るべしとの立場が示されている。さらに、工部省の予算と権限も一部内務省に移すことが説かれる。先進的工業の導入窓口だった同省の機能を減殺して、内務省主導で殖産興業を仕切り直そうとの意図が見て取れる。そのことは、次に続くように、鉄道や鉱業はなるべく民間活力に委ね、官による干渉はなるべく見合わすべしとの言に明らかだろう。

以上のように、内務省は民に寄り添い、民力を活性化することをモットーとするよう求められた。ここでさらに注目されるのは、官の職分が次のように唱道されていることである。官は人民のためにあるのであって逆ではないとのテーゼを裏書きするかのように、この建言は次のように論じる。

己を空しくし、積極的に多くの善を注入する。古代の聖人のこの格言は、上におられるお方が最優先で目に入れておくべきものである。人を入れるか人に入れられるかは主客の違いで、願わくは一人も世に棄てられる者などいないと心得られ、皆を包摂する度量を持たれたい。抵抗してやまない者は仕方が無いが、これは度外視し歯牙にもかけない。去る者は追わず、来る者は拒まずを目的として立てられたい。[61]

聖人とは、己を空しくし、数多の善を自らのうちに収める人のことだと言う。為政者たる者、それに倣って、一人の民も棄てることなく包み込む度量を示すべきだとの忠言である。勉めて反抗する者に対しては格別だが、それに対しても、往く者は追わず、来る者は拒まずで処すべしと述べる。

これは、以後の大久保の施政を予示したかのような一節である。大久保はまさに、自らの作った内務省という容器のうちに、できるだけ多くの善（「衆善」）を入れるとの一心で内務行政に従事していくことになる。それは、日本各地の有為の人々をどれだけ多くつなぎ合わせることができるかという課題を自らに課すものだった。そのような〝結ぶ人〟大久保の働きの詳細は後述することにして、ここではもう一度「立憲政体に関する意見書」に戻ってみたい。そこにも「衆善」の予兆が認められるからだ。

衆善と衆智の国家構想

内務省の設置が大久保の専断に基づくものでなかったことは、これまでの論述で明らかだろう。そこには、伊地知正治、宮島誠一郎、吉田清成といった大久保の周辺の人々の献策や助言があった(62)。内務省とは、そのような制度を求める人々の声が大久保に流れ込み、その声を受けたうえでの彼の果断によって成立したのだった。内務省の創設が、まさに「衆善」の賜物だった。

同様の事情は、立憲政体構想にも見出せる。ここでも吉田清成、そして吉原重俊といった者を配下にして意見書が作成されていたが、そもそも岩倉使節団派遣中から彼は各国の政体調査を指示していた。ロシア在勤の西徳二郎に同国の制度の取り調べを依頼しているのはそのひとつで

ある。(63)

他方で、大久保のもとへも、立憲制度のあり方についての建言がいくつか寄せられていた。『大久保文書〈憲政〉』のなかにそれが残っている。例えば、高崎五六は「立憲政体に関する意見書」に前後して、「国憲制定ノ議」(64)を大久保に提出している。「今日の急務は、かの万国と並立するの実効を上げることでなければならない。並立の実効が上がって、しかる後に皇統を維持すべきである。国体を保つべきである。その名分を確定するがごときは、公議輿論に決して可である」(65)として、まずは国力を高め、独立を確固としたものにすべきで、その後で国体を確定すべしと論じている。

ここで高崎は、国体とは、公議輿論に基づき、君権民権の分を定めたものでなければならないとして、そのためには内外の学術を進め、学校を全国に整備すべきことを建言している。これは、将来的な目標を君民共治の立憲政体に求めるものの、それには漸進主義で臨み、今は民力や民度の向上に努めるとの大久保のプランと共鳴するものと言えよう。

また、『大久保文書〈憲政〉』には、作成者不詳の「憲法制定意見」という史料もある。そこでは、次のように立憲制度の意義が強調されている。

欧米各国は議院を設けて憲法の大基礎を確立し、国民に天下国家のことを議せしめ、国民もまた天下国家のことを己の任務となし、あらゆる事務を公議して諸般の基本法を制定している。しかるに、その権力や法は、一人の個人によって発せられるものではなく、天下の公議によって成立するものである。天下の衆智を集めてあらかじめ百年の計を図り、利害得失を

斟酌考量することで、国政の備えは万端となる。(66)

欧米諸国では、議会を設けて国制の根幹とし、国民の政治参加を認めて公議の府としている。かくして、権力や法は単独の支配者が私物化することなく天下の公議に基づき、天下の衆智を集めて熟議されているというわけである。

憲法を通じて、公議が尽くされ、国の衆智が集められる。そのことによって、君民の上下は一体となって国家公共のことに責任を負う存在となると謳われる。「明君や賢臣が常に出るわけではなくとも、国家をしていち早く富強の域に至らしめるもの(67)」、それが憲法の本義と説かれる。大久保の「立憲政体に関する意見書」との関連は詳らかにし得ないものの、同一のエトスの脈動を感じさせる建言と言ってよかろう。大久保の文書に残されていることも宜《むべ》なるかなである。

以上のように、立憲政体と内務省の構想を大久保は衆善と衆智を旨として、つまり広く有用な意見を募ってそれを綜合することによって練り上げたのだと見なすことができる。そして、この衆善と衆智の精神で人々を結び合わせることこそ、立憲政体と内務省を両軸とする大久保の国家構想の課題となる。

もっとも、〝結ぶ人〟であるために、彼は〝断つ人〟でなければならなかった。「抵抗してやまない者」たちと、まず彼は対峙しなければならなかったのである。

Ⅲ　佐賀の乱

不平士族の蠢動

征韓論政変を通じて政府の内紛は片付いたが、それによって失ったものも多く、そして大きかった。

使節団が戻り再起動したとはいえ、取り巻く情勢には依然として厳しいものがあった。朝鮮への派兵には待ったがかけられたが、同国との行き違いには何らかの対応が必要だった。また、その他にも、明治政府は対外的にロシアとの間に樺太をめぐる問題が勃発しており、さらに政府が日本領と見なしている琉球の漁民が台湾で多数殺害されたことへの処置も求められていた。

国内的にも、政府の環境はなお多事多端であった。政府内にはなお不平分子が残っており、政変後、内閣顧問に任ぜられていた島津久光も、獅子身中の虫として政府の方針に異を唱え続けていた。新政府の開化政策を否定し、封建制の復活さえ唱えるかつての主君に対して、大久保はその建議を断固として不採用とすることを岩倉に進言している。そこにおいて彼は、旧主を指して、「子供同様の態で、甚だ困りいった次第です」、「自暴自棄の姿でとても歯牙にもかけられません」などと口を極めて批判するのである。(1)

西郷によって東京に連れ出されたものの、その西郷はすでに下野。籠のなかの鳥のような境遇にいら立つ久光は、辞表をたたきつけて鹿児島に帰らんとする。大久保は岩倉に対して、久光が「たとえ激怒しても決して差し支えはありません。鹿児島への帰郷を申し立てても、お許しになればよろしい。何もお気遣いはありません」[2]と冷然と言い放ったが、政府側はあくまで彼を東京に押し止めておこうとした。

明治七年（一八七四）四月二七日、久光は左大臣に任ぜられた。彼を慰撫しようとする試みの一環である。久光を顕官として登用するとの内意をあらかじめ三条から聞いていた大久保は、岩倉より上位とすべきでないと釘を刺していたが[3]、結果は太政大臣に次ぐ左大臣があてがわれた。結果として政府の要職に迎えられたかつての主君と、やがて大久保は抜き差しならない関係に追い込まれるが、この時はそれよりも急迫を告げた問題があった。在野での反政府の動きである。政変に敗れた征韓派は粛清されることなく、野に放たれた。彼らは自由な立場で政治活動に従事する身となったわけである。政変は政府部内の結束を高めたが、結果として政府外からの批判や反政府運動を活性化させることになった。

下野した旧参議たちの行動は迅速だった。政変の約三カ月後の明治七年一月一二日に板垣退助、後藤象二郎、副島種臣、江藤新平が中心となって愛国公党が結成され、さらにその月の一七日に彼らをはじめとする有志の連名で、民選議院設立建白書が左院に提出された。そこでは、政治の実権が天皇にも人民にも存せず、有司——薩長出身の一部の政府高官——に帰しているとしてその専制が批判され、それを改めて天下の公議に基づく政治を行うために民選議院を設立すべきと主張されていた。国会開設を求める自由民権運動の狼煙とも言える建白である。

折悪しく、この数日前の一四日、岩倉具視が高知出身の不平士族に襲撃され、辛くも難を逃れるという暗殺未遂事件が発生していた（赤坂喰違の変）。主犯者は征韓論政変で辞職した参議らと連動して政府を飛び出した元官僚たちだった。このことは、政府を戦慄させた。あまつさえ、北は東北地方から、南は九州から、政府に対する不満の高まりを知らせる報告が中央に届けられていた。明治政府は、内戦の予兆を感じざるを得なかった。

実際、それぞれの郷里に戻った旧参議たちを核として、大がかりな反乱がもたらされる気運が醸成されていた。鹿児島に戻った西郷のもとには、彼を慕う不平士族が結集していたし、佐賀では江藤を担いで政府に対抗しようとする動きが持ち上がっていた。このうち、鹿児島の西郷は反政府の運動に呼応する姿勢を見せず、温泉地に籠って悠々自適の生活を送っていたが、江藤の方は前年末に佐賀で征韓党が結成されるや、それへの党首就任要請を受け入れ、この年の一月一三日に帰郷していた。佐賀では、旧体制への回帰を唱える憂国党という結社も立ち上がり、ボルテージが上がっていた。両党は相次いで政府系機関への襲撃を行わんと、共闘して政府に反乱する姿勢を見せていた。

このような情勢を受けて、二月に入って大久保は自ら佐賀に赴き、不平士族の鎮圧に当たることを決心する。この時、参議のなかで同じ思いを抱いていた者がいた。木戸孝允である。二月八日、木戸のもとを大久保が訪れ、両者はこの件を巡って会談した。木戸の日記によれば、この時、木戸は「大久保にかわり余急に九州へ下向し此一騒擾を鎮圧せんと欲」したが、大久保は内務卿である自分が現地に飛び、迅速に処置する意向を示した。

そう告げる一方で、大久保には懸念もあった。彼は、自分が政府を留守にすることで、「朝廷の議速《すみやか》に決する哉否を危ぶ」んだ。ここで念頭にあったのは、せっかく内務省の事業に取り組もうと意気込んでいた矢先に政府を留守にしなければならないことへの憂慮である。このことを告げられた木戸は、「自分が大久保に代わり、病をおして留守中内務卿を代行するので、速やかに大久保が下向することの議決を論ず」と応じた。大久保の留守は自分が預かると背中を押したのである。「大久保大に歓喜して去」る、と木戸は記している。(4)

こうして、留守中の内務省を木戸に託し、大久保は九州へと発した。二月一〇日に降りた命では、「兇徒の犯罪が判然としたならば、捕縛し処刑することはもちろん、臨機応変に兵力をもって鎮圧すること。死刑といえども臨機応変に処分すること」をはじめとする事態処理の全権が彼に委ねられた。(5)同日、大久保は伊藤に対して、「今晩、佐賀からの郵便物が大量に届きました。まだ目を通していないが、必ずや面白き得者があるはずと思います」(6)と書き送っている。「面白き得物」——出陣を前にした大久保の武者震いが伝わってくる。

一四日、大久保は佐賀に向けて出立した。奇しくもこの日は、島津久光も鹿児島士族鎮撫のために東京を後にした日でもあった。両者の不在が吉と出るか凶と出るか、当時の要路者は祈るばかりだったろう。だが、当の大久保の方は、木戸の助力を得ることができ、泰然とした思いだったのではないか。同日、木戸に対して、大久保九州出張中の内務卿兼任が仰せ付けられた。

実二一箇之男子たる者なし

大久保が東京を発ってから二日後、佐賀の叛徒は本格的に蜂起した。佐賀城を攻囲したのである。

政府が恐れていたのは、これがきっかけとなって日本各地で反乱が同時多発することだった。

征韓論政変後、そして岩倉具視への襲撃があって、政府が戦々兢々としていたことは既述の通りである。

もっとも、九州に移動中の大久保のもとには、事態が何とか抑え込まれているとの情報も入ってきていた。政府側が特に神経を尖らせていたのは、西郷を擁する鹿児島の情勢だったが、鹿児島県令の大山綱良*は、同地には続々と旧藩士が帰県してきているが、今のところいたって平穏であると大久保に報じている。それによれば、「いずれにせよいずれは大暴発は疑いが無いが、ただ今のところはどうか御安心ください」[7]と当座のところは安心してよいと記されている。

大山は、二月二〇日付でも、「こちらは何事も無く静穏。少しも動揺の気配もありません」と書き送り、それには西郷らの尽力があるとして、紛議が生じるような悪い噂はじきに消失するだろうから、安心されたいと述べている。[8]

また、内務省から派遣されて九州各地の情勢を大久保に報告していた林友幸も、征韓論を公然と唱える者は見当たらず、陰で扇動しようとする者がいるのみであること、しかし、西郷隆盛がこの地にあれば事変が起こる心配はない、と発している。[9]

これらの報告を受けて大久保は、西郷への信頼を改めて確かなものとしたであろう。なお、林は、庶民が旧時を追慕するの念なお強く、嘆息の至りに堪えない。願わくは、各県に注意を促し、「法をもって民を正し、教えをもって民を論じ、人心を怠惰ならしめ（法ヲ以テ民ヲ正シ教ヲ以テ

大山綱良（一八二五―一八七七）薩摩藩士。寺田屋事件では久光の命で有馬新七らを討つ。戊辰戦争で活躍の後、新政府では鹿児島県令等に就く。西南戦争で西郷側についたことで官位を剝奪の上、斬首される。

民ヲ論シ人心ヲシテ倦サラシメ〕」ざるよう各県長官へ諭達すべしとも記している。大久保としては、もとより異存なかったであろう。

さて、このように鹿児島が鎮静しているからこそ、佐賀の造反は迅速に制圧されなければならなかった。二月一九日、政府は佐賀征討を宣し、佐賀兵は「賊徒」となった[10]。当初は佐賀城を制圧した反乱軍だったが、すぐに政府軍の反攻に遭い、劣勢となった。

三月一日には政府軍が佐賀城に入城し、反乱は平定された。この日、大久保も佐賀城に入った。大久保はすぐに配下の者たちに今後の施策について諮問している。これを受けて提出された方針は次のようなものだった。先ず、「賊徒巨魁の者は梟首〔さらし首〕」、「巨魁に亜《つ》く首長の者は斬」とされ、首謀者に対する酷刑が提起された。他方で、「民の枉《まげ》て賊徒に与《くみ》する者は措て不問」、「斬罪人並戦死の家族共目下飢渇に迫る者は……当分救助を賜ふべし」とされた。賊徒のなかには、脅されるなどしてやむなく加わった者もいる。また、彼らの家族には極力累が及ばないようにすべきとして、寛大な処分が示されたのである。その他、「民の兵火に罹る者金拾円以下の救助を賜ふべし」、「病院を速に建て正賊を分たず厚く瘡痍の治療を施すべし」など被害にあった住民の救恤に努めることも答申された[11]。

これを受けて、大久保は本省に向けて、兵乱により被災した「無辜之細民」の救済のため、官員を派遣して被害を調査させ、「格別之御賑恤《しんじゅつ》」を下賜するよう求めた[12]。三月八日付の大臣・参議宛書簡でも、彼は、農民商人ら細民の賊徒への「納金或ハ出兵之族一切其罪ヲ不問」とし、賊徒の傷病者の治療に尽力することを伝えている[13]。

民には寛典をもってするが、江藤ら首魁に対しては厳しく断罪する。しかし、彼らは佐賀城陥落後も逃避行を続けていた。三月一日には東伏見宮嘉彰親王*が賊徒征討総督として進発仰せ付けられていた。宮が佐賀に入るまでに何とか江藤らの身柄をあげるべく、大久保は陣頭指揮に当たった。逃亡する江藤に対して、大久保は容赦ない言葉を浴びせる。

江藤は申すまでも無く、島義勇《よしたけ》*ら主だった者はことごとく逃げ去った。実に一人の男子もいないでないか。(14)

自らが率いた軍勢を置き去りにした行動に、鳥羽伏見の戦いの後の徳川慶喜の姿が重なったかもしれない。大久保は、後に残された兵のなかには、「今日に至っては、ようやく欺罔されたのを悔悟し、挙って奴を血祭りにあげんと欲するの勢い」の者もいるとして、「扇動された愚かな民衆においては、憐憫せざるを得ない有り様です」と記している。(15)何も知らない民をたきつけた末に、自分の保身を図ろうとするなど人の上に立つ者の仕儀ではないと大久保には思われた。

そのようななか、三月一四日、征討総督として嘉彰親王が佐賀に到着した。ここにひとつの問

東伏見宮嘉彰親王（一八四六―一九〇三）（のち小松宮）伏見宮に生まれ、後に仁孝天皇の猶子。維新に際し議定、軍事総裁に任じられ、戊辰戦争、佐賀の乱、西南戦争では征討総督等で官軍を指揮。陸軍大将、参謀総長に就き、日清戦争では征清大総督。欧州各国を歴訪するほか、北海道開拓や日本赤十字等の社会事業にも関わる。

島義勇（一八二二―一八七四）佐賀藩士。幕末期、藩命により箱館奉行所に派遣され、蝦夷地、樺太の調査を行う。戊辰戦争に参戦した後、再び北海道に渡り札幌開拓の任に就く。後に秋田県権令になるも退官。江藤新平とともに佐賀の乱を起こし、斬首。「北海道開拓の父」と呼ばれる。副島種臣の従兄にあたる。

題が生じた。大久保が九州差遣に際して授与された凶徒に対する臨機処分の権限についてである。これによって、大久保には賊徒を捕縛した後、その生殺与奪について全権が与えられていた。しかし、新たに征討総督という身分が任命されたのであれば、この大久保に委ねられた臨機処分権は無効となり、今や総督である親王に委ねられた。そう大久保は解釈した。

だが、親王は鎮西巡回のため賊徒処刑の事案に関わるのは困難として、内務卿へ委任するとの意思を示した。側近のなかからも「従前之通取扱」(これまで通り大久保が全権をもって処分に当たる)ことを求める声が寄せられたが、大久保は総督宮が下向された以上、「賞罰のような重大事は、宮の御権力のうちに帰さなくては、たとえ内務卿がその権限を有するにせよ、体裁上よろしくない。その権限が無いのであればなおさらである」と峻拒の姿勢を見せた[16]。賊徒の処刑など兵事に関することは、天皇の勅命を帯びた軍の総指揮官である総督の任務と大久保は考えた[17]。そうでなければ、「体裁上はもちろん、人心の折り合いにも大きく関係[18]」する。

この処分が政府内の敵対勢力に対する報復のように受け取られてはならず、国家秩序そのものに弓引いた公敵に対する厳正な処罰という体裁を失わせてはならない。それが、大久保の認識だった[19]。かくして、三月二七日、征討総督東伏見宮嘉彰親王に賊徒処刑の権限が委任され、大久保に対しては宮の指示を受けて処分を実行することが命じられた[20]。

二日後の二九日、江藤新平は高知で捕えられた。鹿児島に落ち延びて西郷の助力を得んとしたものの断られ、たどり着いたこの地でついに身柄を押さえられたのである。四月二日にその知らせを受けた大久保は、「実に雀躍に堪えない[21]」と日記に記し、岩村ら配下の者と一献を傾け、詩歌を詠み合って感慨にふけった。

四月七日、縛に就いた江藤が、佐賀に護送されてきた。これを機に、佐賀に常設の佐賀県裁判所が設けられ、[22]江藤たちはそこで裁かれることになった。裁判は四月八日と九日の二日で終わった。九日の審理を傍聴した後、大久保は日記に書き留めている。「江藤の陳述は曖昧で実に笑止千万である。人物のほども推して知るべし。賊徒のうちひとかどの者は、副島*〔義高〕・朝倉〔尚《なお》武《たけ》〕・香月《かつき》〔経五郎〕・山中〔一郎〕のみ」[23]。

一三日に判決が下り、反乱の首謀者として江藤と島はさらし首となった。当時の刑法（新律綱領）上の最高刑である。江藤らの罪は組織的に内乱を起こし、政権を転覆させようとした国家反逆罪に当たる。律令上、それに対する刑は規定されていないが、最も違法性の高い罪には、最高度の刑が適用されるべきと法官らは解釈した。それは大久保を通じて最高責任者の総督宮に上げられ、その裁可を受けた。

刑はその日のうちに執行された。刑を見届けた大久保は、ここでも江藤のことを「笑止」と言い放っている。

江藤の醜態は笑止である。朝倉・香月・山中らは賊のなかでも男子と言える。刑場に引き出されても、山中などは特におとなしく刑についた。八時ごろ引き返す。本日都合よく済んで大安心。とはいえ、数人の壮士を斬ることになった。なかには香月らのような憐れむべきも

副島義高（一八二七―一八七四）佐賀藩士、島義勇の実弟。兄義勇を立てて、不平士族の結社である憂国党を興す。佐賀の乱により兄とともに捕縛され、斬首。

のもいる。皇国のためとは言うが、頗る慨歎の限り。(24)

江藤に対する苛烈ともいえる厳しい眼差しは、リーダーとしての志操の欠如を認めたからである。多くの者を巻き込んだ末に自分だけ逃げ回り、捕まった後も往生際悪く弁明に努めようとする。それは恥ずべき「醜体」と大久保の目に映じた。彼に連座した若輩の「壮士」たちのほうがよほど立派ではないか。(25)大久保の念頭には、鹿児島に引きこもっても決して不平分子の突き上げに同調せず、むしろ彼らの重しとなっている西郷との対照もあったであろう。江藤が鹿児島に逃れて西郷に助勢を乞うたものの拒絶されたことは、大久保の耳にも入っていた。(26)

江藤の処刑については、東京の政府内も神経質になっていた。岩倉は、三条と申し合わせて、今回の処罰が平常の順序をもって死刑のような伺を立てるのか、それとも刑の執行を委任されたうえで即行するのか、宮のお考えを知りたいと大久保に書き送った。(27)非常の処置に親王が関わったならば、と戸惑う両者の姿がうかがえる。

もっとも、梟首刑の即日執行は、当時の法慣行のもとでは決して異常なことではなかった。(28)また、何よりも、かねてから大久保のもとへは、できるだけ早く東京に戻ってくるよう求める三条と岩倉の声が届いていた。この時、政府はもうひとつの国家を揺るがす重大な案件を抱えていた。台湾出兵である。

Ⅳ　台湾出兵と北京談判

一大事の困難

江藤の処刑を見届けた二日後の明治七年（一八七四）四月一五日、任務を終えて佐賀を発とうとする大久保のもとに、西郷従道《つぐみち》（西郷隆盛の実弟）の訪問があった。西郷は命を帯びて、長崎へ向かう途中だった。大久保の日記には、「今夜一時頃、西郷中将来着。徹夜で話し合い、台湾事件の東京での事情などを承る（今夜一字比西郷中将着ニテ徹夜相咄シ、台湾事件東京事情等承ル）」とある。

西郷の長崎行きは、そこから軍艦を率いて台湾に遠征するためだった。大久保が佐賀にある間に、政府のなかでは台湾出兵の議が急速に進展していた。その経緯は以下の通りである。

ことの発端は、明治四年一一月に琉球の船が台湾に漂着し、乗組員五十名余りが現地住民に殺害されたことである。琉球を自国領と見なしていた日本政府は清国に抗議したが、清国側は当該の台湾住民は清国の「王化ニ服シタ」者ではなく、「化外ニ置」かれた存在と回答した(1)。「化外」――日本側はこの語を、台湾は清国領ではないとの言明と捉えた。ここから、台湾に出兵し、琉球民に危害を加えた「生蕃（現地民）」を成敗することは自由である。それどころか台湾の地を占領して植民地化することも許されるとの議論が唱えられる。同地は国際法的にどこの領土でもなく、無主物先占の法理が妥当するというのである。

この台湾出兵論は、同時期に勃発した征韓論によっていったんは後景に退いた。しかし、征韓論政変の後、ぶり返すことになる。征韓を不可とするならば、台湾出兵を認めよという声が起こったのである。そして政府も、不平士族の不満のはけ口としての有効性は考えざるを得なかった。何よりも、日本政府が保護すべき日本国民が殺害されているのである。だが、他方で、いったん出兵となった場合、果たして清国は静観するのだろうか。朝鮮との戦争を避けて、清国と交戦することになっては元も子もない。

このような状況を受けて、大久保は大隈重信とともに台湾問題の担当を命じられ、佐賀征討直前の明治七年二月六日、二人は連名で「台湾蕃地処分要略」を提出した。政府のとるべき台湾問題の基本方針を取りまとめたものだが、主要な点として挙げられるのは、以下の通りである。

① 台湾は「無主の地」であり、琉球人民殺害の報復を行うのは、日本政府の義務であること。
② 討蕃撫民の役を遂げるを主とすること。
③ 台湾が無主の地だとしても、清国とは「連境」をなしているので討伐は清国の抗議を招きかねない。その時は「和好をもって」対応すること。
④ 清国が琉球は日清両国に「両属」すると唱えても応じないこと。

ここでは、自国民殺害に対する報復措置のみが掲げられている。実は、この時、外務省の方ではより強硬な台湾領有論が策定されていた。だが、大久保はそれには待ったをかけ、あくまで「討蕃撫民」に派兵目的を限定したのである。[2]

大久保はこのように政府方針を確定してから佐賀へと向かった。しかし、大久保が不在の間に、政府の方針に転換が生じたのである。外務省顧問のアメリカ人ルジャンドル*が台湾領有を唱える建言書を提出したこともあって、大隈重信と西郷従道の主導で台湾領有論が復活したのである。[3]四月二日にはそれが閣議で承認された。大久保の不在中、内務省を預かっていた木戸孝允は、これに抗議して参議を辞任して政府から離れた。大久保と同様、木戸も討蕃目的の派兵には異存なかったが、台湾の領有には与しなかったのである。[4]

台湾蕃地事務都督として派遣軍を指揮することになった西郷従道が、長崎から出征する途次に佐賀の大久保のもとに立ち寄ったことには、こうした経緯があった。この時、二人は夜を徹して台湾問題について語り合ったというが、従道は肝心の派兵目的の転換については口をつぐんだようである。

台湾領有への派兵目的の転換を、大久保は四月二四日に東京に帰還して知った。その日の大久保の日記に、「台湾事件を承る。意外のことである[5]」と記されてある。驚いた大久保は、旅装を

ルジャンドル、チャールズ（一八三〇—一八九九）アメリカの軍人、外交官。中国名、李仙得。フランスに生まれ、米国人との結婚により移住。南北戦争で重傷を負った後、領事として中国・厦門に赴任。立ち寄った日本で副島種臣外務卿らの知遇を得て、明治政府の外交、軍事顧問となる。台湾出兵を支持し、遠征にも加わろうとしたが、出兵中止に向かった利通とともに帰京。後に朝鮮王高宗の顧問となる。日本人芸者との間に一男二女をもうける。

解く間もなく長崎への出張を願い出た。西郷の出陣を引き止めるためである。三条、岩倉、諸参議らのもとを駆け回り、「まことに一大事の国難であり、小生実地に出向き、進退処分を御委任いただきたいと願」[6]う大久保に対して、二八日にその許可が下り、翌日彼は長崎に向かった。

大久保が長崎に着いたのは五月三日だったが、この日、先遣隊は出港してしまった。かくなる上は、事態の成り行きを見守り、善後策を考えなければならない。「大難事であり、心決した(大難ノ事故心決イタシ候)」[7]。そう日記には記されている。

大久保は、五月一五日に東京に戻った。帰京した彼が取り組まなければならなかったのは、この国難ばかりではなかった。まさにこの時、旧主島津久光が独自の復古論を唱えて大久保と激しく対立する事態が招来された。既述のように左大臣として迎えられた久光は、五月二三日に礼服や兵制の復旧を主とする復古策を建言してきた。これは大久保に対する牽制であった。建言をなすにあたって久光は、これに大久保が異を唱えたならば彼を免職すべし、入れられなければ自分が辞めると強弁した[8]。

岩倉からこの報を受けた大久保は、「いまさら驚くようなことではありますまい[9]」と返答したが、「進退を決するほか無い[10]」との覚悟で翌日久光邸を訪問して直談判した。しかし、かつての主従の話し合いは決裂し、大久保は辞表を提出するに至る。この件は、木戸の周旋もあって、結局久光が鉾を収め、大久保も職にとどまった。清国との開戦が危惧されるなかのとんだ災難で、大久保としては胃の痛む思いだったろう。

これのみならず、この時期、大久保は自らが創建した内務省の礎づくりにも奔走しなければならなかった。当時の大久保の日記をひもとくと、連日彼が三条邸での評議と内務省での執務に身を砕いていることが分かる。そのハードワークに、読んでいるこちらが疲弊してくる。この時、彼は内務省を通じての殖産興業のあり方を定めた重要な文書を取りまとめてもいた。「殖産興業に関する建議書」と通称され、かねてより大いに注目されてきた史料である。しかし、今は台湾問題に戻ろう。

北京へ発った大久保

さて、六月二四日、大久保は大隈とともにアメリカ人で外務省の顧問を務めていた「李仙得」＝ルジャンドルの家に招かれた。ルジャンドルは台湾出兵について、強硬な意見を大隈に吹き込んでいた。それが、台湾問題についてのものであることは疑いが無い。なお、その場には「仏法律家某」も同席していた。[11] これは、前年にフランスから招聘されたお雇い外国人の法学者ギュスターヴ・ボワソナード*である。後に日本最初にしてついに施行されなかった民法典の起草者として知られる人物だが、彼はこの時から大久保の貴重な国際法の助言者となって対清交渉をサポートすることになる。しかし、この時はまだボワソナードのことを指すにただ「某」と記すのみである。

大久保が大隈らと内談したのは、すでにこの時、清国から日本の台湾出兵に抗議する照会書が

ボワソナード、ギュスターヴ（一八二五―一九一〇）フランスの法学者。パリ滞在中の井上毅らに講義したことを契機に明治政府から招聘。東京法学校（後の法政大学）、明治法律学校（後の明治大学）等、各所で法学教育に当たる。また明治政府の外交、法律顧問として北京談判では利通に同行。刑法、治罪法、民法の草案を起草するが、英法派らに敗れ廃案、帰国。二十二年に亘って日本に滞在した。

届き、この問題をめぐって柳原前光《さきみつ》*が特命全権公使として北京に派遣されていたからである。交渉の方針を急ぎ確定し、柳原が北京に到着する前に伝授する必要があった。七月に入ってからの閣議は、このことで紛糾した。七月八日の日記に大久保は「止むを得ず戦争に廟議は決す（不得止ス戦ニ廟議相決）」と書き留めているので、対清関係で主戦論か避戦論かの対立があったのである。

ボワソナード（HOSEI ミュージアム）

主戦論を引っさげたのは、大久保とともに台湾問題担当を仰せつかっていた大隈重信である。連名で「台湾蕃地処分要略」を取りまとめた二人だったが、この時、大隈は台湾の領有化とそれを実現するための清国との開戦に大きく傾いていた。九日、「海外出師ノ議」が定められ、宣戦布告となった場合の手順についても議定がなされた。開戦は時間の問題となったと思われるなか、大久保は捨て身の策を切り出す。自らの北京派遣であり、彼自身が清国政府と交渉に当たるとのことである。思えば、すでに公使として北京に派遣されている柳原もこの件については強硬的な考えの持ち主である。政府の意を受けたかたちで自分自身が談判に赴き、柳原を抑えて交戦を避けるための直接交渉を行う。そのように大久保は意を決したのである。

七月一三日に三条に初めてこのことを打ち明けた大久保は、三条はじめ黒田清隆、伊藤博文、大隈重信らからも反対に遭うが、「切迫」に、そして「見込十分」と説諭して回り、ついに八月六日に全権弁理大臣として大久保は横浜から清国へと差遣された。上海、芝罘《チーフー》（現在の烟台）、天津を経て、彼が北京に入ったのは九月一〇日のことである。
これに先立ち、北京でいち早く清国政府と交渉に入っていた柳原は、その経過を大久保に報じるなかで、彼の北京入りを思い直すよう申し入れている。すでに談判はデッドロックに陥っていた。

今、閣下〔大久保〕がこちらに来て、さらに新たな場を設けて談判に及ばれても、打開の道は全く覚束無く、そのような談判に日を送り、その間いたずらに相手が軍備を整えるの策略に陥るということ以外にあり得ません。(12)

すなわち、大久保が来ても事態が打開できる余地はなく、このまま交渉に時間を費やしても相手に戦闘準備の余裕を与えるばかりだから、かくなるうえは一刻も早く帰朝復命して宣戦の準備に当たるべきだというのである。
大久保はこの声を押し払って北京に入った。戦争回避の強い意志があったればこそである。他方で、日本政府の大方が納得する成果を清から引き出したうえでなければ、大見得を切って自分が特派された意味がない。これから一カ月半の間、大久保の孤独な戦いが始まる。

柳原前光（一八五〇—一八九四）公家柳原光愛の子。戊辰戦争に参戦した後、外務大丞として日清修好条規締結を進める。特命全権公使として利通とともに北京談判に当たる。元老院議官、駐露公使、元老院議長、枢密顧問官、宮中顧問官等。妹愛子は大正天皇の生母。歌人・柳原白蓮は次女。

清国政府との第一回目の会談は、九月一四日に開かれた。清側は、台湾は自らの属地であるとして、無主の地とする日本側とは押し問答にしかならなかった。法律顧問としてボワソナードを従え、万国公法（国際法）を掲げて論戦に挑む大久保に対して、清国側は聞く耳をもたなかった。その後も弁駁書や談判の応酬があったが、両者の溝はいささかも埋まらず、平行線が続いた。

さすがの大久保も焦慮の念に襲われ始めたのではないか。半月の交渉を経て、大久保は日本に向けて、仮に交渉が不調に帰しても、清国に戦端を開く意思はないのでくれぐれも軽挙妄動を慎むべしと書き送っている。交渉の成り行きに不安を覚えると同時に、あくまで戦争の勃発を避けようとの固い意志が看取される。

清国側が暴挙に出れば、もとよりわが政府においては戦争を決することは論を俟たないが、あちらから戦争を仕掛けるまではこちらから戦闘を始めることに条理は立ちません。よって、小生の談判が破裂しても、清国の出方を待つほかしようがありません。ただ、現地の事情を観察するに、とてもあちらから急に兵を起こすことは決してあり得ず、談判が不調に終わって使節を引き払わなくてはならなくなったとしても、清国が容易に台湾の日本兵を攻撃するということはないと見通しています。もしこちらから暴発するようなことがあれば、あちらの術中に陥ることになり、注意を要すると愚考します(13)。

一〇月五日、改めて日清間の談判の場が持たれた。大久保にとって第四回目の清側との会見である。ここでもお互いが持説を弁じて譲らず、ついに大久保は「閣下らと何回協議しても決しようがない。よって近く帰朝する」[14]と申し渡した。さすがの大久保も、一度は匙を投げた。もはや戦争は避けられないのか。七日の日記に大久保は書き留めている。

実に小生の進退ここに谷《きわ》まる。一大事に困苦の至り。よって反覆熟慮して、このうえは義のあるところ、理のあるところをもって相決するのほかないと決心する。しかし、衆論に耳傾け、今はまだ可否を口にはしない[15]。

「進退ここに谷まる」。一見、大久保も観念したかのようである。しかし、彼が次のように語を継いでいるのを看過してはならない。「このうえは義のあるところ、理のあるところをもって相決するのほかない」。また、「衆論に耳傾け、今はまだ可否を口にはしない」とも記している。ここでも大久保の信条が確認される。ことは義と理にしたがって決せられなければならない。衆論に耳傾けるが、それに流されてはいけない。幕末からの自らの行動の指導原理を掲げ、自身を鼓舞しているかのようである。

この時、大久保は重要な精神的援軍も得ていた。一〇月二日付で黒田清隆が日本から発した書信である。これは鹿児島に派遣していた伊集院兼寛*が報告した西郷隆盛の台湾出兵と北京談判に

伊集院兼寛（一八三八―一八九八）薩摩藩士。尊攘派として活動するも、寺田屋事件では藩主に帰順。薩英戦争、戊辰戦争に加わり、新政府では大蔵省、海軍省に出仕。西南戦争では政府側で情報捜索。後に元老院議官、貴族院議員。姉の須賀は西郷隆盛の最初の妻。

ついての意見を大久保に伝える内容である。それによれば、西郷は次のように語ったという。

この度の台湾に罪を問う挙は、到底我に条理あるとの事由は見当たらない。廟議は何の目的があってこの挙に及んだのか。およそ物事は、道義によらなければ遂行することはできない。況《いわん》や兵を動かすにおいては、軽挙妄動すべきではない。このうえは、何卒条理のあるところを尽くされたい。万一理を捨てて非に転じ、日清間の紛議が解け難く、交戦するようなことになっても、自分は決して従うことはできない[16]。

条理を尽くせ、との西郷の叱咤である。言われなくとも分かっていると思う一方で、大久保は西郷との心の共振を感じたであろう。そして、次のように西郷が言葉を続けたと知った時、いかばかりの感慨に襲われたであろうか。

しかしながら、大久保氏が差遣されたうえは、必ずや和議が相整うはずである。今、海陸軍より募兵の令があり、すでに戦争に決したかのように見られるが、自分は信用しない。一時の恐喝と見なしている。……推察するに、これによって動揺するようなことは断然止めにして、何卒朝廷の和戦の決議を一刻も早く知りたいものだ[17]。

大久保の手で、必ずや和議に至る。そう西郷は信じてくれている。大久保としてこれ以上のエールがあっただろうか。これから以下に綴る大久保の戦争回避に向けた執念の交渉に際して、彼の胸中には常にこの西郷の檄がこだましていたように筆者には思える。もっとも、西郷の方は、鹿児島で大久保の奮闘をややシニカルに眺めていたようなのだが、そのことは後述に委ねよう。

戦争回避の戦い

さて、談判がいったん結了した後、日本の交渉団のなかでも柳原はじめ開戦論が多勢であった。彼らの声を抑え、大久保は宣戦の理非を慎重に判然たらしめようとした。その日の夜、彼はボワソナードを呼び、質問を重ねた。「今晩、ボワソナード氏へ国際公法上の戦争の意味や、日清の今日の状況を次々に質問する（今晩ボアソナード氏江公法上戦ノ名義、且日清今日ノ景況ヲ以テ段々及質問）」。これにとどまらず、大久保はこの先も常にボワソナードに質問し、指針を作成させている。もはや彼は法律家「某」ではなく、大久保にとって不可欠な右腕となっていた。

衆論の方は和戦で真っ二つに割れた。

このような事態がほとんど一身に降りかかり、苦慮の言葉を知らない。深思熟慮するに他に手段はない。もしこちらからの照会に依然曖昧な回答が来るならば、小生は断然と去るに如くはない。これは和親を破らなければ仕方がないとの勢いだからである。そうとはいえ、談判がまとまらなかったというだけで、決裂して開戦を言い渡して帰国するのはよろしくない。(18)

決断を求める交渉団の衆論が大久保の一身に迫っていた。このうえこちらから清国政府に発する照会書の回答が依然曖昧なものであったら、もはや「断然去ルニ如ス」である。とはいえ、かく述べつつも、大久保は談判決裂したからといって、開戦の意思を示して帰るのは得策ではないとも言う。ボワソナードとの問答を通じて、現時点で日本から開戦に及ぶことは理に欠けるとの結論に至っていたからである。

司法卿時代の江藤新平の肝煎りで民法典編纂のためにパリ大学の法学講師から日本政府の法律顧問となって来日したボワソナードだが、今や大久保にとってかけがえのない国際法のアドバイザーとなっていた。

ボワソナードが大久保に切言していたのが、戦争目的の重視である。果たして日本が宣戦布告することが理に適っているかを、ボワソナードは緻密に検討して大久保に上申した。

ボワソナードによれば、日本の開戦事由となり得る事項は次の三点にまとめられる。①柳原公使に対する皇帝の謁見拒否、②「清国領土に侵入した」との清国による日本への非難、③大久保全権の和解的提案に対する清国側の拒絶、である。

このうち①は単なる外交儀礼上の非礼にとどまり、②は清国側の開戦事由とはなり得るが、日本がこれを自国への侮辱と捉えて戦争を起こすのは理由が不十分、③についてもこれだけではただ単に交渉が不調に終わったことを意味するに過ぎない。したがって、いずれの事柄も宣戦布告の理由とするには国際法上の理解を得られないというのがボワソナードの見立てだった。[19]

ボワソナードは、当時の西欧法律学の実証主義的傾向とは異なる自然法論者だった。実証的法律学は自然法や慣習法などの実定化されていない法規範の影響を極力排し、既存の制定法の体系的論理構成から法の解釈を導き出そうとするものである。国際法上、その学説は、例えば無差別戦争観となって現れる。それによれば、戦争開始の理由は国際法上評価し得ないが、いったん交戦状態となった場合は、戦争目的のいかんにかかわらず、交戦国に差別なく平等に戦争法が適用されるというものである。

このように、実証主義的な国際法理解だと、戦争の理由や目的は不問に付される傾向がある[20]。これに対して、ボワソナードは戦争目的に拘り、日本が宣戦布告することの理非を明らかにしようとした。これは、理を重んじる大久保にとって、大いに首肯できるものだった。

ボワソナードの意見を受けて、大久保は、一〇月一〇日付の三条宛書簡で「和平か戦争かを決するに、名分や義が判然としていなくては、容易に断ずることは難しいのは当然のこと」と書き送り、開戦の決定を遷延することを示唆している[21]。

大久保はこの時、談判の決裂を覚悟し、北京から撤収することをほのめかしているが、それについては「臨機応変の権限は小生にあり、軍機の一大事に関係」するが故に、随員にも秘匿すべき「蘊奥の秘意」であると記している[22]。ここに込められた本意は、あくまで理に照らしての避戦にあると解釈できよう。

直接交渉の打開が不可能となったと思われるなか、助け舟を出そうとする者が現れる。一一日、駐清英国公使トーマス・ウェードから、仲裁の意向が大久保のもとへ届けられた。大久保の日記は、それを次のように記している。

今日の状況は、中国政府も狼狽しており、イギリス公使もこれを助けて是非両国の仲裁に立って、戦争を回避することを望んでいる。そこで、小生から内々に一言頼むとのことであれば、中国側を説諭尽力して償金を出させよう。[23]

戦争とならないように、台湾における日本国民殺害の賠償金を清国から引き出させるよう斡旋する用意があるというのである。これに対して大久保は、「仲裁を依頼するの意図は決して無い」とこの申し出を謝絶する意向を示した。[24]

なぜ大久保はイギリス側の好意を袖にしようとしたのか。全権大臣として派遣された手前、自らの力でまとめ切れず、第三者の調停を仰いだとなっては沽券にかかわると思われたということは十分に考えられる。主権をもった独立国家としての日本が、単独で国際法上の権利を主張し貫徹したという実績を欲したとのナショナリズムもあったかもしれない。だがおそらく最大の要因は、萩原延壽氏などが指摘するように、この仲裁に頼ったことによって、イギリス政府から見返りを要求されることを避けたかったからであろう。

当時、日本国内では外国人による内地の自由な通交を求める諸外国からの強い要請が日本政府に押し寄せていた。イギリスはその急先鋒であり、ここで同国に借りを作ることは得策でないとの計算があったことは想像に難くない。実際、ウェードは日本駐在のハリー・パークス公使に宛てて、イギリスが日清間の調停を行った場合、その見返りとして何を要求するべきか問い合わせており、これに対してパークスは外国人が商業的目的で日本国内を自由に旅行する権利だと回答していた。[25]

他方で、「償金」を得ることによって手を打つことは、確かに唯一の落としどころと思われた。これ以降、大久保はウェードの周旋を「上手に利用」[26]しながら、この落としどころへと清国を妥結に導いていくという戦術を取ることになる。その手腕を以下、見ていこう。

我が使命の本分

一四日、ウェードと面会した大久保は、日本政府の立場として、次のように伝えた。

わが政府の意図するところは、あえてかの地を占領しようとするものではない。内地や外地の人々のために義挙に及んだわけで、ついては費用も莫大なものとなり、兵士も難しい地に立ち、死傷者も出ているので、政府が安堵して国民全員へ申し訳が立たなくては撤兵はできかねる。(27)

一八日、仕切り直しで清国側との商議が再開された。「少々趣が変わり、清国の大臣たちの様子も変じており、まずは期待できる状況だ(28)」。

これまでの様子と異なり、清国の対応に軟化の兆しが見られたのである。ウェードの仲介によって、多少の風穴が空いたかのようであった。日本に宛てても、大久保は「一両日のうちには、成否が分かるでしょうから、……それまでお待ちください。そのうち、種々の異議も百出するでしょうが、御動揺無きよう切に願います」と急ぎ書き送った(29)。交渉打開に光明が差したので、かくなるうえはくれぐれも日本側から武力行使に及ぶようなフライングは許されない。薄氷を踏む外交交渉は続く。

二〇日、二三日と交渉は重ねられ、清国側は日本に対し、「台湾原住民討伐の挙を義挙と認め、また報償金を与えることの理も認める」と譲歩を示した。[30] 日本政府が自国民を殺害した台湾人を討伐したことは「義挙」として認め、そのことに対する報償金も支払う用意があるというのである。急転直下の大きな進展である。

しかし、その一方で、清側は次のようにも条件を付してきた。「とはいえ、清国の体面に関わるとして、恩典や撫恤の名義で行いたいと言い、文書をもって規約を定めることは到底できないと言ってきた」[31]。すなわち、報償金という名称はふさわしくない。日本国と被害者に対して清国が下賜する恩典であり、撫恤金であること、また文書のかたちで公式にこの合意を締結することははばかられるというのである。

これを受け、大久保は二三日の日記に次のように記した。

談判は合意に至らなかった。清国は両便の弁法で自分の便のみを謀り、とりわけ条約書の締結は致しがたきとの断然とした答えにつき、このうえは致し方なく破談に及ぶ。ここに至って和議が調わなかったのは、実に残念であるが、十分に譲歩し、これをまとめようと百方談じたうえでのことなのだから、まことに人力の及ばないところと愚考し、決断する。[32]

書面で締結できなければ、日本政府の立場が公にはならない。国民に対しても、諸外国に対しても、威信の失墜は免れない。一八日に交渉締結への一筋の光が差し込んだかと思われたが、糠喜びに終わったかのようである。大久保の慨歎が伝わってくる。

しかし、救いの手がまたも駐清英国公使ウェードから差し伸べられた。二五日、ウェードは大久保の宿舎を訪れ、五十万両《テール》（約七十万ドル）の金額で日本側が応じるならば、書面を取り交わすことを清国側が認める意向であると告げた。日本側が要求していたのは二百万両であり、雲泥の開きがある。これで妥結したら、あまりに弱腰な譲歩との謗りも生じかねない。大久保はこの申し出をいったん拒絶した。だが、彼のなかでは逡巡が生じていた。最終的にこの日彼は、清国の提案を受け入れ、戦争を回避すべしと独り決した。その自問自答の様が日記に書き留められている。

熟考するに、今般拝命した件は、実に容易ならざる重大事件で、談判がまとまらずにこのまま帰朝に及べば、使命を全うできないのは論に及ばない。ただ憂慮の至りなのは、内国の人心の状態は切迫しており、戦争を今か今かと期待するの勢いである。これでは、これをまとめるの術なく、遂に戦端を開かねばならないとの期に立ち至るだろう。とすると、勝敗の上ではもちろん恐れるものなどないが、名分と義の上では我らから宣戦するの名が立たない。無理に戦端を開くに至ると、国民の議論は言うに及ばず、諸外国の誹謗を受けて意外の妨害を被り、遂に我が独立の権利が殺がれるに至るという禍害を免れない恐れなしと言うことはできない。とすれば、和議をもってことをまとめるのが我が使命の本分であり、一人断然と決す。(33)

日本は主戦論で沸き立っているが、このままでは名分無き戦いとなり、国際社会の理解は得られない。そうなると、遂には国の独立が脅かされる事態が招来されないとも限らない。金額の多寡で談判が決裂するよりも、義挙との本旨を決して失うべきではない。

重んずるところは名分と義であり、金額の多少ではない。この二つをもって軽重を考量し、一刀両断の決を行う所以である。[34]

大久保は自分に言い聞かせるかのように、日記に所信を書き連ねている。実際、この件については公使の柳原は異論を唱えた。[35]だが、大久保は義と理に照らし、そして大局的見地からこの交渉をまとめ上げ、戦争を断然回避することを「独決」したのである。

これにより、清国側からの五十万両《テール》の報償金の支払いと締約の証書の手交が決せられた。ここに至り、大久保には忸怩たる思いもあった。英国公使の仲介により、ことが成ったことである。しかし、「自分は一言もイギリス側に依頼したことはない。前述のように、総理衙門〔清国政府〕より依頼を受けて、内々に自分のところへやって来たもの」に過ぎず、「公使は我が意を先方に通じ、文面をどうするか調整するために往来したに過ぎない」と自らに言い聞かせている。[36]また、この交渉結果について、「兵隊たちにおいては、必ず不平を唱えるものがあろう」。[37]よって、自ら帰途台湾を訪れ、撤兵を説諭することを心に期す大久保だった。

大久保の外交理念

かくして、一〇月三一日、交渉の結果合意に至った協定書に調印がなされ、大久保の四八日間の攻防に終止符が打たれた。もっとも、ここに至るまでにもう一段、越えなければならないハードルがあった。清国が、報償金という名称に難色を示したのである。賠償ではなく、被害者に対する清国皇帝からの「恩典撫恤」だというかねてからの主張である。大久保はこれも受け入れ、支払われる金銭の名目は、「撫恤銀」となった。清国が日本の台湾出兵を「義挙」として公に認めるならば、大久保はどこまでも譲歩する用意があったのであろう。調印を翌日に控えた三〇日、大久保は黒田清隆に宛てて心境を綴っている。

台湾征伐が義挙であることは、内外の人民を保護するとの目的に出たものであるからであって、蕃民を人道に導き、将来この地を航海する者に危害が生じることを除去するとの一大美事であります。これこそわが条理の屈服してはならない眼目の旨趣です。この道理を有するが故に、清国政府も遂に屈したのであり、各国の公使もわが国に肩入れするとの情をもたらしたのです。したがって、この道理は失ってはならない至宝であり、より一層、その貫徹がなされなければなりません。(38)

道理を得られればそれでよい、道理こそ政治の要諦であり、失ってはならない至宝なのだ、と。ほとんど達観に近いものが伝わってくる。

道理を追求する大久保は、ここで驚くべき提案を行う。支払われた「撫恤」金のうち、十万両《テール》を被害者に配給するが、残りの四十万は清国皇帝に「謝して返却（謝却）」すべしというのである。かつて幕末の下関戦争の折の償金、三百万ドルをこの年の春に日本政府はすべて完済した。

これに対して、英米においてはもはやこの償金を放棄すべきとの公論もあった。

われわれアジアの一島国が、文明各国のいまだなさざるところをなし、近きは清国の歓心を取り、遠きは欧米の意表をつけば、わが国の盛名は赫々と輝き、世界中で称えられることでしょう。剣を引っさげて打ち負かすことよりも、この一大決断の方が、功利において一層の高みに位することができましょう。(39)

この提案は実現しなかったが、義のみが得られればそれで良しとの大久保の孤絶な境地をうかがい知ることができよう。

読者によっては、このような姿勢に対して、一政治家が自己陶酔に陥って、冷徹な計略を見失って国益を損ねる危うさを感じ取られる向きもあるかもしれない。個人の心情倫理を追求し、政治家としての責任倫理を忘却しているのではないかとの疑念である。だが、大久保はこの時同時に、次のような老獪な政治的立ち回りを講じる手練手管も持ち合わせていたことも書き添えておこう。以下、イギリスの外交文書をも駆使した萩原延壽氏の論じるところによる(40)。

前述のように、駐清英国公使ウェードは、単なるボランティアの心で調停に動いたのではない。そうすることで、日本の内地の自由な通行権を外国人に認めさせるとの外交的思惑があった。大久保もそのことを察知していたからこそ、表立ってウェードの助力を仰ぐことを潔しとしなかったのだった。

結果的にウェードの斡旋によって日清間の合意が得られたことで、ウェードはこの見返りを要望するべく機会をうかがっていたはずである。だが、大久保はその機会をついに与えなかった。協定調印の日の一〇月三一日の夜、謝意を表するために、大久保がウェードのもとを訪問した。ウェードは、この時のことを次のように本国に報告している。「わたしが制止するいとまもなく、大久保は三箱に収めた日本の品（「漆器」）を部屋に運び込んだ」、と。そして、遂に内地旅行の件について話題にすることができないまま、大久保は翌朝北京を発ったのだった。

協定書が取り交わされた日の夜、大久保は次のように日記に書き留めている。

これまで焦慮し苦心してきたことは言語の尽くすところでない。生涯にまたこのようなことはないだろう。顚末は弁理始末に明らかなので、委細は記さない。この日は終生忘れるべからざる日である。[41]

さらに、翌日の一一月一日に北京を発するに臨んでは、「ああこのような大事に際会する。古今に稀有なことであり、生涯に二度と無いところである[42]」と万感の思いを残している。

幕末以来、これまでに幾度となく修羅場を乗り切ってきた大久保だが、今回は格別に険しい難局だった。何よりも初めての外交の舞台である。国内の政局とはまた勝手が異なる。しかし、大久保はここでも理と義の信条を堅持して、持ち前の胆力で自らの望むかたちへと事態を終局させたのだった。清国を去るにあたって、大久保の感慨は一際深いものがあったとして当然だろう。

こうして台湾出兵に伴う北京交渉は、（大久保にとっては）大団円を遂げた。本章を閉じるにあたって、いくつかの後日譚を付記しておこう。

北京を後にした大久保は、一一月三日、天津に立ち寄り、李鴻章を訪問した。この清国政界の重鎮は、この時大久保に対して、「貴国と我が国は唇歯の間柄で、離れることはできない。……条約を取り交わすの際に種々の論があったとはいえ、断然論破して遂に条約が成った。今後は信を厚くし、親睦を固くせん。これ自分の初めからの素志である」などと日清両国の親善を諄々と説いた(43)。これに応えて大久保は清国への領事官派遣を希望するなどし、李もこれに賛同した。

この時、大久保と李は、単なる外交関係の強化のみならず、文化的交流の振興についても意見交換を行った。これを受けて、後に初代駐日公使として赴任した何如璋との間で大久保は、東京に日中語学校を設立することを協議したという。そのような文化的繋がりの進展を期して、大久保没後の明治一三年(一八八〇)に興亜会という団体が結成された。その創立に際して、会員として名を連ねた宮島誠一郎は、次のような大久保の遺志を伝えている。

公使を互いに置くに際し、両国の気脈を通じ、情意を共に感じ合うことは、ただ単に官職上の交際のみでは到底その真の利益を収めることはできない。

元来、日中両国は、同文の国で、にもかかわらず相互に親密でないのは、要するに言語が通じないからに他ならない(44)。

大久保の対外観が、攘夷的な排外主義や膨張主義とは一線を画し、文化理解を基調とした国際協調にあったことが偲ばれるのである。

最後に記しておきたいのは、鹿児島で事の成り行きを見守っていた西郷隆盛のことである。西郷は交渉の行く末について、「大久保氏が差遣されたうえは、必ずや和議が整うはずである」として大久保の手によって和議がまとまる見通しを述べていた。このことは、黒田清隆によって、北京の大久保のもとへも伝えられ、彼を鼓舞したはずである。

その見通しの通り、大久保が見事清国との妥結を勝ち取った今、西郷はどのような感慨に襲われたのだろうか。そのことを示唆する書簡を西郷は残している。

彼〔清国〕より償金を支払ったとのことだが、案外のことで、奇妙です。戦争を恐れているのならば、早々に引き下がるのを決定するべきところ、最後まで粘りつくして、にっちもさっちもいかなくなったうえで、このような時宜を得た。不思議な角力です。何か手品のしかけがありそうなものです。[45]

西郷は当惑している。「案外」、「奇妙」なことだ、と。戦争になるのを恐れていたのならば、早々に向こうの言い分を聞いて撤退したろうが、粘り腰の交渉を続け、八方ふさがりとなったかのように見えたのが一転、清から償金をせしめて戦争回避に至った。何とも不思議な「角力」で、手品を見ているかのようだ、と啞然としている。

西郷はよほど合点がゆかなかったらしく、「追伸。初めから戦争にはとてもならないだろうと考えておりましたが、奇妙な展開になったものです」と重ねて記している。[46]家近良樹氏が説くように、「大久保の粘り強い対清交渉は、西郷のこれまでの経験知では測りえなかった結果をもたらしたのである」[47]。

西郷の当惑は、次のことを指し示してはいないだろうか。ここにいるのは、もはや彼の知る大久保ではない。西郷の思量を越えた別の政治的人格である。その人格は、義と理に支えられ、そこに岩倉使節団で得た西洋文明の直接的見聞とお雇い外国人らの学識をブレンドして、日本という国家のあるべき姿について揺るぎない確信をもっている。

西郷にとって、大久保は理解できない存在となった。本章で見てきたように、大久保は新国家の建設に当たって、かつての主君・島津久光や同僚・江藤新平との関係を非情に断ち、冷然とした処断も辞さなかった。それと同様、征韓論政変により西郷とも別離したのだが、これまで折に触れて言及したように、大久保はまだ西郷との紐帯を信じていたと思われる。

だが、西郷の方では、大久保は不可解で得体の知れない何かと化していた。西郷との関係も、すでにふっつりと断たれていたのである。もっとも、そのことを大久保が知るのは、まだ先のことである。

第四章　結ぶ人

Ⅰ　立憲政体の漸次樹立

凱旋で見た国民の姿

明治七年（一八七四）一一月二六日、清との外交交渉を終えた大久保は横浜港に帰着した。大久保を驚かせたのは、彼を出迎える人の群れであった。

岸壁の上で見物の貴賤内外の人々が群れを成し、そのうち惣代をはじめ数百人が礼服にて船を出し、脱帽の礼がなされた。(1)

当港の景色は、家々に国旗が翻り、種々の飾り物がこしらえられ、人々の歓喜のさまは意外なありようである。(2)

翌日東京に戻った時も、官民をあげた歓迎が大久保を包んだ。当時の新聞は、「祝賀の人民は雲の如く群集して流石に広きステーションの庭中并近傍の市街立錐の地もなかりき」と報じている。(3)

大国の清と堂々と渡り合い、台湾出兵を義挙として認めさせ、しかも「償金」まで出させた勇者の凱旋を迎える国民的祝典である。そこにいたのは、政府の動員に応じて、訳も分からず目出度さを共有する群衆だったのであろうが、大久保の目には、官民が意を一つにして喜び合う望ましき姿が映っていた。

ああ、人民の祝賀、天皇からの厚き御待遇、まことに一世一代の名誉で感泣するばかり。終生忘れられない日なり。(4)

このように、大久保は日記に書き留めている。彼はここに国民の姿を見たのではないか。それは、国の支えとなり、富強の源となる存在である。国民という人々の和を創り出し、それをもとに国家を建設しなければならない。官民一体となって自らを歓呼する情景に、大久保はその思いを強くしたであろう。

これから彼が身を投じていく内務省という組織の原点を、この時の光景に見出すこともできよう。内務省を駆使して、大久保は官による民の先導と結合を推進していくことになる。その起点をなすのは、彼を中心とする国民の和だったとも考えられる。

この所信を、大久保は東京に帰還した翌日の一一月二八日、伊藤博文に語っている。「益々進んで内政を整理改良し、国力を養成扶養し、もってわが国の独立を強固にしなければならない」、と。(5)

内政を整備改良し、国力を養成することで、国の独立を盤石にする。維新を完成させるには、このことがなされなければならない。このうち、「国力ヲ養成扶養」するとは、まさに民力の発展、すなわち殖産興業と呼びならわされる内務省による勧業政策である。本章では、大久保の殖産興業政策が何を目指していたものなのかを論述していく。そして、その実態が、殖産興業という言葉から通常想起されるような富国強兵のための経済振興策というよりも、民と民を、そして官と民を結び合わせ、新たな公共的空間をこの国にもたらそうとすることが、むしろ大久保の意図していたものだったことを提示したい。

だが、まずその前に、大久保の前には別の焦眉の課題があった。伊藤に伝えていた所信にあるように、「内政ヲ整理改良」することである。そのために大久保が何よりも必要としたのが、木戸孝允の政府への復帰であった。

伊藤に自らの所信を伝えるなかで、大久保は台湾出兵の議論の果てに参議を辞した木戸の復帰を力説したという。そのために、自ら山口に赴き、木戸を説得して連れ出すつもりと思いのたけを語った。しかし、これを聞いた伊藤は、大久保自らが山口まで出向くのは、それこそ国家の体面にかかわるとして、関西での会合を勧めた。(6) 大久保の覚悟のほどに打たれたのであろう。伊藤は両者の大阪での会談——世に言う「大阪会議」の実現に向けて、動いていく。

琉球処分

一二月に入り、大久保は大阪行きの機会をうかがいながら、内務省の業務にも余念がなかった。そのなかには、佐賀の乱で内務省を木戸に預けていた時の残務も含まれていた。屑糸紡績所の設立や勧業寮で飼育していた西洋馬の繁殖がそれである。特に後者は、岩倉使節団での洋行以来、木戸が大きな関心を持っていたことだった。大久保は大阪に向かうに先立ち、木戸が気にかけていた種馬が生んだ仔馬の写真を彼に送付した(7)。

この他にも、連日のように、杉浦譲や河瀬秀治ら内務省のスタッフが彼のもとを訪れ、省務の協議を行っている。また、この時期の事績で見過ごせないのは、「琉球処分に関する建議書(8)」の提出である。

現在の沖縄県である琉球王国は、この当時、日清両国がその帰属を主張していた。日本側は江戸時代の薩摩藩からの支配を盾に、その主権が同地にも及ぶとし、清国の方は東アジアの伝統的な冊封体制の傘下に琉球も組み入れられているとした。

台湾出兵の背景には、このような琉球を巡る曖昧な状況があった。日本政府としては、自国民と見なされる琉球人が漂着した台湾で殺戮されたことに、主権国家として抗議する大義名分があったのである。そのことを引っさげて北京に赴き、交渉に臨んだ大久保は、談判の末に「台湾の征討は、清国より義挙と認められ、被害を受けた遭難者のためお見舞金を差し出(蕃地御征討ハ同国〔清国〕ヨリ義挙ト見認メ受害難民ノ為メ撫恤銀ヲ差出)」させることに成功した。これによって清国は、琉球の日本帰属を認めたと日本政府は見なした。当の琉球王は相変わらず言を左右に逡巡の態だが、このうえは日本政府が強く出て、同地の制度改革を進め、人民保護の実を上げるべきである。そのように大久保は建言した。

その後明治八年(一八七五)になると、清国での新皇帝即位に伴い、琉球が従来の慣例に則って清国へ慶賀の使節を派遣しようとした。大久保はこれを牽制して、三条実美

河瀬秀治

太政大臣に「琉球藩処分方ノ義伺」を五月九日に提出している。その内容は、琉球から清国への隔年朝貢や清帝即位に際しての慶賀使の派遣を取りやめること、福建省福州の琉球館の閉館、琉球藩王代替の際の清からの冊封の使節の廃止である。(9)

この大久保の意を受けて、彼の配下の松田道之に琉球出張の命が降り、松田は七月一〇日、那覇に到着した。これを手始めに松田は数度にわたって同地に渡り、「処分官」の異名をもって辣腕を振るった。そして、明治一二年(一八七九)に琉球王国は廃され、同国は沖縄県として日本国に併合された(琉球処分)。

だが、それが実現するのは大久保の死後である。琉球を日本の配下に置くこと=琉球処分に強い意向を示したものの、大久保がこの明治七、八年の時点で果断に事を処したわけではない。琉球の使節と何度も面会し、その曖昧模糊とした態度にいら立ちを募らせながらも、彼は自らの手で一刀両断の解決を下そうとはしなかった。この時期の彼の脳裏には、前述した内政の整備という課題がより喫緊のものとして意識されていたからであり、それに加えて、琉球の問題は、なるべく当主である琉球王の意思と指示に基づいて決せられるのが無難との判断が働いていたことが指摘される。(10)

さて、このように公務は繁忙を極めたが、その傍らで大久保は木戸の政権復帰の算段を練っていた。木戸を説得するために、ついに大久保が東京を発出したのは、明治七年一二月二四日である。この日、木戸も伊藤からの書状を受け取った。(11)そこには、大久保が木戸に面会するため山口に赴くつもりなので、この際、大阪まで出向いて大久保と会談するよう求められていた。伊藤は、大久保の意図するところは今や木戸の「宿論」と異なるところなく、ここはぜひ大阪で偶然落ち合ったという態で、大久保と熟議してほしいとも記し、木戸の出立を促した[12]。伊藤は、木戸と大久保と直に面談すれば、両者の間には内治の充実という点で相違はなく、必ずや提携が成立するだろうと踏んでいた。

木戸も意を決した。一二月二六日に大阪に着いた大久保の後を受けて、彼もまた年が改まった翌月の明治八年（一八七五）一月四日、大阪に入った。これから両雄による大阪会議が始まる。

明治八年の年頭の所感を大久保は、次のように日記にしたためている。

つらつら一昨年来の国家の困難と危急の際の苦心と十死に一生を得るように東奔西走して活路を得たことを思えば、実に意想外のことでただ一場の夢のようだ[13]。

一昨年末からの征韓論政変に始まり、佐賀の乱、台湾出兵、北京談判という修羅場をくぐり抜け、今自分があることに改めて深い感慨に捕らわれている。あれだけの危難を乗り切ったのだから、必ずや国家の創建を完遂しなければならない。大久保は気を引き締め直して、木戸との会談に臨もうとした。

松田道之

木戸が大阪に着いた翌日の一月五日、二人はまず顔を合わせた。この時は、「支那論其外近日の世上談にて別れり[14]」とあいさつ程度の会話を交わしたに過ぎなかった。二日後の七日にも大久保のもとを木戸が訪れたが、この時も大久保の日記によれば、二人は碁を打ったのみで特に話も無く別れた。

しかし、ここでともに盤を囲んだことによって、両者は同志的つながりの修復に努めたのではないか。それは、互いが精神を集中させて心をひとつに碁盤に向かい合うということで、相互が通じ合う重要な儀式だったように思われる。少なくとも、二人はこの時、明日から腹を割って話し合おうという意気を暗黙のうちに確認したであろう。

翌日の八日、両者は会談に入った。大阪会議の始まりである。しかし、この日の交渉は物別れに終わった。二人は日記に、「心の内を詳細に吐露して熟談いたす」（大久保）[15]、「昨春の退職の始末などに始まり、縷々その大義や事情を論じ、自分の平素の願いが達せられることを乞うた」（木戸）[16]と記しており、忌憚なく思いのたけをぶつけ合ったことがうかがえる。

木戸によれば、大久保は「共に東京に至らん」ことを求め、そのことは自分が北京にいた時から一途に願っていたことで、このうえはどんなことがあってもわが思いを汲んでほしいと詰め寄った[17]。両者は互いに、征韓論政変以来の政情と自己の立場を「吐露談論」し、四五時間も費やしたがついに決せず、再会を約して別れた[18]。

大久保の日記によれば、翌日九日も二人は碁盤を囲んだ。だが、肝心の協議の方は進展しなかった。大久保は木戸との直接の交渉は控え、伊藤による周旋を乞うことにした。そして、自らは身を寄せている五代友厚邸での碁会に興じ、一四日からは有馬温泉はじめ関西周遊の旅に出かけた。

脇道にそれるが、この時の大久保の旅日記から引用しておきたい。彼は次のように旅の情景を賞玩した。有馬温泉を発し、中山観音で知られる中山寺や伊丹を経て、大阪に戻る帰路の記である。

有馬を発って二里くらいの白水川《しらみず》というあたりから、山水の奇趣、実に賞するに値する。中国の厦門《アモイ》にて、奇岩怪巌の奇景、わが国では稀なものと思ったが、この地の景色はどうしてどうしてこれに匹敵するものである。湯手村からは徒歩で行き、道すがら山水の美を眺望して大いに心を楽しんだ。巨巌数十丈壁をなし、松樹蟠屈言葉に表せない。一時に中山に着き昼食をとり、同地の有名な観音堂を一覧し、二時に人力車で出発した。伊丹を経由。酒造家が多い。四時に神崎ステーションに着いた。(19)

簡潔ではあるが、何とも伸びやかな筆致である。世事を忘れ、心から風景を嘆賞する旅行者の姿がある。思い返せば、岩倉使節団の旅から帰還した後も、大久保は休暇を取って、箱根から関西へと遊び、富士の霊峰を仰ぎ、堺・高師の浜の松林の往事を偲んでいた。大久保は自覚的に訪れた土地の風光明媚を探索し、あまつさえそれをここでの中国・厦門のように海外の名勝と引き比べるという趣味の域に達している。余暇を楽しむ近代的ツーリストの誕生を見るかのようである。この後にも、彼は堺を訪れ、村人と碁を打ち、また山狩りに興じたりして過ごした。そのようにリラックスしながら英気を養い、伊藤の来訪を待った。

その伊藤は、一月二二日の夜に到着した。翌日、早速大久保を訪ねて彼から直にことのあらましを聞いた伊藤は、その足で木戸のもとへ赴き、両者のとりなしに奔走した。伊藤には成算があった。後年の回顧だが、彼は大久保に、①元老院を設置し、他日の国会設立の準備をすること、②司法権の確立のため大審院を設けること、③地方官会議を興し、上下民情を通じること、④参議と省卿を分離し、木戸や大久保らは参議として内閣を構成して天皇を補佐すべきこと、の四カ条を提示して、これを呑んでもらえるなら木戸を説得できると請け負った。

これに対して、大久保は次のように答えたという。

至極もっともな意見だ。自分は同意する。独りこのことのみに止まらず、自分はすべて木戸君の驥尾に付いてやるつもりだから、このこともよく含んでいて貰いたい。(20)

前年末に大久保の意図は木戸の「宿論」と異なるところはないと書き送って木戸の来阪を慫慂していたように、伊藤は両雄の合意には確信を持っていた。だが、あいにく木戸と大久保は、各々の思いを互いに通じ合うように言葉にするのはままならなかったらしい。二人の間に協約が成るには、伊藤という翻訳者が必要だった。

一月二六日、伊藤の取り成しで、木戸は大久保があつらえた碁会に出席し、翌日には伊藤を通じて、「出京ノ決心」が大久保に届けられた。そして、この意向は、一月二九日に伊藤立ち会いのもとで、木戸の口から直に大久保に伝えられた。

ただ一方で木戸は、征韓論の対立で参議を辞していた板垣退助の政府復帰も求めていた。やはり大阪に逗留中の板垣と木戸はこの後会談し、今度は木戸が板垣の説得に当たった。これを受けて二月九日、改めて木戸、大久保、伊藤の三者が会談した。この時の模様を木戸は次のように書き留めている。

平生の自分の立憲論、すなわち民会などを起こして、徐々に国会の礎を開かんとするとの意見を陳述した。大久保も同意。余は先日一月三〇日に板垣らとこのことについて議論し、皆わが説に同意した。今日、大久保が同意したことは、この先、国家人民のためにその端を開くもので幸いこの上ない。余、秘かに雀躍する。[21]

木戸孝允

板垣退助

その後、一一日にも、木戸、大久保、板垣、伊藤、井上馨が伊藤の旅宿の加賀伊（現・大阪市北区北浜の「花外楼」）に集まったが、木戸の政権復帰を目論んだ大阪会議は、この九日をもって結了したと言ってよい。大久保は一八日に帰京した。そして後を追うように、木戸も二四日、東京に帰還した。

立憲政体への第一歩

三月八日、木戸は参議に復職した。これに伴い、大阪会議の合意事項を実地に移す作業が始められた。一三日の大久保の日記が、大久保と木戸、板垣、伊藤の会談を記し、「政体取調着手ノ示談ニ及候」[22]と書いているのは、そのことを指す。一七日にこの四名に政体取調の命が下り、翌一八日には太政官正院に政体取調局が設けられた。

ここでの取り調べの結果として四月一四日に布告されたの

が、漸次立憲政体樹立の詔と呼ばれるものである。それには、次のようにある。

朕は、今、誓文の意味するところを拡充し、ここに元老院を設けて立法の源を広め、大審院を置いて司法権を強化し、また地方官を召集して民情を通じせしめて公益を図り、漸次に立憲政体を立てて、汝ら国民とともにその恵沢に頼らんと欲す。汝らは旧制によどんでそれに馴染むことなく、またあるいは軽率に歩を進めて性急にことを為すのでもなく、よく朕が意図を体現して翼賛せよ。(23)

ここに示されているように、今や三つの国制上の機関が設けられることになった。立法の源を広めるための「元老院」、審判の権＝司法権を強固なものとするための「大審院」、民情を政府に通すための「地方官会議」である。先述の伊藤の回顧が正しいならば、大阪会議での木戸・大久保の合意事項が履行されたわけである。

なお、伊藤の追想によれば、大阪会議ではもう一件、参議省卿の分離が申し合わされていたが、これは実現しなかった。その経緯については後述するが、そもそも、内政の整備と充実を目論見、行政重視型の参議省卿兼任制を主張していた大久保が、本当に両者の再分離を承諾していたか怪しい。実際、この点は、この年に生じるさらなる政変の導火線となるが、詳しくは後述に委ねよう。

この詔をもって、明治日本は立憲政体＝議会制度の導入へ向けて、重大な一歩を踏み出した。しかし、「漸次」と銘打たれているように、その歩みは慎重を期した。「汝らは旧制によどんでそれに馴染むことなく、またあるいは軽率に歩を進めて性急にことを為すのでもなく、よく朕が意図を体現して翼賛せよ」と守旧と急進の両極を排し、漸進主義を基調として漸次に国家立憲の政体を立て、もって君民一体となってその恵みに浴そうと呼びかけている。

とはいえ、この詔に伴い、一刀両断とも言える改革もなされた。これと同時に発せられた布告によって、太政官制の改正もなされ、左右両院が廃止されることになったのである。これに強く反発したのが、岩倉具視だった。明治一四年（一八八一）に執筆されたと思われる往事を振り返っての覚書において、彼はこの詔書について、次のように記している。

このことは、国体を一変させる基となるものであって、自分は終始不可なることを主張した。太政大臣の三条実美と参議の木戸孝允の主唱によって上奏がなされ、遂にここに至った。この時、自分は病により廟議にあずからなかった。[24]

岩倉は、これより先の明治一一年（一八七八）にも、「この詔書は従来の旧制を改め、人民にその権利を占有せしめるとの叡旨に出たもので、千歳にもおよぶ国体をまさに変更せんとするもの」と批判している。[25] 岩倉の眼には、太政官政府による政権の専有を覆し、国民の政治参加を志向する立憲政体へと踏み出したこの政治改革は、天地開闢以来の国体を一変させるものと映じたのである。

岩倉は、大久保から大阪会議の報告を受けた当初から、このことを憂慮しており、大久保に対して、会議の内容は「自分の意に叶うものでない」と詰問した。[26] これに対して大久保は、「この度の顚末につき、自分は何も意見を述べなかった。すべて木戸の驥尾に附し、唯々諾々と彼に従ったのみである。したがって、ことの可否得失を閣下にお答えする立場にない」と切り返したという[27]。

大久保にとって大阪会議は、木戸と結び、岩倉を断つ契機だった。立憲政体の導入こそ明治国家の目指すべき方向とわきまえていた大久保は、果断に岩倉の異議をはねのけ、木戸が存分に改革の鉈を振るえるように側面から支援する用意があった。「進むに軽く為すに急なること」さえ無ければ、大久保は木戸の制度構想に全幅の信頼を置いていたのである。

板垣退助の暴走

この点、岩倉とは真逆の立場からここでの改革に異を唱えたのが、板垣退助である。彼は、民選議会の導入を求める急進論者として、また参議省卿分離論者として、飽き足らなさを感じていた。

立憲政体樹立の詔を受けて左院が廃止されたことにより、新たな立法上の議事機関として元老院が設置されることになったが、木戸の頭にあったのは将来の国会の開設であった。そのために上院にあたるものとして天皇の勅命によって任命される議官からなる元老院を設け、地方官会議については これを広く国民の衆論をすくい上げるための下院に模擬して、立憲制度の準備を行うというものだった。

征韓論政変で一度下野した後、民選議院設立建白書を政府に提出し、自由民権運動の結社活動も行っていた板垣は、木戸の構想に抗った。彼は後藤象二郎や由利公正、副島種臣といった自らの息のかかった人物の元老院議官就任を強請し、木戸の不興を買っている。板垣はそのようにして元老院に自己の影響力を扶植したうえで、その権限の拡充を画策した。五月三一日に元老院は「本院ハ立法官ニシテ凡テ新法ノ設立旧法ノ改正ヲ議定ス」と定めた元老院章程の改正案を上奏した。元老院を単なる立法の諮問機関ではなく、純然たる立法院にしようとしたのである。これは、参議の板垣が、元老院議官の陸奥宗光と連携して政府に迫ったものだった。[28]

しかし、木戸や大久保の堅持する方針はあくまで漸進論であり、元老院の役割も政府の立法活動に対する諮問機関としてまず発足させ、安全運転をしながらその定着を図ろうとするものだった。この点、大久保のもとに答申されたボワソナードの憲法制定意見が示唆的である。北京談判以来、大久保の信頼を厚くしていたボワソナードは、天皇と相分かつかたちで立法権を定めるべきかとの問いに対して、四月三日付の大久保宛の意見書で次のように述べている。

いまだ可とすべきでない。今、天皇の主権は赫々として下々に照り輝いている。そのようななか、その権力を殺いで下の民に分与するのは、極めて危険なことを生じるであろう。[29]

ボワソナードはかく論じて、今もし民選議員を置くことになっても、しばらくは相談人の役割にとどめておくに如くはないと建言した。[30] ボワソナードの答申は、大久保の意に沿うものだったとみて間違いない。まだしばらくは天皇の主権の直下に立法権は留めておき、民選議院はおろか元老院というかたちでも独立した立法機関を認めるべきではないと考えられたのである。まずは国家の統合力を強め、国家をともに担うという意識の共有を醸成させた後に、権力の分与を進めるというのが、木戸や大久保の認識であり、板垣の急進論は決して認めてはならないものだった。

板垣と政府との決裂は、参議省卿分離論によって決定的となった。大阪会議では参議省卿兼任制を止め、再び両者を分離することが合意された。しかし、実際の制度改革ではこの点は見合わせられた。板垣はこのことにも噛みついた。そもそも、彼こそがこの分離案を主張していたのである。板垣としては、大臣や参議によって構成される内閣と諸省を切り離し、省の長官たる卿に広く人材を集めることで、結果として自らに有利な政権運営を目論んでいたものと推察される。

板垣は八月以降、この件で攻勢を強めた。そのようななか、九月に入って、朝鮮近海を航行していた日本の艦船が砲撃を受け、これをきっかけに日本の軍隊が朝鮮の江華島に上陸してその砲台を占拠するという事態が生じた。江華島事件と呼ばれるものであり、これにより日朝間に緊張が走った。こうした事態もあり、政府首脳部は参議省卿分離のような大がかりな組織改革には着手しない意向だったが、板垣は収まらなかった。彼は、守旧派のドンとして威圧的姿勢を高めていた左大臣の島津久光と結託し、分離策を政府に迫った。

一〇月六日、大久保のもとを伊藤が来訪した。参議省卿分離の件で、三条からの意見照会を伝えに来たのである。大久保は、「断然にお止めになること然るべ」しと答え、八日には閣議でその旨を陳弁した[31]。しかし、板垣の方も分離断行を天皇に上書し、事態は正面衝突の様相を帯びた。一〇月一九日、大臣と参議一同が召集を受け、参内した。ここで、朝鮮での事件もあり、さしあたり従前の通りに据え置くとの天皇の親諭が太政大臣の三条から申し渡された。だが、板垣と久光の連合軍はまだ引き下がらない。今度は、久光がこれを不服として三条の弾劾を奏上した[32]。天皇は、二二日に久光を召し、この上奏を却下。この結果、久光と板垣は辞職した。大久保は岩倉に宛てて、「一刀両断の親諭の勅旨を確守し、不可奪の根軸を立てるのみ（一刀両断親諭之勅旨確守不可奪之根軸被相立候外無之与愚考仕候）」としたため、次のようにも書き残している。断つ人の面目躍如である。

国家創業の際にこれしきの難事は常時のことと言わずして、大事の成功は仕遂げられるものではありません。これまでの七、八年間の有様は、蓋《けだ》しこのようなものでした。かくの如き局面に臨み、百折不撓誠心突き通し、我一人をもって国家を維持するとの覚悟が無くては、堅忍耐久して大志を成すことなどできません。(33)

かくして、久光と板垣は政府の外に放擲され、木戸と大久保の主導する漸進主義は盤石な政府の指針となった。この一連の経緯で印象的なのは、木戸の大久保に対する信頼である。これまで大久保は、時に木戸の勘気を被りながらも、一貫して政府において不可欠の人としてその抱き込みを図ってきた。大阪会議はまさにそのためのものだった。大久保自身が述懐していたように、彼は木戸の要望は何でも聴き入れるつもりだった。

そのあまりに従容とした姿勢に、木戸も大久保を信用し、両者の結束のもと、後の明治憲法体制の成立へと至る漸次立憲政体樹立の行程が緒に就いたのである。この時期の木戸の大久保評を引いておこう。井上馨に宛てた書簡の一節である。

大久保は着実にして、薩摩人にしては薩摩風の考えの少ない方だ。そうであるから、自分では公明正大のつもりでも、薩摩の論客から見れば許し難いところもあるだろう。[34]

同じ書簡で、木戸が板垣のことを、「板垣は度量が小さく、狷介で、緩急を取捨することも難局をまとめようなどという気概もこれっぽっちも持ち合わせていない」と難じているうえでの大久保評である。[35] 板垣の頑迷な態度への苛立ちを募らせるのに比例して、木戸の大久保への信頼は増幅していった。

だが、その信頼は、立憲政体を漸次に創建していくという共同の国家プロジェクトを根拠としたビジネスライクなものだったことも付け加えておかねばなるまい。目指す政治が同床異夢だったと分かれば、木戸はかつてのように、たちどころに大久保と距離を取るだろう。また、木戸が書いているように、公明さをあくまで追求するという大久保の姿勢は、必ずや彼の郷里・薩摩の人々との軋轢を生じることになる。

もっとも、それはもう少し先の話である。ここでは、木戸と大久保の蜜月関係によって、明治憲法の成立へ向けた大きな一歩が刻まれたことを指摘しておきたい。

Ⅱ　衆智としての殖産興業──東北への勧業の旅

自立国家プロジェクト

北京談判を終えて帰国した大久保が、これからの政治の目的を「内政を整理改良し、国力を養成することで、国の独立を盤石にする」と語っていたことは、本章の冒頭で紹介した。内政の整理改良とは、これまで論述してきたように、木戸をバックアップして漸次立憲政体樹立の道筋を立てることであった。この点において、大久保は木戸に追随した。

これに対して、大久保が自らの領分と見なしていたのが、国力の養成扶養の課題である。このために彼は、征韓論政変後の明治六年（一八七三）末に内務省を創設したのだった。本来ならば、彼はこの仕事に没頭したかったのである。しかし、佐賀の乱、台湾出兵といった内憂外患がそれを許さなかった。しかし、今やそれらが片づき、また国内体制の改革も木戸の政権復帰が成し遂げられたことによって目途が立ち、大久保はようやく彼の宿願である内務省を通じての国力養成に着手できるようになったのである。

時計の針を少し戻そう。明治八年四月に漸次立憲政体樹立の詔が出された翌月の五月二四日、内務卿の大久保は、三条太政大臣に対して、「本省事業ノ目的ヲ定ムルノ議」と題した建議書を提出した(1)。本省とはもちろん内務省を指す。これは、大久保内務省の綱領宣言と言えるものである。そして、大久保にとっては、漸次立憲政体樹立の詔とともに、車の両輪となって明治国家の国制を規定するものとして捉えられていたと見なすことができる。立憲政体という新しい革袋を作り、そこに内務省によって作られる新しい酒を盛ると言えようか。もっとも、立憲政体の導入は少し先の話であり、新酒の醸造はそれに先駆けてこれから行われるのであるが。

以下、大久保内務省の綱領とはどのようなものだったのかを考察する。それは、殖産興業という スローガンに込められた大久保の理念を再構成する作業となる。すでに前章でわれわれは、明治七年六月に建策された「殖産興業に関する建議書」を考察し、大久保の「勧業殖産」のエッセンスが、官と民の提携、そして官による民の知識の誘導と開発に求められることを見てきた。そのことを念頭に置きながら、「本省事業ノ目的ヲ定ムルノ議」に目を通していこう。

同書は、次のように始まる。

目下、国勢は開明に向かって日に日に歩を進めている。とはいえ、人々の生活は月を追うごとに衰耗していっているという実害無きにしもあらずである。(2)

ここで言われる「開明」とは何か。それは、衣服、艦船、兵器から学芸、器械、日用品に至るまで広く生活の旧観を改めることだとされる。文明開化の語で俗解されるような西洋の物質文明の導入である。

それでは、国民の暮らしは何故に衰耗しているというのか。それは、「工業の成果が未だ上がらず、商業が未だ盛んでない(工業未夕挙ラス商法未夕盛ナラス)」からだという。特にここで指摘されるのが、輸出入の不均衡によってもたらされる貿易赤字であり、独自の販路や商路をもたないことによって、十分に輸出が伸びないことが挙げられる。これは言うならば、産業化の果実が国民にうまく行き渡っていないということであろう。

これだけだとあまりに素朴な物質文明礼賛と皮相で浅薄な工業化の国策的振興の言である。だが、ここではさらに次のようにも述べられている。

そもそも開明の装いを呈することは理の勢いの然らしめるものである。それは人間の知識の赴く先でもあり、抑圧することなどできない。ここに来て、内地の人々のこれまでの生業（旧業）は徐々に廃棄されざるを得ない。旧業が廃棄されるとしたら、衰耗の害もこれに乗じざるを得ない。したがって、旧業を改めるには、それに代わる新たな生業（新業）を推奨し斡旋して、地に根を張った実力を養成し、もってこれに応じてよく対外関係を制して均衡の策を講じなければならない。そのような実力を養成するためには、ひとえに殖産厚生の実務あるのみである。(3)

文明開化（西洋化）は、理の趨勢であり、人知の然らしめるものでもあるので、不可避である。他方で、急激な変化は人々の仕事を脅かし、生活を苦境に落としかねない。今必要なのは、政府がその新旧の転換を促進し斡旋することである。そして、地に足をつけたかたちで国民の経済力を養成することとされる。

内務省はそのために設置された。内治を整え、国力をしっかりと足腰の据わったものとし、民産を扶植して民業を振興する。外に恃まず、自らの力で立つことができるような産業立国を目指す。それが内務省のプロジェクトである。そして、これこそ大久保が本来着手したかった事業であった。そのことは、ここで包み隠さず弁じられている。

内務省創建から日ならずして内外に変事が起こり、そのことのために奔走を余儀なくされて省務を見るゆとりが無いままほとんど一年が経過したことは、止むを得ざることとはいえ、回顧すれば深く嘆息せざるを得ない。しかし、今や内外は平穏に帰し、廟議で定まった建省の目的もここにおいて達せられるべきである。利通をして奉職の責を尽くさしめるの時も今到来したと考える。しからばすなわち、よろしく内治を整え、国力を養うことを努め、基礎の未だ堅固ならざるものは堅固なものとし、筋道の未だ整備されていないものは整備して実力を養い、今の状況を是正するための方法を講究して実践し、治平の根基を確実にしなければならない(4)。

このように決意表明がなされたのに続けて、「内務の現に着手の先務緊要とする処」のものとして、次の四件が掲げられた。すなわち、①樹芸・牧畜・農工商を奨励するの道、②山林保存・樹木栽培、③地方の取締の整備、④海運の道を開くこと、の四項目であり、それぞれ内務省のセクションである勧業寮、地理寮、警保寮、駅逓寮にかかわる案件である。これらについては、別紙にてその目的や方法、概算要求を上程するとしている。

プロデューサー大久保

ところで、その「別紙」に当たる文書が何であるかについては、従来議論があったが、近年、小幡圭祐、松沢裕作両氏の共著による研究成果「『本省事業ノ目的ヲ定ムルノ議』の別紙について」[5]が著され、綿密な考証によってこれが確定された。その過程を再現することはここでは控えるが、日本近代史学の実証的手法の精髄を示すと言って過言でない論考なので、興味ある読者は是非一読を乞う[6]。

なお、この論考では、緻密な史料批判の結果として、次のような注目すべき問題提起がなされている。すなわち、これら別紙はそれぞれ単独で独立に作成されたと考えられることが指摘され、そのうえで次のように論じられている。

勧業寮、地理寮、警保寮、駅逓寮のそれぞれにかかわる案件が、それぞれ独立した政策として提出される予定であったとするならば、大久保内務卿の政策上の主導性はどのように評価されるべきか、という点は、本稿の検討を踏まえたうえで再考を要するものであろうと考えられる。言葉を換えれば、従来自明のこととされてきた大久保の省内統制と政策への関与の実態の再検討が求められることとなろう[7]。

ここで投げかけられているのは、従来、大久保内務省なり大久保政権などと称されてきたような大久保利通の権力基盤や政治指導の実態に対する疑念である。少なくとも内務省内での指導や統制という面において、大久保の影響は言われるほど強くなかったのではないかとその再考が促されているわけである。

これに対して、筆者が提示したいのが、本書の「はじめに」で言及した「羊飼いとしての指導者」である。再言したい。「羊飼いとしての指導者」とは、ネルソン・マンデラが語っていたものだった。マンデラによれば、「指導者というのは羊飼いのようなもの」とされ、「羊飼いは群れの後ろにいて、賢い羊を先頭に行かせる。あとの羊たちはそれについていくが、全体の動きに目を配っているのは、後ろにいる羊飼いなのだ」、と述べられる。(8)

ここでの大久保の指導力も、まさに羊飼いとしてのそれだったのである。自分が先頭に立って人々を引っ張っていくのではなく、しんがりに位置しながら国の行くべき先を展望し、国内の様々な社会的政治的要請を汲み取って、あるべき方向へと国民的諸勢力の方向付けを行う。言葉を変えれば、ところどころで沸々と湧き上がるパブリックな要望をすくい上げ、それをつなぎ合わせて実現させる触媒の働きとも言えよう。すなわち、内務省という舞台において、大久保はアクターだったのではなく、舞台を演出するプロデューサーだったというのがふさわしかろう。このプロデューサーは、舞台を作り出すために、有為の人々を見繕い、スカウトし、結び合わせた。

この点については、前章で大島美津子氏の言葉を引きながら、大久保が内務省に藩閥の枠にとらわれず、旧佐幕派や幕臣からも広く人材を求め、能力主義で登用していたことを既に見た。これから先も大久保は、内務省を通じて、人の和を広げていくことに専心する。そして彼は、「殖産興業に関する建議書」に謳われていたように、民の知識の開化とそれによる民力の養成を推し進めていこうとしたのである。このことは、この時期に着手された政策からもうかがえる。その政策とは、牧羊、養蚕、そして博物館である。このうち博物館については、本章の最後で内国勧業博覧会について論じる際にあわせて詳述したい。ここでは、前二者について簡単に記しておこう。

牧羊と養蚕

このうち、牧羊業については、岩倉使節団の時のエピソードを第二章で紹介した。大久保は、大倉喜八郎の提言を容れて、増大する毛織物の国内需要を国内での供給でまかなおうとした。そのために、ドイツに留学していた旧長州藩士の井上省三に織物業の調査を委ね、そして旧知でアメリカに留学していた岩山敬義に牧羊の研鑽に当たらせた。羊毛それ自体から自給を目指したのである。

明治八年を通じて、大久保の日記には、牧羊場開設へと向けた動きを伝える記載が散見される。かねてより牧羊を慫慂していたルジャンドルやアメリカから招かれた専門家のアップ・ジョーンズ*が大久保のもとを何度か訪れ、協議を重ねた。その結果、千葉・下総の地に牧羊場が開設され、岩山敬義がその長に就いた。そこで産出される羊毛を用いて生産を行う毛織物工場は、井上省三の帰国後の明治一二年に東京の南千住に作られた（千住製絨所）。しかし、この時すでに大久保はこの世に無く、また下総牧羊場もお雇い外国人のジョーンズが暴漢に襲われて重傷を負い帰国したため頓挫の憂き目にあった。結局、内務省の毛織物事業は、所期の目的を遂げることはできな

アップ、ジョーンズ（生没年不詳）カリフォルニア在住の牧羊家で、岩倉使節団が訪米時に来日を要請したと言われる。一八七三年の来日後、各地を調査し、牧羊適地を検討する。内務省勧業寮のお雇い外国人として下総牧羊場に入るが、一八七八年八月、官舎で強盗に襲われ重傷を負い、翌年二月帰国。

かった。[9]

次に養蚕業であるが、これも大久保が、岩倉使節団で欧州にあった時に、養蚕と製糸事業の調査のために工部省からヨーロッパに派遣されていた佐々木長淳と出会い、帰国後、彼を内務省に引き抜いたこと、そして彼を後にその建策に基づき群馬県高崎市に建立された内務省勧業寮屑糸紡績所の初代所長に据えたことを、やはり第二章で言及した。この点について、ここでやや敷衍しておこう。

佐々木長淳は、福井藩の出身である。西洋技術導入のための製造局の建設を任され、幕末の福井藩において軍需品を中心とした製造業の指導に当たった。この時、佐々木はアメリカから織物機を購入するなど繊維業にも注目していた。

欧州で養蚕業の調査を行い帰国した佐々木は、明治六年一〇月に「西欧養蚕製糸紡績業調査報告」を正院に提出し、そのなかで絹糸紡績場の建設を提言している[10]。これが大久保の耳にも入ったのであろう。佐々木は同年末に内務省が創設されるや、同省に異動となり、薩摩藩出身の岩山敬義および旧幕臣の田中芳男*とともに勧業寮農務課に配置された。

内務省に移った佐々木は、養蚕製糸業の発展に向けて想を練った。彼の構想は、明治七年四月一八日に東京日日新聞に掲載された建議書「蚕事学校〔校〕創造」からうかがえる。ここで佐々木は、日本の絹糸は世界的に注目されており、輸出品としての価値が高いことを指摘したうえで、その課題を次のように説いている。友田清彦氏の要約をそのまま借用する。

わが国の自然条件は養蚕に適しており、「山野ノ細民」が永年の労働でこれを盛んにしてきたが、「養蚕者」は各地で自家流の養蚕法を営んでおり、良法があっても家伝秘法として他に伝えず、また養蚕書を著す者が多いといってもその技術等はまちまちで信頼性を欠いている。さらに開港以来、蚕卵紙や生糸の輸出は年々増加したが、これにともなって粗製濫造が行われるようになり、声価を落とすに至っている[11]。

かく述べて、佐々木は蚕事学校＝養蚕学校の設立を唱えるのである。この同じ月に彼は、屑糸紡績所の開設も建議しており[12]、養蚕に関する知識の掘り起こしと体系化、そしてそれに立脚した工場の設立が佐々木の掲げるものだったことが分かる。

紡績所設立の許可は、明治八年四月に降りた。佐々木は引き続き養蚕学校の開設にも力を注ぎ、新宿に設けられた勧業寮出張所（内藤新宿試験場）において、養蚕業に従事している篤農家を各地から招き、知識の交換と錬成に努めた。そこを視察した大久保は、「佐々木長淳は格別に勉励し研究を行っている様をこの目で見る[13]」とその労を多とし、蚕室建設のための伺を出すなどして支援した[14]。

『大久保利通伝』は、内務省の政策の狙いを次のように概括している。「内務省は学理と実際を調和させ、もって耕作牧畜の発達を図らなければならないとして、各県から植林、園芸、養蚕な

田中芳男（一八三八―一九一六）博物学者。信州飯田の医師の家に生まれる。蕃書調所に入り、殖産興業の研究に携わる。パリ博覧会に参加し、帰国後は開成所御用掛として自然科学全般の普及を提唱し、「博物館」の建設及び、その名称も発案。町田久成らと上野の博物館、動物園設置に携わる。分類学の綱目科属種の訳語発案でも知られる。

どの諸々の産業に精通する者を選抜し、また、そのような者たちの著書などを上申すべしと通達した」、と。[15]

すなわちそこで目指されたのは、学理と実務を架橋するため、日本各地から様々な農事に秀でた者を精選して呼び集めたり、その技術書を取り寄せたりすることだった。換言すれば、知識の集約と交換、当時の言葉で言えば「衆智」の機関として内務省は構想されたのである。右に見た佐々木の活動は、それと符合したものとなっている。

明治九年の慶事と大事

年が改まってからの大久保の動向に話を移そう。

明治九年（一八七六）の初頭は、大久保の私生活でいくつかの慶事があった。まず一月にかねてより建築中だった新居が麴町に完成した。[16]白亜の洋館で、世の耳目をひいた。この邸宅は、その後、ベルギー公使館として使用された。

翌月の二月一二日には、九人の子をなした彼の唯一の娘である芳子が生まれた。子煩悩な大久保であったが、この一人娘は特に溺愛したと伝えられる。大久保は役所に出勤する前も、その直前まで赤ん坊だった彼女を抱き上げ、書斎でキャッキャッと戯れていたという。[17]

四月一九日、さらに大きな出来事があった。天皇が大久保の新居を訪れたのである。この月から天皇は、主だった臣下の私宅への行幸を始めた。まず岩倉具視邸を訪れ、そして一八日に木戸孝允の邸宅を親臨したのに続く訪問だった。

この天皇親臨の報を一三日に知らされた大久保は、感激に身震いしながら、公務の間をぬって奉迎の準備を差配した。そして、その日を迎えた後、日記に「ああ、人の一生とは不思議なものだ。自分の家に陛下が来られるなど夢にも考えないこと。終身の名誉であることは申すまでも無く、子々孫々にわたってこの天恩を忘却してはならない」と万感の思いを綴っている。[18]

そのような私生活での充実の傍ら、国事は間断なく生起する。前年九月に江華島事件が勃発していたことは前述した。朝鮮半島の江華島付近を示威航行していた日本軍艦が朝鮮の砲撃を受け、日本側が応戦して相手方の砲台を占拠した事件である。日本側はこれを奇貨として朝鮮との間に国交を樹立することとし、黒田清隆が全権大臣として派遣された。明治九年一月六日のことである。

大久保は事件が発生した当初、「政府の目的を一本化し、ぶれることの無い根軸を確定」することが肝要と岩倉に宛てて上書した。[19] そして、次のようにも述べている。

方略を確定し、徐々にそれを進めて堅持し、あえて衆説に拘らず、大勢に動ぜず、成功を遠望すること。[20]

国家の大目的を確定するが、拙速にはやるのではなく、相手方の出方をうかがいながら、慎重に交渉を進めよとの戒めである。そして、交渉の場においては、周囲の雑音（「衆説」）に惑わされず、大きな声（「勢」）に流されず、ひとえに遠望を見定めながら成功を期すべしとされる。北京談判での経験に裏打ちされた大久保の外交観である。

朝鮮で交渉に臨んだ黒田からは、同国の情勢は「とても平穏とは認められない」故、さらなる軍の派遣要請があった。これに対して大久保は、「断然当初の意図を貫徹するべきであり、まずは兵隊の派遣は見合わせる」との意見を示した[21]。

結局のところ、両国の間でこれ以上の砲火が交えられることは無く、二月二六日に日朝修好条規が成立した。これにより、日本と朝鮮は「自主ノ邦」として「平等ノ権」をもつものとされたが、他方で日本は、朝鮮に対して自国民の領事裁判権を認めさせ、また米穀類の無関税貿易を強いるなどした。江戸の敵を長崎で討つかのように、かつて日本が列強から受けた砲艦外交の末の不平等条約を押しつけたのである。

しかし、朝鮮側はこの条約を江戸時代の釜山の倭館での慣行の延長と見なしており、「朝鮮政府は自国民が日本に渡航することを想定しておらず、したがってここに不平等を認めなかった[22]」、つまり、朝鮮の方には「一方的に『押しつけられた』という意識はなかった」との指摘もある[23]。日本も陥った不平等条約のトリックである。

富強の礎は東北にあり

天皇の自邸行幸があったのと前後して、大久保自身はこのような大事と向き合っていた。その最中、彼は「国本培養に関する建議書」をとりまとめた[24]。内務省の勧業政策に対する予算の増額を求めた建議書である。

「実力は国の精神にして政の基礎」と掲げるこの書では、内は民の安寧幸福を図り、外は広く諸外国と親交を深めて貿易を促進すると同時に、軍備を充実させて外侮を排することが説かれる。

だが、そのような内外の国家的要請に応じるには、未だ国の実力は欠けている。国の精神を旺盛にし、政治の基礎を堅固にするために、民業を勧奨し、物産を増殖することに努めねばならないとする。

それは、「国務急中の最も急なるもの」である。今、内需の高まりに比して、国内の物産は追いつかず、外国からの輸入ばかりが増大している。このような偏りを是正し挽回するために、官による勧業政策、すなわち民業の指導育成が急務とされる。そのようなことは政府のなすべきことではないなどと座視していては、国の衰運は目もあてられなくなる。

政治の理からすれば、正則とは言えないが、時勢上の例外として不可欠の要務と言わざるを得ない[25]。

このように畳み掛けるように述べて、大久保は勧業のための予算の増加を迫った。この結果、明治九年七月からの翌会計年度では、最終的に四六万円あまりの経費が勧業寮改め勧農局に認められた。前年度の勧業寮の経費が約一三万円だったのと比べれば、大幅な増額である。明治九年五月に勧業寮の改組により、勧農局から分かれるかたちで設けられた勧商局の経費八万五千円あまりと足したら、実に四倍もの予算拡大である[26]。これをもって、大久保は念願の勧業政策に邁進していくことになる。

その手始めとして彼が敢行したのが、この年の明治九年五月から約二カ月にわたってなされた東北地方の巡察である。これは、天皇の東北行幸の先発隊として、あらかじめ訪問地の視察を行うとの名目であった。しかし、大久保にとってこの視察は、東北地方の産業の実態とその可能性を探るための勧業の旅であった。彼が巡察の旅に出たのは、五月二三日である。以下、その旅程をたどってみよう。

五月
二四日　栃木県に入る。県庁にて勧業に関して訓諭奨励。
二五日　日光に至る。
二七日　東照宮拝観。
二八日　現在の福島県に入る。白河にて戊辰戦争の戦跡を巡り、戦死者の墓に詣でる。
二九日　若松へ。

六月
三日　磐前《いわさき》県（現・福島県の沿岸部）庁にて県政の説明受ける。
五日　郡山へ。福島県参事山吉盛典《もりすけ》の案内で桑野村開拓地視察。
六日　山吉の案内で二本松の製糸場見学。
七日　半田銀山見学。
九日　置賜県（現・山形県置賜地方）成田村にて佐々木宇右衛門作製の養蚕器械場見学。
一二日　鶴岡県（現・山形県庄内地方）に入る。県令三島通庸《みちつね》の出迎え受ける。
一六日　宮城に至る。松島石巻を回覧。
二三日　岩沼にて天皇を出迎え。
二六日　天皇一行と離れ、古川、中尊寺などを経て、岩手へ。

二八日　盛岡着。翌日、県庁を訪問。
七月
一日　秋田県へ向かう。途中の道路の整備状況を賞嘆。
四日　秋田県庁視察。
五日　青森県へ向かう。能代に泊。
六日　大館着。
七日　弘前へ向かう。
八日　青森着。翌日、県庁訪問し、県政につき聴取。
一一日　旧会津藩士広沢安任が三本木に開いた牧場を見る。天覧に供するよう計らう。
一四日　函館へ。
一五日　五稜郭見る。
一六日　天皇の函館着港を奉迎。
一七日　船にて帰路に就く。
一九日　横浜着港。帰京。

以上が大久保の足取りであるが、この旅にはいくつかの眼目があったことが指摘できる。まず第一に、大久保が、各地の県政の実状の把握に努めていたことである。彼は訪れた各県で、まず県庁に赴き県政について聴取することから始めている。そこでの関心は、最初に入った栃木県の県庁での訓令に明らかなように、勧業にあった(27)。随所で彼は、県の備えた物産試験所や陳列所を見学し、県令から産業の奨励策を聞き、指示を出している。

また学校の視察も必ず入っている。大久保は各県の教育の現状を知らんとした。栃木県や磐前県、鶴岡県では特にその成績を賞賛している。女子教育への関心も高く、栃木県と磐前県におけるその進捗に感銘を受けている(28)。

もうひとつ、彼が県治の要諦としたのが、交通の整備である。このことを大久保は岩手県で実感した。当時の県令島惟精《いせい》*の尽力で、盛岡と秋田を結ぶ秋田街道が前年に開通していたが、それを通って秋田に入った大久保は、「これまでは馬も通れない険しい山だったのを、島県令が昨年この道を切り開き、およそ三里にわたって大岩を砕き、いばらの道を開き、今では車も馬もともに通えるようになった。〔中略〕実に容易ならざる事業である。県令の懇切なる配慮、見るべきである。山頂に至れば、いわゆる国見峠が一望でき、眼下に岩手県を見る(29)」と深い感慨を書き留めている。このことは、秋田から青森に入るや、道路の険悪なることに閉口する記述が増えることから、県政の課題として鮮明に脳裏に刻まれたことであろう。

これに限らず、大久保の日記には、各県の道路状況についての感想がひんぱんに記されている。人やモノの流通を促すために、交通網を整備することは、勧業のためにも必須なこととして意識されていた。

それは何も陸路にとどまらない。大久保の念頭には水運による物流の促進があり、河川の整備のほか、海港の建設も模索していた。そのような関心から、彼は宮城県の松島一帯を視察して回り、その地が「港の入り口が険悪〔狭小?〕で、船舶の便を失」っているのは「自分の責任である」として、港湾整備に意欲を示した(30)。この結果、同地の野蒜《のびる》海岸に目がつけられ、そこに一大港湾設備を建造することが決められる。

第二に挙げられる旅の目的は、各地の産業の実態を知ることである。すでに記した通り、この旅自体が大久保にとっては東北地方の産業を視察するのを目的としたものであり、実際、彼は県庁を訪れると勧業を説き、産業振興の模様を調査した。

そのような座学にとどまらず、大久保は行った先々で、その地の生業の新たな取り組みについて見聞を深めている。福島では、いくつもの村で馬の牧畜が盛んとなっており、「村々も大いに繁昌の形勢に向かっている模様」(31)と観察しており、桑野村（現在の郡山市桑野）という土地の広大な開拓地では桑や稲などが植えられ、住民の士気も高く、「この様子では、成功疑い無し」と頼もしく眺めている(32)。福島では他に、二本松にて製糸場、また半田の銀山（伊達郡桑折町）も視察した。

山形では、成田村（現在の長井市成田）で独自に養蚕器械を開発し養蚕場を開いた佐々木宇右衛門*のもとを訪れ、「佐々木は年はまだ若いが、志あって感服の人物である」と賞賛している(33)。また、同じく山形では、牧牛を営む平田慶次郎のもとにも立ち寄った(34)。牧牛ということでは、青森の三本木でも、旧会津藩士の広沢安任《やすとう》*が開いた牧場を見学し、その規模に大いに印象づけられ、ぜひ天覧に供したいと骨折っている(35)。

島惟精（一八三四―一八八六）豊後・府内藩士。勤皇論者として藩論をまとめ、新政府下では、民部省、大蔵省等に出仕の後、岩手県令。内務省土木局長を経て茨城県令。

佐々木宇右衛門（一八五〇―一九〇九）出羽国置賜郡成田村生まれ。製糸工場を興し、製糸業の発展に尽力。後に県会議員、衆議院議員。

第三に指摘しておくべきは、この旅が地域に根差して殖産に努める有為の士を発掘するものだったことである。すでに記したように、大久保は行く先々で勧業に従事している土地の名士と遭遇した。山形の佐々木宇右衛門や平田慶次郎然り、青森の広沢安任然りである。この他にも、福島白河にて矢田部才助なる者が馬の繁殖に努めているのを知り、その牧馬の模様を天覧に供するよう図ったり(36)、山形の鶴岡では半沢久次郎*という窮民の救済に当たっている「人民の信望を得ているとりわけ奇特な人物」の存在を知り、わざわざ面会して激励している(37)。こういった人々の名を、大久保は丹念に日記に書き留めた。

これらの例からうかがえるように、大久保はこの旅を通じて、徳望ある在地のリーダーと彼らによって牽引される地域経済の潜在力について強い印象を持つこととなった。「奥羽には金持ちがたくさんいる。彼らを運用すれば、よほどの助けとなってくれるだろう(38)」と彼は述べているが、そこにおける「金持」とは右に記してきたような豪商や豪農、地主などその土地の有力者のことを指しており、そのような者たちが自らの資力を傾注して地域の振興に挺身している姿を実際に見てきたが故の述懐と言えよう。この思いは、旅を進めるにしたがって、いよいよもって強くなっていったのだった。

また、官の側にも幾人かの見るべき指導者がいた。県道の整備に尽力した先述の岩手県令島惟精の他にも、当時鶴岡県令だった三島通庸*とも会い、彼の案内で開墾場を見学し、そこで大規模になされている養蚕業に感心している(39)。三島はかねてより山形地方の土木事業にも意を注ぎ、島と同様、道路開削に余念がなかった。彼が東北の公共事業や治安に辣腕を振るい、「鬼県令」の異名を取ったことはよく知られている。大久保訪問時も、貢納減免を求める農民の大がかりな反対運動（ワッパ騒動）が持ち上がり、司法省から派遣された児島惟謙*によって県官たちの不正が糾問されていた。大久保は、児島からその裁断案を提示されている(40)。

この他にも、福島の郡山で桑野村開拓地を視察して、その模様にことのほか関心を示していたが、現地を案内した福島県参事の山吉盛典*は、奇しくも二年後、大久保の遺言を託されるという歴史的役回りを演じることになる。その山吉の案内で訪れた桑野村では、この後、大久保の肝煎りで安積開拓の一大事業が展開する。

以上のように、大久保の東北巡察は、当地の発展の可能性について確信を抱かせるものだった。そのことは、大久保が旅の途上で、岩倉に対して「富強の礎は、この地にあるものと存じます(41)」

広沢安任（一八三〇―一八九一）会津藩士。戊辰戦争に敗れた後も藩復興に奔走。廃藩置県後、政府出仕を利通に求められるも拒絶、青森県三沢市に英式大農場、開牧社（後に広沢牧場）を開設。

半沢久次郎（生没年不詳　享年六五）出羽・漆山村（現在の山形市漆山）の名主。半沢家は代々当主が〝久次郎〟を名乗るが、ここでは地租改正に関わった「為親」と思われる。天皇の東北巡幸の際に行在所を提供。蔵書家としても知られる。

三島通庸（一八三五―一八八八）薩摩藩士。酒田県、山形県、福島県等で県令となり、隧道掘削や架橋などの大規模工事のもと東北の交通網拡充に尽力。後に内務省土木局長、警視総監等を歴任。自由民権運動の弾圧でも知られる。

児島惟謙（一八三七―一九〇八）伊予、宇和島藩士。青年期に長崎で五代友厚、坂本龍馬らと交流。戊辰戦争に参加後、新政府では新潟県御用掛等を経て司法省に出仕。一八九一年大審院長。同年発生した大津事件では司法の独立を説き、被告を無期徒刑にするよう訴訟指揮。後に貴族院議員、衆議院議員。

山吉盛典（一八三五―一九〇二）米沢藩士。福島権令や福島県令として同地の開発に携わり、隣県山形の三島通庸とともに東北の交通網拡充を図った。利通の遺言は山吉により『済世遺言』としてまとめられた。

三島通庸（国立国会図書館）

と書き送っていることからうかがえよう。日本の発展の礎は東北にある。大久保はそう言い切っているのである。

そのような東北振興にかける意気込みを、彼が旅の先々から発した書簡のなかに確認しておこう。東京を発って二十日が経った六月一三日、先遣の大久保はひと月後に東京を発った天皇に供奉する岩倉に次のように書き送っている。

この地の如きは曠野荒蕪渺茫たる原野多しといえども、養蚕牧馬鉱山といった産業も少なくありません。運輸の便を開き、一層勧業に力を尽くしてうまく事が運べば、単に人民にとっていささかの利便となるのみならず、国力を幾分か増強するであろうこと言うを俟ちません[42]。

東北には未墾の沃野が広がっている。しかも、そこではすでに養蚕や牧畜など様々な生業も営まれている。それらの産物を流通させるために交通網を整備し、勧業に努めれば、必ずや国の富強に寄与するであろうと述べられている。勧業の素地は、すでにあるとして、東北への投資が慫慂されているのである。

続けて、五日後の一八日には松方正義宛て書簡で、次のように伝えている。

奥羽のことには全般的に手を着けたいと考えています。とりわけ手を入れたいのは製糸工場で、奥羽地方ではこれが第一と愚考します。よって、なるべく豪農や豪商たちを説諭して取りかからせるよう手筈しておきました。少しずつ資本を貸し与えれば、三四カ所は必ずやうまくいくでしょう。[43]

東北開発への思いがより強く綴られている。看過すべきでないのは、そう考えるに至ったファクターとして、豪農や豪商ら草の根の人々の存在があったことである。右の引用の後で、先に示した「奥羽には金持ちがたくさんいる」の一文が続く。未墾の沃野が広がっているのみではない。財力と高い士気を有した民の存在があるからこそ、東北の地で殖産興業は可能と考えられたのである。

かくして、大久保の東北への思いは固まっていった。六月二四日には再び岩倉に手紙を書いた。それによれば、東北の人々は小利に甘んじて大利を求める気概に乏しく、旧習もまだ脱していないが、政府の保護による勧奨に従い徐々に天皇の御心（開化）の方向へ向かっている。これからは一層、人々が協力結社して営業の興隆を図ること、有志が出資して学校病院を開設すること、外から指導者を招き物産の品質改良が遂げられることが必要である。就学している子弟らは日一日と増加し、長足の進歩を遂げている景況である。そのように書き綴られている。そのうえで彼は、「富強の礎は、この地にある」と断言したのである。[44]

同日、彼は腹心の杉浦譲にも書き送った。杉浦は大久保の命を受けて、士族授産の方法について案を練っていたが、それを巡察中の大久保に送付していた。一見した大久保は、「いちいちごもっともな御高案です。あえて間然するところなく、感服しています」とその労を多とし、東京に戻るまでにさらなる取り調べを要請している[45]。

これを受けて、大久保の帰京後、内務省に授産局が設けられた。その任務は、「東北や栃木の荒蕪地を内務省用地として授産局が管轄し、開墾者に資金を貸与するとともに、現地に分局を置いて監督にあたらせるというもの[46]」であり、東北の原野の開拓とそれを通じての士族への授産と入植が進められる。大久保は東北振興策を迅速に実行に移したのである。

衆智に突き動かされて

以上のように、大久保は日本の富強の礎は東北にあるとして、その発展を高唱した。大久保がこの地に認めたものは、次の三点にまとめられよう。

第一に、産業創成の息吹である。東北の地の所々で、自発的に創意工夫して実践されている新しい産業の試みに大久保は接した。そして、それを指導する幾多の牧民的な地域のリーダーとも遭遇した。ここにおいて、政府の勧業政策の下地は確実に均されている。官としては、こういったすでにある創業の胎動を促し、それらが開花するよう下支えして後押しすることに努めなければならない。大久保は東北の諸地域の潜在力に頼もしさを覚えた。それを育むのが、勧業なのである。

第二に、広大な開拓地の可能性である。彼は東北に拡がる荒れ野を開墾すれば、必ずや大きな実りをもたらす土地が切り開かれると実感した。実際、福島安積の桑野村など大規模な開墾が試みられている地があった。また、有志によってすでに牧畜がなされている例をいくつか実見した。岩倉使節団で海外の大規模な農場や牧場を見てきた大久保は、日本でも東北でならばそれが可能と考えたのかもしれない。この後、彼は、桑野村の活動を支援し、それは大がかりな安積疏水の開墾事業に結実していく。

第三に、交通網整備の急務である。これとの関連で、明治天皇に供奉して大久保の後からこの地域を回った木戸孝允の感想を紹介しておこう。木戸も、東北をその目で見て、当地の思いのほかの活気に強く印象づけられている。「奥州のあたりはかねて想像していたのとは異なり、往来筋など意外にもそれほど不自由を覚えることはないし、福島などは最も繁昌している」と記し、「奥州は末頼もしきところ」と期待を込めている。[47] 他方で、少し内陸に入ればまだまだ憐れむべき状況で、これでは開化の進展は覚束ないと懸念している。

これを克服するためには、この地の融通を開くことだと言う。「繁栄している地も今のように融通無きようでは、物産なども次第に減少するであろうと甚だもって憂慮することしきり」と木戸は指摘する。[48]

融通を開くとは、交通を開くということであろう。個々の土地の好況が広い地域の末長い繁栄へと至るために、交通路を切り開き、流通や運輸の便を高めて土地と人をつなげることが肝要と木戸は見なしたのである。これが大久保の意図するところと違わないことは言うまでも無い。

以上のように、大久保は東北の振興について大いに開眼するところがあった。この地を切り開き、人やモノをつなぎ合わせれば、必ずや大きな成果が得られると彼は考えた。大久保の勧業策とは、そのようにして日本の各地を結び合わせ、人やモノの流れを促進して新たな知識を生み出し、産業を触発させることにあったと考えられる。この点については、この後、内国勧業博覧会について論じる際にも再論しよう。

最後に、大久保の東北振興策は、決して彼のスタンドプレーではなかったことを指摘しておきたい。むしろ、彼の周囲にはかねてより「日本の将来は東北にあり」との声が上がっており、大久保はそれに突き動かされるかたちでかの地に出かけ、実際に見聞を深めて政策を決意したのである。

早くにはすでに明治元年の時点で、伊地知正治が大久保に東北開墾の提言をしていた（第三章参照）。戊辰戦争で東北平定のため会津若松城の攻め落としの陣頭にあった伊地知は、「奥羽〔東北地方〕の広大さは日本の半分に当たるとは長年聞いていたが、わずかに見及んだ限りでも、驚き入る土地です」[49]と書き送っていた。友田清彦氏によれば、伊地知は西洋の技術や農法を導入して、農兵・屯田兵的な形での入植による大規模な開墾事業を育ませていた[50]。安積疎水の開拓を先取りする発想である。

また、東北視察の際にも、元青森県権令の北代正臣は、大久保に先駆けて福島県を視察して意見書を提出している。それによれば、「そもそも国を興すは勧業に尽きる。勧業に着手するのをためらってはならず、早急にこれをなすべきは常野陸羽地方に他ならない」とされ[51]、次のように力説されている。

土地が開けていないのは、その地の罪ではない。政治による開化がまだ及んでいないからである。今わが国は小国と雖も政府国家に時間ができたので、大いに根本を培養することの理に着眼し、逼塞して未だ開けていない土地を開拓し、漸次、牧畜紡績種芸農工の業を興し、さらに士族授産の法を講じて精誠徹底拮据鞅掌して常野陸羽の例を二つ三つと広げて全国に及ぼせば自然と遠大なる治績を収め、国民の富強も夢ではない[52]。

かく論じて、民の開化を進め、民力を養い、国の土台を強めることが説かれる[53]。大久保の勧業論は、このように下からの沸々たる要請にも支えられていたのである。

また、杉浦譲も、東北に旅立つ大久保に意見書を書き送っている。この時病を得て入院していた杉浦は、大久保に同行することが叶わなかった。その代わりに彼は、東北振興にかける思いを書面で供したのである。

「開墾私説」と題したその意見書で、杉浦は説いている。

陸羽〔東北〕地方全体の道路の基線を定め、大いに運輸の利便を開くことを奨励し、各地方官が共同で力を合わせて人民を鼓舞して労力をここに注ぐようにすべきである。思うに、陸羽の地勢は自ずから各県ごとに異なっている。したがって、学校や病院その他の諸業についてその施設があっても、道路の利便を開くことが急務となっている。そのようにして人民の労力を鼓舞振興してひとたび利便が開かれたら、土地の開墾や物産の増殖といった資産を収めるための根基となることはすでに閣下の説かれる通りであり、かつわれわれの熟議にも基づくものに他ならない[54]。

ここでもすでに、東北各県での単発的な殖産や開化の試みを線で結ぶために交通の便を高めることがうたわれている。そうすれば、国力増強の資本が得られるだろう。そのことは、閣下が政

杉浦譲（山梨県立博物館）

見に取り入れたことであり、われわれが熟議してきたことでもあるとされている。

ここから分かるように、東北開発は、内務省のチームによって練り上げられた構想であり、大久保はその輿望を担って東北を結び合わせる旅に出たのである。富強の礎は、東北の地にあり——大久保のこの言葉の裏には、戊辰の内戦を機に見出されたこの地の可能性に魅せられた人々による集合知があある。そう言ってよいのである。

かくして、東京に戻った大久保は、勧業を通じて東北における殖産政策に乗り出した。八月五日に金禄公債証書発行条例が公布され、これによって禄制の廃止が宣言された。秩禄処分である。家禄制度が全廃され、廃刀令に続き士族特権が完全に取り払われた。かつての支配階級であった武士の大がかりなリストラである。

そして、その五日後の八月一〇日、内務省授産局が設けられた。東北の原野を開墾し、入植者を支援することがその職務である。リストラされた士族に少しでも授産の道を与え、あわせて東北振興の一助としようとしたわけである。御用掛として、杉浦譲が配置された。

また、同じ時期に大久保は、太政大臣の三条実美に宛てて、「奥羽各県勧業資金裁定申請書」を上申し裁可された。そこでは、東北振興は「民力のみでは可能ではない。官力も添えて勧奨しなければ不可能である」と官民の協働が説かれている。[55]

もっとも、官の役割は、「土地の繁栄する所以を論じ、各地適当の方法を熟慮せしめ」て「人である。
民奮起」を促すことだとされる。勧業の策と順序は、「その土地固有の物産を繁殖させ、漸次に新たな実り多い作物も植えつけ」ることなのである。[56] 上からの干渉でいたずらに新奇な産業を興すのではなく、その土地にあった生業を民の自主性を重んじながら、官が梃入れするという方針である。

つまり、大久保の東北勧業策は二面作戦でなっていたと言える。ひとつは、入植者を募ることによる開墾事業である。これは官主導によるもので、安積疏水や港湾都市建設（野蒜築港）といった大がかりな公共事業に結実する。もうひとつは、在地の名望家によって既に実践されている地場産業の支援である。民主導で、官はそれを適宜サポートしたり、促したりする。それぞれ大久保が東北で見出した広大な土地と徳望ある名士という存在に裏打ちされたものである。そして忘れずに付け加えれば、これらの個々の産業を結び合わせるための交通網の整備が求められたのだった。なお、この二面作戦が、大久保の殖産興業を貫く戦略だったことは、この後の論述で明らかとなっていくだろう。[57]

大久保の勧業とは、結ぶものだったと言える。人々を結び、日本各地を結ぶものだった。したがって、それは東北のみならず、日本全国を結ぶものへと発展していくべきものである。その実現が、彼にとっての維新の完成だったと考えられるが、それに向かって歩を進める前にまたも難題が持ち上がった。西南戦争である。

Ⅲ　西南戦争

断たれた人

東北巡察から帰ってほどなく、病が大久保を襲った。明治九年（一八七六）八月一日の日記に、「過日来腫物が生じ、今日はより痛みが強く寝起きも不自由（過日以来腫物イタシ、今日ヨリ痛強ク起臥不自由）」と記されている。病状はなかなか改善せず、一進一退の日が続いた。

そのような体調不良からようやく立ち直ろうとするなか、世情を聳動させる事件が相次いだ。一連の士族反乱である。

まず一〇月二四日、熊本で神風連の乱が起こった。狂信的な神道主義者が決起したもので、政府の廃刀令に反対して、近代的武装を拒否して刀剣のみでもって熊本の鎮台兵に立ち向かった。緒戦こそ夜襲による不意打ちで政府側を狼狽させたが、所詮は暴挙であり、たちどころに鎮圧された。

引き続き、数日後の二七日には福岡の秋月で、また翌二八日には萩で不平士族による反乱が勃発した。これらはいずれも単発的な蜂起であり、数日で平定されたが、征韓論政変の後、廃刀令、秩禄処分、地租改正によって旧来の秩序の意識と仕組みが完膚なきまでに撤廃されていくことに対する鬱積は、士族を中心とする人々の間で沸点に達していた。

このようななか、大久保は政府組織の合理化を構想していた。一二月の日付のある岩倉宛の建言書が残されている。そこでは、「開明ノ治」を進めるには、いまだ無知蒙昧な民を政府が率先して導いていかなければならない、そのためには政府の組織をしっかりと確立することが肝要である旨説かれている。

それによれば、現下の政府の最大の難点は、会計である。政府支出の超過を抑える必要がある。そのためには、お雇い外国人に頼り、彼らの主導で放埒になされている皮相的な欧化政策を矯正しなければならない。大久保は、「今日の適度を鑑みれば、外面がわが実力を超過していることいかばかりであるか知らない。出店をやり過ぎたと言えよう」[1]。

かく述べて彼は、政府の合理化案を示す。そのなかでは、内務省と工部省の合併、教部省の廃止（内務省への編入）など内務省の再編が掲げられているのが注目される。大久保は、工部省と内務省の二本立てで行われてきた殖産興業政策を自らの手で一本化し、内務省主導によって国の実力を涵養させていくことを志向し、性急な欧化主義を抑制しようとしたのである[2]。その前提には、東北巡察を通じて発見された各地に息吹いている創業の先達たちの存在と彼らに導かれる民の姿があったことは疑いがない。

だが、時局は、大久保がこの組織改革に挺身することを許さなかった。不平士族たちの動きは、鹿児島に逼塞している西郷隆盛を突き動かしていくことになる。各地で生起する士族反乱の報知は、鹿児島でくすぶる士族たちの政府への敵愾心を当然刺激した。彼らの憤激は、これまで自らの私学校に結集する壮士らを統制していた西郷でももはや制御し得なくなった。

年が改まった明治一〇年（一八七七）一月下旬、政府は鹿児島に置かれている陸軍の弾薬庫の撤収に動き出した。私学校党の反乱を警戒して、武器弾薬を取り去ろうとしたのである。しかし、このことが逆に彼らを刺激した。またさらに、政府が派遣していた密偵の存在が明るみに出たこともあり、ついに私学校生徒は暴発し、実力行使に及んだ。一月二九日、彼らは草牟田《そうむた》の弾薬庫に押しかけ弾薬を奪取した。鹿児島市外にいた西郷は、その知らせを受けて、「しまった」と絶句したという[3]。

彼にとって配下の者たちの決起は、明らかに軽挙妄動だった。そのような愚行を抑制することが、鹿児島での西郷の努めていたことだった。だが、その西郷の神通力をもってしても抑えきれないほどに、士族たちのボルテージは高まっていた。こうしていったん事が起こった後、西郷は従容として反乱軍の神輿に担がれた。政府が派遣した密偵が、拷問の末に西郷刺殺（「視察」の取り違えとの説もある）を白状したことも自らの出陣に影響したと言われる[4]。

鹿児島での挙兵の知らせを受けた大久保は、二月七日付の伊藤博文宛の手紙で次のように記している。

もし干戈を交えることになれば、向こうには名も無く義も無く、実に天下に照らしても後世に照らしても、また国の内外に照らしても一言の言い訳も立ちようが無く、実に曲直を分明にし、正々堂々とその罪を挙げて鼓を打ってこれを討伐すれば、誰も文句をいうものなど無い。ついては、このような事態が生じたのは、まことに朝廷にとって不幸中の幸いで、ひそかに心中に笑いを生じるくらいだ[5]。

かく述べて、旧藩のかつての同胞たちを切って捨てる。それも「心中笑ヲ生候位」とほくそ笑みながら。しばしば引かれる冷酷な独裁者大久保の真骨頂を示す一節である。

だが、注意すべきは、右の引用の冒頭で語られている名分や義へのこだわりである。大久保は今回の挙兵はあくまで過激派による理を欠いた暴発と見なしており、おそらくはこれによって不平士族の膿を出し切る絶好の機会と考えたのであろう。さらに重要なことは、同じ書簡のなかで大久保が、西郷について次のように記していることである。

西郷においては、この一挙については全く不同意で、ここで彼が命を落とすことはあっても、仕方なく雷同して江藤や前原と同じ轍を踏むようなことは決してあり得ない。万が一、これまでの名節を枉げて、その身を誤るようなことがあれば、残念千万ではあるが、止むを得ずそこまでのことと断念するしかない[5]。

ここには、西郷への信頼の念が表明されていると同時に、もはやその力をもってしても事態は制御し得なくなっているとの苦渋の情勢判断がなされている。

もっとも大久保はなお、征討の名をもって暴徒を迎撃することには慎重だった。彼らを国家の公然たる敵ではなく、あくまで刑事上の犯罪集団と位置づけようとしたのである。国家の法秩序に照らして彼らを処罰しようとしたものと理解される。それはそれとして、二月一二日に岩倉具視から事態の切迫を説かれた大久保は、翌一三日に関西にて事態に対処することを命じられて東京を発った。

東京を離れるにあたって大久保は、地方官に指示を発した。福島県令山吉盛典に宛てた書簡が早稲田大学に残されている。それによると、今般の鹿児島の騒動は私学校党の過激派の挙動であり、島津家は関係なく、また西郷も過激少年に対して大義名分をもってしばしば説諭に尽力していたが、ついにこのような挙となってしまったと状況を説明し、県下の士民が動揺しないよう努めよと指令している(7)。大久保が事態を組織的かつ計画的な国家転覆の反乱とは見なしていなかったことは、ここからも分かる。

一六日に大久保は神戸に着いた。伊藤博文の後年の回顧によれば、当時大久保は自ら鹿児島に渡り、西郷と直談判して暴徒を鎮撫する意思を述べていたらしい(8)。だが、東京では鹿児島の反乱者を賊徒として征討することの詔が発せられ、事態は乱ではなく内戦となった。二月二一日、川尻にて反乱軍の先方隊が熊本鎮台と戦闘となり、西南戦争が始まった。二五日、政府は西郷の陸軍大将の職と官位を剥奪した。

当初こそ熊本城への攻勢で優位に立っていた反乱軍だったが、徐々に劣勢に転じた。士気こそ高かったものの、賊軍の汚名を着せられ、また政府軍の装備と兵力との差はいかんともしがたかった。加えて、総帥の西郷は、神輿に担がれた御神体でしかなかった。彼は、「総指揮に当たろうとせずにシンボル的役割に徹し」、桐野利秋*や篠原国幹《くにもと》*といった副将は前線指揮にかかずらり、鹿児島側には統一的な指揮系統も欠けていたと指摘される(9)。

戦況の詳細な推移を描くのは、本書の役割ではない。二月に熊本城を死守し、三月には田原坂での攻防を突破した政府軍の前に、反乱軍は撤退の一途をたどる。八月一六日、西郷は解軍を宣し、残った数百名の兵とともに鹿児島へと敗走していった。あたかも最後の死に場所を求めるかのように。

決死行の果てに、西郷らは九月に鹿児島に帰還した。その後、城山に籠っていた彼らに対して、九月二四日に総攻撃が仕掛けられ、西郷はついに落命した。ここに最後の士族反乱である西南戦争は終結した。

西南戦争は、西郷を信奉する教徒たちによる集団自決の様相を呈するものだった。御神体として守られながら、御簾の奥で壮絶な戦闘の模様を見聞きする西郷は、一体何を考えていたのか。大久保と同様に名や義を重んじる彼は、そもそもこの戦いに勝利しようなどという意思は無く、不平士族の怨念を一身に背負って冥土へと持って行くことを使命としていたかのようである。そんな西郷へのせめてもの手向けの花となったのは、これが乱でなく、戦争と命名されたことであろうか。逆説的ではあるが、西郷は軍人として戦死するという栄誉を得ることができたとも考えられる。

かたや大久保にとっても、西南戦争は、「断つ人」大久保のクライマックスをなす出来事だった。西郷戦死の報を受けて彼は、伊藤博文と黒田清隆にその旨を知らせた。その全文は次のごとくである。

桐野利秋（一八三九—一八七七）薩摩藩士。幕末期は西郷隆盛の右腕として奔走。新政府下では、御親兵大隊長、陸軍少将、熊本鎮台司令長官等を歴任。明治六年の政変で西郷に従い下野、後に西南戦争において戦死。
篠原国幹（一八三七—一八七七）薩摩藩士。薩英戦争、戊辰戦争に参加の後、新政府では陸軍少将、近衛局長官等に就く。明治六年の政変で西郷に従い下野、後に西南戦争において戦死。

本日二四日午前四時に大進撃。西郷、桐野、村田〔新八〕その他六十名ほど討ち取る。降伏した者五名あり。西郷の首のみ見当たらず。探索中なり。詳しくは後ほど。(10)

何とも乾燥した文面である。竹馬の友である西郷との非情な別れに際会して、あえて一切の贅言を削ぎ落とし、淡々と表相の事実のみを記す。そこには、断つことに徹し、個人的な感情の表出を意志的に抑え込んだ冷徹な人格の屹立を見る思いがする。

西郷に限らない。西南戦争の最中、この他にも大久保はゆかりの人々との別離を余儀なくされた。

五月二六日、複雑な関係ながらも明治維新の完成を目指してともに新政府を支えてきた木戸孝允が、京都で没した。岩倉使節団のころから木戸は身心の不調に悩まされ、精神的に不安定で伊藤博文や井上馨のような弟子筋からも疎んじられるようになっていたが、大久保は常に木戸を立てて、彼に自らの側にいてもらうことに腐心していた。木戸がどう思っていようと、大久保にとって彼は精神的なパートナーだったと言える。今や西郷のみならず木戸も失い、大久保は維新の三傑の最後の一人として維新の創業をその肩に担わなければならなくなった。

八月二二日には、内務省で大久保を支えていた杉浦譲が病のため死去した。杉浦は幕臣で、その才覚を買われて内務省創設時にスタッフとして抜擢された。爾来、杉浦は多くの献策をなし、また大久保の構想を草案化するなどして献身的に彼を支えた。東北開墾の趣意書を作成し、士族授産のために一年前に設けられた同省授産局では御用掛に取り立てられていた。

かねてより病気がちであった杉浦は、激務のために健康を害し、ついに病魔のためにこの日世を去った。「公職に殉じたともいうべきではあるまいか」とは、杉浦の評伝の書き記すところである[11]。大久保は、杉浦逝去の翌日、その労を多として「至急、相当の恩典を御協議いただきたい」と三条太政大臣に願い出ている[12]。

このように、西南戦争は大久保から多くのものを断ち切った。彼は断つ人のみならず、断たれた人でもあった。だが、そのような幾多の喪失に見舞われながらも、彼は片時も止むことなく残されたものを結び合わせようとした。西南戦争という裁断の斧が振るわれる一方で、大久保は切られたものを結び合わせ、新たな秩序を仕立てることに余念がなかったのである。そのことも記しておく必要がある。

生きるための政策

ところで西南戦争の戦闘が続く間、大久保は関西にとどまり、戦況を見守り続けた。ちょうど天皇が京都に還御しており、その側で戦時の対応に当たった。

とはいえ、戦況の推移を見据えながらも、大久保の関心は戦後処理にあった。前島密や松田道之に指示を下し、平定後の熊本・鹿児島の県政再興のためにまずは人事を取りまとめるよう求めている[13]。死の美学に突き進む西郷に背を向け、あくまで大久保は生を構築しようとしているかのようである。田原坂の攻防を東京に報じるなか、彼は「士官らの無念の死は憐れの至り[14]」とか、「死傷者も少なくなく、現地の将官らはさぞ苦慮のことと察せられます[15]」と重ねて記し、哀悼の意を表している。死者を悼み、生き残った者を慰撫することが、この時の大久保の姿勢だった。

政府軍が田原坂で鹿児島軍に勝利を収め、次々と相手方の拠点を撃破していくなか、四月一〇日、大久保は熊本の被災者救援のための百五十万円の特別支出を大隈重信大蔵卿に求めた。このことを彼は次のように訴えて、至仁を旨として民心を収拾する必要があるとして懇望した。

少々行き過ぎとのお考えもあるでしょうが、この度の熊本の変は尋常一様の見方で処置することは甚だ難しく、この際は恩恵を施して至仁の御趣旨を貫徹するようにしなければ、民心を収拾することは叶わず、この金額を振り向けていただきたく希望します。[16]

このように被災住民の保護に努めた結果、熊本市街は焼け出された人が多数出たが、地方官の迅速な指示で区戸長が適宜窮民の保護に当たり、また食糧も豊富に届けられた。後日熊本に派遣された品川弥二郎は、「このたびの御救恤は非常なる特別措置であり、当県の人々も焼け野原に感涙を流しています」と自画自賛に報じている。[17]

もっとも、大久保はこのように聞かされても、止むことなく戦災民の救援を訴えた。品川からの手紙を受け取った後、大久保は次のように返信している。

熊本県も度々の変乱により無辜の民が惨害を被っているのは、実にもって憐憫に堪えません。救恤などのことをなお一層県官へ御協議いただくようよろしくお願いします。事態が今日のようなものとなったことは致し方ないとはいえ、いずれにしても住民が禍害を受けているのは忍び難く、寝食を忘れるほどです。[18]

これに限らない。この時期の大久保は、被害を受けた人々の保護を何度も重ねて要請している。熊本はある程度救援がなされているとしても、まだ戦闘が続いている鹿児島では、物流が滞り「人民も難渋」しているとして、物品調達に便宜を図ることを約している。[19]

ところで、熊本への支援と異なり、鹿児島へのことさらな救恤には大久保のなかにジレンマもあった。薩摩出身の自分が、郷里を特別扱いしているとの声の上がることに対して、彼は警戒していた。前島密に宛てて、自分の処置が平衡を欠いているようだったら、遠慮なく指摘してほしいと書き送っている。そして、そのような平衡を希求するかのように、広島や岡山での干害の救済に便宜を図ることを慫慂している。[20]いじらしいほどの無私なる為政者への演出であろう。

大久保の意を受けて戦時中の鹿児島の統治に当たったのは、岩村通俊*である。弟の岩村高俊*は、佐賀の乱当時の佐賀県権令である。兄の通俊は、薩摩藩士だった前の県令大山綱良が反乱軍を支援したことで更迭された後を受けて、県令として鹿児島に派遣された。兄弟で、大久保を助けて難治県の行政に当たったことになる。通俊は大久保の意を体現するかのように、戦中戦後の鹿児島県民の救恤に努め、被害の回復に努めたと伝えられる。[21]

岩村通俊（一八四〇—一九一五）土佐藩士。新政府では島義勇（三一七頁参照）の後を受け、開拓判官として札幌の開発を行う。さらに佐賀県令、鹿児島県令、沖縄県令に就き、鹿児島県令時代に西南戦争が勃発。西郷の遺体埋葬に尽力した。後に司法大輔、北海道庁長官、農商務大臣、貴族院議員等に就任。

岩村高俊（一八四五—一九〇六）土佐藩士、岩村通俊の弟。幕末期は陸援隊の一員として活動。新政府下では佐賀県権令となり、佐賀の乱鎮圧に動く。台湾出兵問題で利通が清国北京へ談判に赴いた際、随行。後に内務大書記官、石川、愛知、福岡、広島の知事を歴任。貴族院議員。

以上のことから垣間見えるように、大久保はあくまで国民的見地を失わないよう努めていた。これまでも何度か指摘したように、彼は分断されていた地方割拠の幕藩体制に代えて、統一的な国民国家を築こうとしていた。それが大久保にとっての、また日本史における明治維新の意義である。西南戦争においても、彼はそのような見地から事態を処しようとした。国民的な公正さを貫徹し、国民的な宥和をもたらすというのが、彼の戦後処理の目指すところだった。大久保は、賊徒への裁判に際して、拷問による取り調べを取り止めるよう伊藤博文との連名で求めているが、そのことも国民宥和を旨とする政治理性の然らしめるものだったと言えよう[22]。

大久保は、この戦乱を機に、先に見た勧業ネットワークを真にナショナルなものへと展開していく構想を練っていたということも推察できる。この間大久保のもとへは、戦況や九州各地の民情についての報告が届けられていた。鹿児島で大書記官を務めていた渡辺千秋*は、宮崎から鹿児島を巡視して戦災の実況を報じると同時に、民心の慰撫に努めた。その際、巡回地の民業についても報告している。それによると、当地の民情は質実にして信義の情に厚いこと、山岳地帯で田畑に乏しいこと、気候温暖で草木密生していることが報じられ、「将来勧業をもって民戸を富まし、学校を興して人知を進歩させるのがまず端緒として当今緊要である」と述べている[23]。

戦闘によって荒れた土地と人心を癒す術と、勧業は目されていた。その点は、東北も西南も異ならない。戦乱を機に、勧業のネットワークは日本をつなぎ合わせるもの[24]へと構想されていく。大久保自身も、滞在していた京都において、同地の勧業場を視察している。勧業ネットワークの拡充を通じて、戦乱の傷痕を物心両面から修復するとの想を練っていたのではなかろうか。

実際、そのような勧業ネットワーク立ち上げのための一大イベントが、この時計画されていた。

内国勧業博覧会である。以前にも触れたが、この年の八月に東京の地で全国規模の勧業博覧会の挙行がかねてより予定されていた。これまでもパリ（一八六七年）とウィーン（一八七三年）での万国博覧会に日本は参加し、西洋の物質文明のページェントに圧倒された。この時、日本政府は、国内版の博覧会を開催して、殖産興業に弾みをつけようとしていたのである。

しかし、折悪しく、西南戦争が勃発してしまった。夏に予定されているこの祭典的催事を執り行ってよいものかが問題とされた。すでに勝敗は決せられているとはいえ、国難といってよい非常時の直後で、九州各地では被害の癒えていない矢先である。延期すべきかどうかが、議論の的となったのである。四月一〇日に前島密は、大久保に宛てて、上野公園で準備されている博覧会会場の建築をこのまま行ってよいかどうか「至急何らかの御指示をお願いいたします」と書き送っている。[25]

前島からの照会を受けて、大久保は松方正義と協議した。松方は、博覧会を中止にすると政府の人気はがた落ちし、全国の府県からの信用も失墜することとなるので、戦争が継続するなかでもぜひ挙行するべきだと回答した。[26]松方の力強い言葉を受けて、大久保は博覧会の決行の断を下した。こうして、八月二一日、第一回の内国勧業博覧会が開会するのであるが、そのことは節を改めて詳述しよう。

渡辺千秋（一八四三―一九二一）諏訪、高島藩士。新政府下で伊那県等に出仕の後、西南戦争時の鹿児島県大書記官。戦後、鹿児島県令、知事として戦後処理に尽力。内務次官、京都府知事、貴族院議員、宮内大臣等を歴任。

である。

大久保とリンカンの「国民《ネーション》／国家」

最後に、いまひとつの挿話を紹介して、ここでの叙述を終えよう。大久保暗殺にまつわるものである。

内戦のさなかの明治一〇年五月二日、大久保は後の京都府知事北垣国道から次のような注進を受け取った。

こい願わくは、警察予防の法を緊密にして、乱の後に刺客などの変事が無きよう注意専一と存じ上げます。かのリンカンのごときも南北戦争の後、刺客の難に遭いましたが、それが無ければアメリカの開明はなお一層盛んとなったものと思われます。(27)

大久保の身を案じ、警備を厳重にして、もしものことを未然に防ぐべきとの忠言である。ここで北垣はリンカンを引き合いに出している。あのアメリカの偉大な大統領も、南北戦争という内戦の直後に暗殺された。北垣は、リンカンと大久保を重ね合わせ、不吉な思いにとらわれたのだろう。そして、歴史はその通りに運んだ。

ここで話を大久保暗殺に移すのはまだ時期尚早である。むしろ、ほぼ同時代を生きたこの二人の政治家の符合について若干のことを記しておこう。大久保とリンカンには似通った点がいくつか指摘できる。両者ともに細面で痩身な外観であり、峻厳で内省的な雰囲気を醸し出している。実際に、リンカンは有名なゲティスバーグの演説に代表されるように、省察に富み、聞く人の魂を静かに揺さぶる言葉で人々に呼びかけた。これに対して大久保は、寡黙で決して言葉の人ではなかったが、これまで見てきたように、理に基づいた公論への強い拘りの持ち主であり、ある種の哲人性を備えていた。政治に対する強い理念の持ち主という点で、大久保は決してリンカンに劣るものではなかった。

このような二人の人生に幕を降ろすきっかけとなったのは、ともに内戦であった。同胞と思われていた同じ国民同士が戦い合ったのである。もとより、西南戦争と南北戦争を同列に論じることはできないだろう。前者は日本の西南地方における一部の不平分子による局地的な内乱に過ぎない。これに対して、後者はまさに国内が南部と北部に分裂して全面的な戦争状態に陥ったのである。

南北戦争では、死者数も六十万人を超えた。実に、五十人に一人のアメリカ人が命を落としたと言われる。その数は、両次世界大戦やベトナム戦争の死者数を凌ぎ、それどころかこの内戦以後に起こったアメリカが関わる全ての戦争の死者数の総計をも上回る。それは、アメリカ史に甚大な刻印を与えた凄惨な記憶である(28)。かたや西南戦争の犠牲者は一万数千人であり、比較にはならない。

そのようなスケールの差は歴然としてあるものの、内戦時の指導者として、リンカンも大久保も、それによってもたらされた政治的憎悪の犠牲となったという点では共通している。それは、彼らが抑え込み解消しようとして、ついに果たせなかった政治勢力によるテロである。リンカンの場合、それは南部の分離独立派であり、大久保の場合は彼によって地位と威厳を剝奪されたと信じる不平士族である。これらの勢力と戦い、それを葬り去るというのが、二人の追求したことであった。そのために両者が共通して掲げたもの、それはナショナルな価値だった。

リンカンも大久保も国民国家の建設に殉じた。州や藩という単位を越えて、国家《ネーション》というより包括的な政治的まとまりを作り出すことが、彼らの宿望であった。リンカンは、諸々の州の連邦としてのアメリカが、大統領の強力な執政権のもとでより統合された国家となることを目指し、南北戦争を戦った。「人民の人民による人民のための政治」で知られるゲティスバーグの演説では、短いスピーチのなかに「国家／国民《ネーション》」の語が五回出てくる。それまでの連邦《ユニオン》に代えて、リンカンはこの言葉を用いた(29)。国民という一体的な政治意識をもった人民《ピープル》による統治こそが、リンカンの希求するものだったのである。

このパトスを大久保も共有する。彼が生涯をかけて追求したものもまた国民国家であった。人々が藩という帰属性から解き放たれて、日本という統一国家の構成員となることが、自らに課した政治的使命であった。この点で何よりも示唆的なのは、いわゆる不平士族の憤懣が、維新を主導した藩において勃興したことである。肥前における佐賀の乱しかり、長州における萩の乱しかり、そして薩摩における西南戦争しかりである。

勝者であったはずの彼らは、新政府のもとでむしろ不遇をかこち、ないがしろにされているとの鬱積を募らせた。薩長を中心とする藩閥政府との謗りを受ける傍ら、明治新政府は敵対した勢力との宥和に努め、それらを包摂した国家の建設に邁進したからである。それを主導したのが大久保だった。彼が、内務省にかつての幕臣などを能力重視で登用し、オール・ジャパンの布陣で殖産興業を推進する姿勢を見せ、また戊辰戦争で最後まで抵抗した東北地方の振興と発展に日本の可能性を見たことはこれまで論述してきた。

その一方で彼は、自らの出自である薩摩藩の旧態な指導層に対しては、非情な態度で臨んだ。

そこには、国民国家という理念に照らして、徹底して公正であろうとする政治理性の姿が認められる。

　ここでようやく話を内国勧業博覧会に移すことにしよう。西南戦争という内戦の最中、大久保は博覧会というイベントを決行した。ここで中止をしたら、政府の沽券にかかわるとの憂慮があったこと前述の通りである。だがそれのみならず、大久保の脳裏には、博覧会を機に、勧業のネットワークを構築して、内戦による分断を克服した国民的紐帯を樹立するとの思いも兆していたということもあわせて示唆しておいた。次にわれわれは、大久保の生涯の掉尾を飾るとも言えるこの祭典の考察へと話題を変えよう。

Ⅳ　勧業の夢――第一回内国勧業博覧会

夢の現場

社会運動家で明治維新史にも健筆を振るった田中惣五郎*は、かつて大久保を「夢を持たぬ」政治家と形容した(1)。大勢順応主義、対立撤去主義、多数主義が大久保の信条であり、彼は自らの夢など持たず、政治家としての理念も抱かずに、ただ成立した国家の維持のために旧藩的対立を糊塗しようとしたとの像である。リアリズムに徹し、「夢を持たぬ」政治家という大久保のイメージは、広く受け入れられていると言ってよかろう。

だが、大久保には夢があった。夢見る政治家だったとすら言える。その夢とは、藩による割拠を克服した国民的宥和としての国家建設である。その夢の実現のために、彼は勧業を通じて人々をつなぎ合わせようとした。そのための打ち上げ花火とも言えるものとして、大久保は勧業のための博覧会を挙行した。それは大久保の夢の結晶だった。以下、そのような彼の夢が形をなしていく軌跡をなぞっていきたい。

大久保が主導した第一回内国勧業博覧会は、明治一〇年（一八七七）、上野公園で開催された。大久保の夢の舞台である上野公園は、彼の夢が詰まった場所とも言える。そこで、いささか迂遠に響くかもしれないが、まずは上野公園の成り立ちから辿っておこう。

東叡山寛永寺の建つ上野の森は、江戸時代から庶民の憩いの場だった。その地は江戸における京都の再現を目指して、東叡山、すなわち東の比叡山として開山した。北東の鬼門にあたる場所に比叡山延暦寺を模して寛永寺が創建されたのである。また山内にある不忍池は、琵琶湖に見立てられ、琵琶湖の竹生島になぞらえて池には弁天島がこしらえられた。三代将軍家光の頃である。爾来、江戸に包み込まれた京の地は、桜の名所として人々に親しまれた(2)。

そのような庶民の行楽の場に加えて、徳川将軍家にはそこを通じて将軍権力の浸透を期すという企図もあった。上野の方角のさらに先には、日光東照宮が控えている。その分社のように、上野にも東照宮が設けられ、家康が祀られた。徳川家の菩提寺である寛永寺と相まって、上野の地は東照宮の威光を背に受けて、幕府の開祖家康の遺徳を偲ばせる神域の役割を担っていたのである。

幕末の動乱を経て、上野には特別な意味合いが付与された。戊辰戦争の戦乱は、江戸においては上野戦争として展開され、上野彰義隊の玉砕という傷ましい記憶を人々に植えつけた。寛永寺も焼け落ち、憩いの場は一転して遺恨の場となった。

明治に入って、そのような遺恨を解消したうえで、人々の歓楽の場としての姿を取り戻し、あわせて幕府に代わって新たに明治国家の神域として同地を再生させようとして誕生したのが、今日の上野恩賜公園である(3)。その出発点は明治六年（一八七三）に遡る。この年の一月、公園設立

田中惣五郎（一八九四―一九六一）昭和初期の歴史家。『大久保利通』のほか、『日本叛逆家列伝』、『東洋社会党考』、『木戸孝允』、『北一輝』等、近現代の人物史、社会思想の著書多数。

の太政官布告が発せられた。それによって、かねてより人々が行楽する名勝の地（東京ならば浅草寺や寛永寺）で、特に由緒ある場所は末永く万人偕楽の地として公園と定められた。人々が集い、「万人偕楽」の場所を公園と名づけるとの布令である。西洋にならい、市民遊楽の場を公園として法的に位置づけようとしたものと言える。

この布告のなかで、上野は浅草寺とならんで公園の最適例として挙げられている。政府も上野こそ新都の公園の名にふさわしいと考えていたのである。布告を受けて、東京府は早速上野山内を公園とするよう設置申請を政府に対して行った。これを受けて、この年の一〇月に政府から設置許可の回答が降りた。

ところが、上野公園の実際の開園までにはさらに時日を要した。開園式が執り行われたのは、明治九年（一八七六）五月九日である。公園としての整備、特に土地の移管作業に手間取ったのであるが、その遠因として公園の性格づけをめぐる問題があった。

一言で言えば、政府は上野を単なる「偕楽ノ地」としてではなく、文教の地としても再建しようとしていた。現在でも上野の森は、東京国立博物館や国立西洋美術館などの博物館・美術館、東京芸術大学、日本学士院、東京文化会館といった文化や学術の殿堂が立ち並ぶ「文化の森」として親しまれているが、その淵源は明治初年にある。官軍と幕府軍の交戦で灰燼に帰した寛永寺跡を明治政府は当初、文教地区として整備しようとした。公園化する以前から、そこは文部省用地として大学東校（現在の東京大学医学部）が建築される計画だった。この計画は明治六年の太政官布告による上野の公園化の後も文部省の強い意向で堅持され、上野台地には東校のほか、諸々の大学校も新設される見通しだったのである。しかし、それは大久保内務省の成立によって見直されることになった。

上野の地の所有をめぐっては、文部省と東京府の間でつばぜり合いが行われていた。かねてより大学用地として着目していた文部省と公園開設を機に移管を主張する東京府の対立である。そこに新設の内務省から横槍が入った。文部省と東京府を抑え込んで、上野公園は内務省の所管となったのである。そこに内務卿大久保の強力な意向があったことは見易い。だが、大久保はなぜ上野に目をつけ、そこをいかに活用しようとしたのだろうか。

博物館ノ議

内務省が上野に着目したきっかけは、明治六年（一八七三）六月、内山下町（現在の千代田区内幸町）の旧薩摩藩邸にあった博物館を上野に移転しようとの建議がなされたことによる。この時、博物館を所管していたのは文部省だった。ところが、その後、内務省がここに割って入った。それまで正院に設置されていた博覧会事務局が、明治八年三月に内務省に移管、博物館と改称された。この時、博物館掛に任じられたのが町田久成と田中芳男である。ともに日本の博物館の父の異名をとる二人が、内務省の陣容に加わり、現在上野の地に建つ東京国立博物館の礎が築かれることになる。

上野において博物館を心機一転開館することに、内務卿の大久保も並々ならぬ意欲を示していた。内務省に博物館の部局が設けられたのを機に、明治八年八月一四日、大久保は「博物館ノ議」を提出した。

この建議書については、岩倉使節団について論じた際にすでに言及するところがあった。大久保は、ロンドン万博の後に創設されたヴィクトリア・アンド・アルバート博物館にならって、一大産業博物館を創立すべく建議していた。だが、そもそもはこの建議は、ウィーン万博のための日本政府事務局副総裁の佐野常民*によってなされた建言に由来する。明治八年五月、ウィーン万博に参加した後に取りまとめられた報告書において、佐野は東京に大博物館を建築することを提言している。そこでは、まさにロンドン万博の例にならって、殖産興業のセンターとなる博物館の構想が示されている。(4) 大久保は、佐野のアイデアを引き取り、内務省の目玉事業として実現させるべく邁進した。

では、殖産興業にとって、博物館がいかなる効能をもつというのか。「博物館ノ議」の論じるところを見ていこう。

博物館の主旨とは、天然・人工・国内・国外・過去・現在の物品をひとつの場所に蒐集網羅して、その性質と用途を明らかとし、各部門を分けてこれを陳列して普く衆人の観覧に供して知見を拡充し、技芸を開発せしむるにある。人が事物に触れて心動かし、そのものの何たるかを知るのはことごとく眼視の力に基づく。古人が言うように、百聞は一見に如かずである。人智を開き、工芸を進歩させる簡易な近道は、この眼目の教えにのみ存する。(5)

視覚の力が文明開化を推進する大きなエンジンとなることは、大久保が岩倉使節団の旅で感じ取ったことだった。ここで、大久保は視覚に訴える知のパノラマを作り出そうとしたのである。

館の周囲を広壮清麗な公園となし、動物園や植物園をそこに開き、ここに遊ぶ者たちが単に一時の快楽を得てその精神を養うのみならず、その傍ら眼目の教えを受けて知らず知らずのうちに知識を開化させていくことを要す。(6)

このように、大久保は単に博物館を作ろうとしたのではない。その一帯全てを人々が見ることを通じて啓発される知のセンターとしようとしたのである。彼にとって公園とはそのような場所であり、そのような公園の地として上野が選ばれた。「博物館ノ議」を提出した後、大久保は一一月一二日に「東叡山博物館建設之儀伺」を提出、上野山内に博物館建設のための敷地を下付せられんことを請うた。(7)

ここでも、「他年、盛大な大博覧会が開催される場所としても好都合と考えられる」とされ、いずれ盛大な博覧会を上野の地で開催することが考慮されている。佐野の構想は大久保の手で実現されていく。もっとも二人の間には、無視できない懸隔もあった。佐野が諸外国を招待した大博覧会の構想をもっていたのに対し、大久保はより縮小された内国博覧会を念頭に置いていた。(8)

それはつまり、一国だけのナショナルな催しである。開国したばかりの小国がいきなり万国博覧会などおこがましいし、何よりもそのような財政的余裕などないだろうから、大久保の縮小案

佐野常民（一八二三―一九〇二）佐賀藩の出身。適塾で蘭学を学んだ後、藩命でパリ万博視察。新政府下では兵部少丞、工部大丞として、海軍創設に尽力。またウィーンで万国博覧会事務局副総裁となり、現地運営にあたる。西南戦争では博愛社を立ち上げ、両軍の傷病兵の救助に当たり、これが日本赤十字社の礎となる。日本赤十字社初代社長。大蔵卿、元老院議長、枢密顧問官、農商務相等を歴任。

は極めて現実的なプランだろう。だが、そのようなリアリスティックな判断とは別に、大久保には内国博覧会にこだわる理念的な理由もあった。これについては、この後の勧業博覧会のくだりで改めて論じよう。

年が改まった明治九年(一八七六)二月一〇日、大久保は今度は「博物館名称之儀ニ付伺」を差し出した。そこでは、内務省所管博物館の独自性が説かれ、他の博物館とは区別された特別な名称を付けることが求められている。この博物館は、内外の物品を幅広く収集して分類のうえ展示し、「人々の知識や技術を開化し進歩せしめる(衆庶ノ智識工芸ヲ開明進歩セシムル)」ためのものだという。国民の知識を開化するための施設なのである。

これにあわせて大久保は、幕府の旧蔵書を中心とした浅草文庫を上野に移転させて博物館に付設し、皇国の中央図書館として国民に開放することも唱えている。モノと書を収集することによって、知識を集積し、創造するセンターを造らんとする意図の表れである。

学び合うための博覧会

知のセンターのための仕掛けは、もうひとつあった。それが博覧会である。「博物館名称之儀ニ付伺」と前後して、大久保は同じ月に内国勧業博覧会開催の建議書も上程した。これが博物館の設置とセットであることは、この建議書の劈頭に「開成の義務は片時も疎かにしてはならないものである。人智開明の進歩を促すために博物館の設けあるといえども、あわせて博覧会を開設しなければならない」(9)と宣せられていることから明らかである。大久保が博覧会に込めている企図は、この建議書に過不足なく書き記されているので、以下にその内容を詳しく見ていこう。

博覧会の目的とは何なのか。それは次のようにまとめられる。

万物を遺漏なく一場に蒐集し、自然物は質の良否を調べ、人工品は巧拙を査定して識者がこれを論評し、百工互いに観察して自ら奮励し、商人は販売交易の道を開く。これがこの会の本旨である。[10]

博物館と同様、万物を集め展覧する場だが、大きな違いは専門家による品評である。ただ単に物品を分類して視覚的に展示するのみならず、その良否と巧拙の査定による学習が標榜されている。それによって、生産者が切磋琢磨し、販路が開拓されることが志向される。すなわち、博覧会とは勧業以外の何物でもないのである。[11]

博覧会はかねてより文明開化のシンボルとして捉えられていた。幕末の一八六七年に幕府や薩摩藩、佐賀藩がパリの万国博覧会に出展していたし、岩倉使節団もウィーンの万博を視察していた。日本人は、世界中の事物を一堂に集めた文明の祭典に瞠目した。そして、このようなスペクタクルを可能とする文明の吸引力に圧倒されたのだった。

このような文明の祭典を日本でも、という声は早くからあった。日本最初の博覧会は、明治四年（一八七一）に開催された京都博覧会とされる。これは、遷都後の京の衰退を押し止めるために挙行された催しだったが、「博覧の会とは人の知識を開くためのものであり、国の富強を助けるためのものである」と謳われていた。[12] すでに国威発揚のツールとして博覧会が位置づけられていたことが分かる。江戸期から珍品や逸品を展示する開帳や見世物の催しは、庶民の娯楽としてあったが、その伝統とも結びついて、京都を嚆矢として各地で地方博覧会が明治初期から開かれていた(13)。

だが、ここで大久保はそれらとは一線を画した新たなプロジェクトを立ち上げようとしていた。各県で博覧会の企てはこれまでもあったが、いずれも明確なプランもなく(「其方法を得す」)、成果があったためしがない(「著しく進歩の効験あるを聞かす」)。他方で、国内の状況を観察するに、伝来の工芸は日に日に衰退し、かつて精良を誇った産品も拙劣化しているものが少なくない。往年の名工たちも、破産の憂き目に遭っている。それというのも、時勢の変化にわが国の産業が追いつけていないからだと論じられる。

時勢が変じ、世の習わしも改まり、工芸のあり方もまた変わった。然るに地方の小工たちはそのことを覚らず、いたずらに古式を固守して時勢を察していない。目の見えぬ人たちが器を指して各々自己の独断を主張しているの類いが少なくない。あるいは、事実無根の巷説に幻惑されて時宜に適さない製品を作ってしまうようなことがある。薩摩の陶工のごときがそれである。また、一時の小利を得んとして、廉価な粗製品を作り、美点である精巧を尽くさずに声価を失したのは、加賀の銅工のごときがそれである。時勢の変化によって工芸技術が遅れをとったものは、西陣の職工のごときがそれである。わが国の工芸で、これら三つの病弊を免れているものは十中八九存在しない。故に、海外へ輸出されるべきもので、現在は萎縮して振るわないもの枚挙にいとまない(14)。

大久保の眼前には、開国後の世界経済への併呑という危機にさらされて、弄ばれるかのように衰運の一途をたどる国内の諸産業があった。今で言うならば、グローバリゼーションへの適応不全というところであろう。大久保はその病根を何よりも知識の欠如に見出した。いたずらに旧式を墨守したり、軽挙妄動して時勢に乗じようとしての失敗は、ひとえに現状と趨勢に対する正確な見聞に基づいた知識の欠如にあると考えたのである。そのような知識を生み出す場として、彼は博覧会を構想した。

ここにおいてひとつの会を企て、国内の天産や人工の物産を蒐集し、それらの産地と数量やクオリティーを子細に調査して、人工の産品については技術の良否を審査したうえ、改めるべき点はこれを改め、足りない部分はこれを教え、すべてについて小を補って大となし、劣った部分を変じて良と化し、今後に利益をもたらしていくべし。このような勧奨の順序やあり方などをあらかじめ定め、時宜を見てそれを実施せんとの大目的を確定するには、まず万物を蒐集してその品種を選定する必要がある。[15]

右の文面が示唆するのは、国家の政策的支援に何が適しているかを選抜するために全国の産品を一箇所に取り集めるとのことであるが、それに先立ち、遠く隔たった各地の品々を縦覧する機会を設けることで、それぞれの改良の余地を学び合うという契機が述べられていることは看過すべきでない。世界市場への投入という共通の難題に直面している国内産業が連結し、互いに高め合ってともに進化できる共進の機会として博覧会は必要視されたのである。[16]

この博覧会が「内国勧業」博覧会と命名された理由は、今や明らかだろう。これは徹底してナショナルな催しだった。世界経済の荒波に洗い流されようとしている国内産業を守り、それらを勧業に基づいて自立させるための殖産興業の一環であった。そのためにひたすらに国内の隅々から人と物と知識を結集させることが求められ、海外からの参加は排斥された。

この年(一八七六)に開催されたアメリカ・フィラデルフィアでの万博を視察していた西郷従道から、イギリスとベルギーが東京での博覧会への参加を打診してきたことを伝えられた時、大久保は「今度の博覧会は全く内地の物産を繁殖せしむるというのが趣意であり、外国の輸入品は一切陳列を差し止めるということで諸般の手配に着手している。今さら外人の出品を許可するわけにはいかない」と返答し、これを拒んでいる。[17] 万国博ではなく内国博ということには、決然とした意志があった。

知のリフレイン

以上のように、大久保は博物館と博覧会(そして図書館)が並立する場所として上野公園を造らんとした。博物館が文明の諸々の産物や成果を広く国民に知らしめる設備であるのに対して、博覧会はむしろ工芸の知識や技術を移転し錬成して産業のイノベーションを促すためのプロフェッショナルな集いと観念されていた。いずれにせよ、この両者が相まって、上野公園は日本の殖産興業を牽引する知のセンターとなることが期待されたのである。

明治九年(一八七六)五月九日、そのような大久保の期待を受けて、上野公園は開園した。太政官布告によって定められた公園のなかで、唯一の内務省所管の公園である。それだけでも特異な地位と言えるが、開園式に当たるこの日は天皇の行幸があり、それを通じて、そこは「『人民輻輳の地』としての公園、あるいは土地政策としての公園とは異質の、国家の公園として意味づけされ」た。(18)

国家の公園としての性格づけは、開園に際しての天皇の行幸の次第からもうかがえる。天皇はまず寛永寺の開祖である慈眼大師を祀る慈眼堂を訪れた。戊辰戦争でほぼ焼尽した山内のうち、焼け落ちることを免れたその堂宇にまず立ち寄った天皇は、続いて徳川将軍家霊廟を巡覧した。(19)それは、旧幕勢力の怨念が巣食っているような地に天皇自らが鎮魂に訪れ、国譲りを行い、そこを知の殿堂として一君万民の宥和の場所とするための祓えの儀式だったのかもしれない。

かくして上野公園は開園した。また、これに先立ち、そこを会場とする博覧会の開催時期も、フィラデルフィア万博に参加した事務官や職工らが帰朝した後の翌年明治一〇年（一八七七）二月一五日から六月一五日とすべきとされた。日本初の全国的な博覧会の開催に向けて、準備が急ピッチで進むことになった。しかし、当初予定されていた明治一〇年二月に、まさに西南戦争が勃発し、博覧会は延期された。内戦が引き続くなか、博覧会を断行すべきかどうか議論があったことは、既述の通りである。松方の決行論を受け、博覧会は八月に開催されることになった。

その日は八月二一日に訪れた。第一回の内国勧業博覧会が、この日、天皇皇后の親臨を仰いで開会した。天皇はこの日を含め、博覧会開催中の一〇月二六日に会場の巡覧に訪れ、そして一一月三〇日の閉会式にも行幸した。天皇の数次にわたる親臨に表れているように、この日本初の近代的博覧会は、国家的な祭典として幕を開けたのである。

もっとも、それまでの近代的博覧会と比較して、そこには異質さも認められる。そのひとつは既述のように、万国に対する内国ということであるが、もうひとつのものとして〝真面目さ〟が挙げられよう。主催者にとって、この博覧会は「勧業」のためのものに他ならなかった。そのために、博覧会と聞いて通常想起されるようなショー的なエンターテインメントの要素は後景に退くべきとされたのである。そのことを端的に表明しているのが、内務卿大久保の博覧会開会の辞である。

博覧会の功績は、大いに農工の技術を奨励し、特に知識の開進を助け、貿易の指針を通じて国家の繁栄をもたらすことであります。陛下の叡聖至徳の治政によって、速やかにこの典が挙行されたのは誠に偉大なことです。振り返って会場を眺めるに、陳列の品々はおよそ四万点、出品者は二万人に近くに上ります。その産品の佳、製品の美はすでにその業の奨励を表しており、将来の興隆と繁栄の期待には待つべきものがあります。実にこれらの民の勤勉なることは、よくその奮励の功績を呈しており、陛下の叡聖至徳の治政は、既にその証を得ております。その偉大さを頌しないわけにはいきません。ああ、ここに億兆の民が幸運にも昇運赫々たる時に遭遇し、万物のひしめくこの場に遊び、観覧することでその知を進め、討究することでその識を伸ばす。どこに歓喜奮発して、陛下の叡聖至徳の治政に報い、もって多大な功績に賛辞を送らない者がいるでしょうか。(20)

右の引用で目を引くのは、知識の語のリフレインであろう。ここでは、博覧会とは知識をもたらす場とされている。すなわち、「知識の開進を助け」ることがその効能であり、観覧を通じて知がもたらされ、展示の物品を比較討究することで識見が高められることが期待されている。「万物のひしめくこの場に遊」ぶとはされているものの、そこに遊戯の意味合いは少ない。博覧会は討究の場とされた。

これは、単なる政治家の仰々しい型通りの挨拶に過ぎないのだろうか。そうではない。この祝辞を起草した前島密によれば、大久保は「勧業の盛典は未曾有の事なり。而も此に臨場朗読するは予生来の快事なり」と言い渡して、草案の作成を命じたという。そして、自ら添削を加えて式場に臨んだ[21]。そこには並々ならぬ意欲が感じられる。そして、この言辞が伊達でなかったことは、来場者に配布された博覧会のガイドからもうかがえる。そこでは、次のように明記されている。

内国勧業博覧会の本旨とは、工芸の進歩を助け、物産貿易の利源を開拓することにある。徒に戯玩の場を設けて遊覧の具となすものではない。博覧会の効能を一言で言えば、人々が各地を巡り歩かずとも容易にひとつの場所で全国の万品を周覧し、もってそれらの優劣異同を判別できること、また各人が工芸上の実験と妙所をあわせて同時に会得できることである[22]。

開口一番、ここは「戯玩の場」や「遊覧の具」ではない、と釘が刺されている。日本全国の物産を一堂に集め、その優劣や差異を判別し、工芸の進歩を促し、国富を増進するための催しなのだ、と。「盛典」と謳ったにしては、何とも無粋で肩の凝る語り口である。そして、ここにおいても「知識」がキーワードとして掲げられている。

このように仔細に観察してくれれば、およそ目に映る万象はみな知識を伸長する仲立ちとなり、個々の展示物の前にあれば、すべからく見聞を広めるの具とならないものはない(23)。

大久保の開会の辞を銘記せよとばかりに、知識の開進こそ博覧会の眼目であることが個々の来場者に呼びかけられている。

さらに、このガイドブックは続けて、次のように言ってのける。

とはいえ、以上に論じるところは特に具眼の士や有志の人とともに述べることである。漠然と見過ごし、一点の注意もない輩にとっては、数回来場してもいたずらに心や目を楽しませるだけである。どうしてこの会の実益を望むことができよう(24)。

これはまた何とも高慢な物言いである。単に物見遊山に来たような者はわれわれの相手ではない。ここは本来、物の善し悪しが分かり、自らの知識を開いていくプロフェッショナルな人々の催しなのだと言ってはばからないわけなのだから。

博覧会の会場は、このことを裏書きするように仕立てられた。ここは遊興の場ではないという意思をなぞるかの如く、売店の類は会場の外に置かれた。また、「珍しき品物たりとも都《すべ》てかたわの鳥獣虫魚又は古代の瓦曲玉書画等の類は此会に出すへからす」として、珍奇なだけの品は出品すべきでないとされた(25)。江戸以来の「見世物」的な娯楽性は場外に放擲されたのである。このようにして、日本最初の近代的博覧会たる内国勧業博覧会は、前代の庶民性や娯楽性とは一線を画した真面目を訴えたイベントとして挙行されたのである。

もっとも、この点は、近代的博覧会の本来的な性格から背反した行いとも言うことができる。西洋で開かれた万博とは、庶民性や娯楽性を極大化した国家的な祭典だった。それまでにない視覚の饗宴を演出して、国家的統合を不動のものとする盛挙であった。見世物的側面は峻拒されたのではなく、むしろその最大化が図られたのである。

扇形の聖地

内国勧業博の主催者とて、そのことに無頓着だったわけではない。彼らも売店街の設置は計画していた。ただし、それは会場の外だった。遊興を求める人々を門前に呼び込み、それから聖なる会場へと入っていく。あたかも神社仏閣の縁日のように。そう考えると、この博覧会には前近代から脱却しようとしつつ、意外とそれとの連続が織り込まれているとも見なすことができる。

縁日の屋台をかいくぐって場内に入ってみよう。そこは扇形の構図になっている（次頁）。表門から中に入ると、向かって右側に農業館、そして左側には園芸館があり、その奥には機械館が見える。まずは左側に歩を進め、園芸館、機械館を見学してみる。機械館の中央には製糸機械がずらっと並べられ、五十名もの女子工員による実演が行われた。それは、この博覧会の大きな呼び物となったという。これをはじめ、蒸気機関で動く一群の機械に、人々は息を呑んだ。

機械館を出て、扇の辺にあたる西本館へと歩を進める。そこには、東京や京都などの各府県からの物産が陳列されている。そこを経巡ってたどり着くのが、要に位置する美術館である。それはレンガ造りの洋館風の建物で、この博覧会のシンボル的建造物だったと思われる。そこには、日本が誇り得るような美術工芸品が所狭しと展示された。ウィーンの万博などを通じて西欧でブームとなったジャポニズムを逆輸入しようとしたのかもしれない。

美術館を出て、今度は東本館をたどって再び日本各地から出展された品々を鑑賞し、最後に農業館を訪れて、会場の一巡が終わる。[26] 来場者は門前に出て、再び居並ぶ屋台を賞玩しながら、肥えた眼を休め、余韻に浸ったことだろう。

こうしてみると、この博覧会はなかなか考え抜かれた舞台演出をしていたとも言えよう。既述のように、その構図は日本伝来の縁日のものである。聖俗が隣り合わせに配置され、俗の空間を通って、人々は聖なる空間へと入る。ただし、ここにおいて聖の空間で人々を教化するのは神仏の教えではない。それは新たな物質文明であり、殖産興業への嚮導である。それを担う国民意識の涵養もあわせて期待されていたとも考えられる。

真面目な聖の空間の造出に心砕いていた当局者は、集められた出品物を査定することを忘れなかった。大久保の開会の辞にあったように、単に陳列するだけではなく、全国の産品を比較検討して討究することが博覧会の目的だったからである。そのために優秀な出展物には褒賞が与えられ、会の終了後、それぞれの展示物に評価を加えた詳細な報告書が編まれた。[27] そのようにして、日本各地の各種産業のスキルやノウハウを吸い上げ、見るべきものがあればそれを普及させていくことが期されたのである。

経済史家の塚谷晃弘氏によれば、そのひとつの成功例として陶磁器業が挙げられるという。日本の陶磁器産業は、明治維新後、西洋でのジャポニズムの流行もあって「急激に世界的な規模における商品関係へ連結せしめられた」が、「この海外販路の拡大、生産技術の近代化にとって忘れられてならないのは一連の博覧会事業であった」[28]とされる。

明治九年二月に大久保が提出した博覧会開催の建議書の内容をなぞるかのように、博覧会での出展を通じて、日本の窯業は技術の向上を遂げ、海外への流通網をも築き上げて格段の発展を遂げることができたのである。博覧会が、国内産業の間に競争的市場を形成し、在来産業の品質改善や技術改良を促進することによって殖産興業や日本の輸出力強化に寄与するものであったことはつとに指摘されている[29]。産業技術に関する知識や情報の普及を通じて国を富ませるという大久保のプランは、大きな実りをもたらしたと言えよう。

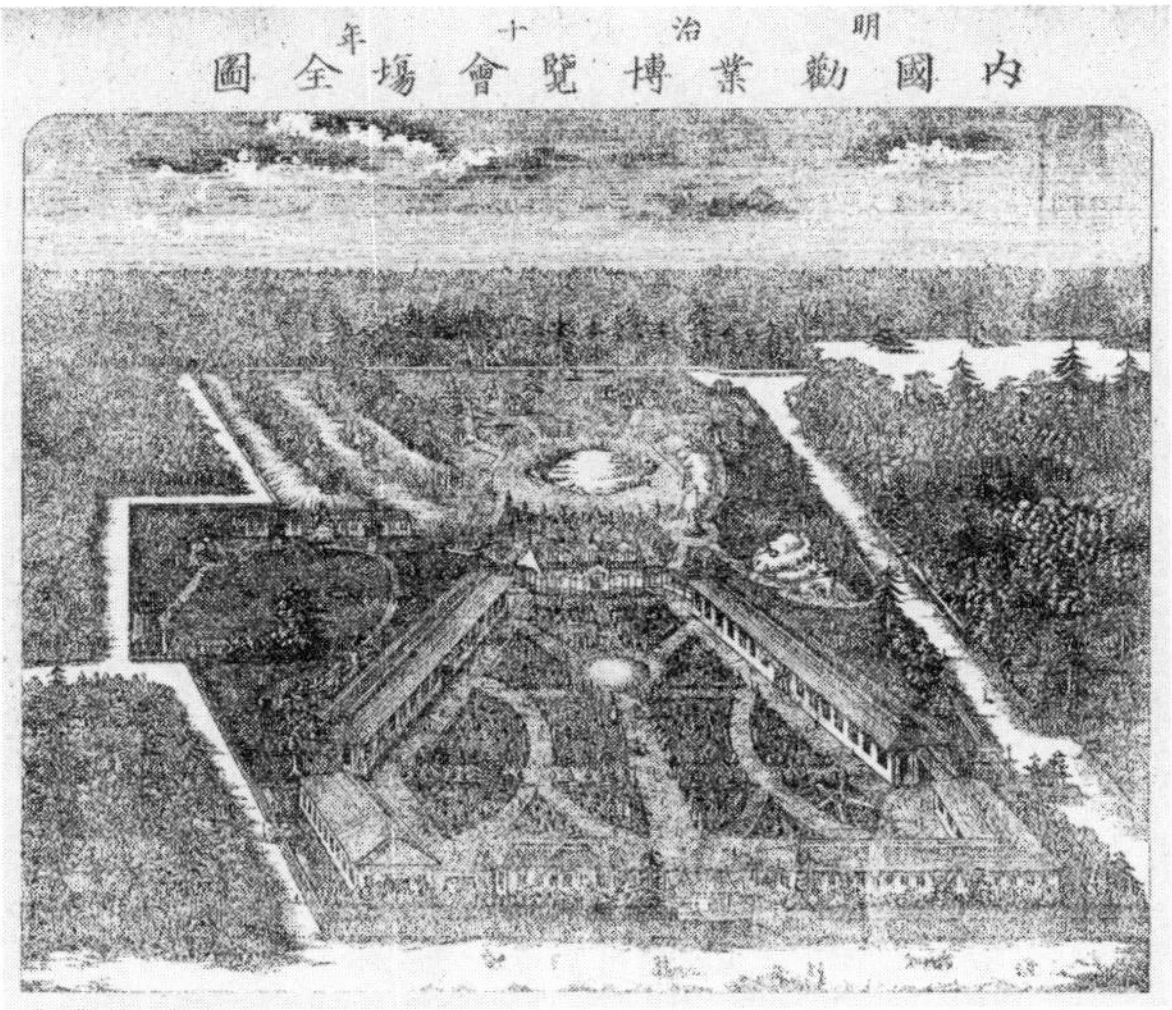

第一回内国勧業博覧会の俯瞰図

　このように、「内国」に限定して勧業を促すという博覧会の趣旨は、主催者たちの意図した通りに運んだ。ここでもう一度確認しておきたいのは、当時の世界史的文脈のなかでのこの博覧会の異質さである。世は万国博の時代であった。文明国は、万博を主催し、世界中の品々を集めて競演させることを目指した。だが、大久保はそれには背を向けた。

　彼がとった路線は、文明の粋を誇るような

海外の産品を並べた祭典ではなかった。いたずらに珍品を求める陳列方針が固く戒められたことは前述したが、それは何も江戸時代からの見世物との決別を図ってのものばかりではあるまい。海外からの出品を拒んだことも、同列に解されよう。新奇なものに目を奪われ、ただただ嘆賞するというのは、この催しの趣旨ではなかった。勧業という実践に結びつくことが、あくまで要請されたのである。

言うならば、内国勧業博とは、富国化のために何が必要で何が可能かを皆で考え、討究するシンポジウムだったと言えようか。国内の人知を結集して、地に足着いた産業化を実践していくための知識の交換と創発の場であることが期待されたのである。付言すれば、その際に基調とされたのは、漸進主義であった。岩倉使節団の文明視察によって発見されたこの指針は、内務省の依頼で博覧会の詳細な報告書を取りまとめたお雇い外国人ワグネル*によっても是認された。日本の陶磁器業の今後について、彼は次のように評している。

> 私が日本の陶工のために求めるのは、現時点で直ちに外国の機器や陶器およびその製法を受容して模倣することに汲々とするのでなく、専ら力を尽くして自国の現行の製法を改良し、その美質を極めることが急務だということです[30]。

ワグネルは日本の優秀な陶工の作品は、欧州の磁器の名品のなかに置いても決して見劣りしないのであるから、自国の優れた技術に目を向けるべきだと推奨する。そして、西洋の一時の流行に便乗して粗製濫造に陥ることなく、「旧来の製法のように努めて精巧良質を心がけよ[31]」、「自国固有の方法で尽力するべきものなお多し」(32)と鼓舞している。

このような意識は、機械工業においても共有された。機械製品の出展の成果を報告した次の一節はそのことを指し示して余りある。

わが国の人は学問の有無を問わず、一般に勉強忍耐の力に乏しい。したがって、他人の考案したものを見てそれを模倣し剽窃するのは頗る敏活で巧妙だが、自ら刻苦して機械を発明することはできないとは常に言われるところである。これはあるいはそうかもしれないが、本会において聞くところによれば、一概にそう断じられるものではない。そのことは以下の事例から証せられる。〔中略〕長野県の臥雲辰致《がうんたっち》＊が綿紡機を製造したのは、その発端十八年前にさかのぼり、ひとつの機械を案出して足袋の底となる粗大な綿糸を紡績したが、父も兄も無益だとしてこれを阻み、意を遂げることができなかった。五年前に改めてこれを製し、ついに改良して細糸を紡ぐを得たのである。堺県外ノ岡久馬らは綿紡機を作るにあたって、土蔵の中に閉居し、家人を近づけず、想を練ること数十カ月に及んだ。長野の齋藤曾右衛門た

ワグネル、ゴットフリード（一八三一―一八九二）ドイツ出身のお雇い外国人、化学者。幕末期、長崎での石鹸製造に関わったのち、佐賀藩の窯業指導を行う。新政府下では大学南校でドイツ語、東校で数学・博物学・物理学・化学の教壇に立つ。また工部省にも属し、フィラデルフィア万博参加にも尽力。後に京都府や東京大学に移り化学、窯業等の指導に当たる。

臥雲辰致（一八四二―一九〇〇）信濃出身の発明家。足袋製造の家に生まれた後、得度。廃仏毀釈により還俗。綿糸紡績機の開発にとりくみ、ガラ紡機を発明。第一回内国勧業博覧会に出品して一位（鳳紋賞牌）を受賞するも模造品や外国製品の出現によって不遇をかこつ。それは、特許条例創設を促す理由となった。

ちもまた綿紡機を製造するために家産を傾けた。その他、渡邊恭たちや栃木県の山口重兵衛、神奈川県中津川藤吉らの機械における、三重県伊藤伝七*の浙米機におけるなど、みな数年を費やして製作したものである。およそこれらの者たちは、心を呻吟して資財を投じ、年月を費やして機械製作に従事したのであって、等しく奮励忍耐の力あると言うことができる。これらの者たちが、物理を究め、機械の学を習得すれば、必ずや欧米の精巧さに引けを取らない機具を作り出すことも難しくないだろう。(33)

この引用の前後にも、また引用文の中略した箇所にも、全国の数多の事例が次々に引き合いに出され、称揚されている。この時に世に出た発明家と言えば、右の文中にも出ている臥雲辰致が有名であるが、彼に限らず、日本の至るところに自力で黙々と技術の革新と創出に取り組んでいる民間発明家が叢生していた。彼らの存在と作品を表舞台に上げ、その活動の閾《しきい》を取り払って横議の機会を与えることこそ勧業博の目的だったのである。

博覧会の閉幕を十日後に控えた明治一〇年一一月二〇日、出展された品々の審査を経て、優秀な出品物を顕彰する賞牌授与式が行われた。審査官長の前島密の後を受けて出品者一同の前に立った大久保は、次のように挨拶した。

本会の列品の審査はすでに完了し、ここに審査官の推薦を得て、賞牌授与の式を挙行します。思うに、本邦における勧業の試みはまだ日が浅いものです。しかるに、物産の豊かさと工芸の巧みさに始まり、凡百のことに至るまで、各地の開化の効果を見て、遅れていると言う者はいないでしょう。とはいえ、天然の幽遠なこと、人為の精緻なこと、もとよりここに止まるものではありません。望むらくは、弛《たゆ》むことなくその歩を進め、富む者は益々富み、巧みなる者は益々それに磨きをかけんとして完美を期し、もって十分の成果をもたらされんことを。このことを今ここに賞し、将来に向けて奨励します。(34)

式典の後、一同は美術館の裏で記念撮影に臨んだ。その写真は、本書の冒頭で掲げた。中心にいる大久保を幾重にも人々が囲んでいる。幕末の志士たちと同様、彼らもまた草莽として崛起した人々である。彼らをつなぐ輪を何重にも広げていくことこそ大久保にとっての殖産興業であり、明治維新だったのである。

中心にいる自分は円の拡大のなかで見定められなくなっていくであろう。しかし、円が描かれていくには、起点となる中心が不可欠なのである。

伊藤伝七〈十代目〉（一八五二―一九二四）伊勢の造り酒屋に生まれる。近代初の機械紡績工場、堺紡績所で学んだ後、渋沢栄一の援助を受け三重紡績株式会社を創業。後に大阪紡績株式会社と合併して東洋紡績株式会社となる。貴族院議員。

終章

大久保の思想

内国勧業博覧会が終わってから半年が経った明治一一年（一八七八）五月一四日、大久保の人生に突如幕が降ろされた。それは不慮の死であり、後述するように、大久保にとって志半ばでのこの世との別れだった。だが、大久保の人生はここでとにもかくにも完結し、歴史のなかでひとつの作品として玩味できるようになったとも言える。

「はじめに」で記したように、本書は、大久保を「知の政治家」と見なし、その真価を解釈せんとしてきた。「知の政治家」として、大久保の思想を明らかにするというのが、本書の立場だった。

大久保の思想とは奇異に響くだろう。われわれは、本書のなかで、岩倉が大久保のことを「才なし、史記なし、只確乎と動かぬが長所なり」と評していたことを見た。学才は無いが、比類なき胆力の持ち主というのが、在世時からの大久保のイメージであった。そもそも彼は、学者でもなければ啓蒙的思想家でもない。一介の政治家に過ぎない。思想というような高尚なものとは無縁の存在のように思われる。

だが、ここで想起されるのは、吉田茂を論じた際の高坂正堯氏の言葉である。

これまで、彼は思想を持っていないと言われて来た。しかしはたして、思想を持たない、権力欲の強い官僚が、あの軍国主義盛んなりしときに、最後まで孤塁を守って日独防共協定に反対したりするだろうか。また、彼の軍閥への反対は、まるで頑固さとエリート意識によるものに過ぎないかのように扱われて来た。しかし、人はそれだけの理由で、自らの公的生活を棒に振り、逮捕される危険を冒すであろうか。彼は確固たる哲学を持っていた。(1) それは彼の人物と職業にしみ込んでいたから、思想として理解され難かっただけなのである。

高坂氏は、吉田を思想と哲学の結晶と見なしている。ある種の思想の体化が、吉田という人物であり、政治家としての彼だったのだ、と。このことは、そのまま大久保についても言うことができる。大久保は、決して文才の持ち主だったのではない。自らの思想を表明し表現することが、彼の生業《なりわい》だったのではない。彼の思想は、彼の行動や政治指導となって表出した。そうすると、彼の人生をひとつの思想的作品と捉えることも許されるのではないか。そのような観点から、大久保の生涯の事績を観察し、彼の思想を抽出するのが、歴史学の務めである。

大久保の思想なるものを本書はいかに見定めたか。まず、幕末期の大久保の行動原理は、理にあった。当初の大久保は、多分に漏れず、尊王攘夷に突き動かされた過激な志士の一人であった。しかし、名分や大義を堅持して軽挙を戒める島津斉彬や久光の薫陶を受け、大久保もまた理と義を弁別する境地から支配の理非曲直を判断するようになる。それは、時代の勢いに浮かされた草莽の志士たちとは別の境地だった。彼らが処士横議を掲げて下から公議公論を唱えるのに対して、大久保は数による勢いに恃んだ公議や衆論は決して理に基づく公論を担保するものではないとして、立ちはだかった。大久保は理に基づく新たな国家の体制（国制）を希求していたのである。大久保にとって新たな国制とは、「非義の勅命は勅命にあらず」との有名な一喝にも表れているように、尊王のさらに上位に君臨する天下国家（公的なもの）の原理を体現したものだった。

この点については、すでに佐藤誠三郎氏による明快な論及がある。佐藤氏によれば、「大久保はすでに幕末に、『衆議』と『公論』を峻別し、『衆議』への安易な依存は『因循』をもたらすのみであり、国家の行動準則たる『公論』は、しばしば無責任無定見な現実の『衆議』から、あくまで方法的に抽出されねばならないと主張していた」とされ、彼は「『公論』との同一化に支えられた熱烈な使命感と不動の信念」を政治家の資質として弁えていたことが論じられている。[2]

したがって、大久保は、政談の徒と化して処士横議を口にし、言路洞開を主張する浪士らに信を置かなかった。また、旧習に拘泥する公家勢力も同断だった。因循をもたらすということでは、彼らは同類だったのであり、それを断つことが、大久保の維新となった。

もとより、断ち切ることによって維新は完成したのではない。言葉の真の意味において革命であるために、更地から新たな秩序が立ち上がらなくてはならなかった。[3] それが、理の国制化である。

維新なったその後、大久保は何度も、制度、制度と唱えていた。大久保といえば、専制主義の政治家というイメージがつきまとうが、彼は彼なりの公論に立脚した国制を希求していた。それは、佐藤氏が剔抉《てっけつ》されるように、勢いに駆られた激情の暴発に流された衆議であってはならない。その代わりに、彼が新しい国制を支える人として見出したのが、知識をもった有徳の士であった。彼は、自らの統治の府としての内務省に、旧幕臣や佐幕派からも広く人を募った。それが知識の持ち主であるならば、かつての来歴は不問に付された。国家を成り立たせる有益な知を糾合しつつなぎ合わせることがこころがけられたのである。

大久保にとって、維新とは結ぶものだった。人と人を結ぶものであり、知と知を結ぶものである。その府としての内務省を中心に、結びの円環を日本中に広めていくことが期された。結び合わせる人に欠けるところはない。東北を巡察し、その地に幾多の有徳と創意の人士を見出した大久保は、その確信を深めることができた。その結びの集大成が、明治一〇年の内国勧業博覧会だったのである。これが、断つことの集大成としての西南戦争と並行して挙行されたことは、何という歴史の演出であろうか。博覧会での集合写真で円の中心にある大久保の胸中は、察しても及び得ないものがある。

大久保が蒔いた種

明治一一年（一八七八）五月一四日に話を移そう。この日の朝、自宅を出て馬車で赤坂仮御所へと向かう大久保は、麴町紀尾井町で石川県士族島田一郎*らの襲撃を受け、命を落とした。リーダーの島田は征韓論に共鳴した元陸軍軍人で、郷里金沢で不平士族の結社に加わっていた。西南戦争で鹿児島の反乱軍に呼応して同志を募りともに決起しようとしたが果たせず、それ以来、政府高官の暗殺を画策していた(4)。

虫の知らせ、とでも言うべきだろうか。出勤前の大久保を福島県令山吉盛典が訪ねていた。山吉に対して大久保は、明治維新の完成について熱弁をふるった。山吉はその時の回想を残している。大久保の遺書と言ってよい。

島田一郎（一八四八―一八七八）加賀藩士。足軽の家に生まれ、第一次長州征伐、戊辰戦争にも参加。新政府下においては陸軍に入り中尉まで昇進するが、征韓論者のため明治六年の政変で帰郷。神風連の乱、秋月の乱等に呼応して挙兵を企てるも失敗。方針を要人暗殺に切り替える。加賀士族四人と島根士族一人とともに利通暗殺を決行。大逆罪により斬首。

それによれば、大久保は死の直前に次のように語っていた。

維新の本旨を貫徹するには、率直に言って三十年の月日が必要である。仮にこれを三つに分けて、明治元年から一〇年までを第一期とする。兵乱多く、創業の期間である。明治一一年から二〇年までを第二期とする。これは最も肝要な時期で、内治を整え、殖産を行うのはこの時である。利通は不肖ながら、十分に内務の職務を尽くさんと決心している。明治二一年から三〇年を第三期とする。これは守成の時期であり、後進に賢者が出て、維新の事業を継承し修飾してくれることを期待する。利通の素志は以上のごとくである。故に、これからの第二期の業は慎重を期し、将来に受け継いでいかれるような基礎を築くことを要す。(5)

これによれば、大久保はこれまでの十年間を動乱の時期と捉え、維新の大業に取りかかるための地均しを行う準備期間だと考えていた。そして、西南戦争が終わり、今ようやく明治維新の真価を確立することに本腰を入れて取り組むことができるようになった。

大久保の暗殺は、そのように決意を語った矢先の非業の死だったということになる。だが、せめてもの救いは、すでにその維新の大業に着手がなされていたことだろう。それは、前章で見てきたような勧業を通じての殖産興業であると見て間違いない。

付け加えるならば、その勧業とは、日本各地から衆知を集め、知識の交換と創発を促すことと同義であった。そのために、内国勧業博覧会が開かれた。以下、すでに論述してきたことと重複もあるが、大久保による勧業の企てをまとめておこう。

明治八年、下総の地（現在の成田市）に牧羊場が開かれた。その遠因は、大久保が岩倉使節団で外遊したことにあった。毛織物の需要の増大をまかなうために国内での羊毛の供給を必要視した大久保は、牧羊場の選定に当たり、この年の九月に同地を検分し、下総牧羊場の開設に至った。ここで産せられる羊毛を使って毛織物製品を生産するために、大久保没後の明治一二年に東京南千住に建てられたのが、千住製絨所である。なお、下総牧羊場にあわせて、牛馬を飼育する取香《とっこう》種畜場も開かれた。後にこの二つは宮内省に移管されて、下総御料牧場となった。

また、大久保は養蚕業の振興にも努めた。大久保はこの事業をやはり岩倉使節団で訪欧時に知り合った佐々木長淳に託した。大久保の引きで工部省から内務省に移った佐々木は、内藤新宿試験場において養蚕業の研究に携わる傍ら、製糸工場の設立にも奔走した。佐々木の尽力により、現在の群馬県高崎市に新町紡績所が開設され、明治一〇年七月に操業を開始、一〇月に大久保も参列して開所式が行われた。大久保は、次のように開所の辞を述べた。

今ここに、屑糸工場開業の式を執り行います。回顧すれば、わが国の人の屑糸や養蚕への眼差しは、これを財貨の屑と見なして外商の手に委ねてきました。これに対して彼らは利益を生む資本としてこれを各々の国の市場へと輸入していきました。今、ここに屑糸製造業を開き、これまでの無策を転じて将来の利益を作り出し、それを国民にもたらさんとします。誰かこの業の興るを慶ばない者がいるでしょうか。とはいえ、この業の興るを慶ぶのは、単にこの工場の賜物と言えましょうか。そうではなく、国民がこれによって広くこの事業を自ら伸展させ、興隆させるからです。賢明なわが国民をもってすれば、どうして興隆を遂げないということがあるでしょう。ここにあわせて本工場の係の者たちの勉励の功の少なくないことを称え、短いながら祝辞とします。(6)

内国勧業博覧会の開会の辞と同様、この祝辞も前島密が起草したが、大久保は自らそれに手を入れて開所式に臨んだ。(7)大久保の意気込みがうかがえるのである。

このような官営工場の設立による新産業の奨励を行う一方で、大久保の勧業は勧農を基本としていた。それは、伝来農法の継承と大規模な開墾事業を通じての西洋型大農場の導入という二面性をもっていた。前者について述べれば、明治九年(一八七六)一〇月に勧業寮員の織田完之《かんし》*が古来の日本農法や農政についてのテキストを編纂し、『農政垂統紀』と題して刊行された時、大久保はこれに序文を寄せた。(8)日本で受け継がれ、守られてきた農業の知識と考え方を後世に伝承していかなくてはならないとして編まれた書である。大久保は、時勢は変遷しても、農の大計や大法則は万古不易である。民政にあずかる者は、すべからくこの本を手に取り、古来為政者たちが民食の本旨を重んじてきた実績を知るべきだと唱えた。

知識の伝承のために、大久保は学校の創建にもあたった。当初、農事修学場が内務省管轄の内藤新宿試験場(現在の新宿御苑に置かれていた近代農業の振興を目的とした試験場)に付設されていた。農政官や農業指導者の養成のための農学校である。しかし、新宿の地では手狭であるとして、より広大な敷地で充実した設備を備えた本格的な学校の建設が計画された。そして、徳川家の狩猟場であった駒場野に目がつけられ、そこに新校舎が建てられる運びとなったのである。

新校舎は、明治一〇年(一八七七)の年の瀬に落成し、翌年一月二四日、開学にこぎ着けた。

今日の東京大学農学部の前身たる駒場農学校の開校である。開校式には天皇が親臨して勅語を下したほか、大久保も、「大いに富民殖産の道を興隆せしめることは、国民の幸福と国家の福利を増進させるもの」であり、その礎として「物産を繁殖させ、民生を豊かにすることは今日より始まらん」と祝意を述べた(9)。

二つの政治指導

この農学校に関連して触れておきたいのは、同校に教官として招かれた群馬の老農船津伝次平《でんじべい》*である。明治八年(一八七五)三月に大久保は各府県に宛ててその地の篤農家を推挙するよう通達した。これを受けて、群馬県から名の挙がったのが、船津である。富岡製糸場所長の速水堅曹*からもその名を耳にしていた大久保は、新町紡績所の開所式のために群馬を来訪したついでに船津と面会した。明治一〇年一〇月二三日である。その識見と人格に感銘を受けた大久保は、早速

織田完之(一八四二—一九二三)三河出身の官僚および農政史学者。医者の家系だった母方に従い、幕末期は医学を学び、その過程で尊王の志士と交流。新政府下、品川弥二郎の推挙により若松県(福島)権小属、後に大蔵省、内務省勧業寮、農商務省等に出仕。江戸期の農政家佐藤信淵に傾倒し、印旛沼の開削事業にも尽力。『農政垂統紀』の他『本朝農事参考書解題』等を刊行。

船津伝次平(一八三二—一八九八)上野国(群馬)の名主の家に生まれ、農業のかたわら村役人も務めて農業技術の改良を進める。内務省御用掛となり、後に農商務省。駒場農学校および全国で農業指導を行う。

速水堅曹(一八三九—一九一三)川越藩士に生まれ、のち前橋藩士。日本初の洋式器械製糸所、前橋製糸所の設立に関わり、製糸技術普及に努める。内務省に出仕し、内国勧業博覧会等での生糸審査法を確立。官営富岡製糸場の三代、五代目所長。

船津伝次平

彼を内務省御用掛に抜擢し、新設の駒場農学校で後進の指導に当たらせた[10]。

船津は農学校で授業を行いながら、駒場の原野に仮寓を建てて寝起きし、自ら先頭に立って駒場の開墾に汗を流した。大久保が、「このような荒れ野で夜を過ごすのは寂しかろう」と声をかけると、船津は「駒場野は都人士には想像の及ばない自然の詩境であり、絶えず天然の妙音に包まれます」と返したという[11]。

大久保の勧農への関心は、高輪にあった自らの別邸に外国産の果樹を栽培し、率先して海外の品種の植生を奨励する範を垂れたことにも表れている。船来の種苗の栽培ということでは、前出の内藤新宿試験場でかねてより試みられていたが、明治一〇年九月には東京の三田に育種場が新たに開設され、三田育種場として大々的に試験と研究がなされた。この施設は前田正名《まさな》*の建策に基づくものだったが、大久保もその成り行きを気にかけ、事業の奨励のために額を揮毫したりしたとされる。

以上のように、大久保は農こそ国の礎として、新時代にふさわしい農業のあり方を嚮導しようとした。それは、海外の産品の移植栽培と開墾による大規模農場の建設を主眼としたものだったが、船津の例に見られるように、伝来の日本の知識と技法を改良してそれを担わせようとした。和洋の折衷を図ろうとするものだったと言える。

その様は、彼の食卓から髣髴される。大久保の朝食のテーブルには、パンにあわせて牛乳に卵と砂糖とブランデーをミックスした飲み物、そして濃い宇治の玉露と数種類の漬物が並ぶのが常だったという。[12] あまりにお座なりな和洋の並列であるが、大久保はとりあえずはこのように新旧のものを雑居させ、そのコラボレーションのなかで何か新しい生活のスタイルが立ち上がってくるのを期待したのかもしれない。その際に、彼が前提としたのは、既存の知識や実践の掘り起こしであり、それをいかに外来の新文明と接ぎ木させるかというものだった。

内国勧業博覧会がまさにそのために企画され開催されたことは、前章で詳論したので贅言の必要は無かろう。一点だけ確認しておけば、大久保は前から各府県に照会を発して各地で産業育成や人々の生活向上に尽力している人材を物色し、そのような者たちの知見や技術を集約することに余念が無かった。船津伝次平がそうであったし、また、前章で詳述した東北地方の巡回は、それこそ地域の経綸家をスカウトする旅だったと言える。そういった日本各地に逼塞している有為の人材や知識をつなぎ合わせ、それらの還流を作り出すことが大久保にとっての殖産興業であり、そのための一大舞台が勧業博だった。

従来、大久保内務省の殖産興業政策については、それが上からの一方的な西洋的産業化の促成だったという理解が根強かった。そのことは当時からも批判の的であり、木戸孝允は日記に次のように記している。

前田正名（一八五〇―一九二一）薩摩藩医の家に生まれる。明治初年にフランスに留学、内務省御用掛。パリ万博事務官長を経て、大蔵省大書記官となり、農商務省出仕後、『興業意見』全三十巻を編纂。日本の産業動向を調査し、経済成長の指針を示す。後に山梨県知事、東京農林学校長、農商務次官等を歴任。貴族院議員。妻は利通の姪。

大久保が内務の職を奉じた結果無益となったことの大概は、皆部下の詮議に出て、都下に種々の勧業のことを企て、数多の部局を設け、大いに土木を起こしたことである。そんなことをしても、真に民力の復興の根本に留意するものは甚だ稀である。故に、その結果がどうなるかは不明であり、ただ単に木に縁りて魚を求むのようなことにならないかと恐れる。人民に直接関わる改革は、努めて性急を避けるべきである。(13)

木戸の目には、大久保の政策は岩倉使節団での経験を無視し、ただただ文明の盛大と華美を求める急進策と映ったのである。彼が生きて内国勧業博を見たならば、それこそ噴飯ものだったろう。

だが、大久保にしてみれば、自分がやっていることこそ日本の地力に裏打ちされた漸進論だったのである。彼は、西洋流の産業化を進めるが、それを日本在来の知識と技術で受けとめ、日本人の技能の革新を通じて日本に根差した産業を作り出すこと。それが大久保の目論見だった。

この点、大久保内務省期の勧農政策について、最近の学説では「そもそもまず欧米農業直輸入というものが存在したのかという点も、やや疑わしい」と指摘されているのが参考になる。(14) それによれば、大久保内政時からの転換と通常考えられる一八七九年の松方正義(当時勧農局長)による「勧農要旨」も、そこで説かれているのは、日本在来農法の緻密さと精密さを促進し、他方で、荒蕪地の開発には「泰西ノ新器」を用いることであった。(15) それは、大久保勧農政策による日本の在来知識のネットワーク化と西洋技術の導入による開墾事業という二面性と何ら異なるところはない。

学説上、大久保没後の殖産興業政策が、「勧農要旨」を契機として、直接的勧業政策から間接的勧業政策への転換を遂げたとの評価が有力である[16]。だが、筆者は、それは一面的と考える。大久保の勧業政策は、直接性と間接性の二極構造をとっていた。間接的勧業、すなわち、国民のなかに潜在する知識の発掘とその結合を促すことによる新たな殖産興業の知と技術の創造は、大久保が第一に推進したことだった。知識交換という理念が、大久保殖産興業のエトスだったことを忘れてはならない。

このエトスは、大久保以後も受け継がれている。大久保の後を継いで内務省の勧業政策を主導したのは、彼の没後に勧農局長となった松方正義と品川弥二郎であった。従来、彼らによって、大久保内務卿時代の直接的勧業政策が方針転換され、間接的勧業政策が促進されたとされる。だが、見落とすべきでないのは、松方や品川においても、大久保勧業政策のエトスであった知識交換の理念が共有されていることである。松方は「知識ヲ交換シ産業ノ旺盛ヲ企図スル議会」は「人民ノ協議上ヨリ成立スルヲ以テ穏当」との考え方を示していたし[17]、松方の内務卿就任後に勧農局長を受け継いだ品川弥二郎は、明治一四年（一八八一）の第二回内国勧業博覧会に合わせて開催された第一回全国農談会において、「大ニ智識ヲ交換シ、固有ノ良習ニ因テ、愈進取ヲ図リ、大ニ国家ニ裨益スルアラン事ヲ」と唱えていた。そこには、大久保の指導理念の継承が認められる。明治の殖産興業は、変奏を奏でながらも、大久保によって指し示された知識交換というライトモチーフを基調として遂行されたと言えるのではなかろうか。

以上のように、大久保の殖産興業が在来的知識の促成と創発を基調としていた一方で、彼のリーダーシップの下で大がかりな開墾事業が展開したことも事実である。先述の木戸の日記にも書かれていたように、大久保在世時から、彼のトップダウンによる開発独裁的産業政策への批判はあった。

前島密はこの点について、次のような大久保の反応を回想している。すなわち、大久保の東北開墾や殖産興業政策に干渉主義の批判があることを受けて大久保は、「とはいえ、この眼前に広がる荒涼寂寞たる風景をどうしたらよいのか。[18]今、これに力を傾注するのでなければ、いつ富み栄える秋の収穫を見ることができよう」と応じた。そして、次のように語を継いだという。

自分もいわゆる慈母としての政治家の血脈と遺伝を受けた者である。今から二三十年を待ち、世の青年たちが実業に就き、興産に楽しむの日に至れば、みな天下の良民となるだろう。そうなれば、諸君らの諫言を受けることも無くなるだろう。[19]

大久保の眼には国富の源泉となる肥沃な大地が広がっていた。そして、生計の道をあてがわなくてはならない秩禄処分を受けた士族たちがいた。この両者を結びつけられるのは、慈母のようないたわりと厳父のごとき果断にもとづく確固としたリーダーシップである。

大久保は、通常は羊飼いとして民の後についていこうとしながらも、必要な場合には前衛に立って民を導こうとした。その両面性こそ彼の政治指導の真価と言える。民の後についていこうとしたのが、各地の知の発掘とそれらの交換を通じての新たな知識の誘発であるが、それとは別個に、没落する士族たちの救済という喫緊の課題があった。そのために彼が次に着手しようとしていたのが、安積開墾事業であった。[20]

見果てぬ夢

不慮の死が二カ月後に迫っていた明治一一年（一八七八）三月六日、大久保は「一般殖産及華士族授産ノ儀ニ付伺」と題する建議書を三条実美太政大臣に提出した。そこでは、「国家ノ元気」を養成するために、華士族を開墾に誘い、農業を改良し、もって国の元気を旺盛ならしめ国力を伸張すべきことが唱えられている。[21]

そして、この翌日、福島県安積疏水事業着手の議が引き続いて大久保の手から三条太政大臣に提出され、[22]これを受けて、五月一日、起業公債証書条例が公布された。殖産興業のための資金繰りのために、公債を発行することが定められたのである。これによって、安積開墾のような一大事業に投入する資金を調達する枠組みができあがった。

五月五日、大久保は、地方官会議のために上京していた全国の府県令を集めて、自ら起業公債につき説明を行った。前年の内国勧業博覧会によって先鞭がつけられた知識交換のネットワーク形成とならぶもうひとつの大久保勧業政策の柱――士族授産としての大規模公共事業が、緒に就こうとしていた。

そのような矢先に、死は突然訪れた。五月一四日、運命の日の朝、大久保が福島県令山吉盛典の訪問を受けたことは前述したが、今またその詳細を再論しよう。

これから安積の大事業を担っていくことになる山吉は、その決意を語り、そして安積開墾の国益であることを力説した。それは、次の諸点にわたった。①猪苗代湖の湖水を周囲に引き、水田を作って稲作を奨励する、②周辺の原野に植民を行う、③湖水を周辺の河川に通ぜしめ、船の航行を可能とし、宮城県の野蒜港にまで達する水運路を開く、④東磐城の海岸から安積郡を経て、会津若松を通じて新潟港に達する陸運を築く。開墾を通じて安積の地に農業の一大セクターを築き、水陸の運輸網を伸ばして、東の野蒜と西の越後の両海港に達せしめようという遠大な計画である。

このうち、野蒜港については、第四章で東北巡回について述べた際にも少しく言及した。大久保は国際的な貿易港の整備を目論見、東北沿岸にその候補地を視察して、現在の宮城県東松島市に位置する野蒜海岸を選定した。野蒜の築港もまた、起業公債により大規模公共事業として着手されることになった（その後、明治一七年の台風被害を受けて、工事は頓挫）。

これに呼応して、大久保は次のように語った。

福島県下安積郡の開墾は実に国内の開墾の最初であり、今後の標準雛型とも称すべきものである。最大限に慎重を期さなければならない。ことは内務省に属するが、殖産などは県庁に委任しなければならないこと論を待たず、今から特に一致協力して精誠をもってこの業を成すの決心を要する。諸君らがそのような所信を持ち、地方官がその精神を体現すること無ければ、この大業は成し得ることはできない。諸君の努力を望む。そもそも開墾を企図したのは、海外諸国の実況を伝聞し、また実際にこの目で見た時、わが国のごとく肥沃な土地は他に無い。また、奥羽地方の大平原は数えきれないほどである。他方で目を転じれば、無産の華士族がいる。彼らをもってすれば、この地を開くことができよう。これは、自分の決心して疑わないところである。

殖産の業が起これば、各地方の華士族のうち、最も人望のある者を選び、この者に率先して当たらしめるのが良策である。それと言うのも、これまで開拓の業を起こすもの多かったが、完遂したものはいない。とはいえ、この間、痕跡を留めているものは人望家の率先によるものばかりである。この点、注意しなければならない。(23)

安積開墾を語りながら、大久保の殖産興業の理念が脈打っている。それは自らの国際体験に裏打ちされたものだった。岩倉使節団で欧米を見て回ったが、東北の広大な原野は、開墾したならば必ずやかの地をも凌駕する肥沃な農地となり得る。そして何よりも、日本にはこの事業を実践できるマンパワーがあるはずだ。それは、秩禄処分によって没落した士族たちだが、彼らのなかには高徳で人望ある指導者が見出せる。日本には人がいる。そして、その人の力を得て生み出される富の源泉がある。そう語って、大久保は山吉を鼓舞した。この後で、先述の、これからの十年に賭ける決意の弁が続いたのである。

山吉がこの日の朝、大久保を私邸に訪ねたのは午前六時。面談を終えて、自宅を出た大久保が暗殺者の急襲を受けて絶命したのは、午前八時ごろだった。大久保死去の報を、子息の大久保利《とし》和《なか》はその日のうちに政府に届け出た。それといっしょに提出された検死書は、遺体の状況を次のように記録している。

頭部額に切り傷。約五寸。深手。

頭部右側面に切り傷。約六寸。最も深く、頭蓋骨を切断。
後頭部の切り傷二ヶ所。約六寸。最も深く、頭蓋骨を切断。
左頸部に刺し傷。最も深い。約二寸。
右頸部に切り傷。約二寸。
鼻の右側の切り傷。二寸。浅手。
下顎の左側に切り傷。約五寸。最も深く、骨を切断。
右の肩胛に刺し傷。七寸。最も深く肋骨を貫通。
右腕に切り傷。約三寸。深手。
右手の甲に切り傷二ヶ所。一、二寸。浅手。
左腕に切り傷。二寸。深手までは至らず。
左手の甲に切り傷。二寸。深手までは至らず。
腰部右側に切り傷。一尺強。最も深い。
左の膝下内側に切り傷。七寸。最も深い。(24)

めった刺しと言ってよい。傷が頭部に集中しているのは、犯人の殺意と憎悪の激しさを物語る。また、手や腕に負った傷は、懸命に素手で防戦したことの表れであろう。
急報を受けて駆けつけた前島密は、凄惨な現場を目の当たりにした。その情景を彼は次のように伝えている。

変状の痕跡は酸鼻を極めた。私は呆然自失し、立ち尽くすこと数分。まなじりが裂けるほどの怒りに襲われ、かえって涙も出なかった。ようやく気を取り戻し、公の遺体を点検した。肉が飛び、骨は砕け、また端無くも頭蓋骨が裂けて、脳がまだピクピク動いているのを見た。何たることか[25]。

暗殺された際に大久保が乗っていた馬車（五流尊瀧院蔵）

前島は、凶変の数日前に、大久保から彼の見た夢の話を聞かされたという。それは、大久保が西郷と格闘し、断崖の上で互いに殴り合い、二人とも崖から落下したというものだった。そして、転落して頭蓋骨が割れ、自分の脳が微動するのが見えたと寝覚めの悪さを語った[26]。

この他にも、大久保は暗殺の前に、江藤新平の幻影に怯えていたとの言い伝えもある[27]。西郷や江藤という彼が断ち切った人々の道連れとなったというのであれば、非情な政治家という彼の世評に適った末路ということになろう。実際、主犯の島田一郎は七月二七日に処刑されたが、巷では英雄視され、彼を主人公とする『島田一郎梅雨《さみだれ》日記』[28]（明治一二年）が出版されて人気を博したという。前述のように、島田は征韓論に与する不平士族だった。彼は暗殺に先立ち、斬奸状を新聞各社に送致しており、西郷を死に追いやり、士族たちから名誉と生計の道を剝奪した不倶戴天の敵と大久保を名指しした。そんな島田の所業に溜飲を下げた人は多かったのである。

島田と大久保との間には、ちょっとした因果がある。一説によれば、島田の妻は幕末に尊王攘夷を掲げて決起した水戸天狗党の首領武田耕雲斎の娘だったという[29]。本書第一章での記述を思い出されたい。天狗党の事件は、ある意味で「大久保利通」誕生のきっかけだった。幕府による武田ら水戸浪士への凄惨な弾圧を知った大久保は、憤怒の思いを抱いて、倒幕の決意を固めた。そこから大久保の維新への歩みが始まったとも言える。

そのようなことを島田は知る由もない。死の直前に大久保が山吉に語っていた士族救済への決意も同様である。そもそもそれを知ったからとて、島田は歯牙にもかけなかったろう。明治一一年五月一四日に大久保利通は、士族の島田一郎の一派によって殺害された。一介の歴史の研究者としては、この暗殺によって大久保は歴史上の存在となり、その真価を探求するその後の長い道が始まったということを銘記しておけばよい。

あとがき

本書を脱稿した二〇二二年年明け早々のある日、東京青山霊園の大久保利通墓所をたずねた。平日の午後遅くで、霊園のなかは都会の喧騒とは無縁の静かで落ち着いた空気が漂っていた。霊園の事務所で地図をもらい、脇の一方通行の車道を南に向かって歩を進めると、じきに左手奥に青銅の大きな碑が見える。それが大久保の顕彰碑であり、その周囲を父母や細君の墓が囲っている。そして、目指す利通の墓は、碑を背にして左に折れたその奥にある。

墓の前には鳥居が位置し、その両脇には灯籠が据えられているが、無残にも上の部分は崩れ落ち、そのままに放置されている。鳥居の先に見える石垣で盛られた壇の上の「贈右大臣正二位大久保公墓」と彫られた石塔、それが大久保の墓石である。塔の台座は亀の像となっており、中国に由来する墓の様式らしい。墓の前に佇む神式の鳥居とキッチュなコントラストをなしている。

墓の傍らには大久保のほかに埋葬された人がいる。暗殺時に大久保の馬車の馭者をしていた中村太郎である。説明のプレートによれば、中村は大阪出身で詳しい素性は不明だったが、大久保に見出され、従僕として召し抱えられた。中村太郎の名も大久保から与えられたという。大久保に殉じてともに命を落とした彼を悼み、寄り添うように葬られたのである。中村の隣には、やはりこの変で殺された馬車の馬の墓もあり、供養されている。あくまで公に生きようとした大久保の墓守としては、彼らこそふさわしいということなのかもしれない。

去り際に、鳥居の脇の崩れた灯籠に近寄ってみた。よく見ると、そこには、「勧農局員」の文字が刻され、岩山敬義、佐々木長淳、前田正名、井上省三などなどの名がある。崩れた二つの灯籠は、内務省勧農局員一同によって献納されたものだったのである。本書で論じてきたように、大久保が維新の何たるかを体現させようとして創り、駆動させたのが内務省であり、勧農局だったとするならば、これは何という符合であろうか。本書は言ってみれば、この崩れた灯籠を復元する作業に等しかった。すでに西日が射していた森厳な空間で、しばし感慨に襲われた。

大久保を書こうなどという大それた企てが、いつ筆者のなかに芽生えたのか正確には思い出せない。ただ、二〇一三年夏から一年間、機会を与えられてハーバード大学のライシャワー日本研究所に滞在した際に、とにかく何かしなければとの思いでせっせと刊本の『大久保利通文書』や日記、関係資料を同大学イェンチン研究所の図書館に通って、書庫の机で読み続けた。一年くらい在外生活を体験したいとの思惑で赴いたアメリカだったが、自分の研究とは特に接点があったわけではなく、家族の世話もあって（半年ほどは妻が仕事で帰国せざるを得なかったので、にわかシングルファーザーを余儀なくされた）、不如意をかこった。今、本書が世に出せるようになり、あの生活が決して無駄ではなかったと自分に言い聞かせることができる。

帰国してからは、待ってましたとばかりに、職務が待ち構え、それに追われる日々が始まった。このかん、大学院の専攻長や副所長も仰せつかり、筆者も世の多くの大学人が嘆く会議づけの日々を送る羽目になった。「師走」という言葉があるように、師とは本来走ってはならないものだろう。しかし、今日のアカデミズムの世界では、中期計画などというものが定められ、外部資金を獲得したり、各種のプロジェクトを立ち上げたりして、目に見える業績を数年間で出さなければならない。研究者は常に走らされている。

そのようななかで、十年近くかかってようやく上梓する筆者の大久保研究は、疾駆する文教行政の土けむりの後をゆるゆると進む蝸牛の歩みのようなものであろう。とにかくここ数年、筆者は時間の合間に資料を読み、少しでも文を書き足すことだけは怠らなかった。本書は、張り詰めた執筆意思のもとで一気呵成に書き上げられたものではなく倦み飽きることなく日々の営みとして続けられた思考の堆積に他ならない。その果てに、大久保利通という一貫した揺るぎない政治的理性の像が描き出せたとしたならば、もって瞑すべしである。

東京青山霊園にある大久保利通の墓所
崩れた灯籠には勧農局員たちの名が刻まれる

難産の末に世に出る本書は、多くの方々の学恩に支えられて成ったものである。いまそのお名前をひとりひとり書き記すことは、余りにも冗長となるので、ここでは控えさせていただかざるを得ない。ただ、筆者が、職場である国際日本文化研究センターで行った共同研究会「明治日本の比較文明史的考察」（二〇一五～二〇一八年度）については触れないわけにはいかない。そこに集った明治史研究の様々な領域をリードする研究者との議論は、知識の交換と創発を掲げる本書の重要な触媒だった。同研究会のメンバーの皆様には、ここで篤く御礼申し上げたい。

また、その一人である齊藤紅葉さん（国際日本文化研究センター機関研究員）には、本書の草稿を丹念に読んでいただき、多くの有益な御指摘をいただいた。記して感謝の意を表する。新潮社の校閲担当の方からも、校正の過程で表記や文章の体裁について多くの改善意見を頂戴した。心より謝意を申し上げる。言うまでもないが、それでもなお本書に誤りがあれば、その責めはすべて筆者が負うものである。

最後に、新潮社の竹中宏さんのことである。二〇一六年の七月にお手紙をいただいてから、竹中さんとの本作りが始まった。この間、竹中さんは絶妙の距離感で伴走してくださり、また、筆者の職場で思いもかけぬトラブルが生じ、それにかかずらわるを得ず忙殺された時も、細やかな配慮をいただいた。書物とはひとりだけの力で出来上がるものではない。インターネット空間で誰もが自由に、時に無責任に、言葉を費消している昨今だからこそ、書物という作品として練り上げられた言葉の伽藍には大きな意味と価値がある。それを担ってくれる編集者への謝辞は欠かすことができない。心より御礼申し上げたい。コロナ禍が明けて、倉敷の山奥の寺に奉納されているという大久保殺害時の馬車をともに詣でる日が楽しみである。

二〇二二年五月　桜坂の仮寓にて

瀧井　一博

【大久保利通　関連略年表】

（大久保の直接の動きについてはゴシック体で表記、明治5年までの日付は和暦に従う）

1830年（文政13）

薩摩藩士大久保利世、ふく子の長男として、城下高麗町に生まれ（8月10日）、後に加治屋町に転居

1846年（弘化3）

藩の記録所書役助に就く

1850年（嘉永3）

前年に始まった「お由羅騒動（高崎崩れ）」の処分により、父・利世が喜界島に遠島、利通も免職・謹慎。これに前後して「誠忠組」の基となる活動が始まる

1851年（嘉永4）

島津斉彬、薩摩藩主となる（2月）

1853年（嘉永6）

利通、謹慎を解かれ再び藩記録所に出仕し、蔵役となる（5月）

米提督ペリー、浦賀来航（6月3日）

露提督プチャーチン、長崎来航（7月18日）

1854年（嘉永7／安政元）

日米和親条約締結（3月3日）

父・利世赦免（7月30日）

1856年（安政3）

篤姫、徳川家定に嫁す（12月）

1857年（安政4）

徒目付になる（11月）

藩大阪留守居役・早崎七郎右衛門の次女、満寿子と結婚（12月）

1858年（安政5）

日米修好通商条約締結（6月19日）

島津斉彬死去（7月16日）

梅田雲浜らの逮捕を皮切りに安政の大獄、始まる（9月～）

徳川家茂、将軍職に就く（10月25日）

西郷、月照とともに入水自殺を図る（11月16日）

1859年（安政6）

井伊直弼ら幕閣の襲撃を求める利通ら誠忠組の突出に対し、島津茂久が沈静を求める

1860年（安政7／万延元）

桜田門外の変（3月3日）

今後、外交を拒絶すること等を条件に、朝廷が和宮の降嫁を幕府に認める（8月18日）

1861年（文久元）

御小納戸に抜擢（10月）

久光の命で京都に向かう（12月25日）

1862年（文久2）

京都で前左大臣、近衛忠熙らと面会。久光の京都行を伝える（1月14日）

坂下門外の変（1月15日）

近衛忠熙らの親書を携え帰藩（2月1日）

久光の京都行に随行、薩摩発（3月30日）

久光の命により、急進派藩士の鎮静に努めるも、寺田屋事件発生（4月23日）

久光に随行し、近衛忠熙邸で中山、正親町三条、岩倉らと会談（5月15日）

御小納戸頭取に昇進（5月20日）

久光にしたがい、江戸に向かう（5月22日）

江戸にて長州藩の周布政之助らと会談（6月10日）

長州藩、長井雅楽に謹慎命令（翌年切腹）。尊王攘夷を長州の藩論に定める（7月）

越前藩邸で中根雪江らと会談（7月29日）

久光にしたがい江戸発（8月21日）。同日、生麦事件発生

京都を経て、鹿児島着（9月7日）

久光の命により、吉井友実らと京都行（12月9日）

京都にて、関白近衛忠熙に久光の親書を渡し、会談（12月20日）

江戸に向かう（12月25日）

1863年（文久3）

江戸にて、松平春嶽、山内容堂らと会談。将軍の上洛延期を建言（1月3日）

江戸発（1月9日）、松平、山内の書を持ち京都に向かい、近衛忠熙と会談。翌月帰藩後、御側役兼務となる（2月10日）

将軍家茂、上洛（3月4日）。天皇、家茂を伴い攘夷祈願で上賀茂、下鴨神社へ行幸（3月11日）

長州、馬関（関門）海峡を通航する米、仏、蘭の艦船を砲撃（下関事件／5月10日、米／同23日、仏／同26日、蘭）

薩英戦争勃発（7月2日）

三条実美ら尊攘過激派の公家が京都追放（八月一八日の政変）（8月18日）

久光にしたがい京都行（9月12日、翌月3日着）

薩英戦争の和議で江戸行（11月1日和議成立）

朝廷、徳川慶喜、松平容保、松平春嶽、山内容堂、伊達宗城に朝議参預を命ずる（12月30日／久光は翌年1月13日）

1864年（文久4／元治元）

朝廷、幕府に対し宸翰を発し、「無謀の征夷」を慎み、「一定不抜の国是」を示すことを求める（1月21日）

筑波山で藤田小四郎ら蜂起（天狗党の乱／3～12月）

西郷、沖永良部島より帰還（2月28日）。京都で大久保と合流（3月14日）

久光に随行して帰藩（5月9日）。このころより藩、議政所、開成所の設立に奔走
池田屋事件（6月5日）
禁門の変（7月19日）
幕府に長州征討の勅命〈第一次長州征討〉（7月23日）
四国艦隊下関砲撃事件（8月5日）

1865年（元治2／慶応元）

大宰府に逃れた三条ら五卿を訪ねた後、京都に入る（2月7日）
朝彦親王、前関白近衛忠熙らと会談。長州および三条実美らの処遇について建言（2月9日）
帰藩（4月3日）
幕府、ふたたび長州征討の命を諸藩に発し、幕府軍京都へ（閏5月22日）、後に大阪城へ入る
京都行（5月21日）、長州再征の中止工作に奔走
帰藩（7月8日）
京都行（9月21日）。朝彦親王、内大臣近衛忠房らに長州再征の中止を求め奔走するも、再征勅許となる
さらに福井へ向かい松平春嶽と会談（9月27日、翌月3日京都入）

1866年（慶応2）

坂本龍馬の斡旋により西郷隆盛と木戸孝允の間で薩長同盟成立（1月21日）
帰藩（2月1日）
京都行（2月21日）
大阪城で老中板倉勝静に対し、長州再征不参加の意を伝える（4月14日）
第二次長州征討開始（6月7日）
将軍家茂、大阪にて死去（7月20日）。長州征討、休戦へ
徳川慶喜、将軍職に就く（12月5日）
孝明天皇崩御（12月25日）

1867年（慶応3）

久光、兵を率いて京都に入る（4月12日）
西郷、小松帯刀らと話し合い、討幕の意を固める（5月25日）
後藤象二郎、西郷隆盛、坂本龍馬らと大政奉還について会談（薩土盟約／6月22日）
長州へ向かい、藩主、木戸孝允と会談。討幕の意を伝える（9月18日）
岩倉具視と王政復古の大号令や新政府の原案等について会談。この際に岩倉が大久保に「錦の御旗」の図案を示し、制作を依頼と言われる（10月6日）
岩倉より薩摩藩主宛ての「討幕の密勅」が大久保に手交される（10月14日）
幕府、大政奉還を朝廷に願い出る（10月14日）
慶喜、征夷大将軍の辞表を朝廷に提出（10月24日）
帰藩（10月26日）

薩摩を発ち（11月10日）、高知にて山内容堂に上京を促す（同月12日）。そのまま京都へ（11月15日）

坂本龍馬、中岡慎太郎、京都にて暗殺（11月15日）

王政復古のクーデタ実施。同日夜、小御所会議、三職制が布かれる。後、大久保、参与に就任（12月9日）

1868年（慶応4／明治元）

鳥羽伏見の戦い勃発により、戊辰戦争始まる（1月3日～）

神戸事件（1月11日）

大阪遷都の建白書を提出。後、朝議で否決となる（1月23日）

総裁局顧問に就任（1月27日）

堺事件（2月15日）

五箇条の御誓文発布。同日、勝海舟、西郷隆盛の会談で江戸城進撃中止の決定（3月14日）

大阪にて、初めて天皇に拝謁（3月21日）

天皇、京都へ還御後、官制改革。大久保、参与に就任（閏4月21日）

京都発、大阪を経て江戸に向かう（6月6日発、同月21日着）

江戸を東京とする（7月17日／以降、東京）

明治に改元（9月8日）

東京より京都へ（9月9日発、13日着）

版籍奉還について木戸と会談（9月18日）

天皇の東京行幸に先立って、大阪から東京へ（9月20日発、同月27日着）

天皇の京都還幸に従う（12月8日発、同月22日着）

1869年（明治2）

帰藩（2月13日）、藩政改革に奔走

薩摩発、京都入り（3月15日着）

この頃、伊勢参りを行う（4月）

京都発、大阪を経て東京へ（4月24日着）

公選で最高点を獲得して参与に任じられる（5月15日）

榎本武揚ら、箱館で降伏し、戊辰戦争終結（5月18日）

諸藩の版籍奉還が実施され、藩主を藩知事として任命（6月17日）

政府官制改革（二官六省の制）（7月8日）

木戸とともに待詔院学士を仰せつけられる（7月8日）

参議に任じられる（7月23日）

民部、大蔵省の合併（8月12日）

1870年（明治3）

久光、西郷の新政府参加を促すため、大久保に帰藩の命（前年12月4日）。横浜より神戸、長州を経て帰藩（1月19日）し、久光を説得するも峻拒、西郷もこれに従う。

長崎を経て東京へ（3月12日着）

木戸、参議に就く（6月10日）

民部、大蔵両省の分離（7月10日）

島津久光と毛利敬親に政府出仕の勅旨を伝達するために

勅使岩倉具視とともに帰藩。横浜、京都、大阪を経て薩摩着（12月18日）、久光、西郷応諾

1871年（明治4）

長州着（1月6日）。毛利敬親に勅旨伝達後、西郷、木戸とともに高知へ（1月17日）

高知にて板垣退助らと会談。薩長土の連携を確認。東京へ（2月2日着）

毛利敬親死去（3月28日）

大分日田に拡大した一揆（日田県事件）の処理のため西郷従道とともに東京を発ち長州へ（5月3日）

木戸とともに長州を発ち、東京着（5月27日）

政府首脳人事刷新。西郷、木戸2人が参議に（6月25日）

大蔵卿に任じられる（6月27日）

廃藩置県の詔書（7月14日）

民部省、大蔵省に再合併（7月27日）

岩倉使節団に副使として参加、横浜出発（11月12日）

サンフランシスコ着（12月6日）

1872年（明治5）

ワシントン着（1月21日）

大統領グラントと会談（1月25日）

条約改正の委任状を求め、大久保と伊藤博文、一時帰国（ワシントン発2月12日〈伊藤は翌日〉）

日本（横浜？）着（3月24日）

横浜発（5月17日）

サンフランシスコ着（6月2日）

ワシントン着、使節団に合流（6月17日）

ボストン発（7月3日）

ロンドン着（7月14日）

ビクトリア女王と面会（11月5日）

パリ着（11月16日）

1873年（明治6）（この年より新暦表記）

ベルギー・ブリュッセル着（2月17日）

オランダ・ハーグ着（2月24日）

ドイツ・ベルリン着（3月9日）

ヴィルヘルム1世、ビスマルクと会見（3月11日）

留守政府より大久保、木戸に対し帰国の命が届く（3月19日）

フランス・マルセイユ発（4月13日）（木戸はロシア経由）

太政官職制改革（太政官潤飾）（5月2日）

帰国（5月26日／木戸は7月23日）

地租改正を布告（7月28日）

征韓論の議論始まる（8月3日〜）

閣議にて西郷の朝鮮派遣が決まるも、岩倉帰国まで留保（8月17日）

休暇をとり箱根、関西旅行へ（8月18日〜9月21日）

岩倉使節団、横浜着（9月13日）

参議就任（10月12日）

西郷派遣に反対し、大久保、木戸、大隈ら参議辞表提出。

岩倉も辞意表明（10月17日）

三条実美の卒倒（10月17日）を受け、岩倉が太政大臣の代理に（10月20日）

朝鮮派遣の無期延期決定（10月24日）

征韓の延期を理由に西郷、江藤、後藤ら参議辞職（10月24、25日）

内務省創設（11月10日）

内務卿就任、あわせて立憲政体に関する意見書を起草し伊藤博文に示す（11月29日）

1874年（明治7）

板垣、後藤象二郎、江藤ら（愛国公党）が民選議院設立建白書を左院に提出（1月17日）

佐賀の乱勃発（2月1日）

大隈とともに、「台湾蕃地処分要略（台湾出兵）」を閣議に提出（2月6日）

佐賀の乱の鎮圧のため東京発（2月14日）

博多着（2月19日）、佐賀城入城（3月1日）

佐賀発（4月17日）

東京に帰還する（4月24日）も、直後に西郷従道の台湾出兵目的の転換を知り、長崎出張

東京発（4月29日）長崎着（5月3日）

翌日西郷らと協議の後、征討実施を決定（長崎発5月6日〜東京着5月15日）

台湾出兵の処理のため、全権弁理大臣として清国出張を命じられる（8月1日／東京発8月6日〜北京着9月10日）

清国との間で和議成立（10月31日）

北京発（11月1日）、帰路、天津で李鴻章と会談。さらに台湾に寄り西郷従道に撤兵を伝える。帰国（11月22日）

木戸復帰を求めるため大阪に向かう（12月24日〜）

1875年（明治8）

木戸との会談を成功裡に収め（大阪会議／〜2月11日）、帰京（2月18日）

博覧会事務局を博物館と改称、内務省所管とする（3月30日）

漸次立憲政体樹立の詔、布告（4月14日）

新宿勧業寮出張所で養蚕の研究を視察（6月13日）

上野に博物館を設立することを建議（8月14日）

江華島事件勃発（9月20日）

千葉各地を視察し、官営牧羊場の選定を行う（9月25〜28日）

王子の製紙工場を視察（10月8日）

1876年（明治9）

内国勧業博覧会開催を建議（2月）

新町屑糸紡績所設置を決定（2月）

木戸孝允、体調不良を理由に参議辞任。内閣顧問に就く（3月28日）

上野公園の視察（3月13日）

明治天皇、大久保邸に臨幸（4月19日）
内務省に勧商局を設置（5月11日）
明治天皇の東北巡幸の先遣として東京を発つ（5月23日）
（天皇の出発は6月2日）
帰京（7月19日）（東北巡察の詳細は376～377頁参照）
腫物のため、しばらく静養（8月2日～）
内務省に授産局設置（8月10日）
千住製絨所の建設を建議（9月）
熊本で神風連の乱（10月24日）、福岡で秋月の乱（同月27日）、長州で萩の乱、（同月28日）が、相次いで勃発

1877年（明治10）

鹿児島私学校の生徒、鹿児島市草牟田の陸軍弾薬庫を襲撃（1月29日）
西南戦争勃発（2月21日）
東京発（2月13日）、京都を経て（同月16日）、大阪に移動（同月28日）
大隈（参議兼大蔵卿）に対し、西南戦争罹災者のために150万円の予算を求める（4月10日）
立憲政体の詔書、布告（4月14日）
京都にて木戸孝允、死去（5月26日）
大阪より帰京（8月2日）
内国勧業博覧会、開会式に臨席（8月21日）
西郷死去、西南戦争終結（9月24日）
三田育種場開場式に臨席（9月30日）
内国勧業博覧会、閉会式に臨席（11月30日）

1878年（明治11）

駒場農学校開校式に臨席（1月24日）
安積疎水事業を建議（3月7日）
立憲政体樹立の詔。地方自治制度確立のため「地方之体制等改正之議」建白（3月11日）
第2回地方官会議開会式（4月10日）。「他日国会開設の事あらん」時のための「初歩起頭を作す」（「夢平閑話」（前島密『鴻爪痕』所収）、三八頁）もの
石川県藩士島田一郎らによって暗殺（5月14日）
これを受け、翌15日伊藤博文が内務卿に任じられる。
翌日、天皇より「右大臣・正二位」が贈られ、祭粢料五〇〇〇円が下賜される
国葬級の葬儀が営まれる（5月17日）。墓所は青山霊園
満寿子夫人死去（12月6日）

作成　アトリエ・プラン

出典・注釈

本書で引用する基本的な史料や文献については、以下のように略記する。なお、引用に際して、巻数はローマ数字で表記する。例えば、『大久保利通文書』第一巻ならば、『大久保文書』Ⅰとする。

- 『維新史』：維新史料編纂会編『維新史』全六巻（吉川弘文館、一九八三年）
- 『伊藤博文伝』：春畝公追頌会編『伊藤博文伝』上中下（原書房、一九七〇年）
- 『伊藤博文関係文書』：伊藤博文関係文書研究会編『伊藤博文関係文書』全九巻（塙書房、一九七三年―一九八一年）
- 『伊藤文書（憲政）』：国立国会図書館憲政資料室所蔵『伊藤博文関係文書』
- 『岩倉公実記』：多田好問編『岩倉公実記』上中下（原書房、一九六八年）
- 『岩倉史料』：佐々木克、藤井讓治、三澤純、谷川穣編『岩倉具視関係史料』上下（思文閣出版、二〇一三年）
- 『岩倉文書』：日本史籍協会編『岩倉具視関係文書』全八巻（東京大学出版会、一九六八―一九六九年）
- 『岩倉文書（憲政）』：国立国会図書館憲政資料室所蔵『岩倉具視関係文書（マイクロリール）』
- 『岩倉文書（対岳）』：岩倉公旧蹟保存会対岳文庫所蔵『岩倉具視関係文書（マイクロリー

ル〕』
●『岩倉文書（内閣）』：国立公文書館内閣文庫所蔵『岩倉具視関係文書（マイクロリール）』
●『大久保伝』：勝田孫弥『大久保利通伝（復刻版）』上中下（マツノ書店、二〇〇四年）
●『大久保利通関係文書』：立教大学文学部史学科日本史研究室編『大久保利通関係文書』全五巻（吉川弘文館、一九六五—一九七一年）
●「大久保日記」：「大久保利通日記」鹿児島県歴史史料センター黎明館編『鹿児島県史料大久保利通史料 二』（鹿児島県、一九八八年）
●『大久保文書』：日本史籍協会編『大久保利通文書』全十巻（東京大学出版会、一九六七—一九六九年）
●『大久保文書（憲政）』：国立国会図書館憲政資料室所蔵『大久保利通関係文書』
●『木戸孝允関係文書』：木戸孝允関係文書研究会『木戸孝允関係文書』既刊全四巻（東京大学出版会、二〇〇五年〜）
●『木戸日記』：日本史籍協会編『木戸孝允日記』全三巻（東京大学出版会、一九八五年）
●『木戸文書』：日本史籍協会編『木戸孝允文書』全八巻（東京大学出版会、一九七一年）
●『甲東逸話』：勝田孫弥『甲東逸話（復刻版）』（マツノ書店、二〇〇四年）
●『西郷隆盛全集』：西郷隆盛全集編集委員会編纂『西郷隆盛全集』全六巻（大和書房、一九七六—一九八〇年）
●『三条家文書』：国立国会図書館憲政資料室所蔵『三条家文書』
●『杉浦譲文書』：国立国会図書館憲政資料室所蔵『杉浦譲関係文書』

●『世外井上伝』：井上馨侯伝記編纂会編『世外井上公伝』全五巻（原書房、一九六八年）
●『大日本外交文書』：外務省調査部編『大日本外交文書』（日本国際協会、一九三六年―）
●『米欧回覧実記』：久米邦武編『特命全権大使 米欧回覧実記』全五巻（岩波文庫、一九七七―一九八二年）
●『宮島文書』：国立国会図書館憲政資料室所蔵『宮島誠一郎関係文書』
●『明治天皇紀』：宮内庁編『明治天皇紀』全十三巻（吉川弘文館、一九六八―一九七七年）

はじめに

（1）「大久保日記」、明治七年（一八七四）四月一三日の条、四三六頁。

（2）明治一〇年（一八七七）二月七日付伊藤博文宛大久保利通書簡、『大久保文書』Ⅶ、四八九頁。

（3）大久保像の見直しを迫る重要な研究として、小幡圭祐『井上馨と明治国家建設』（吉川弘文館、二〇一八年）がある。征韓論政変後の「内治派政権」の実状について、柏原宏紀「内治派政権考」『日本歴史』第七八五号（二〇一三年）を参照。

（4）小幡圭祐・松沢裕作「『本省事業ノ目的ヲ定ムルノ議』の別紙について」『三田学会雑誌』第一一〇巻一号（二〇一七年）。

（5）ネルソン・マンデラ（東江一紀訳）『自由への長い道』上巻（日本放送出版協会、一九九六年）、四二頁。

（6）拙著『伊藤博文―知の政治家』（中公新書、二〇一〇年）。

（7）「大久保は文盲にて、只だ自分の考のみにて確証を引くこと出来ぬ」。『保古飛呂比』Ⅴ、明治四年（一八七一）四月三〇日の条、九〇頁。

（8）「此に見る所の細物の如きは固より飲に害なし。唯玻璙《はり》の明に過ぐるを以て人之を看て咎むるあり。凡玻璙は其色鈍〔純？〕明なるを欲せず、宜く茶色又は緑色なるべし。蓋し政府の物に察するも亦此に類する所あるべき也」。前島密「夢平閑話」高橋善七編『鴻爪痕』（示人社、一九八三年）、七五頁。

（9）「然りと雖も、玻璙器の外部より之を透視するは害なほ小なり、内部に在りて明に失するは大に忌まざるべからず」。同前。

（10）「民間の政府を見るに密察なるべし」。ついでながら、このエピソードに続けて前島が紹介している次のような挿話も興趣が尽きない。この後、茶湯の入ったお盆をもった給仕が、前から来る人と衝突し、お盆をひっくり返してしまった。松田が叱責すると、大久保は笑って述べるに、「松田君、天下をもって任じる者は、常に熱湯の入った器をうやうやしく捧げ持つようなものではないかね。これを持ち歩くには、一歩一歩足元を地に踏みしめ、徐々に直進しなければならない。行路に誰かと会い、これを避けるとしたら危ない。器をこぼし、手を火傷する恐れがある（松田君、予は謂ふ天下を以て任ずる者は常に熱湯を盛るの器を捧持する如くなるべし。而して之を擎げて行進するに方り、歩々其足跡を地心に緊着し、徐々直前すべし。路に遭ふ所ありて之を避けんとすれば危し。或は之に因りて器を毀ち手を爛らかすの憂あらん）」（同前）。

（11）「或書に云政府之自ら恐怖せるは必す刻薄にして狐疑するところあるか故也政府の安妥ならさるハ必す恐怖する処あるか故也与前件ハ廟堂之軸に被為立候御方屹与服膺なからすんはあるへからさる名言与奉存候天下を中興するにハ殊更に右之意味を体し胸襟を千里万里に打ひらき虚心平気ならてハ成業難し」。『大久保文書』Ⅱ、四九五頁。

第一章 Ⅰ

（1）「近年諸士之風俗不宜。聊之事より及争論以竹木打合、郷中集会等も不行儀之向も有之哉ニ相聞得、甚以不可然事ニ候。武士道ハ律儀相嗜候得は、此比之様不謂事より及争論候儀有間敷事に候」。安藤保「郷中教育の完成（中）」『鹿児島大学教育学部研究紀要．人文・社会科学編』第四五巻（一九九三年）、五九頁より重引。

（2）参照、安藤保『郷中教育と薩摩士風の研究』（南方新社、二〇一三年）。

（3）『大久保伝』上、一九―二〇頁。

（4）「今日は五ツ前ニ起床、おなしすくれたる天気ニ而最早春ニ相成、都而景色改り天茫々青々、山は朧ニ翠ニ、春風払柳枝、池水微波動、誠ニ々難尽言語気自長閑有前」。「大久保日記」、一五頁。

（5）「海の気色碧ニ山々の色翠ニし而日色暖々たり、足ニ任而行候処、巳ニ御茶屋下迄来、

　　こゝろからひろくなりたるここちすれ
　　　あおうなはらにふねてせしより

といふ古歌なと打吟し、実ニ心も皓々とし而常世の外興面白さ難尽言語、三人夫々相談笑語無止」。同前。

（6）「大久保日記」、一六頁。

（7）「国学会読有之論語素読も有之」。「大久保日記」、嘉永元年一〇月八日の条、二一―二二頁。

（8）前田勉『江戸後期の思想空間』（ぺりかん社、二〇〇九年）。前田勉『江戸の読書会』（平凡社、二〇一二年）。

（9）前田『江戸の読書会』、六七頁。

（10）「［有村］俊齋〔海江田のこと〕、年二十歳の時西郷吉之助並大久保一蔵の少壮社会に在て、嶄然頭角を顕はし、郷党に異物と称せらるゝを聞き、之を歴問して深く交誼を通す。而して西郷、大久保及長沼嘉平と約し、定日を期して近思録を読む。一日、四人相会するや、論して曰く、方今の時勢たるや、徒に読書に汲汲として、文章字句の討究に消略するの日に非す。苟も男児たるもの、必す大志を起し、以て身命を実地に致すへきなり。曰く志なる者は何そや。曰く邦家に尽すの丹誠なり。曰く丹誠とは何そや。曰く自家の精神を錬磨するなり。曰く何、曰く何を。是時大久保の論する所最も精且つ高かりしといふ」。海江田信義『維新前後実歴史傳』一（東京大学出版会、一九八〇年）、二一頁。前田『江戸の読書会』、二四三頁。

（11）付け加えておけば、『近思録』を読むだけのサークルだったのではない。海江田の回想によれば、さらに陽明学のテキストである『伝習録』の会読もなされたとある。また、平田篤胤の『古史伝』も読まれた（『大久保伝』上、一一六頁）。ちなみに『大久保伝』は、島津久光が『古史伝』の貸借を求めたことによって、大久保から久光への建策の機会が作られたとのエピソードを伝えている。

（12）「万一事変到来之節ハ、第一順聖院様御深意ヲ貫キ、以テ国家奉護天朝ニ可抽忠勤心得ニ候、各有志之面々深相心得、国家

之柱石ニ相立、我之不肖ヲ輔、不汚国名忠誠ヲ尽呉候様、偏ニ頼存候」。鹿児島県維新史料編さん所編『鹿児島県史料　忠義公史料』Ｉ（鹿児島県、一九七四年）、八五頁。佐々木克『幕末政治と薩摩藩』（吉川弘文館、二〇〇四年）、一二六頁。

(13) 佐々木『幕末政治と薩摩藩』、一二六頁。

(14) 佐々木克「大久保利通と囲碁の逸話」明治維新史学会編『明治維新の新視角―薩摩からの発信―』（高城書房、二〇〇一年）。

(15) 「再三之封書委曲其意を得候実以て一天下之大事ト深ク心痛いたし候。先度も吉祥院へも申含候通り何分元気論和議論有之密路相開き難く残情不尠候。先寄り候得ば随分面談出来候こと、相考へ候」。『大久保文書』Ｉ、四一頁。

(16) 「争乱ノ上は非常ノ義故自然ノ事候得共、未前差出候義は無名ノ兵ニ相成候、只今ニ而モ　勅諚ノ上は差出候得共何分無其義、兎角何ク迄モ名ヲ正スルトノ御趣意ニ而、御論之事何レ此大事ニ付而は、一同御手前様御英断ヲ奉望候趣申上候処、是ハ一存ニ而決断不相成、屹度左州抔評議ノ上可相決」。『大久保日記』、五〇頁。

(17) 「水〔戸〕一挙ノ上は　京師御危急は顕然なる次第、成程　勅定ハ無之候得共、　御危急ヲ傍観ト申場ニ相当候而は、返而名分ニ違ヒ候半」。『大久保日記』、五一頁。

(18) 『大久保日記』、五二頁。

(19) 『大久保日記』、五三頁。

(20) 佐々木『幕末政治と薩摩藩』、五一頁。

(21) 『大久保日記』、五八頁。

(22) 「成程変事ハ無相違候得共、兵乱トハ不被申訳」、「盟中一同江長別ヲ告従容不迫トして及臨終」、「嗚呼天乎命乎、一同愁傷憤激不可言」。『大久保日記』、六五頁。

(23) 「御内勅ニテモ有之候得は、別而致安ク候得共、何分只今之処卒爾ニ差出候而は御難題無相違候。併跡一左右動静ニ依而は、差出サル考ニハ無之候。斯申セハ　天朝ヲ次にし幕を恐れる様可存候得共、全左ニ無之。叡慮之処モ幕府御扶助之御主意ニ候得は、兎角幕之令ニハ難背、何ク迄モ勤　王之事ヲ克シタリトノ考ヨリ斯申訳ニ候」。『大久保日記』、六八頁。

(24) 佐々木『幕末政治と薩摩藩』、五六―五七頁。

(25) 『大久保伝』上、一八二頁。

(26) 「関東江御委任之政柄を隠然と朝廷江御収復被遊候御方略に被為拠輿議公論に基き御国是を御確立被遊候儀天下之為め長計不過之儀と奉存候」。万延元年六月三日付「和宮御降嫁ニ関スル上申書」『岩倉文書』Ｉ、一四三頁。

第一章　Ⅱ

(1) 高橋秀直『幕末維新の政治と天皇』（吉川弘文館、二〇〇七年）、二〇〇頁。

(2)佐々木『幕末政治と薩摩藩』、八一頁。
(3)「其場之次第ハ初打手一列伏見江着、則彼等挙動相伺候処、京橋近辺茶屋（寺田屋）江上陸。一同既ニ打立之用意之由間之注進有之、打手一列勇ミ進んて差越、有馬新七・田中謙助・橋口伝蔵・柴山愛次郎呼出シ、二階より下り上意之趣申聞自殺相進め候処、中々承知之体無之候ニ付、上意ト呼懸先太刀道嶋相始候由、夫より一同抜列及争戦、終に四人を切伏セ続て弟子丸龍助・森山新五左衛門・西田直五郎□□□等走付抜懸り候ニ付尽ク切伏セ候」。「大久保日記」、九二―九三頁。
(4)参照、三谷博『維新史再考』（NHK出版、二〇一七年）。
(5)青山忠正「『攘夷』とは何か」上田純子・公益財団法人僧月性顕彰会編『幕末維新のリアル』（吉川弘文館、二〇一八年）を参照。
(6)『防長回天史（復刻版）』Ⅲ（マツノ書店、一九九一年）、一〇四頁以下。
(7)高橋『幕末維新の政治と天皇』、一五二頁以下。
(8)高橋『幕末維新の政治と天皇』、一六四頁以下。
(9)『大久保伝』上、二九一頁。
(10)「数十年苦心焦思せし事今更夢之心持　皇国之大慶無此上、積年の鬱を散候心持」。「大久保日記」、一一二頁。
(11)「大久保日記」、一一一頁（文久二年六月二六日の条）。
(12)「大久保日記」、一一五頁。
(13)「夷人生麦村ニ而御行列先キ江騎馬ニ而乗懸、壱人切捨外者逃去候由、神奈川辺別而及騒動候」。「大久保日記」、一二一頁。
(14)「御行列拝見の貴賤老若夥敷、ようよう御輿御通行被為調候位に候、殊に御所辺は、軽き官女之類ひ迄拝見に相見得、御跡乗に而候処、実に恐多とも何とも言語に難尽、夢中之心持に而候」。「大久保日記」、一二九頁。
(15)尾佐竹猛『明治維新』上（白揚書館、一九四二年）、二八九頁。
(16)『維新史』Ⅱ、七九三―七九四頁。
(17)佐々木克『大久保利通と明治維新』（吉川弘文館、一九九八年）、五〇頁以下。
(18)『大久保伝』上、四〇〇頁。
(19)「事柄ニ寄直ニ諸藩へ御沙汰被為有候」。『維新史』Ⅲ、三四三頁。
(20)「長州に於て、一の器械を求度思ふなり。其器械と云ふは、人の器械なり。今熟々世態の成り行を考ふるに、尊王攘夷は勿論にして、諸藩輿論の趣く処なれとも、是は一旦日本の武を彼に示すのみ。後必す各国交通の日至るへし。其時に当て、西洋の事情を熟知せすんは、我国一大之不利益なり。依て其時に用る処の器械として、野村弥吉山尾庸三の両人を英国に遣し度思ふなり」。周布公平監修『周布政之助伝』下（東京大学出版会、一九七七年）、七二二―七二三頁。
(21)拙著『伊藤博文』（中公新書、二〇一〇年）、七頁以下。

(22) 佐々木『幕末政治と薩摩藩』、一二九―一三〇頁。
(23) 「畢竟、寸功なき而已ならす、却而是か為ニ害を引候様にてハ、奉勅も真之奉勅ニ不相成」。『大久保文書』Ⅰ、一七三頁。
(24) 佐々木『幕末政治と薩摩藩』、一六二頁。
(25) 同前、一四二頁。
(26) 同前、一九五頁。
(27) 町田明広『島津久光　幕末政治の焦点』(講談社選書メチエ、二〇〇九年)、一七〇頁以下を参照。
(28) 「是迄者、彼是真偽不分明之儀有之候得共、去十八日以後申出儀者、真実之朕存意候間、此辺諸藩一同、心得違無之様之事」。『孝明天皇紀』Ⅳ(吉川弘文館、一九八一年)、八四九頁。
(29) 高橋『幕末維新の政治と天皇』、三六九頁。
(30) 文久三年一二月三日付島津久光宛孝明天皇宸翰、『孝明天皇紀』Ⅳ、九三〇頁。

第一章　Ⅲ

(1) 「京師も先月十七日《ママ》御発動ニ而暴論家圧倒無事相調候由誠に以大機会相成　三郎様御発駕も来ル十二日ニ御決定」。文久三年九月一日付岡部豊後宛大久保書簡、『大久保文書』Ⅰ、一八二頁。
(2) 「朝令夕改御政令之軽ニ出候は、自古衰世之習ニ御座候」。「朝廷御根軸相居り候大急務」。鹿児島県歴史資料センター黎明館編『鹿児島県史料　玉里島津家史料』(鹿児島県、一九九三年)。佐々木『幕末政治と薩摩藩』、二二一頁。
(3) 同前。
(4) 「方今之形勢、公平正大之議論を以、朝廷を不奉助候而は、迚も神州挽回、公武御一和之道も有之間敷」。日本史籍協会編『続再夢紀事』Ⅱ(東京大学出版会、一九八八年)、二二二頁。佐々木『幕末政治と薩摩藩』、二二一頁。
(5) 三谷『維新史再考』、六頁。
(6) 苅部直『「維新革命」への道』(新潮選書、二〇一七年)、一七三頁以下。「勢」とは、文明史家・野田宣雄氏がヤーコプ・ブルクハルトに依拠して説く「歴史の危機」と同視しても差し支えあるまい。野田氏によれば、歴史はふだんは恒常的かつ類型的な復元力をもった運動として展開されるが、時に「歴史の危機」と呼ばれる断絶が訪れ、古い生活形態の崩壊と新しい生活形態の樹立がもたらされる。その「歴史の危機」のただなかにある人々は、大きな変容の最中にあることを意識しつつも、まさに時代の勢いに流され、それに翻弄されながら行動する。そのような熱狂と混乱によって生じた瓦礫のなかから、酔いから覚めた人たちが秩序を作り出そうとするのだとされる。参照、野田宣雄「歴史の危機」同著『「歴史の黄昏」の彼方へ―危機の文明史観』(千倉書房、二〇二一年)。本書がイメージする大久保は、いち早く「勢」の酔いから覚め、「歴史の危機」のなかで理に基づく秩序の再建に尽くしたというものである。

（7）同前。

（8）参照、笠谷和比古『主君「押込」の構造―近世大名と家臣団』（講談社学術文庫、二〇〇六年）

（9）家近良樹『徳川慶喜』（吉川弘文館、二〇〇四年）、六二頁。

（10）「古ヨリ中興ノ大業ヲ成サントスルヤ、其人ヲ得スンハ有可ラス」。『孝明天皇紀』V、二一一頁。

（11）「藤原実美等、鄙野匹夫ノ暴説ヲ信用シ、宇内ノ形勢ヲ察セス、国家ノ危殆ヲ思ハス、朕カ命ヲ矯テ軽卒ニ攘夷ノ令ヲ布告シ、妄ニ討幕ノ師ヲ興サントシ、長門宰相ノ如キ其主ヲ愚弄シ、故ナキニ夷船ヲ砲撃シ、幕使ヲ暗殺シ、私ニ実美等ヲ本国ニ誘引ス。此ノ如キ狂暴ノ輩、必罰セスンハアル可ラス。然リト雖、皆是朕カ不徳ノ致ス處ニシテ、実ニ悔慚ニ堪ス。朕又オモヘラク、我ノ所謂砲艦ハ、彼カ所謂砲艦ニ比スレハ、未タ慢夷ノ膽ヲ呑ニ足ラス、国威ヲ海外ニ顕スニ足ラス、却テ洋夷ノ軽侮ヲ受ン歟」。『孝明天皇紀』V、二七頁。

（12）「夫醜夷征服ハ、国家ノ大典、遂ニ膺懲ノ師ヲ興サスンハアル可ラス。雖然、無謀ノ征夷ハ、実ニ朕カ好ム所ニ非ス。然ル所以ノ策略ヲ議シテ、以テ朕ニ奏セヨ。朕其可否ヲ論スル詳悉、以テ一定不抜ノ国是ヲ定ムヘシ」。『孝明天皇紀』V、二〇―二一頁。

（13）町田『島津久光　幕末政治の焦点』、二〇八頁。

（14）元治元年四月二日付、『大久保文書』I、二〇七―二〇九頁。

（15）「英蘭洋学ヲ基礎トシ海陸軍砲術、操練、数学、測量、航海、物理、医学等ノ諸課ヲ置キ且ツ兵制ヲ改革シ軍艦ヲ購入シ海軍ノ練習ヲ行ヒ大ニ文武人材ノ養成ニ努メタ」。『大久保文書』I、二二四頁。

（16）「物宰は些少之事件ハ不及伺独決ニ而取（焼損）位有之度」『大久保文書』I、二一七頁。

（17）「学才有之人品御撰ミ五拾人ゟ百人位之人数開成所修行被仰付度」。『大久保文書』I、二一八頁。

（18）町田明広「元治元年前半の薩摩藩の諸問題：小松帯刀の動向を中心に」『神田外語大学日本研究所紀要』第七号（二〇一五年）、四八頁以下。

（19）「昨年非常ノ御入費ニ被為及、国力堅固士気強盛ト云場ニ至兼、実ニ御配慮一方ナラス御事ニ候、依之今般右掛被仰付候人数、右趣意ニ基キ厚懸評議、其本末順序ヲ弁利シ、時勢相当ノ処置ヲ以テ国体相立、永久ノ御治定相居候儀肝要ニ候」。「議政所創立ノ達書」『忠義公史料』III、三三三頁。

（20）「……新ニ御取替ノ御義ハ、能々御吟味被為在度御事候ト奉存候、就テハ御決定後ニハ候ヘトモ、本立テ道生トモ御座候得ハ、御眼目ノ御政府夫丈ケノ正権屹ト相立、御命令一途ニ出、無大小ト御用筋御重ミ有之ヨウニアラマホシク奉存候。然ルニ向々ヨリ掛タク、自然彼是混雑イタシ、諸向疑惑ヲ生シ候様罷成候ハヽ、実ニ御政道ノ御大事不容易御義ト奉存候」。「議政所取建上申書」『忠義公史料』III、三三四頁。

(21) 尾佐竹猛『日本憲政史大綱』、『福井県史』、高木不二「横井小楠と松平春嶽」。なお、この意見書の作成時期については、河北展生「松平春嶽の『虎豹変革備考』記述時期」三田史学会『史学』第二九巻四号（一九五七年）の綿密な考証にしたがって、本文のようにした。

(22)「天下公共之論を議してこれを用るには、巴力門《ハルリモン》、高門士《コンモンス》則上院下院之挙なくんハあるへからす。満清　日本之制度ハ、自ら権を政府に掌握して、恣ニ賞罰黜陟を用ゆ、西洋諸州之史をミるに、ハルリモン、コンモンスありて、国中之政事を公共之論議に登せ、これを賞罰黜陟せしめ、与奪といへとも又然り、英ノ王も仏の帝といへとも、これを自由にする事を得す、今　皇朝之制度も一変革して、巴力門を江戸に、高門士を江戸に創建し、此巴力門は幕府の臣下又ハ諸侯の内なるへく、高門士は諸藩士の有名之者也」。『松平春嶽全集』Ⅱ（原書房、一九七三年）、九九頁。

(23)「各藩一橋を悪ミ候勢ニ成立儀尤ニ御座候」。『大久保利通関係文書』Ⅲ、二九二頁。

(24) 宮地正人『幕末維新変革史』上（岩波書店、二〇一二年）、四二四頁。

(25)「此度之戦争ハ全長、会之私闘ニ御座候間無名之軍を動候場合ニ無之誠ニ御遺策之通禁闕御守護一筋ニ相守候外無余念事ニ御座候」。元治元年六月二五日付大久保利通宛書簡、『大久保利通関係文書』Ⅲ、二九七頁。やはり京にいた小松帯刀も、「長会之争戦ニ可相成と被存候」と同日に大久保に書き送っている（『大久保利通関係文書』Ⅲ、二〇〇頁）。

(26)「八月十八日已前を真の叡慮其後の処は都て偽謀のものいたし成し候事にて堂上方も過半長州同意の向を相見得申候。此上は何様相こらへ候ても必ず我国打崩され候儀無疑いつれ朝命を奉し相戦より外は無致方事に御座候」。元治元年六月二七日付大久保利通宛西郷隆盛書簡、『大久保利通関係文書』Ⅲ、二九八―二九九頁。

(27)『大久保文書』Ⅰ、二二〇頁。

(28)「畢竟狡猾の長人に候得ば如何の巧みかも難計」。『大久保利通関係文書』Ⅲ、三〇八頁。

(29)「ひどいめには逢せず候ては相済間敷、若、戦をいたし候はゞ論は無之事に御座候」。『大久保利通関係文書』Ⅲ、三一七頁。

(30)「一時の愉快を欲し候ては跡の難儀にて被取返候」。『大久保利通関係文書』Ⅲ、三〇九頁。

(31)「実に朝廷に御入無之諸藩の人気をも被失候事共可嘆事共に御座候」。『大久保利通関係文書』Ⅲ、三〇九頁。

(32) 元治元年九月一六日付大久保利通宛西郷隆盛書簡、『大久保利通関係文書』Ⅲ、三一二頁。

(33) 元治元年九月一六日付大久保利通宛吉井友実書簡、『大久保利通関係文書』Ⅴ、三四二頁。佐々木『大久保利通と明治維新』、八一頁。

(34) その早い例として、後の帝国大学総長となる加藤弘之が幕臣として蕃書調所に勤務していた折に著した『鄰草』（文久元年。ただし、刊行はされず）が挙げられる。

(35)「衆議御集之御工夫専一に而、愚考には公方様再御上京、一橋公御始、列藩は素より四民共公議所へ御集、可成ば堂上方迄も出坐、其上に而、天理之当然御極之事に相成候はゞ、永世之御基本相立、最御良策と奉存候」。尾佐竹『明治維新』中、四〇

○頁。
(36)「勝安房守江御面会之由議論之趣実感服仕候」。元治元年一〇月六日付西郷隆盛宛大久保利通書簡、『大久保文書』Ⅰ、二二八頁。
(37)「橋公〔慶喜〕例之謀略ニ而酒ヲ勧られ、酩酊之上終ニ白状いたし候由」。「大久保日記」、一五二頁。
(38)「戊午時分之幕ニ復シ候暴意」。「大久保日記」、一五三頁。
(39)「苛酷を究、衣服を剝取赤身ニなし、東飯ニテ獣類ノ会釈ニ候由。是ハ田沼取計ニ而、橋公〔慶喜〕辺江ハ全ク談合ニ不及候由。実に聞ニ不堪次第也。是ヲ以幕滅亡之表ト被察候」。「大久保日記」、一五三頁。
(40)ちなみに、大久保は安政四年一二月に満寿子夫人と結婚している。
(41)前島「夢平閑話」高橋編『鴻爪痕』、一八頁。

第一章 Ⅳ

(1)「幕府も別而憤発ニ而、長州征伐之再挙有之、大はつミ之由ニ被聞申候。是れ別而面白キ芝居ニ成り可申と楽ミ申候。大抵我思ふ図ニ参申候間、彼ハ彼れ我ハ我にて大決断策を用ひ不申候而ハ相済不申候間、必御気張可被成候」。慶応元年五月一二日付伊地知壮之丞宛大久保利通書簡、『大久保文書』Ⅰ、三七六頁。
(2)『西郷隆盛全集』Ⅱ、四〇頁。
(3)「いか様の事にても尽力可仕」。高橋『幕末維新の政治と天皇』、二八四頁。
(4)「議者或ハ曰ン。国是ノ勅問ハ甚タ不可ナリ。人心ノ異ナルハ其面ノ如ク、其議モ亦一ナラス。是ヲ以テ甲ノ議ハ之ヲ採リ、乙ノ議ハ採ラス。其採ラル、モノハ満足ス可シト雖、否ラサル者ハ必ス不平ヲ抱カント。之ヲ如何セハ可ナラン。故ニ曰ク。朝廷先ツ幕府ト施政ノ大綱ヲ起案シ、聖意ヲ以テ確定シ、大樹之ヲ賛成ス。而ル後ニ諸藩主ニ下シテ答議ヲ上奏セシメント欲スルナリ」。『岩倉文書』Ⅰ、一五八—一五九頁。
(5)「是レ然ラス。国是ヲ議定スルハ国家ノ安危ニ係リ、事最モ重大ナリ。天子一人ニテ決シテ之ヲ定ムヘカラス。何トナレハ、天下ハ祖宗ノ天下ナリ。君臣相共ニ是非得失ヲ審議シテ、以テ宸断ヲ下スヘキナリ」。同前。
(6)「弟〔木戸〕長之人にあらす。日本之人にあらす。天に登りて今日皇国を見るとき、実に天も未皇国を御見捨は無之事に而、〔中略〕天下に名医有之候て於于此天下安静永久之基本も相立、皇国富国強兵之策も今日より被相施、天下共に安楽之場合にも可立至と奉存候得共、天にも名医之御人選までは無之事に付、拙医之為皇国之病を治し候事出来不申」。『木戸文書』Ⅱ、八九頁以下。
(7)「長州も大と小との異なるのみにし而、今日之場合に至り候も元より偶然には無之。皇国之今日に至り候も同一徹と存申候。

長州今日之場合に立至り〔候〕を名医よりしてうかがわせ候は、、千歳一時之機会にも可有之歟。左候て今日之長州も皇国之病を治し候にはよき道具と存申候」。同前。

(8)「御国より遠行之事江戸辺ニ而も申触、眼ある国々ニ而は別而欣慕いたし居候由。尤有志之洋学者ハ是非薩ニ就而志を述へん事を欲し候由」。『大久保文書』Ⅰ、二九三頁。

(9)「皇国之形体も日々歎息流涕之有様」。同前。

(10)「尾老公より伐長之不可ヲ事理明白御認建言相成候。越公より同断。従古昔大兵ヲ動候義、実国家之重事ニ而候処、何様之企有之候歟も難図候得共、若其罪あらハ天下ニ声言して　朝命ヲ被奉名義之御戦有之度与之趣懇々与書綴たるものニ候。藤堂よりも同断。長征不可然之旨建言相成候。此節ハ　大樹家私闘同様故有志之者ハ勿論、匹夫ニ至迄も不伏之有様ニ候」。『大久保文書』Ⅰ、二九六頁。

(11)参照、拙著『明治国家をつくった人びと』（講談社現代新書、二〇一三年）、一四六頁以下。

(12)「長州戦争以往所謂暴論過激之徒大抵眼ヲ豁開シ、攘夷之不可成ヲ弁別大ニ国ヲ開クコトヲ唱候人心ニ相成候。尤具眼之諸藩ハ（佐賀、越前、土佐、宇和島等）断然商法等施行之向ニ被聞候。若大樹家龍頭蛇尾ニシテ東下相成候ハ、益命令不被相行各国割拠之勢不可疑。依之富国強兵之術必死ニ手ヲ伸シ国力充満仮令一藩ヲ以ストモ天朝奉護、皇威ヲ海外ニ灼熱たらしむるの大策ニ着眼せるの外無之候」。『大久保文書』Ⅰ、二九八―二九九頁。

(13)「若朝廷是を許し給候ハ、非義之勅命ニ而、朝廷之大事ヲ思列藩一人も奉し候ハす。至当之筋を得天下万人御尤と奉存候而こそ勅命ト可申候得ば非義〔の〕勅命ハ勅命ニ有らす候故、不可奉所以ニ御坐候」。『大久保文書』Ⅰ、三一一頁。

(14)「兎角当職之御任ハ大事ヲ決せられ候ニ至公至平を以大義之立る処ニ而、無御観念御裁断不被為在候而は凡而私ニ陥候」。『大久保文書』Ⅰ、三一八頁。

(15)『大久保伝』上、六五九―六六〇頁。

(16)「乍憚、若不被行時ハ今日限之朝廷ト奉存候」。『大久保文書』Ⅰ、三一九頁。

(17)久邇宮朝彦『朝彦親王日記』上（東京大学出版会、一九六九年）、四〇九―四一〇頁。

(18)佐々木『幕末政治と薩摩藩』、三一九―三二〇頁。

(19)『朝彦親王日記』上、四三一―四三二頁。

(20)「召之諸藩士追々参リ、衆議論。両役且一会桑小笠原立合承。尤借建ニ於也。薩ハ退帆為致可申旨見コミ尋之処無サク〔無策〕之由。其余ハ都而三港御免、是迄条〔約〕替候方可然旨返答候事」。『朝彦親王日記』上、四三二頁。

(21)「兵庫開港三港勅許之儀不容易。皇国之御重事ニ而、軽卒ニ御許容相成候而は天下之人心不居合、皇威相廃候御場合付、有名侯伯御召之上天下之公議ヲ以御評決相成、右来会時迄時日遷延之為応接、朝廷より可然御方様御差向相成、薩藩江随従仰付候ハ、尽死力十分差はまり十二八九ハ遂成功度奉存候事」。『大久保文書』Ⅰ、三二八―三二九頁。

(22)『朝彦親王日記』上、四三二頁。
(23)「一ヘ打合ニ相成所、不承知。昨夜言上候通、御免之御沙汰伺度旨、且段々時剋モウツリ候故、早々御返答被仰出候様、押願候旨言上。内府従御前退不敬也。尤酉之上剋頃也」。同前。
(24)「実ニ強情ニ申張、此儀御許容不相成候而ハ寸歩も退席不仕と申募、若此儀御許容ニ而奉迫候諸藩も御座候ハヽ、私処置ヲ加可申と迄申上、迚も致方無之勢ニ而、乍御残念三港条約丈ハ御許容相成候筋御内定相成候と之御事」。『大久保文書』Ⅰ、三三〇頁。
(25)「大原卿ニも一橋江手強ク御激論ニ相成、終ニ箇様之大事件前以及言上候ハヽ、諸藩御召ニも相成、篤ト可被尽衆議候処、昨夜ニ相成申出則御決答被下度と申儀難心得段御詰問ニ相成候処、一橋申上候ハ是ハ私一人之重罪ニ候間、如何様共厳罰ヲ可蒙ト居丈高ニ成而申上候仕儀ニ御座候由」。同前。
(26)青山忠正『明治維新』(吉川弘文館、二〇一二年)、一三七―一三八頁。
(27)奈良勝司『明治維新をとらえ直す』(有志舎、二〇一八年)、二四四頁。
(28)奈良勝司「慶応元年一〇月五日の簾前評議」、桑名市博物館編『幕末維新と桑名藩』、七九頁。
(29)「朝伝奏より周旋方就御用向内田仲之助罷出候処、異船一条付存慮御尋ト申事」。慶応元年一〇月七日付西郷隆盛・蓑田伝兵衛宛大久保利通書簡、『大久保文書』Ⅰ、三三〇頁。
(30)この衆議に画期性を求める思考の背景には、単純な数の論理が政治的正しさを決するというデモクラシー観があるのではないか。しかし、そのような形式的平等性の考え方が、この時代の日本に存在したとは考えられない。評議の際に多数決を採る(多数の意見に従うべき)という発想すら、少なくとも朝議の場では無かったことを銘記するべきである。
(31)奈良、「慶応元年一〇月五日の簾前評議」、桑名市博物館編『幕末維新と桑名藩』七九頁。
(32)「昨年中ハ貴国ト彼是不信之次第ニ立到り千万御気之毒之至奉存候下拙愧志も兎角不行届故家来之者不心得も有之大ニ痛胸今日迄打過申候処先年来於征夷府対外夷候所置不行届よりして人心之動揺ニ立到乍恐 朝廷御威徳も御衰頽ニ可及ト相考憂嘆之余不顧微力致周旋候処諸事齟齬多く赤心も貫徹不致而已ならす今日之場合ニ立到候次第何共残念之事ニ候此度貴国ニ罷出候家来之者より御様子委細致承知万端及氷解候於貴国勤王之御正義殊更御確守之由実以欽慕之至候」。『大久保文書』Ⅰ、三五七―三五八頁。
(33)高橋『幕末維新の政治と天皇』、二八七頁。
(34)三宅紹宣氏は、この書簡は薩摩藩側で十分審議された形跡が無く、また書簡を託された上杉宗次郎も正式な薩摩藩使節でないことなどから、高橋氏の説は成り立たないとする。三宅紹宣『幕末維新の政治過程』(吉川弘文館、二〇二〇年)、一九七頁。
(35)「表に御記被成候六条は、小〔小松帯刀〕西〔西郷隆盛〕両氏及老兄龍等も御同席にて議論せし所にて、毛も相違無之候。後来といへとも決して変り候事無之は神明の知る所に御坐候」。『木戸文書』Ⅱ、一四二頁。

(36) 学説状況につき、三宅『幕末維新の政治過程』、一八八頁以下を参照。
(37) 佐々木『幕末政治と薩摩藩』、三二九頁。
(38) 「長州御処置……天下之條理を立んと欲せハ、即今差懸たる此御処置振至当を得候義肝要には有之ましくや。若失候得は、乍恐幕之興廃ハ勿論、天下之安危ニ相拘候得は、則此処置振條理を立て被成候初ニハ有之ましくやと論し候」。『大久保文書』Ⅰ、三五四―三五五頁。
(39) 大久保利武『有待庵を繞る維新史談』（同志社、一九四四年。一九九八年に、尚友倶楽部より『尚友ブックレット：憲政資料シリーズ九』として復刻）。
(40) 「素々幕府一己の思召より、朝廷にも不被為好、諸侯も不服なる御親征より、かゝる天下の惨毒を来候との怨嗟、滔々滋蔓の場合に及候はば、実に御家運の御衰端も是より開け可申哉と深く奉恐懼候」。日本史籍協会編『続再夢紀事』Ⅴ、六頁。
(41) 「正人君子を廟堂へ被集、諸藩の人材も被召寄。公共の御政法を以天下諸侯の人心を御収攬被遊、幕府の真威力を御恢復被遊候義、第一等の御急務にて、（以下略）」。『続再夢紀事』Ⅴ、七頁。
(42) 「必不遠面白機会を生可申」。『木戸孝允関係文書』Ⅱ、一六五頁。
(43) 「言路ヲ御閉塞、下より言上不相成与之御趣意ニ候哉」。『大久保文書』Ⅰ、三七一頁。
(44) 「御討入の時宜に相成候へは天下の乱階被為開候事実明白なる事に御座候従朝廷時勢相応の御処置を以て寛典に被処候御達の御趣意も被為在候処御奉戴無之由伝聞仕天下衆人物議喧々不堪聞次第に御座候征伐は天下の重典国家の大事後世青史に不恥名分大義判然相立其罪を鳴らし令を不聞して四方響応致候事無之ては至当と難申尤も凶器妄に不可動の大戒も有之当節天下の耳目相開候得は無名を以て兵器不可振は顕然明著なる訳に御座候（中略）前条天理に相戻候戦闘於大義御請難仕仮令出張の命令承知仕候共不得止御断申上候」。『大久保文書』Ⅰ、三七六―三七七頁。
(45) 「御満足被遊余程大久保も出来たと御意被遊我々共ニ到リ難有雀躍此事に御座候」。慶応二年五月二九日付大久保利通宛西郷隆盛書簡、『大久保文書』Ⅰ、三七八―三七九頁。
(46) 「此因循国も正論国と相変し候心持ニ而、鹿児島か広き様覚申候」。『大久保文書』Ⅰ、三七八―三七九頁。
(47) 「英国志と申書物御探し被下弐部計早便御下可被下候。いまた君公江は御覧不被遊由御座候間御頼申上候」。『大久保文書』Ⅰ、三八三頁。
(48) 三上一夫『幕末維新と松平春嶽』（吉川弘文館、二〇〇四年）、一八六―一八九頁。もっとも、春嶽が参照していたのは、長州藩による翻刻本ではなく、原書たる『大英国志』のほうである。
(49) 高木『横井小楠と松平春嶽』（吉川弘文館、二〇〇五年）、一五六―一五七頁。
(50) 「日本今日の形勢、独乙列国の例をもって西洋諸国と盟約を結び、日本の諸大名を京師に会合し政事の得失を議定し、天子に奏聞して六十余州に施行すべしと云ふ」。同前。

(51)「外夷所置右等ハ列藩上京衆議決義基本不被立候而ハ不可相成候」。慶応二年八月二一日付藤井良節・井上石見宛岩倉具視書簡、『岩倉文書』Ⅱ、三六八頁。

(52)「乍去是迄も百端議論取捨弁開の人無之而ハ却而御心配之筋も出来可申」。『岩倉文書』Ⅱ、三六八頁。

(53)「列藩衆議とハ申候得共、勤王首効之薩長御取扱振朝義之大成者と存候」。『岩倉文書』Ⅱ、三七〇頁。

(54)「共和之大策を施し征夷府之権ヲ破、皇威興張之大綱相立候様御尽力奉伏冀候」。『大久保文書』Ⅰ、四一〇頁。

(55)「天下賢侯之公論被聞召衆議一決之処ヲ以何分御処置不相成候而者難相済」。慶応三年四月付「近衛忠煕公に呈せる意見書」、『大久保文書』Ⅰ、四五七頁。

(56)「自今天下ヲ創業するニは全ク意気込ミ一ヲ以テ仁義名分相立随而成否ニも相拘事ニ御座候間幾重ニも御誠忠を以列藩をも感動せしめ候様仕向有之候義根軸ニ可有御坐候」。『大久保文書』Ⅰ、四六九頁。

(57)「摂政殿御返詞兎角御一同朝議之上何分御答可被為在と之御事之由」。「大久保日記」、二〇八頁。

(58)「非常之朝議被成下候様」、「例之因循之御評議ニ而候由」。「大久保日記」、二〇八頁。

(59)「天下之大政ハ公明正大之至理を尽し、時世的当内外緩急之弁を明ニし御施行無之候半而ハ難被相行儀勿論ニ御座候。全体不可救之今日ニ至り〔候〕根由を推考仕候得は、乍憚幕府年来之御失体より醸成候内、殊ニ防長再討之御一挙より物議沸騰天下離反之姿ニ相及候次第ニ御座候。依之明白至当之筋を以防長御所置可為急務、自ら兵庫開港防長事件ハ大ニ緩急先後之順序有之段、談合之上屢建言仕候儀ニ而篤と退考仕候処、区別を以曲直当否之分被為立御反正之御実跡顕るゝと不被顕とニ相拘事ニ付、虚心を以御反察被為在候様奉願候」。『続再夢紀事』Ⅵ、二八四頁。

(60)佐々木『幕末政治と薩摩藩』、三六三頁。

(61)『西郷隆盛全集』Ⅱ（大和書房、一九七七年）、二〇三頁。

(62)尾佐竹『明治維新』下、八三五頁。

(63)「畢竟幕府之意底四藩之御公論を採用、悔悟反正勅命奉戴正大公平之道を以、皇国之御為に尽力可致と之趣意毛頭不相顕。是非私権を張、暴威を以正義之藩といへとも圧倒畏伏せしむる之所為顕然明白に而、実に不可助之次第に御坐候」。『大久保文書』Ⅰ、四七五頁。

(64)「決而神速御上京ならては不為済段、衆議も相起可申候得共、篤と御熟考に被為及候」。『大久保文書』Ⅰ、四七六頁。

(65)佐々木『幕末政治と薩摩藩』、三六四頁。

第一章 Ⅴ

(1)「幕府のところ、とても十分反正に相成りかね、すでに去る二十三日二十四日　参内、夜通しに、朝廷に相迫り、開港など無理に、勅許に相成り候次第、切歯歎息の至りにござ候、摂政殿下・尹宮・鷹司前関白など、幕（府）の賄賂に眼くらみ、御失態の義恐れ入りたてまつり候」。芳即正『島津久光と明治維新』（新人物往来社、二〇〇二年）、一八〇頁。

（2）「岩倉村樵夫は御止め、今一段御尽力大藩奮発候様願度候。内奸誅戮断然朝敵之名を以て討幕之外無之候」。『岩倉文書』Ⅲ、三五七頁。

（3）「国体ヲ協正シ万世万国ニ亘テ不恥」。『大久保文書』Ⅰ、四八三頁。

（4）「皇国之制度法則一切之万機京師之議事堂ヨリ出」。『大久保文書』Ⅰ、四八二頁。

（5）「制度一新政権朝ニ帰シ、諸侯会議人民共和然後庶機以テ万国ニ臨テ不恥。是ヲ以テ初テ我皇国ノ国体特立スル者ト云ヘシ」。『大久保文書』Ⅰ、四八〇—四八一頁。

（6）高橋『幕末維新の政治と天皇』、三四七頁。

（7）「木曰、実ニ御大事之御事ニ候。決挙之上ハ時宜ニ依（主上）御動座モ可被在御儀ト奉存候。何方ニ御供奉被成候哉。曰、其節之時宜ニ依テハ、地之嶮ニ拠候事モ可有之候得共、約リ浪華ニ御遷座被為在候御事ニ奉存候。木曰、兎角難ヲ以テ論シ不申候而ハ相済不申候、若決挙之上幕府夷ト固結シテ、摂京之間ニ難被為在、暫時僻遠之地ニ御潜行不被為在候而ハ不叶時宜モ可有之、其節ハ何レノ地ニ御供奉可被為在哉。曰、其時宜ニ依リテ寛急モ可有之候得共、勤王列藩之内然地形相当之処ニ御動座、同盟之藩々警衛時宜ヲ見合候外無之」。「大久保日記」、二二六頁。

（8）「御一同御尋問之廉ハ無之哉」。「無御伏臓御一同之教戒ヲ蒙ラン」。同前。

（9）「禁闕奉護の所実に大事の事にて、玉を被奪候ては実に無致方事」。同前。

（10）高橋『幕末維新の政治と天皇』、三五三頁。

（11）「大久保日記」、二二八頁。

（12）『岩倉公実記』下、六二頁以下。

（13）「征夷将軍の職任たるや、誠心を抜き公道を布き撥乱済世の職を被尽候て社当然の事に候処、反て列藩の公議を退け蔽非遂邪の御趣意増長相成候儀徳川氏衰運の然らしむる所以歟」。『大久保文書』Ⅱ、一六頁。

（14）「小臣へも一品ノ秘物ヲ下シ玉ヒ、肝要ノ御品ハ明朝正三卿ヨリ云々、両人感涙無他」。「大久保日記」、二三〇頁。

（15）『明治天皇紀』Ⅰ、五二五—五二六頁。

（16）同前。

（17）「大久保日記」、二三二頁。

（18）「坂横死云々臣も実に遺憾、切歯之至り。何卒真先に復讐致し度ものに候」。一一月一九日付大久保利通宛岩倉具視書簡、『岩倉文書』Ⅲ、三七七頁。

(19)「去十四日申達候条々、其後彼家祖已来行来候国政を返上し、深以悔悟恐懼之趣申立候ニ付、十四日之条々暫見合、実行否可勘考。諒闇中且生民之患に関係するに依り、深遠之思召を以て再被仰出候事」。『明治天皇紀』Ⅰ、五三四頁。なお、この沙汰書の原本は見つかっていない。

(20)『明治天皇紀』などの史書では、この沙汰書は一〇月二一日に薩摩藩留守居役の吉井友実に交付されたことになっているが、高橋秀直氏の綿密な考証によれば、一一月一六日に大久保利通に示されるまで公家側に秘匿されていた。高橋『幕末維新の政治と天皇』四七一—四七二頁。

(21)「悔反に付先尽力、不奉戴は、其時以御趣意可行のこと」。「嵯峨実愛手記」国書刊行会編『史籍雑纂』第五（続群書類従完成会、一九七四年）、八四頁。高橋『幕末維新の政治と天皇』、四七四頁。

(22)高橋『幕末維新の政治と天皇』、四七〇頁以下。

(23)「朝廷之処、火急に一発と申訳に参らす……其訳けは将軍、大政を朝廷へ帰し候に付いては一と通り条理を立、其上聞さる時は、この前の秘書（討幕密勅）通りとの御事のよし」。青山忠正『明治維新と国家形成』（吉川弘文館、二〇〇〇年）、二八〇頁

(24)高橋『幕末維新の政治と天皇』、四七五頁。

(25)「実に戦期を失し彼（徳川）より暴撃に逢候も難計、懸念此事」。青山『明治維新と国家形成』、二八〇頁

(26)「大久保日記」、一三三頁。

(27)「今般両三藩大兵ヲ引上上京仕候義ハ、偏ニ朝廷ニ御出兵ヲ備、至理至当之筋ヲ以、基ヲ開、反命之者可掃蕩之決心ニ候、如此一大機会ト云モノハ、千載之一時ニ無之哉之旨ヲ以、於朝廷モ、克々御洞察、是ニ応したる非常之御尽力無御座候而ハ、大ニ失望可仕事ト奉存候云々申上ル」。「大久保日記」、一三四頁。

(28)佐々木克『幕末史』（ちくま新書、二〇一四年）、二七九頁。

(29)「大久保日記」、一三四頁。

(30)「今之京都ハ土地偏少人気狭隘、堂々たる皇国ノ都地ニ非す。且又各国之王都を歴見し江戸城をも見たる夷人をして今之皇居を見せ候半ニハ、日本中尊卑ノ分を不知ノ大恥全世界ノ辱名と成へし」。『大久保利通関係文書』Ⅰ、六二頁。

(31)『大久保文書』Ⅱ、五六—五七頁。

(32)「御手順ハ摂関議伝国事掛ヲ被廃、太政官ヲ設ケ、三職被置（総督議定参与）、人材御登庸（賢侯有志公卿官武無差別）、所謂衆議粋出議事院ノ法ニ倣而、参与ノ職ニハ堂上地下之差別なく陪臣草莽トいえとも人傑を以御抜擢相成候由。即日其根本御治定然して　命ヲ伝へらる之御運ニ御座候」。同前。

(33)「慶喜公之処は五藩（土芸尾越御国）召之上尾越ニ命せられ、十分反正謝罪之道ヲ御内諭有之（官一等ヲ降、領地返上侯列ニ下罪ヲ闕下ニ奉待等。将軍職辞表ハ既ニ過日差出相成）、無異議朝廷御趣意通断然訴出候得は、始而真ノ反正実行顕るト可申

候得は、其上ハ公平寛大之御処置被為在御至当なるへしト之御事」。同前。

(34)「御発動之日ニいたり候得は、於幕究而干戈を以テ動候義ハ万々無御座。今は会而已之事ニ相成候得は、少々動キ候而も差知タル事と愚考仕候。乍去戦ハ期し不申候而ハ、中々以右御大策被行候儀無覚束。尤反命する者は直ニ御追討とは申、朝廷之御兵力ハ無御座候而は御威光相立候場ニいたり兼申候」。同前。

(35)「摂政尹宮抔江漏洩等も難図誠に御大事之御事」。慶応三年一二月七日付岩倉具視宛大久保利通書簡、『大久保文書』Ⅱ、六〇頁。

(36)「王政復古之御基礎被召立度御発表ニ付而は必一混乱ヲ生し候哉も難奉図候得共、二百有余年之泰平之旧習ニ汚染仕候人心ニ御座候得は、一動干戈候而返而天下之眼目を一新、中原を被定候御盛挙と可相成候得は戦ヲ決候而死中活を得之御着眼尤最急務と奉存候」。『大久保文書』Ⅱ、七二頁。

(37)「乍然戦は好而不可成事ハ大条理上ニ於而不可動者ニ可有御坐候。然るニ無事にして朝廷上之御尽力貫徹、太政官代三職之公論ヲ以大政を議せられ候日ニ至候而は、戦より亦難とすべく、従古創業守成之難易議論難定俊傑之士ニおひても後世識者之評を免れ不申候」。『大久保文書』Ⅱ、七二―七三頁。

(38)「徳川家御処置振之一重事大略之御内定奉伺候処、尾越をして真ニ反正謝罪之道を為立候様以御内諭周旋を被命候儀、実ニ至当且寛仁之御趣意奉感伏候。全体皇国今日之危ニ至候事大罪之幕ニ帰するハ不待論して明なる次第ニ而、既に先々月十三日云々御確断秘物之御一条迄被為及候御事ニ御坐候。此末之処如何様之論相起候共、諸侯ニ列し、官位一等を降、領地を返上、闕下ニ罪を奉謝候場合ニ不至候而者、於公論相背、天下人心固より承伏可仕道理無御坐候」。『大久保文書』Ⅱ、七三頁。

(39)「尾越之周旋若不被行候節は、朝廷寛大之御趣意を不奉公論ニ反し真之反正たらざるもの顕然候得は、早々朝命断然右之通り御沙汰可相成儀ト奉存候。右御定議より下ツテ之御処置振は公論条理上ニおひて更ニ有御坐間舗、若寛大之名被為付、御処置其当を被失候得は、御初政ニ条理公論を御破り相成候筋ニ而、朝権不相振ハ論する迄も無之。必昔日之大患を可生儀相違無御坐候」。『大久保文書』Ⅱ、七四―七五頁。

(40)「禁闕警衛之様未曾有之壮観、見ル者胆ヲ失フ」。「大久保日記」、二三七頁。

(41)「幼沖の天子を擁し奉りてなどとは何等の妄言ぞ」。『岩倉公実記』中、一五九頁。渋沢栄一『徳川慶喜公伝』Ⅳ（平凡社、一九六八年）。しかし、高橋『幕末維新の政治と天皇』が詳密に考証しているところによれば、一次史料のなかにこのような両者の発言は確認できない（四四二頁）。

(42)「大久保日記」二三七頁。

(43)「誠意を以尊王之道、心を尽し罷在候も、徒ニ下輩之粗忽より水泡ニ属候様相成候而ハ、此上深く奉恐入候儀ニ付、右人心折合候迄、暫時大坂表え罷越申候」。『維新史』Ⅴ、九二―九三頁。

(44)「会・桑ヲ引、下坂御受書等之次第云々承知」。「大久保日記」、二三七頁。

(45)「徳川内府、従前御委任大政返上、将軍職辞退之両条、今般断然被聞食候。抑、癸丑以來、未曾有之国難先帝頻年被悩宸襟候御次第、衆庶之知所候。依之被決叡慮、王政復古、国威挽回ノ御基被為立候間、自今摂関幕府等廃絶。即今先仮に総裁議定参与之三職を置れ、万機可被為行諸事神武創業之始に原き、縉紳武弁堂上地下之別なく至当之公議を竭し、天下と休戚を同く可為遊叡念に付、各勉励旧来驕惰之汚習を洗ひ、尽忠報国之誠を以て可致奉公候事」。『法令全書　慶応三年』、六頁。
(46)「旧弊御一洗ニ付言語之道洞開候間、見込有之向は不拘貴賤、無忌憚可致献言。且人材登庸第一之御急務に候故、心当之仁有之候ハヽ、早々可有言上候事」。『法令全書　慶応三年』、八頁。
(47) 井上勲『王政復古』(中公新書、一九九一年) 三三九―三四〇頁。
(48) 同前、三四〇頁。
(49) 佐々木『幕末政治と薩摩藩』、四二二頁。
(50) 家近良樹『徳川慶喜』、二〇五―二〇六頁。
(51) 三谷『維新史再考』、二九一頁。
(52)「官家之議定参与は奥向に参集、武家之議定参与は表之方に参集、各別に庶務を談論し、大凡談寄に相成たる時、官武一席に会同して評議するを議事と唱へたり」。『再夢紀事・丁卯日記』(東京大学出版会、一九八八年)、二六一頁。
(53) 家近『徳川慶喜』、二〇九―二一〇頁。
(54) 東京大学史料編纂所編『復古記』Ⅰ(東京大学出版会、一九七四年)、二六五頁。
(55) 同前。
(56) 尾佐竹『明治維新』下Ⅱ、一三三〇頁。
(57) 以下の政局の展開についての記述は、特に断りのない限り、高橋『幕末維新の政治と天皇』、四九〇頁以下による。
(58) 渋沢栄一『徳川慶喜公伝』Ⅳ(平凡社、一九六八年)、一四四頁。
(59)『維新史』Ⅴ、一〇一―一〇二頁。
(60)「不知事に呉々頼入候事」。『大久保利通関係文書』Ⅰ、二一五頁。
(61)『大久保文書』Ⅱ、一二三頁。
(62)「一字一点も御添削不為出来」。『大久保文書』Ⅱ、一二二頁。
(63)「小松胸算は、西郷始めとは異論。西・大両人、討徳主張致し候処、大芋は知らぬ事にこれあるべく」。日本史籍協会編『伊達宗城在京日記』(東京大学出版会、一九七二年)、六〇九―六一〇頁。家近『徳川慶喜』、二一六頁。
(64)「勤王之藩も段々相起り、戦争ニ相成候而モ朝廷御兵力ハ十分ニ而決而懸念無御坐候」。『大久保文書』Ⅱ、一三〇頁。
(65)「たとへ干戈に及ひ候が上策にもせよ、元来干戈を以てするは不得止に出候事と申義は四海一様之公論に而、必竟無余義民を治め民を助くる之道具にて御座候ゆへ、干戈を以てする事は始終不得止に出る形ち海内は不及申、海外までも屹度相示し不申而は不相成。古より大有為之君、其国之為め其民之為め国家に大業を相立候は皆此処を眼目に相尽し候義不待言候得ども、乗愉快過怒怨之徒不得其中公論を却而敵に与へ千載一時之大機会を相失候事古来其例し不少。実に神州も今日の危急前古無比壱厘之間も心を用ひ天下四方之無讐無敵之心を以、至誠を相立候は丶且々御維持も相成可申歟。兎に角今日の情態に而は万々無覚束、殊に御国之弊は尾大之形ちに而、是を病にたとふれば弱体に醸すにあらず。健剛より起る之症に而、手足之強きにまかせて相動き候を心部是を制する不能。是また此勢を醸成す一朝一夕之事にあらず。実に千載之遺恨也。弟等只其心而已を相尽し、斃而休之外更に無策。何卒老兄にも現世の至愚となり、現世之柔弱となり、現世之臆病となり、千載に不相耻之心を以、今日之弊を御矯め被成候様只々奉祈念候」。『木戸孝允関係文書』Ⅱ、三五一―三五二頁。高橋『幕末維新の政治と天皇』四九六―四九七頁も参照。

(66)「長薩ノ朝廷タルヤフニテハ不相済」。明治元年一月三日付岩倉具視宛大久保利通意見書、『大久保文書』Ⅱ、一五七頁。

(67)「如此御急迫ニ臨ンデ、左右顧念アルベキモノナルカ。戦ニ成ル程ノ見定相付候上ハ、相与ニ参与ノ御受ケヲ被致、必死ヲ尽シ度被存候」。同前。

第二章　Ⅰ

(1)　さらに付け加えるならば、それは徹底して上からの革命だった。西洋諸国をはじめ諸外国において、国民革命や市民革命の語が用いられるとき、フランス革命に典型的なように、それは国民による革命であり、市民による革命である。これに対して、明治維新を「国民」革命や「市民」革命と形容する時、それは革命の目的を指しているのであって、革命の主体が国民や市民だったということではない。明治維新は、少なくとも大久保、木戸、岩倉という第一世代が主導していた明治ゼロ年代においては、上から統一的中央集権国家を造形し、それを担う国民や市民を作り出そうとした政治的実験だった。

(2)　この年の九月八日に慶応から明治に改元。以下では、明治の元号を用いる。

(3)　『大久保文書』Ⅱ、一五四頁。

(4)　明治元年一月一六日付蓑田伝兵衛宛大久保利通書簡、『大久保文書』Ⅱ、一八八―一八九頁。

(5)　「内国事務掛被仰付、第一遷都之条尚又当務之急ニ付広沢ニモ示談云々言上、猶三条公へモ言上候様拝承」。「大久保日記」、二四八頁。

(6)　「主上ト申シ奉ルモノハ玉簾ノ内ニ在シ人間ニ替ラセ玉フ様ニ纔ニ限リタル公卿方ノ外拝シ奉ルコトノ出来ヌ様ナル御サマニテハ民ノ父母タル天賦ノ御職掌ニハ乖戻シタル訳ナレハ此御根本道理適当ノ御職掌定リテ初テ内国事務之法起ル可シ右ノ根本推窮シテ大変革セラルヘキハ遷都ノ典ヲ挙ケラル、ニアルヘシ」。『大久保文書』Ⅱ、一九一頁以下。引用に際して、「〔大阪遷都建白書草案〕」(『大久保文書（憲政）』書類三六〈三〉)に照らして、字句を変えた箇所がある。

(7) 『大久保文書』Ⅱ、二二八—二二九頁。
(8) 「遷都之儀言上衆評不決」。「大久保日記」、二四九頁。
(9) 「遷都之事薩ニ奸謀有之、是ヲ期ニシテ薩・長相合、大ニ私権ヲ張候云々之賦ニ而候由」。同前。
(10) 「近来宇内大に開け、各国四方に相雄飛するの時に当り、独我国のみ世界の形勢にうとく、旧習を固守し、一新の効をはからず、朕徒らに九重中に安居し、一日の安きを偸み、百年の憂を忘るゝときは、遂に各国の凌侮を受け、上は列聖を辱しめ奉り、下は億兆を苦しめん事を恐る。故に朕こゝに百官諸侯と広く相誓ひ、列祖の御偉業を継述し、一身の艱難辛苦を問ず、親ら四方を経営し、汝億兆を安撫し、遂には万里の波濤を拓開し、国威を四方に宣布し、天下を富岳の安きに置んことを欲す。汝億兆旧来の陋習に慣れ、尊重のみを朝廷の事となし、神州の危急をしらず。朕一たび足を挙れば非常に驚き、種々の疑惑を生じ、万口紛紜として、朕が志を為さゞらしむる時は、是朕をして君たる道を失はしむるのみならず、従て列祖の天下を失はしむる也」。『明治天皇紀』Ⅰ、六五〇—六五一頁。
(11) 大久保利謙「五ヶ条の誓文に関する一考察」『明治維新の政治過程』(吉川弘文館、一九八六年)。
(12) 齊藤紅葉『木戸孝允と幕末・維新』(京都大学学術出版会、二〇一八年)、一七三頁。
(13) 佐々木『幕末史』、二九六頁。
(14) 「実ニ卑賤之小子殊ニ不肖短才ニシテ、如此玉座ヲ奉穢候義絶言語恐懼之次第、余一身仕合候、感涙之外無之、尤藩士ニハ始メテノ事ニ而、実ハ未曾有之事と奉恐懼候」。「大久保日記」、二五七頁。
(15) 「全体御親征之発端は遷都之御意味柄よりして御施行被為在候処、重々機会を被失終に半途之者と相成、今日之御姿にては全有名無実之義に落申候」。『木戸孝允関係文書』Ⅱ、一六七頁。
(16) このうち松浦とは、大久保はこの後頻繁に面会し、その識見を高く評価している。
(17) 高橋『幕末維新の政治と天皇』、五二七頁。
(18) 閏四月二三日付蓑田伝兵衛宛大久保利通書簡、『大久保文書』Ⅱ、三〇二頁。
(19) 「東京之説被相定、御親征神速御決定、列藩ヲ鼓舞シ兵隊ヲ備ヘラルヘキ事」。『岩倉史料』上、三七九頁。
(20) 「大事云々御内定被為在候、大愉快之次第大慶ノ至也」。「大久保日記」、二六四頁。
(21) 「官軍之微勢且偸安怠惰政道一も不相立」。『岩倉文書』Ⅲ、四八〇頁。
(22) 「大に軽侮の心を生し児童走卒に至る迄官軍を見ては唾罵致し候様に相成り」。同前。
(23) 「是非々々此挙に乗し、鳳輦江城に行幸。撥乱興政万民撫恤之御基本を被為立、彼地を以て東京と被定度候事」。『岩倉文書』Ⅲ、四八二頁。
(24) 「人心紛擾之折柄、根軸たる御方様御動き相成候事、実に御大事と奉存候」。『木戸孝允関係文書』Ⅱ、一七三頁。
(25) 「方今之形勢京摂之人心モ亦不可失。実ニ四海同視之御処置専要ト存候ヘハ、先此度之処ハ暫時御滞在ニテ御西還被遊、来

年春陽温和之候ヲ以再御東幸、其時ハ屹度永世不抜之御基礎ヲ被立候様可然歟ト存候」。八月一四日付岩倉宛三条書簡、『大久保文書』Ⅱ、三六〇頁。

(26)「京摂之人情も遥察は仕候得共、東方之情態も能々御勘弁奉願度候。唯願ハ英断果決衆議を排し、区々之俗論ニ御頓着不被有候様奉願候」。『大久保文書』Ⅱ、四〇七頁。

(27)『木戸日記』Ⅰ、九二頁（明治元年八月三〇日の条）。

(28)「畿内西国之人民を御すると東国之人民を御すると、何れか易とし何れか難とせん。是亦明鏡に懸て顕然たり。然れは皇国之興亡に関係する上にて目的を立られんには、其難処に大に力を用る事能はさる訳に無御坐候や。忝くも万民を塗炭之中に救玉はんと之聖断を以御親征迄も被仰出たるにあらすや。仍而何つゝ迄も民に父母たる之御赤心を失はせ玉はす、東京之唱をも布告せられ、不遠御発輦一家同視之思食を以東行するぞと被仰出たり。誠以難有御趣意にして府内人民始て安堵に向」。『木戸孝允関係文書』Ⅱ、一七九頁。

(29)「御東行日限来ル廿日ト御治定」。「大久保日記」、二七六頁。

(30)「主上御東行御出輦、無御滞被為済御見立申上候、希望之御盛典難有不尽紙上」。「大久保日記」、二七六頁。

(31)「此日大久保市蔵に秘密事を談す彼一諾尽力すと云」。『木戸日記』Ⅰ、一〇〇頁。

(32)「大久保未能語奥意。只表面の条理而已にして止めり。実に今日之遺憾なり」。同前。

(33)「大久保日記」、二七六頁。

(34)「奥羽平定官軍奏凱歌帰府数千豈又偶然乎」。「大久保日記」、二七八頁。

(35)同前。

(36)「朝廷之御処置愛憎ニ渉ラス至当公平ニ出、御失体サヘ無之様御心ヲ用サセラレ候得者何も不足憂ト奉存候」。明治元年九月二三日付蓑田伝兵衛宛大久保書簡『大久保文書』Ⅱ、四二七頁。

(37)「大久保日記」、二八一頁。

(38)慶喜は、翌年の明治二年九月二八日、正式に免罪された。大久保は慶喜の一日も早い赦免を願っていたが、榎本武揚ら幕府の残党による抗戦が続いたためそれが遅れたことに遺憾の意をもっていた。「嗚呼此慶喜以下御処置御宥恕ノコト、大御目的上ヨリシテ初発ヨリ御決議ニテ取調相済候ニ、榎本一列延引ニ依テ此御処置モ御延引トノコト不得其意次第也、今夕副島入来種々歎息ノ談ニ及候」。「大久保日記」、三三二頁。

(39)「共話往事尽歓楽期再会帰」。「大久保日記」、二八一頁。

(40)「大久保日記」、二八二頁。

(41)「未何も方向も立兼漠然と罷在候。於此方も今一層根軸相据不申候而は万機挙り兼可申」。「任外之僕輩にては中々目的も不相立甚心痛之至に御坐候」。『木戸孝允関係文書』Ⅱ、一八二頁。

(42)「再東幸被遊並諸侯総召之次第何分早々御布令ニ相成度」。『岩倉史料』上、二六四頁。
(43)『明治天皇紀』Ⅱ、二九―三一頁。『岩倉公実記』中、六八五―六八八頁。
(44)佐々木克『江戸が東京になった日』(講談社選書メチエ、二〇〇一年)、一三〇頁。
(45)同前、一六九頁。
(46)「如何様　聖君トイヘドモ、耳目鼻口備ラズシテハ、決而　御盛徳御六ヶ舗カラン歟、依而只今之内其御任ヲ被為選、早速御居へ相成候様有御座度、偏ニ奉祈候、才略ハ欲セザル処ニシテ、人君タルノ御体被為備候様、頻ニ誠願スル処ナリ」。明治元年一二月二四日付岩倉具視宛大久保書簡、『大久保伝』中、五九〇―五九一頁。
(47)『大久保文書』Ⅲ、八頁以下。
(48)「今日にて御政体並に御制度御決定有之候而も日に月に維新之世上に候得は今日之事ハ明日ハ改り今年之事ハ来年相変候義ハ案中ニ御坐候議事の何之と申候而も今明年にて中々以本間に被行候事ハ口を窮めて出来不申候天下人心未議事と申事之何事たるをしらす府県ハ素より藩といへとも未深味あるを知不申候就而は和漢西洋之学術折衷し不抜之　皇道揆今稽古基本ヲ闡明する之豪傑出る事有而始而　王政一新之根軸ハ相立候事と愚考仕候」。『大久保利通関係文書』Ⅱ、四九三頁以下。
(49)「取も直さす人材を御拵へ候義、焼眉之急と可申候間、早々に前条洋行之学御運被為在度候」。同前。
(50)「外国江公卿四五名諸藩ノ士極精選ヲ以遊学被仰付候儀今日急務」。「大久保日記」、二九〇頁。

第二章　Ⅱ

(1)「代々奉預領地之内、十万石、万分一ニハ候得共、為御用途返献仕度奉願候」。『大久保伝』中、四五六頁。
(2)松尾正人『廃藩置県』(中公新書、一九八六年)、三〇頁。
(3)「総而封建之諸侯を被廃候はゞ真に王道相立候義と奉存候。……其封地と其国人とを朝廷に奉還候而、自ら庶人と相成、後之選挙之有無を期し候」。『大久保伝』中、六〇六―六〇七頁。
(4)勝田政治『廃藩置県』(講談社選書メチエ、二〇〇〇年)、五四―五五頁。
(5)「今日一新之際に至り候ては一旦東て〔王土を〕朝廷に奉返」。『木戸日記』Ⅰ、一六〇頁。
(6)『木戸日記』Ⅰ、一六一頁。
(7)「臣某等頓首再拝謹案ズルニ朝廷一日モ失フ可ラザル者ハ大体ナリ。一日モ仮ス可ラザル者ハ大権ナリ。天祖肇テ国ヲ開キ基ヲ建玉ヒシヨリ皇統一系万世無窮普天率土其有ニ非ザルハナク、其臣ニ非ザルハナシ。是大体トス。且与へ且奪ヒ爵禄以テ下ヲ維持シ尺土モ私ニ有スルコト能ハズ、一民モ私ニ攘《ぬす》ムコト能ハズ。是大権トス」。『太政官日誌』、明治二年、第九号。
(8)「抑臣等居ル所ハ即チ天子ノ土。臣等牧スル所ハ即チ天子ノ民ナリ。安ンゾ私ニ有スベケンヤ。今謹テ其版籍ヲ収メテ之ヲ上ル。願クハ朝廷其宜ニ処シ其与フ可キハ之ヲ与へ、其奪フ可キハ之ヲ奪ヒ、凡列藩ノ封土更ニ宜シク詔命ヲ下シ、コレヲ改メ定ムベシ。而シテ制度典型軍旅ノ政ヨリ戎服器械ノ制ニ至ルマテ悉ク朝廷ヨリ出テ天下ノ事大小トナク皆一ニ帰セシムヘシ。然后ニ名実相得始テ海外各国ト並立ヘシ。是朝廷今日ノ急務ニシテ又臣子ノ責ナリ」。同前。

(9)「御建白(版図返上)之一条ハ別而能御都合ニ相運、格別時機適当追々列藩ニ波及之勢ニ御坐候間、其後段々出願候方多分ニ有之候半与奉遥察候」。『大久保文書』Ⅲ、一一八頁。

(10)「大本を着眼し始終を慮り治術ニ堪候当時之人物ハ木戸其人ナランカ」。『大久保文書』Ⅲ、一四二頁。

(11)「首夏ノ景色ヨロシク、蹴上辺ニテ眺望スレハ、深樹青々トシテ日将暮佳光不可謂。嗚呼一昨年迄ノ焦思苦心一死ヲ投コト幾回ヲ知ラス。敢テ今日此行ヲ以テ此景ヲ観ルコトヲ期セン乎。世運ノ変遷実ニ如夢。往事ヲ想像シテ程ナク大津ニ着」。「大久保日記」、三〇二頁。

(12)「誠ニ伝聞スル処ヨリハ殊更古雅ニシテ、世ノ大山荘厳華麗ヲ究シトハ霄壌ノ相違。纔ニ一茅社ニシテ草木荒ル。然リトイヘトモ、神霊巍々然トシテ如在身心実如洗。皇国万国ニ冠タル所以、此地ヲ拝シテ始テ可知也。年来之志願相達歓喜何物如之」。「大久保日記」、三〇二頁。

(13)「当地形勢東下之後見聞仕候処、内外実以不容易之情態に而、殆瓦解之地相顕、此体にてハ不日大壊乱ニも可至、誠以危急存亡之秋と唯々焦思苦慮仕候。浩歎ニ不堪候。……外国人江途中馬車行逢之混雑数か度ニ及候より、遂絶交際之場合ニ相迫、英仏等之憤怒不一方事ニ而、此度ハ実ニ弥縫も難仕事情ニ有之候。且又内ニしてハ政府五官一として一致協力規律法度之相立候処無之、各疑惑ヲ懐、其職ヲ担当して任スルノ気無、或ハ瓦解土崩難保之情態ナリ。右之如ク古之如内外之憂患眼前ニ迫り、四方人心旧政府ヲ慕之心弥相生し、新政府之失体ヲ軽侮之勢ニて、恐多事なから、朝廷之威権ハ已ニ地ニ堕、皇風不振其危累卵之如く、嗚呼其責誰にか在。実臣子之罪、我輩死ストも余罪アリ。実ニ岩卿始両足下〔木戸孝允・大久保利通〕之東下ヲ企望スル事一日千秋之思ニ有之候」。明治二年四月六日付岩倉具視宛三条実美書簡、『岩倉史料』下、一一一頁。

(14)「東下后実地ノ情態厚見聞仕候処、英公使〔パークス〕要路ノ人ヲ恥シメ児童ノ如愚弄シ、草莽士ハ政府ヲ凌辱シテ奴輩ノ如蔑視シ、内外之侮慢至ラサル所ナシ。況乎天下人心政府ヲ不信、怨嗟ノ声路傍ニ喧々、真ニ武家ノ旧政ヲ慕フニ至ル。且又御着輦后政体ヲ変改セラレ人物ヲ進止セラレ、如何之御趣意トモ不奉伺候得共、如此ノ御大事草卒ニシテ可被改モノカ。人ノ登庸ニ就而モ甚可怪者モ有之、錯雑妄動ノ極ト言ヘシ、然ルニ堂々タル天朝御一新ノ政府何レノ地ニ可有之哉、斯迄威令ノ衰微セシ事歎息流涕之至ニ堪ヘス」。明治二年四月二六日付岩倉具視宛大久保利通書簡、『岩倉史料』下、七六頁。

(15)「天下衆庶欣々然トシテ政府ヲ奉仰望候様、其実績ヲ挙ケ本体ヲ確立セラレ候儀何ヨリノ急務ニシテ、他ノ目的スヘキモノナカルヘシ。然ル上ニ版図返上或章典等ノ事件ニ及バズンバ、今形ニテ其業ニ渉リ其事ニ至リ候テハ、実ニ体用顛倒迂闊ノ極ト言フヘシ」。同前。

(16)「人心ヲ一ニシ、政府ハ弥白ヒモノト判然タラシメ候事急務ト奉存候」。同前。

(17)「昼夜涕涙之外無御坐候」。『岩倉史料』下、七七頁。
(18)『大久保伝』中、六八〇頁。
(19)「即今事体実ニ切迫種々当地之趣御承知被遊候処、御承知毎ニ御歎息之事而已ニテ、兎角此上ハ御英断ヲ以進退等モ被遊候而、大変革不被為在候テハ被遊様無之、別而御憤発之御旨趣ニテ予ガ心中モ申上ル」。「大久保日記」、三〇四―三〇五頁。
(20)「大原卿議定云々之義承ル、嗚呼是ヲ以テ事之成可ラサルヲ知ル、実ニ慨歎ニ堪エサル次第ナリ、其意書外ニアリ」。「大久保日記」、三〇五頁。
(21)「三藩打合ノ上同意なれハ臨時之計にて可然。遠国往復与申ても大ニ手間取可申候」。明治二年五月五日付吉井友実宛大久保利通書簡、『大久保文書』Ⅲ、一七八―一七九頁。
(22)この文言自体は、岩倉が四月六日付の木戸孝允宛書簡のなかで記しているものである。『岩倉文書』Ⅳ、二四三頁。
(23)松尾『廃藩置県』、四一―四二頁。
(24)「版図返上之事件も、御議定之上、御下問相成。両三日中御発表相成可申候」。明治二年六月四日付桂久武宛大久保利通書簡、『大久保伝』中、六九二頁。
(25)「知藩事一条名目ヲ改候而已ニテハイカヽトノ論」。「大久保日記」、三〇八頁。
(26)『伊藤博文伝』上、四五三頁以下。
(27)『明治天皇紀』Ⅱ、一四〇頁。松尾『廃藩置県』、五〇頁。
(28)「紛々之衆議ニ渉リ候而ハ万々いけ不申候。非常之御英断ハ則其処ニ可有御坐奉存候間、此上御確定被遊候様再応奉願候」。『大久保文書』Ⅲ、二〇九頁。
(29)安丸良夫『神々の明治維新』(岩波新書、一九七九年)、六九頁。
(30)山崎丹照『内閣制度の研究』(高山書院、一九四二年)。
(31)「今度政体御変革ニ付而ハ人材御選挙之義第一ニ而、決而私見ヲ去リ公平ニ其人ヲ挙ルヲ要トセリ」。明治二年二月一六日、「大久保日記」、二九六頁。
(32)この待詔局への建白がきっかけとなって新政府に出仕することになった人物について、かつて筆者は評伝を著した。拙著『渡邉洪基』(ミネルヴァ書房、二〇一六年)。渡邉は後に帝国大学の初代総長となる。
(33)「熟議し、諸省卿輔弁官又ハ待詔院集議院へ其事柄ニ依り諮問を経たる後、上奏宸裁を仰く可き事」。『大久保文書』Ⅲ、二四七頁。
(34)『太政官日誌』明治二年、第九二号。大久保は、明治二年八月一四日の条で、「待詔院集議院基則幷合併ノコト決ス」と書いている。「大久保日記」、三二七頁。
(35)「待詔院学士と申御沙汰を奉蒙候処、文盲之私いかに鉄面皮ニ而も対天下学士之名目を以安し居候事不相叶」。『大久保利通関係文書』Ⅱ、三八五頁。

(36)「待詔学士之名目ハ何モ大体ニ関係無之、御改可然歟ト相考候」。明治二年七月一〇日付岩倉具視宛大久保利通書簡、『岩倉史料』下、二二四—二二五頁。

(37)「言路洞開ハ明政ノ本ニシテ要路ノ人最心ヲ用フヘキコト肝要ナリ。然ト雖従前卑キヲ以テ高ヲ凌クノ大弊アリテ、一介ノ野士トイヘ雖叨ニ尊顕ニ出入シ、機事ヲ与リ聞キ、甚キニ至テハ是カ為ニ廟議動クニ至ル。如此ニシテ何ヲ以テ廟堂ノ重ヲ示シ、規則ノ行ハルコトヲ得ンヤ。実ニ歎息スルニ余リアリ。自今断然トシテ改之、政府要路ノ外公事ヲ談スルコトヲ厳禁センコトヲ欲ス」。『大久保文書』Ⅲ、二三〇—二三一頁。

(38)「大久保日記」、三一一頁。

(39)「此事件心痛ノコト候処、殊之外無事相済実ニ安心之至ニ候」。「大久保日記」、三一五頁。

(40)「万機宸断を経て施行すへきハ勿論たりと雖も、公論に決するの御誓文ニ基き大事件ハ三職熟議し諸省卿輔弁官又ハ待詔院集議院へ其事柄ニ依り諮問を経たる後上奏宸裁を仰く可き事」。『大久保文書』Ⅲ、二四七頁。

(41)「縦令自己の論行はれすとも他の衆論に従ひ、一定決行するに至りたるときは、異論四方に起り天下の人皆之を是非することと有るも、難を他に譲りて之を避くるか如き軽薄の醜態を為す可からす」。『大久保文書』Ⅲ、二四八頁。

(42)「御旨趣之通縉紳家之弊習は実に胸悪キ事のミ有之、中々たまり兼候、惣して兎角華族立をして当地ニ而も公卿は勿論、藩ニおひても自然藩士ヲ鄙しめ候一弊有之、参議なとの事ハ別而異議不平有之候趣ニ被聞候、成程我輩之如キ鈍物非常之抜擢ヲ蒙リ居候故、人ヲ以論ヲ受候得ハ致方無御座候へとも、望んて出たるものにも無之、朝議ヲ以被仰付候上ハ、豈藩士ヲ以可論之理あらんヤ、今日之御政体門閥ヲ破り草莽といへとも御登庸可相成御治定ニ候へハ、是非其旨趣相貫キ、十年之後ハ華族士族之差別なきほとにいたり不申候而ハ、宇内各国ニ対し皇威を輝シ候事ハ夢々出来不申候、仍而益此弊ハ私情ヲ離し一洗不致候而は決して相済不申候付、尚其御心得ヲ以御励精可被下候」。『大久保文書』Ⅲ、三一二—三一三頁。

(43)「今日ノ急務ハ薩長合一シテ力ヲ朝廷ニ尽スニアリ」。『大久保文書』Ⅲ、三五七頁。

(44)「両藩合力一定シテ速ニ闕下ニ拝趨シ、断然朝廷ヲ奉補佐、公議ヲ以右府納言ヲ助ケラレ及閑叟公越公宇公ノ如キ公平至誠ヲ以テ熟論ニ及ハレ候ハ、諸公モ憤発励精アランコト顕然ナリ」。『大久保文書』Ⅲ、三五三—三五四頁。

(45)十月二九日付の日記に次のようにある。「……小子待詔出仕江転シ木戸江至誠ヲ以示談、薩長合一ノ根本屹ト尽力致候方、当分ヨリモ　朝廷ノ御為メ可相成存込候間、是非待詔転勤ノ義相談申遣候処、今夕黒田迄成ラサル旨返詞有之候」。「大久保日記」、三二四頁。

(46)「段々御激論ニ相成十分御真意拝承イタシ候。畢竟門閥一条等且知藩事之コト、迚モ是ニ而治リ相付候御見留無之。御政度ノ処ニ第一御不平云々実ニ不堪愕然。小子愚存ノ次第ハ不憚忌諱曲直ヲ明ニシ、名分ヲ正シテ及言上候。乍去不可言ノ御沙汰等有之不得止引退キ候。嗚呼今日ノコト何ノ因縁ナルヤ不存寄コト也。熟考イタシ候ニイカ程御迫リ申上忠言ヲ尽シ候テモ、只々云々ノ御逃詞而已ニテ詮立候義無之。先夫形召置候方却テ可然。最此上一体ノ処迄モ激ニ出候コトハ決而無之ト見込候間退キ候也」。「大久保日記」、三三七頁。

(47)「東西京共先々無事。草莽云々風聞モ候得共、格別之事無之旨ニ候。貧民之処ハ何レモ苦心罷在候得共、凶年之末、如何トモ致方無之候。併今日之処ニ而ハ、強而之事モ無之候。総体表面之処ハ平穏ニ候得共、内外議論多ク、殊ニ民蔵物議不少、是計は頗掛念候」。『大久保伝』中、七六五頁。

(48)『太政官日誌』、明治二年第九二号。

(49)日本史籍協会編『広沢真臣日記』(東京大学出版会、一九七三年)、明治二年一二月一九日の条、二七二頁。

(50)松尾『廃藩置県』、六九頁。

(51)「大久保日記」、明治三年四月二〇日の条、三四五頁。

(52)「大久保日記」、明治三年五月二六日の条、三四九頁。

(53)「凡而根本ノ事相運候上ニ候得ハ、旧藩ノ事モ必ス動かし安ク可有之、公私共大幸奉存候」。明治三年九月九日付岩倉具視宛大久保利通書簡、『岩倉史料』上、三八六—三八七頁。高橋秀直「廃藩置県における権力と社会」山本四郎編『近代日本の政党と官僚』(東京創元社、一九九一年)二六頁も参照。

(54)「凡今日朝廷上之宜敷と思食候者多くハ小人俗吏ニ御坐候。実に乱世後、文官之国家を誤り候事跡は歴々たる事にて、殆ント其轍を踏んとする今日之容体と小臣にハ歎息仕候」。『岩倉史料』下、二五四頁。

(55)丹羽邦男『地租改正法の起源—開明官僚の形成—』(ミネルヴァ書房、一九九五年)、第五章。

(56)明治三年一〇月一六日付岩倉具視宛大久保利通書簡、『大久保文書』Ⅳ、七三頁。

(57)「人或は勅語を士卒に賜ふが如きは朝威を冒瀆する虞ありと論ずる者あらんも、是れ大局に通ぜざる者の言なり」。『明治天皇紀』Ⅱ、三三三頁。

(58)「従前彼是ノ行違ヒヲ明白ニ談シ、兎角今日ノ形勢一定一和自反シテ、朝廷ノ本ヲ助奉ラスンハ終ニ不可匡救。惟フニ政府上道サヘ相立候得ハ、天下ノ事不足恐。幸ニ兄同意ナサル、ニ於テハ、僕驥尾ニ従身ヲ以テ尽シ、只一死ヲ期スルノミ云々。厚ク談論ニ及候処、大ニ承伏ノ様子ニテ先々安心イタシ候。今夕大ニ傾杯心肝ヲ吐キ聊隔意ナキニ似タリ」。「大久保日記」、三六二—三六三頁。

(59)「政体基則大に変革致候事ハ少し早過候歟と相考候」。『岩倉史料』下、二五〇頁。

(60)「第一ハ乍恐 右府公と殿下根軸を御占メ被下、確乎不抜之御旨趣相貫不申而ハ何事も被行兼候ハ申迄も無御坐。只今日朝廷之本定不定ハ右府公・殿下之御方寸上ニ有之。此日所労引入中諸方之論を承候而も益以物論騒然、誓而此儘ニ而立行候儀無覚束。何も水泡画餅ニ陥候半と日夜涕泣罷在候仕合ニ御坐候」。『岩倉史料』下、二五〇頁。

(61)『明治天皇紀』Ⅱ、三五〇頁。

(62)工部省設立の政治過程について、柏原宏紀『工部省の研究』（慶應義塾大学出版会、二〇〇九年）第一部を参照。

(63)「工部省之事も既に御治定ニ而寮之筈之処、山尾辞表差出、終ニ省ニ御決定御発表有之候。条公も不得止御情実も被為在候や、折角閣下御発足前御治定之事ヲ御変シ相成候事、彼是御親察も申上候次第に御坐候」。明治三年一一月四日付岩倉具視宛大久保利通書簡、『岩倉史料』上、四〇八頁。

(64)「右ハ邪推にハ御坐候へ共、井上最早造幣寮之事ハこりていやニなり候処より、大隈江迫り候事ニ相違有之ましく、左様に人々物数寄ヲ以申立、それを政府にてハ押る〔抑える〕事も不出来、いふまゝに動キ候得ハ、誠に以歎息之至。嗚呼、皇国之事も天之幸ひし玉ハさるか、流涕之外無御坐候」。同前。

(65)『明治天皇紀』Ⅱ、四〇四―四〇五頁。

(66)大島明子「明治維新期の政軍関係」小林道彦・黒沢文貴編著『日本政治史のなかの陸海軍』（ミネルヴァ書房、二〇一三年）、一一頁以下。

(67)松尾『廃藩置県』、一三三頁。この時まとめられた案が、江藤新平筆の「政府規則」『岩倉文書』Ⅶ、四〇一頁以下である。

(68)「政一途ニ出ルハ根本一ナルニシカス。根本一ナルハ一人ノ人ヲ立ツルニシカス、仍テ木戸ヲ押立合力同心相助テヤルベシヤト遂示談候」。「大久保日記」、三八七頁。

(69)「独諸参議の上に立たしめ、以て天下の重きを荷しめん」。『木戸日記』Ⅱ、五二頁。

(70)「大久保日記」、三八九頁。

(71)「明日ハ諸省少輔以上参議迄廃官、新参議木戸・西郷両人即日被仰付、其上政府ニテ御人撰少輔以上ヲ任セラレ候様切迫申上」。同前。

(72)「今日之事余亦一至誠を以、邦家の重事を負荷し満腹の論議を陳述せり。……政府の基立確定諸省の制限章程不相定ときは以何歟邦家を治せんと余の思至今日尤切迫。然して始西郷始諸省の制限而已を論し、政府の基立を不語。依て議論大に混雑せり」。『木戸日記』Ⅱ、六〇―六一頁。

(73)「木戸ノ論政府ノ基則ヲ定メ、其上諸省ノ変革ニ及ハント、寛急ノ異論相立云々」。「大久保日記」、三九〇頁。

(74)『木戸日記』Ⅱ、六二頁。

(75)「各国進歩の由来を考明して本邦現下の事体を潤飾し、旧来の弊習を一洗して国家の隆運を企図するにあり」。『明治天皇紀』Ⅱ、四九〇頁。

(76)「大久保日記」、三九一頁。

(77)「不図至今日先年非するものも亦是となる。敵たるものも為援、時勢の進遷不可期ものあり。余此間の苦憂自ら筆頭に尽す能わず。今日聊快然の思ひを為す」。『木戸日記』Ⅱ、六六頁。

(78)「末を論し其本を論するもの少し。依て確立する甚難し」。『木戸日記』Ⅱ、六七頁。

(79) 同前。
(80)「木戸子・西郷子示談凡相決ス。概略見込申入候方ニ決ス。其余異存アリトイヘトモ是レヲ論スレバ、大事ノ運ニ関ス故ニ篤ト熟考。今日ノマヽニシテ瓦解センヨリハ、寧大英断ニ出テ瓦解イタシタランニ如スト。仍テ大事ノ成ルヲ目的ニシテ、小事ヲ問ハス同意イタシ候。木戸・西郷両子より条公江言上、木戸子小生ヨリ岩公江言上切迫陳シ置キ候」。「大久保日記」、三九二頁。
(81) 同前。
(82)「七百年の旧弊漸其形を改む。始て稍世界万国と対峙の基定る」。『木戸日記』Ⅱ、七〇頁。

第二章 Ⅲ

(1) 木戸は西郷と並んでの参議就任を受諾した後、一〇月二七日の日記に、政体改革について西郷と同意し、彼への満腔の信頼の念を書き留めている。「直に大隈に至り今日与西郷相語り西郷の公心を賞誉し爾後今一尽力制度一定の事に渉り諸同志と其約を終んことを論ず大隈同意也井上世外亦来る余去て条公に至る不図西郷に会し又彼も過日来の齟齬混雑を今日初て承知大に前述を案し条公に論せし由此人の主意甚篤実也」。『木戸日記』Ⅱ、六〇―六一頁。
(2) 佐佐木高行『保古飛呂比』Ⅴ、一六〇頁。家近良樹『西郷隆盛』(ミネルヴァ書房、二〇一七年)、三六七頁。
(3)「大久保日記」、三九二頁。
(4)「従来大に可歎は、政府上兎角論の是非を不分、人の衆寡声の高低に随ひ衆人の気を迎へ事を決し、或は事を設る事不少。余多年大に是を憂ひ常に不如意。此度此機に乗し諸省等の事よりして改此弊事多し。為国家聊安するものあり」。明治四年七月一九日の条、『木戸日記』Ⅱ、七四頁。
(5) 笠原英彦『大久保利通』(吉川弘文館、二〇〇五年)、九〇頁。
(6)「大久保日記」、三九四頁。
(7) 笠原『大久保利通』、九一頁。
(8)『大久保伝』中、八七一―八七二頁。
(9) 以下、岩倉使節団派遣までの経緯については、大久保利謙「岩倉使節派遣の研究」同『明治国家の形成　大久保利謙歴史著作集二』(吉川弘文館、一九八六年)所収を参照。
(10)「内ニ坐シテ外国ノ要請ヲ受ケ盟約ヲ結フヲ以テ足レルトセス。吾カ皇国ヨリ勅使ヲ発遣シテ盟約ヲ結ハシムルノ大勇ナカル可カラス」。『岩倉文書』Ⅰ、二九一頁。
(11)「外国江公卿四五名諸藩ノ士極精選ヲ以遊学被仰付候儀今日急務」、「大久保日記」明治二年一月七日の条、二九〇頁。

(12) 明治三年六月一八日の大久保日記に、「木戸洋行ノコト相談有之御異論申上候」（「大久保日記」、三五二頁）との記述がある。
(13)『伊藤博文伝』上、五九一頁以下。
(14)『木戸日記』Ⅱ、八九頁。
(15)「条公御出右院規則ノコトヲ御示談、幷ニ外国使節見込御下問。岩公御出、第一外国使節ノコト分而御談有之」。「大久保日記」、三九六頁。
(16)「大久保日記」、三九四頁。
(17)「木戸参上意外之御内話申上候由、当時種々之妄説被相行、此上之処弥流布仕候ハ案中にて、それを一々念に留候而ハ際限も無御坐、実ニあほらしき事と奉存候」。『岩倉史料』上、四〇六頁。
(18) 同前。
(19)「今日之処ニ而木戸也小臣〔大久保〕也皆々相加候而ハ即今弊藩之事モ半途之訳にも有之、決而不可然。何れ全権之人壹人被差出候ハヽ、それにて宜舗」。明治四年八月二六日付岩倉具視宛大久保利通書簡、『大久保文書』Ⅳ、三五八―三五九頁。原文の「即今弊藩之事モ半途之訳にも有之」の「弊藩」は「廃藩」ではないか。だとすれば、このような使節団の派遣は、せっかくの即今廃藩が半端に終わってしまうとの大久保の危惧が表明されている文面と解せられる。
(20)「大蔵省之権盛んに相成是非不殺候而ハ不相済と申論説有之……将来を熟思洞察イタシ候ニ不日必ラス不測之弊を生し又々御変革トカ申事ニ相及可申其節ニ相成一両人之進退等ハ素より顧念ニ足らす候へ共左様相成候得ハ必定不可救之事ニ立至候ハ案中にて折角今日之御運ニ相成候を実に遺憾とも何とも難申就而は克々勘考致候ニ是非他日を目的にして今日其治療を施し置不申候而は誠ニ御大事ニ候間過日来承居候小臣等洋行之事弥良法と被存候間木戸也小臣也断然御差出し相成候方可然と被存木戸江も談之上今朝西郷へ山県井上両人参候而厚遂示談候」。明治四年九月一一日付岩倉具視宛大久保利通書簡、『大久保文書』Ⅳ、三八〇―三八一頁。
(21)「勉テ万国普通ノ公理ニ拠リ、従来関渉ノ宿弊ヲ脱シ、至公ノ条約ニ改定致シ、前書輸出入税目等ノ儀ハ全ク我ノ特裁ニ帰」す。『大久保文書』Ⅳ、三六三頁。
(22)『大久保文書』Ⅳ、三六二頁。
(23)「日ならすして災を招キ不可救之形勢ニ陥り候ハ明鏡ニ懸而顕然」。『大久保文書』Ⅳ、三八五頁。
(24)「大久保日記」、四〇二頁。
(25)「此度ノ悶着不可言ノ混雑ニテ殆ント瓦解ニ至ラントスルノ際也、幸ニ井上承諾シテ使節ノ趣意ヲ全フスルヲ得タリ」。同前。
(26)『岩倉公実記』中、九四五頁以下。
(27) 以下、岩倉使節団の西洋文明体験については、次の拙著でも既に論じた。あわせて参照を乞いたい。拙著『文明史のなかの明治憲法』（講談社選書メチエ、二〇〇三年）。

(28)　『伊藤博文伝』上、六二四頁以下。
(29)　「蒸汽車ニテ川崎迄三十分ノ間ニ着ス始テ蒸汽車ニ乗候処実ニ百聞一見ニ如ス愉快ニ堪ス、此便ヲ起サスンハ必ス国ヲ起スコト能ハサルヘシ」。「大久保日記」、三九九頁。
(30)　牧野伸顕『回顧録』上巻（中公文庫、一九七七年）、二五頁。
(31)　『大日本外交文書』Ⅴ、二九―三〇頁。
(32)　林董『後は昔の記他　林董回顧録』（平凡社、一九七〇年）一七一頁。
(33)　「貴兄之写真参候処如何ニも醜体を極候間、もふは写真取は御取止可被下候。誠御気の毒千万に御座候」。明治五年二月一五日付大久保利通宛西郷隆盛書簡、『大久保文書』Ⅳ、四三六頁。
(34)　『保古飛呂比』Ⅴ、二九一頁。
(35)　石井孝『明治初期の国際関係』（吉川弘文館、一九七七年）、五一頁。
(36)　「大小之器械場枚挙スルニ遑アラス英国ノ富強ヲナス所以ヲ知ルニ足ルナリ尤可感ハ何レノ僻遠ニ至リ候而モ道路橋梁ニ手ヲ尽シ便利ヲ先ニスル馬車ハ勿論汽車ノ至ラサル所ナシ蒸気発明ナキ已前ハ水利ニ手ヲ付タルモノト相見得凡テ掘割ニテ船ヲ通シ候ナリ」。『大久保文書』Ⅳ、四四八―四四九頁。
(37)　明治三年一二月二三日付三条実美宛岩倉具視書簡、『大久保伝』中、八二四頁。
(38)　山県の西洋観については、拙著『文明史のなかの明治憲法』一八二頁以下。
(39)　松原致遠編『大久保利通』（マツノ書店、二〇〇三年）、一二三―一二四頁。
(40)　「西暦一千八百五十一年英国ニ於テ始テ大博覧会ノ挙アリ。是ニ於テ英国ノ人民剏メテ自国ノ産物形状風致遥ニ他邦ノ下ニ出ルヲ目撃シ大ニ憤激ノ情ヲ発シ其技能ヲ研クノ緊要ナルヲ発明シ遂ニ大博覧会ノ余貲ト政府ノ出金トニ因テ博物館ヲ『サウスケンシントン』ノ地ニ創設シ之ニ知学芸術ノ学校ヲ附属セシメタリ是ニ因テ英国所製ノ物品竟ニ各国ニ超絶シ……」。『大久保文書』Ⅵ、三九八頁。
(41)　「衆人ノ縦観ニ供シテ智見ヲ拡充シ技芸ヲ開達セシムル」。同前。
(42)　「博物館ニ観レハ、其国開化ノ順序、自ラ心目ニ感触ヲ与フモノナリ」。『米欧回覧実記』Ⅱ、一一四頁。
(43)　「寔ニ目視ノ感ハ、耳聴ノ感ヨリ、人ニ入ルコト緊切ナルモノナリ」。同前。
(44)　『米欧回覧実記』Ⅴ、二二一頁以下。
(45)　「当府処々見物もイタシ家屋ノ壮麗市街ノ清潔気候ノ爽快ナルハ他ニ比類あるましト思ハル殊ニブハトブロニー辺之車馬ノ絡繹タル中ニ時ナラヌ花香馥郁トシテ宛転仙界ニ至ルカト疑ふハカリナリ」。明治六年一月一八日付大山巌宛大久保利通書簡、『大久保文書』Ⅳ、四八一頁。
(46)　男爵大倉喜八郎談話「大久保公と毛織事業」『大久保文書』Ⅸ、二一〇―二一一頁。

(47) 同前、二二頁。
(48) 友田清彦「農政実務官僚岩山敬義と下総牧羊場（一）」『農村研究』第九四号（二〇〇二年）、二一頁。
(49) 大久保と佐々木の出会いと関係については、「甲東と佐々木長淳氏」『甲東逸話』、一八三頁以下。
(50) 「木偶人ニ斉シク実ニ困却ヲ極ルノミ」。『大久保文書』Ⅳ、四八四頁。
(51) 「開化登ルコト数層ニシテ及ハサルコト万々ナリ」。同前。
(52) 「必ス標準タルヘキコト多カラント愚考イタシ候」。同前。
(53) 以上、『大久保文書』Ⅳ、四八三―四八六頁。
(54) 「ヒスマロクなとも只々兵事と会計とのミ大事に相勤候由。今般大勝利を得候も、兵気を得候丈之事に可有之。誠に此には御注目なくんハあるへからす」。明治三年九月七日岩倉具視宛大久保利通書簡、『大久保文書』Ⅳ、一四頁。
(55) ここで大久保の念頭にあったのは、かつての幕臣の大久保一翁である。この時、彼はその政府への登用を働きかけていた。
(56) 明治五年七月一九日付西郷隆盛・吉井友実宛大久保利通書簡、『大久保文書』Ⅳ、四三四頁。
(57) 「今三四年之余命あれは必らす仏国全からん」。明治六年二月一四日付大山巌宛大久保利通書簡、『大久保文書』Ⅳ、四九〇頁。
(58) 『米欧回覧実記』Ⅲ、三二九頁。引用は、久米邦武（水澤周訳）『特命全権大使　米欧回覧実記：現代語訳』（慶應義塾大学出版会、二〇〇五年）第三巻、三六九頁による。
(59) 同前。
(60) 「『ヒスマロク』は益信任セラレ何モ此人之方寸ニ出サルナシト被察候」。『大久保文書』Ⅳ、四九二頁。
(61) 「逗留モ十分ナラス日々交際上ニテ寸隙モナク其真味ハ噛得不申候ヒスマロク・モロトケ等之大先生ニ面会シタル丈ケカ益トモ可申歟御一笑可被下候」。『大久保文書』Ⅳ、五〇一頁。
(62) 明治六年三月一二日付西郷隆盛・吉井友実宛大久保利通書簡、『大久保文書』Ⅳ、四九二頁。

第三章　Ⅰ

(1) 「臣副使ノ命ヲ辱シ、各国巡聘殆ト二年、其形勢ヲ概察スルニ、其国体政教各小異アリト雖モ、皆経済ノ実務ヲ勉メ、体裁ノ虚文ヲ講セス、力ヲ内治ニ尽シテ功ヲ外事ニ争ワス、其国ノ富貴其民ノ文明ニ至ル固ヨリ偶然ノ事ニ非ス。臣ノ外ニ在ルヤ、此ヲ以テ内ニ照顧シ、大ニ見ル所アリ。既ニ帰朝スルヤ今ノ国勢内ヲ養テ以テ外ヲ待ツ事最急務ノ急ナルモノナリ」。『杉浦譲文書』書類の部二二四頁。
(2) 「井上大蔵大輔伊藤江之一封ニ老西郷鹿児島江行候由。隅州公〔島津久光〕引出シ之為ト認め有之候。何様之情実に候や何共了解難図。外より何タル事モ不申参候故、後音屈指相待居候。又大蔵省与工部省定額一条にて相抗し〔候〕由。山尾頻に頑論ヲ主張シ井上ハ引入候趣等も他よりハ何共不申来候」。明治六年二月一四日付大山巌宛大久保利通書簡、『大久保文書』Ⅳ、四八九―四九〇頁。

（3）関口栄一「司法省と大蔵省―留守政府と大蔵省　五」『法学』第五〇巻第一号（一九八六年）、二六―二七頁。

（4）江藤は陸軍省で生じた山城屋和助による贈賄事件で山県を、そして政府が買い上げた尾去沢銅山の払い下げ事件では井上馨を厳しく追及していた。

（5）「過日申上候様定て政府よりも申参り候事と奉存候得共、此儘に而は中々御留守中番人を受合不申候。何分正院之力乏敷、生等今一度正院之落度或は他省懇望有之候上決て相勤候心得は更に無之、直に此後は届捨に而帰県之覚悟に御坐候。其節は直に瓦解之外致方無之候間、相成事に候は、大久保、木戸丈帰朝候而正院を助け候は、大幸之至と奉存候」。明治六年一月二二日付伊藤博文宛井上馨書簡、『伊藤博文関係文書』Ⅰ、一三〇頁。

（6）『大久保文書』Ⅳ、四九五頁。

（7）「昨夜ハ大久保卿も帰東相成候由ニ付、此人には生も被愛、且留主代理を受合なから、其命を全スル不能ハ、実以面目を失シ候故、一先頭低謝スル之外手段無之候」。明治六年五月二七日付山県有朋宛井上馨書簡。尚友倶楽部山縣有朋関係文書編纂委員会編『山縣有朋関係文書』第一巻（山川出版社、二〇〇五年）、一六六頁。

（8）「務テ経費ヲ節減シ、予メ其歳入ヲ概算シテ歳出ヲシテ決シテ之ニ超ユルヲ得ザラシメ、院省使寮司ヨリ府県ニ至ルマデ、其施設ノ順序ヲ考量シ、之レガ額ヲ確定シ、分毫ヲモ其限度ヲ出ルヲ許サズ」。『世外井上伝』Ⅰ、五五九―五六〇頁。

（9）「今欧米諸国ハ民皆実学ヲ務メテ智識ニ優ナリ」。『世外井上伝』Ⅰ、五五二頁。

（10）「今日ノ開明ハ民力上ヲ重ンズル者ニ非ズシテ徒ニ政理上ニ空馳スル者」。同前、五五二頁。

（11）「形ヲ以テスルモノハ求メ易クシテ、実ヲ以テスルモノハ致シ難シ」。同前、五五一頁。

（12）「徒ニ其形ノミヲ主トシテ其実ヲ重ンゼズンバ、政治遂ニ人民ト背馳シ、法制益美ニシテ人民益疲レ、百度愈張テ国力愈減ジ、功未ダ成ニ至ラズシテ国既ニ貧弱ニ陥リ、善者アリト雖モ其後ヲ善スル能ハザラントス。果シテ此ノ如キヤ、其レ何ヲ以テ国タルコトヲ得ンヤ」。同前、五五三頁。

（13）勝田政治『内務省と明治国家形成』（吉川弘文館、二〇〇二年）、九四―九五頁。

（14）「歩々序ヲ逐ヒ、著々実ヲ認メ、政理ヲシテ民力ト相負カザラシムルヲ要ス。決シテ躁行軽進速成ヲ一日ニ求ムベカラズ」。『世外井上伝』Ⅰ、五五三頁。

（15）「内務之次第も有之未拝命ニ相成不申」。明治六年六月一七日付岩倉具視宛三条実美書簡、『岩倉文書〔対岳Ⅱ〕』二八―五―（七）。

（16）高橋秀直「征韓論政変の政治過程」『史林』第七六巻第五号（一九九三年）、五〇号。

（17）『大日本外交文書』Ⅵ（日本国際協会、一九三九年）、二八二頁。

（18）「断然使節を先に差し立てられ候方御宜敷はこれ有る間敷や。左候得ば、決つて彼より暴挙の事は差し見得候に付き、討つべきの名も慥かに相立ち候事と存じ奉り候」。『西郷隆盛全集』Ⅲ 三七二頁。

（19）「公然と使節を差し向けられ候わば、暴殺は致すべき儀と相察せられ候に付き、何卒私を御遣わし下され候処、伏して願い奉り候」。同前。

（20）参照、家近良樹『西郷隆盛と幕末維新の政局―体調不良問題から見た薩長同盟・征韓論政変』（ミネルヴァ書房、二〇一一年）。

（21）「今日まで当方之形光ハ……実ニ致様もナキ次第ニ立至、小子帰朝イタシ候テモ所謂蚊背負山之類ニテ不知所作。今日迄荏苒一同手ノ揃ヲ待居候。仮令有為之志アリトイヘトモ、此際ニ臨ミ蜘蛛之捲キ合ヲヤツタトテ寸益モナシ。且又愚存モ有之泰然トシテ傍観仕候」。明治六年八月一五日付村田新八・大山巌宛大久保利通書簡、『大久保文書』Ⅳ、五二一―五二二頁。

（22）「国家ノ事一時ノ憤発力ニテ暴挙イタシ愉快ヲ唱ヘル様ナルコトニテ決テ可成訳ナシ」。同前。

（23）「当今光景ニテハ人馬共ニ倦果、不可思議ノ情態ニ相成候。追々役者モ揃ヒ秋風白雲ノ節ニ至リ候ハ、元気モ復シ、可見ノ開場モ可有之候」。同前。

（24）『大久保文書』Ⅳ、五二九頁。

（25）「公論衆議ニ決し候様無之而者不可然」。明治六年九月一五日付岩倉具視宛三条実美書簡、『岩倉史料』下、二五九頁。

（26）明治六年一〇月九日付伊藤博文宛大久保利通書簡、『大久保文書』Ⅴ、二九―三〇頁。

（27）「凡国家之事は深謀遠慮自然之機に投して図るにあらされは成ス事能ハさるや必せり」。『大久保文書』Ⅴ、四〇頁。

（28）「小子一身上ニおひては一点之思残事なく候只今企望する処小子か憂国之微志を貫徹して各憤発勉強心を正し知見を開き有用之人物となりて国之為ニ尽力して小子か余罪を補ひ候様心懸可被申候」。『大久保文書』Ⅴ、四〇―四一頁。

（29）「不肖御遣しの儀最初御伺之上御許容相成居今日ニ至リ御沙汰替等之不信之事共ニ相変し候而ハ為天下勅命軽キ場ニ相成候間右辺之処ハ決而御動揺無之御事トハ奉恐察候得共段々右等之説も有之様ニ承知仕候儀も御座候故為念申上候」。『大久保文書』Ⅳ、三七頁。

（30）「此一件ハ全僕等之軽卒ヨリ遂ニ如此難事ニモ立至リ候事ニ而対国家申訳も無之尊公方ニ対候而も慚愧之外無之萬悔不及事ニ御坐候」。『大久保文書』Ⅴ、三五―三六頁。

（31）『岩倉公実記』下、八三頁。

（32）高橋「征韓論政変の政治過程」、五九頁。

（33）「進取退守は必ず其機を見て動き、其不可を見て止む。恥ありといへとも忍ひ、義ありといへとも取らす」。『大久保文書』Ⅴ、五四頁。

(34)「今国家の安危を顧みす、人民の利害を計らす、好て事変を起し敢て進退取捨の機を審にせさるは実に了解す可らさる所にして、以て此役を起すの議を肯んせさる所以なり」。『大久保文書』Ⅴ、六三―六四頁。
(35)勝田政治『大久保利通と東アジア』(吉川弘文館、二〇一六年)、四六頁以下。
(36)「於小生ハ決して変説不仕、死生相決候所存ニ御坐候、一西郷を以て国家ニハ難替」。「征韓論一件」『岩倉文書(憲政)』所収。高橋「征韓論政変の政治過程」、五四頁。
(37)「大久保日記」、四〇七頁。
(38)岩倉宛三条書簡、『大久保文書』Ⅴ、六七頁。
(39)「只々条公小生断然決意以而貫通之外無之覚悟ニ候所、此日之御評議不可言次第ニ立至り何之面目も無之、供大息之仕合皆以而愚昧之致ス所実ニ不堪恐縮頻ニ苦慮罷在候」。明治六年一〇月一五日付大久保利通宛岩倉具視書簡、『大久保利通関係文書』Ⅰ、三〇三頁。
(40)『三条家文書』、書簡の部二七九―四。
(41)「此上者進退ヲ致ス之外無之与存候」。明治六年一〇月一七日付三条実美宛岩倉具視書簡、『大久保文書』Ⅴ、七二頁。
(42)以上の経緯につき、高橋「征韓論政変の政治過程」、六二―六三頁。
(43)中川壽之「征韓論政変と岩倉具視」明治維新史学会編『明治国家形成期の政と官』(有志舎、二〇二〇年)、一八六頁。
(44)「大久保日記」、四〇八頁。
(45)勝田政治「天皇輔導と大久保利通」『国士舘史学』第二四巻(二〇二〇年)、一一頁。
(46)「徳大寺殿ハ御存知之通純良之人物にて迚も自ら成スノ器乏ク若シ此事半途にして敗スル日ニハ中々取返シモ出来不申夫迄之事ニ相成候」。明治六年一〇月一九日付黒田清隆宛大久保利通書簡、『大久保文書』Ⅴ、七八―七九頁。
(47)「徳大寺殿若他江相談にても有之候而ハ大変ニ相成可申候」。同前。
(48)伊藤之雄「大隈重信と征韓論政変(一)、(二)」『法学論叢』第一八一巻第一号、第二号(二〇一七年)。
(49)明治六年一〇月二二日付伊藤博文宛岩倉具視書簡、『岩倉文書』Ⅴ、三五六頁。
(50)「主上聖齢未だ壮に至り玉はず。聡明英智にをはしますと雖も、内外の事熟知し玉はざる者多し。故に事大小となく、皆大臣参議は議定を以て奏聞するに非ずや。未だ嘗て主上の独断専決に出るものあらず。而して只此の一事を以て、是非を三職に決せずして、一に之を宸断に因らんと欲するは、何ぞ。此れ難を主上に帰するものにして、不臣甚だしと言はざる可けんや」。『岩倉公実記』下Ⅱ、一一二四頁。高橋「征韓論政変の政治過程」、七〇頁。
(51)「明日之処国家安危ニ係る御大事只々御一身ニ基する一挙与奉存候乍去不抜之御忠誠必ス御貫徹あらせられ候事与毫も不容疑候熟往事を回想すれハ丁卯之冬御憤発一臂之御力を以其本を開かせられ終ニ今日に立至り候処豈図如此難を生し偶然御責任に帰し候も畢竟天賦与いふへし是閣下をして始終を全ふせしむるの謂乎与愚考仕候」。明治六年一〇月二二日付岩倉具視宛大久保

利通書簡、『大久保文書』Ⅴ、八四―八五頁。
(52)「明日云々之事敬承不肖実ニ恐怖之至ニ存候得共不抜之一心必貫徹之覚悟決而御懸念被下間敷候」。明治六年一〇月二二日付大久保利通宛岩倉具視書簡、『大久保文書』Ⅴ、八六頁。
(53)「固より事を急き候而ハ誠ニ不宜。此節は是非軽挙無之様与之気遣ハ小臣も持論ニ御坐候」。明治六年一〇月二二日付岩倉具視宛大久保利通書簡、『大久保文書』Ⅴ、八七頁。
(54)「今我カ国文明ニ進歩スルノ名アッテ富強ノ実未タ備ハラス之ヲシテ充備ニ至ラシムル亦功ヲ旦暮ニ期スヘキニ非ス実践ノ経歴ニ依リ欧米各国形勢ノ大要ヲ察スルニ国勢民力政教治務其由ル所ノ者根柢深ケレハ枝葉自ラ茂レルノ理ニ出テサルナシ故ニ我カ政治ノ急務トスル所専ラ力ヲ此ニ致シ意ヲ此ニ留メ奮励従事セサル可カラサルノ旨趣ヲ上奏セリ」。『岩倉公実記』下、八〇―八二頁。
(55)「国政ヲ整ヘ民力ヲ養ヒ勉テ成功ヲ永遠ニ期スヘシ」。『明治天皇紀』Ⅲ、一五〇頁。勝田政治「征韓論政変と大久保利通」『国士舘史学』第一五巻（二〇一一年）、二三頁。

第三章　Ⅱ

(1)「此度之劇場疾ニ御直聞も有之候半。委曲ハ何も不申上候。実ニ不得止時宜ニなり立、当夏一生之楽反して一生之災難与相成是又天賦与やいはん。只々世上之口に任セ候外無御坐候。決而陳述之賦もなし」。『大久保文書』Ⅴ、一七三頁。
(2)「畢竟、此災難は期したる事にて、それ故千思万慮実ニ肝胆を砕キ容易に進退不致候得共、終に不得止機会与相成、舞台懸りに出懸候処、果して一幕終らすに舞台か崩れ勧進元之大損に相成候。しかし未勧進元之金元続き候故、是より跡幕を開キ格別之はづしも無之候得共、幸に天気もよろしく候付、今三四十日之間にハ凡模様も相分り可申候」。『大久保文書』Ⅴ、一七三―一七四頁。
(3)『西郷隆盛全集』Ⅵ、二六頁。家近『西郷隆盛』、四五九頁。
(4)同前。
(5)伊藤「大隈重信と征韓論政変（二）」、一六頁。
(6)「廟堂上之目的確定其実跡を挙ケ政府之基礎相据」。明治六年一〇月二五日付伊藤博文宛大久保利通書簡、『大久保文書』Ⅴ、一一四頁。
(7)「至尊御輔導云々ノ事、大臣殿其体ヲ得ラレ候コト、同僚同心協力云々ノコト」。同前。
(8)明治六年一〇月二七日付吉田清成宛大久保利通書簡、『大久保文書』Ⅴ、一二一頁。
(9)小幡圭祐『井上馨と明治国家建設』、一六〇頁。

(10)「是は可成早目之方仕合御坐候間、大略を一通り順序を立御取調被下、綿密ニいたし余は又跡に御回し被下ましくや」。明治六年一〇月二七日付吉田清成宛大久保利通書簡、『大久保文書』Ｖ、一二一頁。

(11)『大久保文書（憲政）』一〇七に、「政体意見」と題した史料があり、これが一〇月二七日の吉田宛大久保書簡にある「取調書」かとも考えられるが、むしろここで述べられている「政体論」である可能性も否定できない。筆者は、本文に記したように、「取調書」は吉田のアメリカ視察からの帰朝報告であり、それや大久保が欧州にいた時に西徳二郎に調査させたロシアの政体の報告など各国の政体調査を踏まえて作成されたのが「政体論」であり、それは『大久保文書（憲政）』所収の「政体意見」ではないかと考えている。

(12) 明治六年一一月五日付吉田清成宛大久保利通書簡、『大久保文書』Ｖ、一三六—一三七頁。

(13) 本史料の詳細な検討をすでに行っているのが、小幡圭祐『井上馨と明治国家建設』（吉川弘文館、二〇一八年）一六〇頁以下であり、あわせて参照を乞う。

(14)「世ノ政体ヲ議スル者輙ハチ曰ク。君主政治。或ハ曰ク。民主政治ト。民主未タ以テ取ル可カラス。君主モ亦未タ以テ捨ツ可カラス。然リ而シテ此政体ハ実ニ建国ノ楨幹為政ノ本源至大至高ナル者ナリ。其体確立セサレハ則ハチ国何ニヲ以テ建タンヤ。政何ニヲ以テ為サンヤ」。『大久保文書』Ｖ、一八二—一八三頁。本意見書の原本は、国立国会図書館憲政資料室所蔵『伊藤博文関係文書』書翰の部五〇三にある。

(15)「夫レ民主ノ政ハ天下ヲ以テ一人ニ私セス、広ク国家ノ洪益ヲ計カリ、洽ネク人民ノ自由ヲ達シ、法政ノ旨ヲ失ハス、首長の任ニ違ハス。実ニ天理ノ本然ヲ完具スル者」。『大久保文書』Ｖ、一八四頁。

(16) 参照、鳥海靖『逆賊と元勲の明治』（講談社学術文庫、二〇一一年）、一六頁。

(17)「抑政ノ体タル君主民主ノ異ナルアリト雖トモ、大凡土地風俗人情時勢ニ随テ自然ニ之レヲ成立スル者ニシテ、敢テ今ヨリ之レヲ構成スヘキモノニ非ラス。亦敢テ古ニ拠リテ之レヲ墨守スヘキモノニ非ラス。魯国ノ政体以テ英国ニ施行スヘカラスシテ、英国ノ政体以テ亜国ニ用ユヘカラス。亜ヤ英ヤ魯ヤ其政体以テ我国ニ行フヘカラス。故ニ我国ノ土地風俗人情時勢ニ随テ、亦我カ政体ヲ立テサルヘカラサルナリ」。『大久保文書』Ｖ、一八四—一八五頁。

(18)「其政ハ依然タル旧套ニ因襲シ、君主擅制ノ体ヲ存ス。此体ヤ今日宜シク之レヲ適用スヘシ」。『大久保文書』Ｖ、一八五頁。

(19)「民主固トヨリ適用スヘカラス。君主モ亦タ固守スヘカラス。我国ノ土地風俗人情時勢ニ随テ、我カ政体ヲ立ツル宜シク定律国法以テ之レカ目的ヲ定ムヘキナリ」。『大久保文書』Ｖ、一八五頁。

(20)「君民共議以テ確乎不抜ノ国憲ヲ制定シ、万機決ヲ之レニ取ル。之レヲ根源律法ト謂ヒ、又之レヲ政規ト謂フ。即ハチ所謂政体ニシテ、全国無上ノ特権ナリ。此体一トタヒ確立スル時ハ、則ハチ百官有司擅マ、ニ臆断ヲ以テ事務ヲ処セス、施行スル所ロ一轍ノ準拠アリテ変化換散ノ患ナク、民力政権幷馳シテ開化虚行セス。此レ建国ノ楨幹為政ノ本源ニシテ、今日百般ノ務メニ従事スル着々茲ニ注意セスンハアル可カラサルナリ」。『大久保文書』Ｖ、一八七頁。

(21)「祖宗ノ国ヲ建ツル豈ニ斯ノ民ヲ外ニシテ其政ヲ為ンヤ。民ノ政ヲ奉スル亦豈ニ斯ノ君ヲ後ニシテ其国ヲ保タンヤ。故ニ定律国法ハ即ハチ君民共治ノ制ニシテ上ミ君権ヲ定下モ民権ヲ限リ至公至正君民得テ私スヘカラス」。『大久保文書』V、一八六頁。

(22)「妄リニ欧州各国君民共治ノ制ニ擬ス可カラス。我カ国自カラ皇統一系ノ法典アリ。亦タ人民開明ノ程度アリ。宜シク其得失利弊ヲ審按酌慮シテ以テ法憲典章ヲ立定スヘシ」。『大久保文書』V、一八八頁。

(23)『大久保文書』V、一三二頁。

(24)『宮島文書』、書類の部一〇〇六。大久保利謙「内務省の成立と機構の決定」、一八八頁以下も参照。

(25)「目下之大弊ハ撫育治産之事と租税徴収之事と一途より出つ、治県之道如何し而其良法を得ると言ハん、夫れ金穀出納租税徴収等国家会計に属するハ大蔵省之を掌る当然なり、山林土木勧農戸籍警保駅逓等土地人民に属する者に而は決し而大蔵省之掌るへきものに非す、是を管理するハ内務なり」。同前。

(26)「土地人民之事業と会計金穀之事務と両般分立し而地方人民心始而条達し、人民保護之道始而定るべし」。同前。

(27)「再度ノ洋行帰朝ノ日迄見合呉候様」。同前。

(28)「大憤発屹度担当御評議ニ可及旨決答」。宮島誠一郎「国憲編纂起源」明治文化研究会『明治文化全集 憲政篇』(日本評論社、一九六七年)、三五五頁。

(29)「此節内務省被置候ノ御達文昨日拝見。実ニ感佩不少。是カ為ニ昨夜悦而寝ラレス」。明治六年一一月一五日付大久保利通宛伊地知正治書簡、『岩倉文書〔対岳〕』一七—四八—(一九)。

(30)『大久保文書〔憲政〕』、書類の部九八。

(31)「凡国政ハ人ヲシテ人タラ令ルノ道ナレハ非人ト云モノノ多キハ国政ノ大恥」。同前。

(32)「国中非人能ク四民ノ産業ヲ導キ国中非人ナカラ令ルハ役人ノ職掌」。同前。

(33)「農学ハ民生の急務、教育ノ切要」。同前。

(34)「奥羽之広大ハ日本之半ニ当り候事とは、多年承及居候処、僅ニ見及候処さへ、驚キ入たる土地ニ御座候」。明治元年七月二一日付大久保利通宛伊地知正治書簡、『大久保利通関係文書』I、六九—七〇頁。

(35)友田清彦「伊地知正治の勧農構想と内務省勧業寮」『日本歴史』、二〇〇二年七月号、五九頁。

(36)「徳川ニ而致扶持候輩之内苟も一材一能有之ものハ、申出次第必す御採用相成」。『大久保利通関係文書』I、六九—七〇頁。

(37)「大久保日記」、四一五頁。

(38)「別紙人名録御心得迄進上致候、皆旧幕人ナレトモ人物ト云は勝ニ御聞候ハ、可分明ト存候事ニ而候」。『大久保利通関係文書』I、三一四頁。

(39)大島美津子「大久保支配体制下の府県統治」日本政治学会編『年報 政治学』(一九八四年)、四九頁。

(40)福沢採用の案を大久保から聞かされた伊藤は、木戸に宛てて、「大久保氏之論に此取調には福沢諭吉抔も組込候而は如何と申見込も御座候処私は更に不同意無之至極宜敷候得共是等之人物を組込候時は必す其人之識見と道理を以て論し候事は政府に於て不採用は却て其人をして望を失せしむる之憂を生すへき乎制度上姑息論無之真に実際に適し道理にも不悖丈け之根法を取建可申一同之はまり込なれはよろしかるへきと存候」（『大久保文書』Ⅴ、二一〇—二一一頁）と書き送っている。伊藤は、妙案だが、もし不採用となった時は双方に禍根を残すので慎重に考慮すべきと自己の見解を述べている。

なお、大久保の周辺で福沢が注目されていたことは、明治七年一月七日付の森有礼の大久保宛書簡からもうかがえる。森は、福沢の『学問のすゝめ』を大久保利通に呈し、「別冊学問之スヽメ四編近来之上出来物ト存シ御一覧ニ奉入候、其中不穏之処も間々有之様候得共、全体之趣向甚たをもしろく尤言を用る懇切論を立ル術を得、有志之者は須ク一読すへき一冊子と存し候」と推している。『大久保利通関係文書』Ⅴ、三一〇頁。

(41)「右手代木ハ高知ノ難県ニ処シ余程人望も有之当時ニ至リテモ一同愛惜スル位ノ由追々承知加之為人着実精神アリテ是迄深ク逆境ニ居リ天下之事不如意云々ヲ真ニ咀嚼シ得タル人ト存候ニ付此度は小生ノ願意御聞届申立通り是非々々御採用之程偏ニ奉懇願候」。『大久保利通関係文書』Ⅳ、一九六頁。

(42) 明治七年一月二日付吉田清成宛大久保利通書簡。原文は次の通り。「小生ニハ人物も不相分候ニ付松方子〔正義〕御談合御公撰度過日モ人へ談置貴兄へ打合可被呉旨申置候内務省へ離レ候との偏頗ノ御撰ハ無之事ト信用仕候付全御委任申上候付願クハ両日中ニ御内調被下其上大蔵卿へ御談可被下候」。『大久保文書』Ⅴ、二七三—二七四頁。

(43)「大久保日記」、四一九頁。

(44) 大島美津子「大久保支配体制下の府県統治」、四四頁。ほかにも、板垣哲夫「大久保内務卿期における内務省官僚」『史学雑誌』第八六巻第一一号（一九七七年）、國雄行『近代日本と農政』（岩田書院、二〇一八年）、一二一頁を参照。

(45) 国立国会図書館憲政資料室所蔵『憲政資料室収集文書』、一一〇八。

(46)『大久保利通関係文書』Ⅰ、九三頁。

(47)「新ニ被召置候ニ寮ハ職事創業且ツ不充分之折柄ニ付此涯〔際〕、権頭以下ニ而取扱被仰付置」。同前。

(48)「大久保日記」、四二〇頁。

(49)『伊藤博文関係文書（その一）』、書類の部二四三。

(50) 小幡『井上馨と明治国家建設』、一六八頁。

(51)「今ヤ諸ノ葛藤漸ク断ニ帰シ海内ノ人民泰平ヲ歓楽シテ各其生業ニ安堵セントス此時ニ当リテ政府高官ノ急務トスヘキハ人民保護ノ実ヲ求ムルヲ以テ至要至切ト為サル可ラス実トハ何ソ財用是レナリ苟モ財用充足セサレハ上下衣食ニ奔走シテ其他ヲ顧ルニ暇アラス果シテ如此ナレハ仮令海陸軍備の厳学校教育ノ盛アリト雖モ徒ニ虚美ニ属シテ国其国ニアラサル事古今万国其例鮮カラス夫レ今日我国ノ形勢固ヨリ人民保護ノ制度漸次其緒ニ就キテ煥然観ル可キモノ無キニ非ス然レトモ勧業殖産ノ一事ニ至リテハ未タ全ク其効験アルヲ見スシテ民産国用日ニ減縮スルニ似タリ是レ蓋シ人民智識未タ開ケサルニ依リ時勢ノ変ニ通シテ有益

ノ業ヲ営ムコト能ハサルニ出レトモ亦タ政府高官ノ茲ニ注意セスシテ提携誘導ノ力足ラサルノ致ス処ナリ」。『大久保文書』Ⅴ、五六二―五六三頁。

(52) この点は、同時期に大久保のもとに勧業寮から提出された意見書「勧業意見」（執筆：勧業権助・岩山直樹、勧業助・古谷簡一、勧業権頭・河瀬秀治）でも次のように論じられている。「近時外国交通ノ道大ニ開ラケ人智闡明ノ期ニ際シ、官早ク其弊習ヲ洗除シ、百般釐正人民ノ智識ヲ弘メ、農工ヲ慫慂シ、商売ヲ鼓舞シ、以テ国力ヲ皇張シ以テ各国対峙ノ基礎ヲ確立セントス」（『大久保文書（憲政）』、書類の部二九六）。官民提携と民智開発が、大久保の前衛的な思想ではなく、組織として練り上げられた理念であることがうかがえるのである。

(53) 落合功氏は、大久保の殖産興業政策を次のようにまとめている。「大久保の行った取り組みは、①内国勧業博覧会の開催、②品種改良等、生産活動に間接的に寄与する公益事業の推進、③官営工場の開設、④政商（官の意思を民が委託や補助金で実施）の創出の四つが挙げられる。これらの取り組みは、民業を自由奔放に推進するのではなく、官（官業ではない）が一定の方向性を示しながら（国家のあり方や経済のあり方を舵取りしながら）、経済政策を推進させた点に特徴があるといえるだろう。大久保は民を「無気無力な人民」と認識していればこそ、官の役割が重要であったのである」。落合氏によれば、大久保の念頭にあったのは、官民両方が連携しながらの近代化であったが、現時点での民度に鑑みて、官による主導、すなわち大久保配下の「官僚が経済政策を牽引すること、これをもって『行政の根軸とする』、これが大久保の遺志であった」とされる（落合功『大久保利通』（日本経済評論社、二〇〇八年）、二二五頁）。本書では、官と民の連携に際しての大久保の関心が、むしろ民の潜在的活力に着目し、それを掘り起こすことにあったと考え、その点を論証していく。

(54) 永井秀夫「殖産興業政策論」『北海道大学文学部紀要』第十巻（一九六一年）、一四〇頁。

(55) 『大久保文書』Ⅵ、三二四頁。

(56) 『大久保文書（憲政）』、書類の部六五。

(57) 「官ノ為ニ人民アルニ非ス。人民ノ為ニ諸官ノ設ケアルコトナレハ、人民ノ為ニハ害ヲ遠ケ利ニ就シメ保護スルノ道ハ、飽マテ御施シアリタシ。御一新以降恐レナカラ、未タ一事ノ上ヲ愛戴セシコトナク、一点ノ恩露人民ニ及ヒシコトナク、人心日ニ離反セリ」。同前。

(58) 「其成ルヘキヲ見テ令ヲ発シ、成リカタキコトハ決シテ命ヲ下シ玉フヘカラス」。同前。

(59) 「府県合体上下同情画然一定ノ日ヲ頻リニ待奉ルナリ」。同前。

(60) 「一年ノ入ヲ計リ、出ルノ道ヲ立テ、外国ノ金ヲ借ル如キハ断然禁止シ、不急ノ事ハ皆見合セ、此涯《このさい》工部省ノ如キハ定額金ヲ減シ内務省ノ一寮トナシ、鉄道及ヒ金銀鋼鉄石炭山ノ類成ルヘク下ニ勧メ之ヲ起サシメ、上部ヨリハ十分ニ之ヲ保護シ其事ヲ成就セシムルヲ主任トシ、止ムヲ得サルニ非サルヨリハ手ヲ下スコトハ見合相成タキコト、ナリ……」。同前。

(61) 「己ヲ空シ、好ンテ衆善ヲ容ル。古聖ノ定論上ニ在セラル、御方ノ最第一ノ着目ナラン。人ヲ容ル、ト人ニ容ラル、トハ主客ノ違ニテ、願クハ一人モ世ニ棄人ハナキモノト御得心、皆度内ニ容サセラレ度。勉メテ抗衡スル者ハ是非ナキコトナレトモ、是以テ度外ニ舍テ歯芽ニカケサセラレス。往者ハ追ハス、来ル者ハ拒マスト申ヲ目的ニ立置レタキコトナリ」。同前。

(62) この点から、小幡『井上馨と明治国家建設』は、井上馨の大大蔵省との連続性を示唆する。

(63) 明治六年一二月九日付書簡で、大久保は西に対して、ロシア政体取調の報告書を木戸より落掌したとして謝意を述べている。『大久保文書』V、二一六頁。このような各国の政体調査は引き続き行われていたようで、翌年二月一日に吉田清成にその報告を求めている。『大久保文書』V、三三六頁。

(64) 『大久保文書(憲政)』、書類の部二八三。

(65) 「今日ノ急務彼ノ万国ト並立ノ実効ヲ立スンハアルヘカラス。並立ノ実効立テ然後　皇統ヲ維持スヘシ。国体ヲ保ツヘシ。其名ヲ確定スルカ如キハ公議輿論ニ決シテ可ナリ」。同前。

(66) 「欧米各国ハ議院ヲ設ケテ国憲ノ大基礎ヲ確立シ、人民ニ附スルニ天下国家ノ事ヲ以テシ、人民モ亦天下国家ヲ以テ己ノ任トナシ、凡百ノ事務ヲ公議シ諸般ノ憲法ヲ設立セリ。而シテ其権法一人ノ私ニ出テスシテ天下ノ公議ニ成リ、天下ノ衆智ヲ集メ予メ百世ノ遠キヲ慮リ、利病ヲ斟酌シ得失ヲ商量シテ其国政ニ備フル所ノモノ至レリ尽セリ」。『大久保文書(憲政)』、書類の部三三九。

(67) 「明君賢相常ニ出テスト雖モ、国家ヲシテ駸々乎トシテ日ニ富強ノ域ニ至ラシムルモノ」。同前。

第三章　Ⅲ

(1) 「子共同様ノ体ニテ甚込入仕合ニ御坐候」。「自棄自暴之姿ニテ迚も歯牙ニ懸兼申候」。『岩倉文書(対岳Ⅱ)』、一七―五〇―一〇〇。

(2) 「仮令激怒仕候而も決而差支無之。帰国ヲ申立候而も御免無御坐候得者、何も御気遣之事ハ無之候」。明治七年一月二九日付岩倉具視宛大久保利通書簡、『大久保文書』V、三三三頁。

(3) 明治七年四月一一日付三条実美宛大久保利通書簡、『三条家文書』、書簡の部二七九―一〇。

(4) 「余大久保にかわり、病をつとめ、留守中其任に当り速に大久保下向の議決せんことを論す」。『木戸日記』Ⅱ、四八九―四九〇頁。

(5) 「凶徒犯罪判然タル上ハ捕縛処刑ノ儀ハ勿論臨機兵力ヲ以テ鎮圧ノ事　但死刑トイヘトモ臨機処分ノ事」。『大久保文書』V、三六五頁。

(6) 「今晩佐賀ヨリノ郵便状過分入手仕候。未一見不致候得共、必面白得物可有之ト存候」。『大久保文書』V、三六二頁。

(7) 「孰れも時を待て大破裂は疑ひ無御座候得共、即今之処ハ何も御安慮可被成下候」。明治七年二月一六日付大久保利通宛大山

綱良書簡、『大久保利通関係文書』Ⅱ、一八五頁。
(8)「当地別而静謐。毫も動揺之景況無御座」。明治七年二月二〇日付大久保利通宛大山綱良書簡、『大久保利通関係文書』Ⅱ、一八七頁。
(9)「征韓ノ論ヲ議スルモノ間々有之ト雖モ陽ニ之ヲ言フ者ナク、陰ニ人ヲ扇動スルニ過ス。然レトモ西郷隆盛此地ニアルノ間此地ヨリ事ヲ発スルノ憂ナカルベシ」。「九州各県巡回報告」『大久保文書〔憲政〕』、書類の部一九七。
(10)落合弘樹「佐賀の乱と情報」佐々木克編『明治維新期の政治文化』(思文閣出版、二〇〇五年)、一九一頁。
(11)『大久保文書』Ⅴ、三七九—三八〇頁。
(12)「内務省佐賀県往復」『大久保文書〔憲政〕』、書類の部二二七。
(13)『大久保文書』Ⅴ、三八八頁。
(14)「江東〔藤〕ハ無申迄、島〔義勇〕其外重立たる者悉ク逃去り候。実ニ一箇之男子たる者なし」。明治七年三月一一日黒田清隆宛大久保利通書簡、『大久保文書』Ⅴ、四一〇頁。
(15)「今日ニ到候而ハ初而欺罔せられたるを悔悟し、挙而彼か肉を喰んと欲スル之勢ひ」、「其煽惑を受たる愚昧之衆庶ニおひてハ憫然たる次第に御坐候」。同前、『大久保文書』Ⅴ、四〇九頁。
(16)「賞罰之大事件等ハ勿論御権内ニ帰シ候様無之候テハ、仮令ハ内務卿ニ其権ヲ有スルニモセヨ体裁上ニ於テ不可然。況乎其権無キニ於テヲヤ」。『岩倉文書〔内閣〕』、五三—一一。
(17)三月一八日には、三条実美太政大臣に、「悉皆総督宮江御委任被仰付度希望仕候」と申し出ている。『岩倉文書〔内閣〕』、五三—一一。
(18)「体裁上ハ無申迄、人心之折合ニも大関係」。明治七年三月一九日付三条実美・岩倉具視宛大久保利通書簡、『大久保文書』Ⅴ、四二五頁。
(19)以上の点について、佐々木克「大久保利通と佐賀の乱」同編『明治維新期の政治文化』所収が詳論している。
(20)『大久保文書』Ⅴ、四七五頁。堤啓次郎『地方統治体制の形成と士族反乱』(九州大学出版会、二〇一〇年)、一七二頁。
(21)「実ニ雀躍ニ堪ヘス、岩村・山田・西村等一盃ヲ傾ケ、各詩歌ヲ詠シ候至情ヲ尽ス」。「大久保日記」、四三四頁。
(22)岩村等「佐賀の乱拾遺」『大阪経済法科大学法学論集』第五二号(二〇〇一年)、五一頁。
(23)「江東〔藤〕陳述曖昧実ニ笑止千万。人物推而知ラレタリ。只賊中人間ラシキモノハ副島〔義高〕・朝倉〔尚武〕・香月〔経五郎〕・山中〔一郎〕ノミ」。「大久保日記」、四三五頁。
(24)「江東醜体笑止ナリ。朝倉〔尚武〕・香月・山中等ハ賊中ノ男子ト見エタリ。刑場ニ引出サレ候上モ、分テ山中乙名シク刑ニ就キタルヨシ。八字比引取、今日都合克相スミ大安心。シカレトモ数人ノ壮士ヲ切ル。中ニ香月等ノ如キ可憐モノモ有之。皇国ノ為トハ申ナガラ、頗ル慨スルニ堪タリ」。「大久保日記」、四三六頁。

(25) 大久保の「笑止」の語が意味するところについて、前掲・佐々木「大久保利通と佐賀の乱」、二一八頁を参照。
(26) 前掲の明治七年三月一日付黒田清隆宛書簡にて大久保は、江藤が鹿児島に落ち延び、西郷と会うも「打放ナサレ候由」と報じている。『大久保文書』Ⅴ、四〇九頁。
(27) 「今日鎮定之上は平常之順序を以而死刑之如き御伺可相成哉。亦候御委任之訳を以而直に御所置可被成哉。乍如何密に宮御見込承知致度存候」。『岩倉文書』、一四二頁。
(28) 参照、岩村「佐賀の乱拾遺」。

第三章 Ⅳ

(1) 「王化ニ服シタ」、「化外ニ置キ甚タ理スル事ヲ為不ル」。明治六年六月二一日の清国派遣使節団との交渉筆記。『大日本外交文書』Ⅵ、一七八頁。
(2) 勝田政治『明治国家と万国対峙』(角川選書、二〇一七年)、一三七頁。
(3) 同前、一三八頁。
(4) 参照、家近良樹「『台湾出兵』方針の転換と長州派の反対運動」『史学雑誌』第九二巻第一一号(一九八三年)。これに対して、木戸は一貫して出兵に反対していたと説くものとして、齊藤『木戸孝允と幕末・維新』、二四八頁。
(5) 「台湾事件承リ意外之事ニ候」。「大久保日記」、四三八頁。
(6) 「誠ニ一大事ノ国難、小生実地ニ向、進退処分ヲ御委任アランコトヲ乞」。明治七年四月二七日の条、「大久保日記」、四三九頁。
(7) 明治七年五月四日の条、「大久保日記」、四四〇頁。
(8) 『大久保伝』下、二六二頁。
(9) 「今更可驚義与も不奉存候」。『大久保文書』Ⅴ、五一二頁。
(10) 「進退ヲ決候外無之」。「大久保日記」、四四三頁。
(11) 「大久保日記」、四四八―四四九頁。
(12) 「今度閣下御来京の上、更に一新局を開き、被及談判候共、徹底の程万々無覚束、右談判に日を送り、其間徒らに彼が武備を整頓するの術に陥るの外無之と存候」。明治七年九月三日付大久保利通宛柳原前光書簡、『大久保文書』Ⅵ、六九頁。
(13) 「彼暴ニ出候得ハ固ヨリ我政府ニ於テハ戦ヲ決セラレ候事ハ不待論候得共彼ヨリ戦ヲ啓候迠ハ我ヨリシテ戦ヲ起シ候条理無之因テ小臣談判破裂ニ及候テモ彼ノ来ルヲ待候ヨリ外致シ方無之候尤戦実地ノ事情ヲ察スルニ迚モ彼ヨリ急卒兵ヲ起シ候事ハ決テ無之ノミナラス談判調ハス使節引払候場ニ至リ候テモ彼ヨリハ容易ニ蕃地ノ我兵ヲ攻撃スル等ノ事ハ無之ト見据候若シ我ヨリ

暴ニカカリ候事有之候得ハ則彼術中ニ陥候訳ニ候間注意セスンハアルヘカラスト愚考仕候」。明治七年九月二九日付三条実美宛大久保利通書簡、『三条家文書』書簡の部二七九―一三。なお、この書簡は『大久保文書』Ⅵにも所収だが、そこでの日付は九月二七日となっている。

(14)「貴大臣等ト幾回談論ニ及フトモ決ス可キ無シ。因テ近ク帰朝ス可シ」。『大日本外交文書』Ⅶ、二五八頁。

(15)「実ニ小子進退此ニ谷リ候。一大事困苦ノ至リ。依テ反覆熟慮、此上ハ義ノ所有、理ノ所有ヲ以テ相決候外無之ト決定ス。併シ衆論ヲ聞テ未可否ヲ言ハス」。「大久保日記」、四七一頁。

(16)「此度台湾御問罪之挙たる到底我に条理ある所以を知らす　廟儀何の目的ありて此挙に及たる歟、凡そ事道義によらされば成す能ハす況んや兵を動すに於て軽挙妄動すへきに非ず、此上何卒条理在る所を尽され度万一理を非に致し皇清間紛議解け難く交兵するに至るも我輩決而従はれず」。『大久保利通関係文書』Ⅲ、一七―一八頁。

(17)「乍然大久保氏差遣相成候上ハ定而和議相整可申、今度海陸軍より募兵之令あり既ニ戦に決せし如く為相見候得共我輩信用せず全く一時之恐喝と存せり、……推察すれハ之か為め動揺致す様之事ハ断然無之なれと何卒　朝廷和戦之決議早々承知致し度趣なり」。同前。

(18)「此際ニ当リ殆ント一身ニ迫リ苦慮言フ可ラス。深思熟慮スルニ他ニ手段ナシ。若照会ノ答覆依然曖昧ヲ以テ来ル時ハ、小子断然去ルニ如ス。是和交ヲ破ラサレハ止ムヲ得サルノ勢ナレハナリ。然リトイヘトモ、談判ノ纏ラサル而已ニテ、決絶ヲ以表面戦ヲ期シテ帰ルハ不宜」。「大久保日記」、四七二頁。

(19)大久保泰甫『ボワソナードと国際法―台湾出兵事件の透視図』（岩波書店、二〇一六年）、二四四頁以下。

(20)もとより無差別戦争観も一枚岩ではなく、自助の戦争のみが許されるとの学説も存在した。

(21)「和戦両条之帰着ニ於テ名義判然タラス候而ハ容易ニ所断ニ難及ハ無論ニ候」。『大久保文書』Ⅵ、九四頁。

(22)『大久保文書』Ⅵ、九五頁。

(23)「今日ノ模様支那政府狼狽、英公使モ之ヲ助ケ是非両国ノ仲裁ニ立、戦ヲ止ント欲ス。然ルニ小子ヨリ内々ニテ一言頼ムトノ事アレハ、説諭尽力シテ償金ヲ出サシムヘシ」。「大久保日記」、四七三頁。

(24)同前。

(25)萩原延壽『北京交渉　遠い崖11―アーネスト・サトウ日記抄』（朝日文庫、二〇〇八年）、二一八頁。

(26)大久保泰甫『ボワソナードと国際法』、二一〇頁。

(27)「我政府ノ趣意、敢而彼地ヲ貪ルニ有ラス。内外人民ノ為義挙ニ及ヒタル訳、就テハ費用モ莫大且兵士モ艱難ノ地ニ立、死傷モ有之候ニ付テハ、政府モ安堵、人民一同江申分相立候様無之候テハ撤兵ハ出来申サス」。「大久保日記」、四七五頁。

(28)「少シク模様ヲ改メ、〔清国の〕大臣等面目ヲ替候都合ニテ、先ツ楽ミアル景況ナリ」。「大久保日記」、四七六頁。

(29)「今両日ノ内ニハ成否所相分候ニ付、……ソレ迄ハ御待被下度。其内種々紛論モ百出可致候得共、御動揺無之様誠願仕候」。

明治七年一〇月一九日付三条実美宛大久保利通書簡、『大久保文書』Ⅵ、一二〇頁。
(30)「討蕃ノ挙ヲ義挙トナシ、又報償ノコトモ理有リトス」。「使清復命書」、『大久保文書』Ⅵ、二〇〇頁。
(31)「然レトモ彼レノ体面ヲ妨クルヲ以テ、名義ヲ恩典撫恤ニ仮ラント云ヒ、到底文書ヲ以テ規約ヲ定ムルコト能ハスト云フニ至ル」。同前。
(32)「談判結局ニ至ラス。彼、両便ノ弁法我便ノミヲ謀リ、殊ニ書面条約イタシカタキトノ断然タル答ニ付、此上ハイタシ方コレナク破談ニ及候。此ニ至リ和好調ハサルハ、実ニ残念ニ存候得共、十分ニ歩ヲ譲リ、是ヲマトメ度百方談シ候上、如此ニイタリ候上ハ誠ニ人力ノ不及所ト愚考決断イタシ候」。「大久保日記」、四七七頁。
(33)「就テ熟考スルニ、今般奉命ノ義実ニ不容易重大事件、談判纏ラスシテ此儘帰朝ニ及候得ハ、使命ヲ終ラサル論ヲ俟タス。只至憂スルトコロ内国人心事情切迫、戦ヲ朝夕ニ期スルノ勢アリ。是ヲ纏ルニ術ナク、終ニ戦端ヲ開カサル可カラサルノ期ニ可至立。然ルニ勝敗ノ上ハ勿論可恐ニアラス候得共、名義上ニ於テ我ヨリ宣戦ノ名十分ナラス」。「無理ニ交戦ヲ開クニ至ルヘシ、此時ニ至リ人民ノ議論ハ不及言、外各国ノ誹謗ヲ受意外ノ妨害ヲ蒙リ、終ニ我独立ノ権利ヲ殺クニ至ルノ禍ヲ免サル虞ナシト謂フヘカラス。然レハ和好ヲ以事ヲ纏ルハ使命ノ本分ナレハ、断然独決」。「大久保日記」、四七八頁。
(34)「重ンスルトコロ名義ニアツテ金額ノ多少ニアラス。此ニツノ者ヲ以軽重ヲ酌量シ、一刀両断ノ決ヲ以テスル所以ナリ」。「大久保日記」、四七八―四七九頁。この後、帰朝の途次に立ち寄った台湾で西郷従道に示した述懐も参照。「彼償フ所ノ金其額僅少我カ欲スル所ニ適セスト云フト雖モ金額多少ノ論ヨリシテ議破ル、ニ至リテハ我カ義挙タルノ本旨ヲ失フニ似タリ」。大久保利通「使清趣意書」『大久保文書』Ⅵ、一八九頁。
(35)「柳〔原〕公使モ異論アリト雖モ、畢竟金額ノ少キニ止マラス。故ニ断然之ヲ容レス」。「大久保日記」、四七八頁。柳原前光は、算盤勘定に合わない和議であることを弁明する書簡を岩倉に送っている。「固より和ハ可貴して戦ハ危事なれは此名義を得遂ニ償金の利を占め候事ハ万々好都合ニ候得共金額僅少にして従来の用度ニ不足ハ申迄モ無之就てハ本邦上下の物議如何可有之哉甚た鬱懸念仕候」。（明治七年一一月二日付岩倉具視宛柳原前光書簡、『大久保文書』Ⅵ、一六八頁）。
(36)「我ニ言彼レニ依頼セシコトナシ。前条通総理衙門〔清国政府〕ヨリ依頼ヲ受内々我ニ通セシモノ」。「公使ハ我意ヲ彼レニ通シ、文章上ノコトニ付テ往来スルノミ」。「大久保日記」、四七九頁。
(37)「兵隊等ニ於テハ必不平ヲ唱フルモノアルヘシ」。同前。
(38)「征台ノ義挙タル内外人民ノ保護上ニ出、蕃民ヲ化シテ人道ニ導キ将来航海者ノ妨害ヲ除カントノ一大美意ニシテ、是我条理ノ撓屈セサル眼目ノ旨趣ナリ。此道理ヲ有スルカ故ニ支那政府モ終ニ屈伏スルニ至リ、各国公使等ニ於テモ我ニ左袒スルノ情ヲ来セシナリ。故ニ此道理ハ不可失ノ至宝ニシテ、益之ヲ貫徹セサルヘカラス」。『大久保文書』Ⅵ、一五八頁。以下の大久保の所感も参照。「我カ討蕃ノ挙ハ遭害難民ノ為メニ復讐神明ニ対シ毫モ恥ツ可カラサルノコトナリ支那政府我カ義トスル所ヲ義トシ我方法ヲ設ケテ航海者ヲ保護セントスルノ心ヲ心トシ後患無ラン事ヲ期スルノ明証確拠ヲ示サハ我其金額ノ多少ヲ問ハサル可

シ」。大久保利通「使清趣意書」『大久保文書』Ⅵ、一八七頁。

(39)「我国亜西亜ノ一小島ニシテ文明各国ノ未為サヽル処ヲ為シ近清国ノ歎心ヲ取リ遠ク欧米ノ意表ニ出テハ我国ノ盛名赫々トシテ輝ヘシ、豈宇宙間ノ快事ナラサランヤ、劔ヲ提テ退治セシヨリモ此大断ニ於テハ其功其利一層ノ高処ニ居ル可シ」。『大久保文書』Ⅵ、一六〇頁。

(40) 萩原『北京交渉』、三三六頁以下。

(41)「是迄焦思苦心言語ノ尽ス所ニアラス。生涯又如此ノコトアラサルヘシ。顚末ハ弁理始末ニ明カナレハ委事ハ不記。此日終世不可忘ナリ」。「大久保日記」、四八二頁。

(42)「嗚呼如此大事ニ際ス、古今稀有ノ事ニシテ生涯亦無キ所ナリ」。「大久保日記」、四八一―四八二頁。

(43)「貴国ト我国ハ唇歯ノ国ニシテ離可カラス。……条約互款ノ時種々ノ論アリトイヘトモ、断然論破シテ終ニ条約成レリ。今後信ヲ厚フシ、親睦ヲ固フセン。是我カ初ヨリ素志ナリ」。「大久保日記」、四八三―四八四頁。

(44)「通使交歓ノ始メ、両国ヲシテ気脈相通シ、情意相感スルノ事ハ、独リ官職上ノ交際ノミニテハ、到底其真益ヲ収取スヘカラス」。「元来日支ノ両国ハ、同文ノ国ニシ、而シテ却テ相親密ナラサルハ、要スルニ、言語ノ通セサルニ由ラサルハナシ」。『興亜公報』第一輯、一六頁。

(45)「彼〔清国〕より償金を出し候都合、案外の仕合い、奇妙の事に御座候。戦を恐れ候儀に御座候わば、早く決定致すべきの処、仕舞迄張り立て候て、極々差しつまり候上、此の如き時機、不思議の角力に御座候。何か手づま〔手品〕のありそうな事に御座候」。明治七年一一月一四日付篠原国幹宛西郷隆盛書簡、『西郷隆盛全集』Ⅲ、四六一頁。萩原『北京交渉』、三三一頁以下。

(46)「追って啓上。始より戦いには迚も相成り申さざる事とは相考え居り候得共、奇妙な都合に成り行き申し候」。同前。

(47) 家近良樹『西郷隆盛』、四八〇頁。

第四章　Ⅰ

(1)「波止場へ着船、御馬車ヲ賜リ参議伊藤・式部頭坊城トノ出迎有之、岸上江見物ノ貴賤内外人民群ヲ成ス、当初惣代始数百人礼服ニテ出船脱帽ノ礼アリ」。「大久保日記」、四八九頁。

(2)「当港ノ景況、戸毎ニ国旗ヲ飄シ種々ノ飾リ物ヲ拵へ、人民歓喜ノ体裁ニ意外ノ有様ナリ」。同前。

(3)『郵便報知新聞』、明治七年一一月二八日付。

(4)「嗚呼人民ノ祝賀、御上ヨリ御待遇ノ厚誠ニ生涯ノ面目只々感泣ノ外ナシ、終世忘却ス可カラサルノ今日ナリ」。「大久保日記」、四九〇頁。

(5)「益進テ内政ヲ整理改良シ、国力ヲ養成扶養シ、以テ我独立ヲ鞏固ナラシメサルヘカラス」。「木戸起用に就き大久保参議来訪の記」、『大久保文書』Ⅵ、二三四頁。
(6) 同前。
(7) 明治八年一月五日に大阪で両者が最初に顔合わせした日、木戸は東京から受け取った書状のなかに大久保からのものを認め、同封してあった「勧業寮にて生れし西洋種馬の駒の写真」を受け取った。「余嘗て此事を世話いたし置けり。依て此度写真数枚送りしものなり」と日記に記されている。『木戸日記』三、一三八頁。
(8) 「琉球処分に関する建議書」『大久保文書』Ⅵ、二三七頁。
(9) 『大久保文書〔憲政〕』、書類の部七六。
(10) 参照、川畑恵「『琉球処分』過程研究に関する一試論―大久保内務卿期を中心として『覚書』風に」『沖縄文化研究』第二〇巻、一九九三年。
(11) 『木戸日記』三、一三三頁。
(12) 明治七年一二月二九日付木戸孝允宛伊藤博文書簡、『木戸孝允関係文書』Ⅰ、二七八頁。
(13) 「熟一昨年来国家困難危急ノ際心志ヲ苦シメ、十死一生ノ間ニ東西奔走フシテ活路ヲ得タルモ、実意料ノ外ニシテ只一夢場ノ如シ」。「大久保日記」、四九七頁。
(14) 『木戸日記』三、一三八頁。
(15) 「心事詳細吐露熟談致」。「大久保日記」、四九七頁。
(16) 「昨春退職の始末等より縷々其条理情実を論し、余の素願を達せんことを乞う」。『木戸日記』三、一四〇頁。
(17) 「北京に在留已来一途存詰し事なればたとへ如何様の事ありとも此微意を了諾し呉云々」。同前。
(18) 同前。
(19) 「途中二里位ノ間有馬ヲ出離レ、白水川トイヘル辺ヨリ、山水ノ奇趣実ニ賞スルニ堪タリ、余厦門ニ至リ奇岩怪巌其奇景我国ニモ稀ナルヘシト思シニ、当所ノ景色中々同日ノ論ニアラス、尤余ハ湯手村ヨリ歩行、途中スカラ山水ノ美ヲ眺望シ大ニ心ヲ楽シマシム、巨巌数十丈壁ヲナシ、松樹蟠屈言語ノ及フ所ニアラサルナリ、一字比中山江着午飯ヲ食ス、当所有名ナル観音堂ヲ一覧、二字人力車ニ乗シ相発ス、伊丹ヲ過グ酒造家多シ、四時神崎ステーションヱ着」。「大久保日記」、四九八頁。
(20) 『伊藤博文直話』(新人物往来社、二〇一〇年)、四二頁。
(21) 「平生余之定律之主意民会等ヲ起シ徐々国会之基ヲ開カントスル意見ヲ陳述セリ大久保モ同意セリ余先日(一月三〇日)板垣等ト此主意ヲ陳諭シ皆余之説ニ同意セリ今日大久保同意スルニ於テハ前途為国家人民開其端一大幸ナリ余竊ニ欣躍ス」。『木戸日記』三、一五一頁。
(22) 「大久保日記」、五〇六頁。
(23) 「朕、今誓文の意を拡充し、茲に元老院を設け以て立法の源を広め、大審院を置き以て審判の権を鞏くし、又地方官を召集し以て民情を通し公益を図り、漸次に国家立憲の政体を立て、汝衆庶と倶に其慶に頼んと欲す。汝衆庶或は旧に泥み故に慣るること莫く、又或は進むに軽く為すに急なること莫く、其れ能朕が旨を体して翼賛する所あれ」。国立公文書館所蔵。https://www.digital.archives.go.jp/file/1631846

(24)「此事タルヤ国体一変ノ基タルヲ以テ終始不可ヲ主張ス太政大臣三条実美参議木戸孝允主唱シテ上奏アリ遂ニ此ニ及フ此際余病ニ依テ廟議ニ預カラス」。「座右日歴覚書」『岩倉文書』Ⅰ、八六頁。

(25)「此詔書タルヤ従来ノ旧制ヲ改メ、人民ヲシテ各其権利ヲ占有セシムル叡旨ニシテ、千歳ニシテ千歳ノ国体将サニ変更セントス」。「儀制調査局開設建議」『岩倉文書』Ⅰ、三九五頁。

(26)「余ノ不落意之廉有之」。「座右日歴覚書」『岩倉文書』Ⅰ、八五頁。

(27)「此度ノ行也自分ノ意見ハ一ツモ述ヘス都テ木戸ノ驥尾ニ附唯々トシテ従フノミ故ニ事ノ可否得失ヲ閣下ニ対シ答フル能ハス」。同前。

(28)稲田正次『明治憲法成立史』上（有斐閣、一九六〇年）、二五一頁以下。

(29)「未可ナリ今ヤ天主ノ至権赫々下ニ輝ヤク然ルヲ其権ヲ殺イテ之ヲ下モニ分ツトキハ甚タ危キヲ生スルニ至ラン」。「ブァソナゾ答議」『大久保文書〔憲政〕』、書類の部二〇二。

(30)「今本邦ノ民撰議員ハ暫ク之ヲ相談人ニ充テハ弊ナカル可シ」。同前。

(31)「大久保日記」、五三五頁。

(32)内藤一成は、この久光と板垣の政府からの追い落としを明治八年の政変と呼ぶ。内藤一成『三条実美』（中公新書、二〇一九年）。

(33)「国家創業之際是位之難事は常与いたし不申候而は大事之成功出来候者ニ無御坐候今七八年間之有様ハ蓋し如此なるへし如此節ニ臨ミ百折不撓誠心ヲ突キ通シ我一人ヲ以国家ヲ維持スルノ境界ナクテハ堅忍耐久志業ヲ成スコト能ハサルヘシ」。明治八年一〇月二〇日付岩倉具視宛大久保利通書簡、『大久保文書』Ⅵ、四八九―四九〇頁。

(34)「大久保ハ著実ニ而薩人にして薩論ハ少き方なり。故ニ自分ニハ公明之積りに御座候得共自然薩論之他より見るときハ難被免処も有之申候」。『世外井上公伝』Ⅱ、六六五頁。

(35)「板垣ハ実ニ小量狷介にして緩急取捨も難事をまとめ候などと申気象は毫も無之」。同前。

第四章　Ⅱ

(1)『公文録』明治八年・第一四八巻・明治八年一〇月・内務省伺二。『大久保文書』Ⅵ、三六三頁以下。

(2)「方今国勢ノ趣向日ニ開明ニ進ムノ形状アリト雖モ人民ノ生理月ニ凋耗ニ至ルノ実害ナキ能ワス」。同前。

（3）「抑開明ノ形状ヲ著スモノ理勢ノ趨進然ラサルヲ得ス。人知ノ帰向亦抑圧スヘカラサルモノアリ。於此乎内地人民百般ノ旧業漸ク曠廃ニ属セサルヲ得ス。業既ニ曠廃ニ属ス凋耗ノ害之ニ乗セサルヲ得ス。故ニ旧業ヲ改ルヤ、乃チ新業ヲ奨メ斡旋ノ妙用ヲ尽シテ本根ノ質力ヲ養ヒ、以テ之ニ応シ能ク外ヲ制シ乗除平均ノ術ヲ講セサルヘカラス。而シテ其実力ヲ養フ所以ノモノ他ナシ、専ハラ殖産厚生ノ実務ニアル而已」。同前。

（4）「建省日ナラスシテ内変外事相継テ起リ、其事ニ奔走シテ省務ヲ視ルニ由ナク、殆ント一歳ヲ経過セシハ已ムヲ得サルノ事ト雖モ亦之ヲ回顧スレハ、深ク嘆息セサルヲ得ス。今ヤ内外事平穏ニ帰シ、廟議建省ノ目的是ニ於テカ達セラルヘク、利通ヲシテ奉職ノ責ヲ尽サシムルノ時モ亦此ニ際セリト考ヘタリ。然則宜シク内治ヲ整ヘ、国力ヲ養フコトヲ務メ、基礎ノ未夕堅確ナラサルモノヲ堅確ニシ、節目ノ未夕整備ナラサルモノヲ整備シテ実力ヲ養ヒ、今ノ形勢ヲ匡救スルノ方法ヲ講究挙行シ、安治ノ根基ヲ牢固ニセサルヘカラス」。同前。

（5）『三田学会雑誌』第一一〇巻一号（二〇一七年）、七五頁以下。

（6）オンラインで読むことができる。https://koara.lib.keio.ac.jp/xoonips/modules/xoonips/detail.php?koara_id=AN00234610-20170401-0075

（7）小幡圭祐・松沢裕作「『本省事業ノ目的ヲ定ムルノ議』の別紙について」、九一頁。

（8）マンデラ『自由への長い道』上巻、四二頁。

（9）角山幸洋「御雇外国人アップジョンズ―下総牧羊場における緬羊飼育」『関西大学経済論集』第三六巻第二～四号（一九八六年）。

（10）温井眞一編著『佐々木長淳の生涯と業績』（よみがえれ！新町紡績所の会、二〇一四年）、一五頁。

（11）友田清彦「ウィーン万国博覧会と日本における養蚕技術教育：佐々木長淳の『蚕事学校』構想を中心に」『技術と文明』第一三巻一号（二〇〇二年）、一一頁。

（12）同前、一三頁。

（13）「佐々木長淳別テ勉励研究ノ実行目撃イタシ候」。明治八年六月一三日の条、「大久保日記」、五一八頁。

（14）友田清彦「ウィーン万国博覧会と日本における養蚕技術教育：佐々木長淳の『蚕事学校』構想を中心に」、一二頁。

（15）「内務省は学理と実際とを相調和し、以て耕耘牧畜の発達を計らざるべからずとて、諸県より、樹芸、本草、養蚕等の諸業に精通せる者を選抜し、又、其著書等を上申すべしと達したり」。『大久保伝』下、四九五頁。

（16）奈良岡聰智「『別荘』からみた近代日本政治（第一回）大久保利通」『公研』第四八巻第四号（二〇一〇年）。

（17）子息・牧野伸顕（吉田茂の義父）の談。佐々木克監修『大久保利通』（講談社学術文庫、二〇〇四年）、三二頁。

（18）「嗚呼人生終世不可思議、我輩ノ家ニ　親臨ト申ス事夢夕ニモ見サルコトナリ、終身ノ面目ハ無申迄、子々孫々ニ至リ天恩忘却ス可カラサルナリ」。「大久保日記」、五六三頁。

(19)「廟堂上之目的一途ニ帰着シ、不抜之根軸ヲ確定」。『大久保文書』Ⅴ、五二頁。
(20)「方略ヲ一定シ、徐ロニ之ヲ謀リ、厚ク之ヲ鑑ミ、敢テ衆説ニ拘ハラス、勢ニ動セス、成功ヲ遠大ニ期スル事」。同前。なお『大久保文書』はこの意見書を征韓論が論議されていた時のものとしているが、江華島事件に際して執筆されたと見なすべきとの考証につき、前掲大久保『ボワソナードと国際法』、三二五頁を参照。
(21)「断然前意ヲ貫キ候方可然故、先ツ兵隊差出候義ハ見合」。「大久保日記」、五五〇―五五一頁。
(22)三谷博「グローバル化への対応―中・日・韓三国の分岐―」『学際』第一号(二〇一六年)、四七頁。
(23)勝田『大久保利通と東アジア』、一八七頁。
(24)『大久保文書』Ⅶ、七四頁以下。草稿が、『杉浦譲文書』(書類の部二二二、二二三)および『三条家文書』(「経国ノ要実力ヲ養フ先務ナルノ議」、書類の部四一―二二)にある。
(25)「政理の正則に非すと雖も、亦時勢の変法に於て欠くへからさるの要務と云はさるを得す」。『大久保文書』Ⅶ、八〇頁。
(26)『内務省年報・報告書』Ⅱ(三一書房、一九八三年)、一五一頁以下、および同Ⅳ、四九一頁以下を参照。
(27)「大久保日記」、五六八頁。
(28)「大久保日記」、五六三頁、五七〇頁。
(29)「従前馬モ通セサル嶮難ナリシヲ、島県令昨年此道ヲ開キ、凡三里ノ間巌石ヲ砕荊棘ヲ開キ、今ハ車馬共ニ通ス。〔中略〕実ニ事業容易ナラス。県令注意ノ親切可見、山嶺ニイタレハ所謂国見峠一眸中ニ岩手県下ヲ見ル」。「大久保日記」、五七六頁。
(30)「港口険悪ニシテ船舶ノ便ヲ失」。『起業公債並起業景況第三回報告』一五頁。ここでは、東北建設協会一九九九年の復刻版を利用した。参照、小風秀雄「起業公債事業と内陸交通網の整備―政策構想を中心に」高村直助編『道と川の近代』(山川出版社、一九九六年)、三九頁。
(31)「村々モ大ニ繁昌ノ形勢ニ相成候趣」。「大久保日記」、五六九頁。
(32)「此模様ニテハ成功無疑」。「大久保日記」、五七一頁。
(33)「佐々木年若ナリトイヘトモ志有シテ感伏ノ人物ナリ」。「大久保日記」、五七二頁。
(34)「大久保日記」、五七二頁。
(35)「大久保日記」、五七九頁。
(36)明治九年五月二八日付岩倉具視宛大久保利通書簡、『大久保文書』Ⅶ、一四二頁。
(37)「人民ノ徳望ヲ得別而奇特者」。「大久保日記」、五七二頁。
(38)「奥羽ニハ金持沢山ニ有之、是を運用為致候得ハ、よほと之助ケニ相成可申候」。明治九年六月一八日付松方正義宛大久保利通書簡、『大久保文書』Ⅶ、一六〇―一六一頁。
(39)「大久保日記」、五七三頁。

(40)『大久保文書〈憲政〉』、書類の部八七。

(41)「富強ノ基ハ此地ニ可有之ト奉存候」。明治九年六月二四日付岩倉具視宛大久保利通書簡、『大久保文書』Ⅶ、一六七頁。

(42)「該地之如キハ曠野荒蕪渺茫タル原野多シト雖モ亦養蚕産馬鉱坑等之如キ産出物モ不少候間運輸之便利ヲ開キ一層力ヲ勧業ニ尽シ其宜キヲ制スルニ至ルトキハ独リ人民之贏利ノミナラス幾分之御国力ヲ増加スル言ヲ竢タス」。『大久保文書』Ⅶ、一五三頁。

(43)「奥羽一般ニ着手致度存候就中手を入度ものハ製糸器械所ニ而候奥羽地方ニハ是か第一与愚考イタシ候仍而可成人民（豪農豪商）を説諭し取起サセ候手筈に示談置候少々ツ、資本貸与ヘ候得者三四ケ所ハ必らす調ヒ可申候」。『大久保文書』Ⅶ、一六〇頁。

(44)『大久保文書』Ⅶ、一六七頁。

(45)「一々御尤之御高案敢而間然スル処無之感服仕候」。『杉浦譲全集』Ⅳ（杉浦譲全集刊行会、一九七九年）、三〇八頁。鈴木しづ子『明治天皇行幸と地方政治』（日本経済評論社、二〇〇二年）、二六頁。

(46)落合弘樹『秩禄処分』（講談社学術文庫、二〇一五年）、二一一頁。

(47)「奥州辺も兼て想像いたし候とは往来筋などは意外に而格別不自由も覚へ不申候福島などは尤繁昌之地なり」。明治九年七月五日付植村正直宛木戸孝允書簡、『木戸文書』Ⅶ、四三頁。

(48)「繁昌之地も近来之不融通に而は物産等も次第に減少之有様甚以煩念至極に御坐候」。同前。

(49)「奥羽之広大ハ日本之半ニ当り候事とは、多年承及居候処、僅ニ見及候処さへ、驚キ入たる土地ニ御座候」。『大久保利通関係文書』Ⅰ、六九―七〇頁。

(50)参照、友田「伊地知正治の勧農構想と内務省勧業寮」。

(51)「抑國ヲ起スハ勧業ニアリ勧業ノ尤着手ヲ緩ク為ヘカラスシテ急ニ為ヘキハ常野陸羽等ニ外ナラス」。『大久保文書〈憲政〉』、書類の部八八。

(52)「土地ノ開ケサルハ地ノ罪ニアラス政化未タ洽カラサレハ也今我國小ト雖トモ政府国家ノ間暇ナルニ及大ニ根本培養ノ理ニ着眼シ其塞テ未タ開ケサルモノヲ開拓シ漸ヲ以テ牧畜紡績種芸農工業ノ業ヲ起シ而更ニ士族授産ノ法ヲ講シ精誠徹底拮据鞅掌数年ヲ渉リ常野陸羽ヲ三トシ二トシ延テ全国ニ及ホサハ則自然遠大ノ治績ヲ表シ邦ノ富民ノ強豈夫レ庶幾スヘカラサランヤ」。同前。

(53)北代は、「民権ヲ伸ヘントスルヤ民力ヲ養フニ如カス國本ヲ強フセントスルヤ國力ヲ富スニ如カス」とも論じている。同前。

(54)「陸羽全体道路ノ基線ヲ評定セシメ大ニ運搬通利ノ便ヲ開ク事ヲ奨励シ各地方官ヲシテ共同戮力其人民ヲ鼓舞シテ労力ヲ此ニ致サシムヘシ思フニ陸羽ノ地勢タル自ラ各県ト異ル所アレハ学校病院其他諸業ニ就テ施設アリト雖モ道路ノ利便ヲ開クコト最モ先務ノ急ナルモノナリ而シテ人民ノ労力ヲ鼓舞振作シ一タヒ其利便ヲ開クヤ設テ土地開墾物産開殖ノ資産ヲ収ムルモ全ク之カ

根基トナルコトハ既ニ閣下ノ高案ニ在テ且衆人ノ熟議ニモ係ル事ト信セリ」。『大久保文書（憲政）』、書類の部九二。これの成案が、『杉浦譲全集』Ⅳ、二一八頁以下に収められている。

(55)「民力ノミヲ能クスル処ニアラス、到底官力ヲ副ヘテ勧励スルニアラサレハ能ハス」。『大久保文書』Ⅶ、二三〇―二三二頁。安藤哲『大久保利通と民業奨励』（お茶の水書房、一九九九年）、二一五頁。

(56)「隆旨ノ在ル処ヲ論シ、各地適当ノ方法反覆審案ヲ尽サシメ」、「固有之物産ヲ蕃殖シ、漸次未開之良産ヲモ興サシメ」る。同前。

(57) 従来の研究は、大久保の勧業政策を官主導か民主導かのどちらかで特徴づけようとしており、本文で論じたような二面性という観点が明確化されていなかった。最近の小幡圭祐「大久保利通と内務省勧農政策」『日本史研究』第七〇六号（二〇二一年）は、松方正義や前島密などの関係史料も精査して、大久保内務省の勧農政策の形成過程を丹念に検証した労作だが、やはり前述のような官主導か民主導かの二者択一で解釈しようとしている。

第四章　Ⅲ

(1)「今日国ノ適度ヲ以テ論センニ外飾ノ実力ニ超過スル幾層ナルヲ知ラス所謂出店ヲ張リ過キタリト言フ可シ」。『大久保文書』Ⅶ、四四七頁。

(2) ここでの大久保の内務省改革の意義と背景について、柏原宏紀「大久保利通の内務・工部省合併論に関する一考察」『法学研究』第九四巻第一一号（二〇二一年）も参照。

(3) 家近良樹『西郷隆盛』、四九三頁。

(4) 家近『西郷隆盛』、四九〇頁以下。この殺害指示が大久保によって下されたとの風聞もまことしやかに広がったが、大久保自身は「暗殺とか何とか小生に卑劣の名を負わせしめるもので甚だ迷惑千万だが、世上に申し開きをするには及びません。自ずから後日明々白々となることですから、全く頓着しません（暗殺与可何与か小子ヲ以卑劣之名を負はしめ甚迷惑千万ニ候得共、世上に言開キスルニ不及。自ら後日明々白々タル事候付決而頓着不致候）」と語っている。明治一〇年五月一九日付石原近義宛大久保利通書簡、『大久保文書』Ⅷ、一八九頁。

(5)「若干戈与相成候得ハ名もナク義もナク実ニ天下後世中外ニ対し而も一辞柄之以テ言訳も不相立次第実曲直分明正々堂々其罪を鳴らし鼓ヲ打テ之ヲ討セハ誰カ之ヲ間然スルモノアランヤ就而者此節事端を此事ニ発キしハ誠ニ　朝廷不幸之幸与竊ニ心中笑ヲ生候位ニ有之候」。『大久保文書』Ⅶ、四八九頁。

(6)「西郷ニおひては此一挙ニ付而は万不同意縦令一死ヲ以テスルトモ不得止雷同して江藤前原如キ之同轍ニハ決而出テ申ましく候万々一も是迄之名節砕テ終身ヲ誤リ候様之義有之候得ハサリトハ残念千万ニ候得共実不得止それまて之事ニ断念仕外無御坐

候」。『大久保文書』Ⅶ、四八九—四九〇頁。
（7）「西郷隆盛ハ過激少年ニ対シ大義名分ヲ以屢説諭ニ尽力致居候処終ニ承服ニ不到不得止身ヲ避ケ候趣」。『西南役電報　巻ノ壱』（早稲田大学図書館蔵、請求記号：文書 33 C0004）
（8）『大久保伝』下、六五九頁。
（9）落合弘樹『西郷隆盛と士族』（吉川弘文館、二〇〇五年）、二二〇頁。
（10）「今廿四日午前四時大進撃西郷桐野村田外六拾名程打取降伏人五名アリ。西郷壹人ノ首ナシ。探索中ナリ。委細ハ跡より」。明治一〇年九月二四日付伊藤博文・黒田清隆宛大久保利通書簡、『大久保文書』Ⅷ、三九六頁。
（11）高橋善七『初代駅逓正杉浦譲伝』（示人社、一九八三年）、三〇五頁。
（12）「故内務大書記官杉浦譲追賞ノ儀上申一」『公文録』明治一〇年・第四七巻・明治一〇年八月・内務省伺（三）。高橋善七『初代駅逓正杉浦譲伝』、三〇六頁。
（13）明治一〇年三月一〇日付前島密宛大久保利通書簡、『大久保利通関係文書』Ⅴ、二二五頁。同年三月二〇日付前島密・松田道之宛大久保利通書簡、『大久保文書』Ⅷ、七三頁。
（14）「士官等可惜死を遂候義慨然之至ニ御坐候」。明治一〇年三月一一日付伊藤博文宛大久保利通書簡、『大久保文書』Ⅷ、二八頁。
（15）「死傷も不少実地之将官等嘸苦慮之筈与想像仕候」。明治一〇年三月二〇日付岩倉具視宛大久保利通書簡、『大久保文書』Ⅷ、六二頁。
（16）「少々過当与御考も可有之候得共今度熊本之変ハ尋常一様之見ヲ以処分ハ甚六可鋪此際恩恵を施し至仁之御旨趣貫徹候様無之候而ハ民心を拾収候事ハ相調ましく候間前条之金員を御振向有之度致希望候」。明治一〇年四月一〇日付大隈重信宛大久保利通書簡、『大久保文書』Ⅷ、一二五頁。
（17）明治一〇年五月一二日付大久保利通宛品川弥二郎書簡、『大久保利通関係文書』Ⅳ、一六四頁。
（18）「其県（熊本県）モ度々ノ変動ニテ無辜ノ人民惨毒ヲ蒙ルコト実以惘然ニ堪サル次第ニ候救恤等ノ事共猶宜ク県官へ御協議有之度候事今日ニ及候上ハ致方無之候得共何レニシテモ人民禍害ヲ受候儀ハ難忍次第誠ニ寝食ヲ忘ル、計ニ御座候」。明治一〇年六月九日付品川弥二郎宛大久保利通書簡、『大久保文書』Ⅷ、二二七頁以下。
（19）明治一〇年六月三日付岩村通俊宛大久保利通書簡、『大久保文書』Ⅷ、二四一頁。
（20）明治一〇年七月二〇日付前島密宛大久保利通書簡、郵政省逓信博物館編『前島密にあてた大久保利通書簡集』（郵政省逓信博物館、一九八六年）、三〇頁。
（21）重松一義『明治内乱鎮撫記—岩村通俊の生涯と断獄史上の諸群像』（プレス東京、一九七三年）、一三四頁以下。『鹿児島県史』第三巻、一〇二一頁。

(22)『大久保文書』Ⅷ、三五二頁。
(23)「村々ノ活業ニ於ケル耕稼樵猟ヲ以テ生計ヲ為スト雖農家ハ富ム者稀レニシテ常ニ貧ニ処スルニ似テ士族ハ農家ニ比スル饒ナル者ナリ憶フニ将来勧業以テ民戸ヲ富シ興学以テ人智ヲ進歩セシムルハ当今緊要ノ一端緒トス」。「〔鹿児島巡回報告〕」『大久保文書〔憲政〕』、書類の部二二八。
(24)明治一〇年五月三日付前田正名宛大久保利通書簡、『大久保文書』Ⅷ、一七七頁。
(25)「至急何分之御示諭奉願候」。明治一〇年四月一〇日付大久保利通宛前島密書簡、『大久保利通関係文書』Ⅴ、一三〇頁。
(26)明治一〇年四月一六日付大久保利通宛松方正義書簡、『大久保利通関係文書』Ⅴ、二七三頁。
(27)「冀クハ警察予防ノ法ヲ密ニシテ乱後刺客等ノ変無之様御注意専一ト奉存上候、彼ノ『リンコルン』ガ如キモ若シ南北乱後刺客ノ難ニ死セサレハ今日『アメリカ』開明尚ヲ一層盛ヲ増ス可シト存シ候」。『大久保利通関係文書』Ⅱ、三六二頁。
(28)ドルー・ギルピン・ファウスト（黒沢眞里子訳）『戦死とアメリカ─南北戦争62万人の死の意味』（彩流社、二〇一〇年）。
(29)貴堂嘉之『南北戦争の時代』（岩波新書、二〇一九年）、一〇二頁。

第四章 Ⅳ

(1)田中惣五郎『大久保利通』（千倉書房、一九三八年）、三四一頁。
(2)上野の「京都」化については、タイモン・スクリーチ、森下正昭訳『江戸の大普請』（講談社学術文庫、二〇一七年）、八四頁以下。
(3)上野公園設置の歴史的経緯についての手頃な概説として、小林安茂『上野公園』（郷学舎、一九八〇年）、小野良平『公園の誕生』（吉川弘文館、二〇〇三年）。
(4)『東京国立博物館百年史』、一二二頁以下。
(5)「博物館ノ主旨ハ天造人工中外古今ノ物品ヲ一場ニ蒐集網羅シテ其質ト用トヲ詳ニシ各部門ヲ分テ之ヲ陳列シ普ク衆人ノ縦観ニ供シテ智見ヲ拡充シ技芸ヲ開達セシムルニ在リ夫人心ノ事物ニ触レ其感動識別ヲ生スルハ悉ク眼視ノ力ニ由ル古人曰ク百聞一見ニ如カスト人智ヲ開キ工芸ヲ進ムルノ捷径簡易ナル方法ハ此ノ眼目ノ教ニ在ル而已」。『大久保文書』Ⅵ、三九八頁。
(6)「館ノ周囲ヲ以テ広壮清麗ノ公園トナシ動物園及ヒ植物園ヲ其中ニ開キ此ニ遊フ者ヲシテ啻ニ一時ノ快楽ヲ取リ其精神ヲ養フノミナラス旁ラ眼目ノ教ヲ受ケテ不識不知開智ノ域ニ進ンコトヲ要ス」。『大久保文書』Ⅵ、四〇七頁。
(7)『大久保文書』Ⅵ、五〇七頁以下。
(8)國雄行『博覧会と明治の日本』（吉川弘文館、二〇一〇年）、八八頁以下。
(9)「開成の義務や暫時も忽にす可からさる所之れ有り人智開明の進歩を助くるに博物館の設ありと雖も於時博覧会を開設せす

んはあるへからす」。『大久保文書』Ⅶ、四五頁。

(10)「万物を遺類なく一場間に蒐集し素性物は質の良否を調し人工は巧拙を査し識者之れを評論し百工相見て互に自ら奮励し商売は販売交易の途を開く是れ此の会の本旨にして（以下略）」。『大久保文書』Ⅶ、四五—四六頁。

(11)「勧業の外に出さるなり」。同前。

(12)「博覧ノ会タルヤ人ノ知識ヲ開クニ在リ、国ノ富強ヲ輔クルニ在リ」。『京都博覧会沿革誌』（京都博覧協会、一九〇三年）、一六頁。土屋喬雄『明治前期経済史研究』第一巻、四八頁。

(13)國『博覧会と明治の日本』、四八頁以下。

(14)「往々有名産種の職工等破産の勢あり抑時勢変して風俗改り風俗更て工芸亦変更す然るに邊陲の小工時勢の変更を覚らす徒らに古製を固守して時様を察せす群盲器を評し各自己独見を主張する等の類少なからす或は無根の巷説に眩惑せられて製品時宜に適せす乃ち薩の陶工の如き是れ也一時の小利を射とし製品を粗にして廉価を要とし固有の精巧を尽さす終に声価を失するは加賀の銅工の如き是れ也時勢変更して工芸の後るゝもの西陣織工の如き是れ也概して我工芸に於けるや之れ此の三病を免かれさるもの十の八九に居る故に海外輸出を得へきものにして現在萎して振はさるもの枚挙に暇あらす」。『大久保文書』Ⅶ、四六—四七頁。

(15)「此に於て一会を企て内国所有天産人工の物産を蒐集し諸種の産地と其数量と性質の良否とを仔細に調査し人工諸物は工の良否を審按して改むへきは之を改め教へきは之を教へ都て小を補ふて大となし拙を変して良となし向来弘益を起すへしと之れか勧奨の順次方向等を予定して時宜を見ては之れか方法を施行せんとの大目的を定んとせは先つ万物を蒐集して其品種を選ふにあるへし」。同前。

(16)参照。清川雪彦「殖産興業政策としての博覧会・共進会の意義—その普及促進機能の評価—」『経済研究』第三九巻第四号。

(17)明治九年一〇月二〇日付大久保利通宛西郷従道書簡、『大久保利通関係文書』Ⅲ、三八八頁。

(18)小野良平『公園の誕生』（吉川弘文館、二〇〇三年）、一二三頁。

(19)同前、一一九—一二〇頁。

(20)「惟ルニ博覧会ノ効績タル大ニ農工ノ技芸ヲ奨励シ、殊ニ智識開進ヲ資ケ、貿易ノ宏図ヲ介シ、以テ国家ノ殷富ヲ致ス。陛下叡聖至徳ノ治夙ク既ニ此典ヲ挙ク、真ニ偉大ナリト謂フヘシ。而シテ退テ会場ヲ観ルニ、陳列ノ品類殆ント四万点、出品者ノ員数二万ニ近シ。其産出ノ佳製作ノ美已ニ其業ノ奨励ヲ徴シ、将来興隆殷富ノ期果シテ立テ竢ツヘキナリ。実ニ此民ノ黽勉ナル能ク其奮励ノ効ヲ奏ス。陛下叡聖至徳ノ治蚤ク已ニ其徴ヲ得ル豈亦偉ナリト頌セサルヘケンヤ。嗚呼カノ億兆幸ニ奎運炳詔ノ時ニ遭ヒ万貨爛璨場ニ遊ヒ観覧以テ其智ヲ進メ、討究以テ其識ヲ伸フ。誰レカ感喜振興シテ、陛下叡聖至徳ノ治ニ報ヒ以テ丕績ヲ賛セサランヤ」。「内国勧業博覧会開会式」『大久保文書』Ⅷ、三六八—三六九頁。

(21)前島「夢平閑話」高橋編『鴻爪痕』、一二四頁。

(22)「内国勧業博覧会の本旨たる工芸の進歩を助け物産貿易の利源を開かしむるにあり。徒に戯玩の場を設けて遊覧の具となすにあらさるなり。博覧会の効益を約言せば、人々跋渉の労なく輒《たやす》く一場に就て全国の万品を周覧し、以て其の優劣異同を判別すべく、又各人工芸上の実験と其妙所とを併せて一時に領収《えとく》する是なり」。『明治十年内国勧業博覧会場案内』、一頁。

(23)「斯の如く仔細に観察し来らは、凡そ万象の眼に触る皆智識を長するの媒となり、一物の前に横たはる悉く見聞を広むるの具たらさるなし」。『明治十年内国勧業博覧会場案内』、五頁。

(24)「然りといへとも、以上に論するところは特に具眼の士有志の人と共に道ふへきのみ。彼の漠然看過して一点の注意なき輩に在ては、数回場に登るとも徒らに心目を娯ましむるに過きす。豈能く斯会の実益を望んや」。同前。

(25)『第一回内国勧業博覧会出品者心得』。吉見俊哉『都市のドラマトゥルギー』(河出文庫、二〇〇八年)、一四二頁。

(26)以上、会場の詳細については、桃谷和則「第一回内国勧業博覧会の展示館に関する研究」『博物館学雑誌』第三七巻第二号(二〇一二年)を参照。

(27)その代表的なものとして、近代日本の工業教育に多大な貢献をしたお雇い外国人ゴットフリード・ワグネルによる後掲の「明治十年内国勧業博覧会報告書」がある。

(28)塚谷晃弘「第一回内国勧業博覧会と明治初期の陶磁器工業」『国学院大学政経論叢』第一四巻第一号(一九六五年)、六五九頁。

(29)清川「殖産興業政策としての博覧会・共進会の意義—その普及促進機能の評価—」、三五八頁。

(30)「余カ日本陶工ノ為メニ謀ル所ハ目下直チニ外国ノ機器陶器及ヒ其製法ヲ伝来模倣スル事ニ熱心セス専ラ力ヲ尽シテ自国現在施行ノ製法ヲ進良シ其妙工ヲ極ムルヲ以テ急務トス」。ゴッドフレッド・ワグネル『明治十年内国勧業博覧会報告書』(内国勧業博覧会、一八七七年)、四九頁。

(31)「古製ノ如ク力メテ其精巧良質ナルヲ要スヘシ」。同前、二二一—二二三頁。

(32)「自国固有ノ方法ニ於テ力ヲ尽スヘキモノ猶多シトス」。同前、三八—三九頁。

(33)「我邦ノ人ハ学問ノ有無ヲ問ハズ一般ニ勉強耐忍ノ力ニ乏シ。是ヲ以テ人ノ構案スル所ヲ視テ之ヲ模擬剽窺スルハ頗ル慧敏巧捷ナリト雖トモ竟ニ自ラ刻苦シテ機械ヲ発明スル能ハズト。是レ或ハ然ルベキニ似タリ。然レトモ余ガ本会ニ於テ聞ク所ニ据レバ、未必シモ一概ニ説下スベカラザルモノアリ。今其聞ク所ヲ挙ゲテ之ヲ証セン。〔中略〕長野県臥雲辰致ノ綿紡機ヲ製スルハ其始十八年前ニ在リテ一機ヲ案出シ足袋ノ底ニ供スル疎大ノ綿糸ヲ紡造セシニ、其父兄益ナシトシテ之ヲ沮メ其意ヲ遂グル能ハズ。五年前ニ迨ビテ再之ヲ製作シ遂ニ改進シテ細糸ヲ紡出スルヲ得タリ。堺県外ノ岡久馬等ノ綿紡機ヲ製スル土庫中ニ塀居シ家人ヲ近ヅケズ構思スル数十月。長野ノ齋藤曾右衛門等モ亦綿紡機ヲ装設セルガ為メニ家資ヲ傾ケタリ。其他渡邊恭等及ヒ栃木県山口重兵衛、神奈川県中津川藤吉等ノ機械ニ於ケル、三重県伊藤伝七ノ淅米機ニ於ケル等皆数年ヲ費シテ製成セリ凡ソ此数輩ハ其心思ヲ苦シメ資財ヲ費ヤシ年月ヲ消過シテ機械の製作ニ従事スル者ニシテ、並ニ奮勉強忍ノ力アリトシテ可ナリ。倘シ此輩ヲシテ果シテ物理ヲ究メ機械ノ学ニ明カナラシメハ、豈必シモ欧米ノ精巧ニ譲ラザルノ機ヲ製出シ難カランヤ」。『明治十年内国勧業博覧会報告書　第四区　機械』（内国勧業博覧会、一八七七年）、一六―一八頁。

(34)「本会ノ列品審査既ニ畢ル。茲ニ諸官ノ薦告ヲ領シ賞牌授与ノ式ヲ挙ク。惟フニ本邦勧業ノ設アル年猶浅トス。而シテ物産ノ富ミ工芸ノ巧ミヨリ以其他凡百ノ事ニ至ルマデ各地開成ノ効誰カ其レ之ヲ速カナラズト謂ハンヤ。然ト雖トモ天秘ノ賾カキ人為ノ精ナル固ヨリ此ニ止マラズ。望ム所ノ者ハ駸々其歩ヲ進メ、富ム者ハ益富ミ、巧ナル者ハ益巧ミニ儲ハルヲ求メ全キヲ責メ以テ十分ノ成ヲ期センコトヲ。依テ之ヲ現今ニ賞シ、又之ヲ将来ニ奨ム」。『東京日日新聞』、明治一〇年一一月二一日。

終章

(1)『高坂正堯著作集　第四巻　宰相吉田茂』（都市出版、二〇〇〇年）、一二頁。

(2)佐藤誠三郎「大久保利通」同著『「死の跳躍」を越えて』（千倉書房、二〇〇九年）、一六八―一六九頁。なお、幕末の大久保を「理」の人と見なす先蹤として、御厨貴・牧原出『日本政治史講義』（有斐閣、二〇二一年）、五八頁。

(3)大久保にとっての維新（革命）について、ハンナ・アレント（志水速雄訳）『革命について』（ちくま学芸文庫、一九九五年）の次の洞察が参考になる。「フランス革命の人びとは暴力と権力をどう区別するか知らないままに、全権力は人民からくるものでなければならぬと確信していた。そこでこの群衆の前政治的な自然的強制力の前に政治領域を開放したため、国王や旧権力が一掃されたように、今度は彼ら自身がその力に押し流されたのである。これと反対に、アメリカ革命の人びとは、権力を前政治的な自然的暴力とはまったく反対のものだと理解していた。彼らにとっては、権力は、人びとが集まり、約束や契約や相互誓約によって互いに拘束しあうばあいに実現するものであった。」（二〇四頁）

(4)大久保暗殺事件のまとまった研究として、遠矢浩規『利通暗殺―紀尾井町事件の基礎的研究』（行人社、一九八六年）が傑出している。

(5)「維新の本旨を」貫徹せんには三十年を期するの素心なり、仮に之を三分し明治元年より十年に至るを第一期とす、兵事多くして則創業時間なり、十一年より二十年に至るを第二期とす。第二期中は最も肝要なる時間にして内治を整へ、民産を殖するは此時にあり、利通不肖と雖も十分に内務の職を尽さん事を決心せり、二十一年より三十年に至るを第三期とす。三期の守成は後進賢者の継承修飾するを待つものなり、利通の素志如斯、故に第二期中の業は深く慎を加へ、将来継ぐべきの基を垂るゝを要す」。『大久保文書』IX、一六九頁。

(6)「今茲に屑糸工場開業の式を行ふ。回顧すれば邦人の屑糸蚕繭に於ける、之を財貨の屑と視て之を外商の手に投ず。彼らは翻て有利の資となし之を各自の市に輸入せり、今夫れ茲に此の業を開き、殆ど既往の無償を転じ、甚だ将来の有利と為し、その利を邦人に附せんとす。孰か此の業の興るを慶せざらんや。然れども、其興るを慶する所以のもの、豈に徒に此の工場の業と伝わんや。能く邦人の之れに拠り広く此の業を已れに伸べ、以て隆興をなせばなり。吾邦人の怜悧なる、豈に隆興を成さざらんや。併せて本場吏員勉励の功少なからざるを嘉し、敢て数言を述て祝辞とす。」『佐々木長淳の生涯と業績』、二〇頁。

（7）明治一〇年一〇月九日付前島密宛大久保利通書簡、『前島密にあてた大久保利通書簡集』（郵政省逓信博物館、一九八六年）、八四頁。同書では、この手紙の日付を「明治十一年一月九日」としているが、内容に照らしてみても、書簡末尾の日付は「十月」と読むべきである。

（8）鹿児島県教育会編『甲東先生逸話』（鹿児島県教育会、一九三八年）、三一九頁。

（9）『大久保伝』下、五一五頁。

（10）前掲『甲東先生逸話』、三二〇—三二一頁。

（11）『大久保伝』下、五一三—五一四頁。

（12）佐々木克（監修）『大久保利通』（講談社学術文庫、二〇〇四年）、二七二頁。

（13）「大久保内務を奉職して無益となすものは大概の事皆判任の詮議に出て都下に種々勧〔欠〕の事を企て数多の局を設け大に土木を起すと雖も真に民力の復する根本に注意するもの甚稀なり。故に不知如何其結果只恐縁木如求魚。常に人民に直接する改革は務而俄急を厭ふ」。『木戸日記』Ⅲ、明治一〇年一月九日の条、四八〇—四八一頁。同様の批判は、福沢も行っていた。福沢によれば、大久保が内務省で配下の者たちと進めている殖産興業政策は、「無理トモ無法トモ言語ニ絶タル沙汰」であり、「恰モ感情劇シキ主人ガ急卒ニ土木ヲ起シテ一時ノ態ヲ逞フスルニ異ナラズ。此土木ノ盛ナルヲ見テ誰カ其家ノ繁昌ヲトスル者アラン」と酷評されている（『福沢諭吉全集』Ⅶ、六八四頁）。この福沢の大久保観については、松田宏一郎氏から御教示いただいた。

（14）友田清彦・勝部眞人「欧米農業との邂逅と農業政策官僚のネットワーク」『明治維新の経済過程』（有志舎、二〇一三年）、一二一頁。

（15）同前、一二二頁。

（16）神山恒雄「殖産興業政策の展開」『岩波講座　日本歴史　近現代1』（岩波書店、二〇一四年）、一一一頁。

（17）同前、一一四頁。

（18）「然れども奈何せん此の満目の風色、荒涼寂寞たるを。今之に力を加ふるに非ずんば那の時か殷富豊熟の秋を看るを得ん」。前島「夢平閑話」高橋編『鴻爪痕』、三六頁。

（19）「予も謂はゆる慈母政治家の血脈遺伝を受けたる者也。今より二三十年を待ち、世の青年壮者実業に就き、興産を楽むの日に至らば、皆造化の良臣僕となり、復足下等の諷諫を受けざるべし」。同前。

（20）安積開墾については、以下を参照。日本大学安積開拓研究会編『殖産興業と地域開発：安積開拓の研究』（柏書房、一九九四年）、矢部洋三『安積開墾政策史：明治10年代の殖産興業政策の一環として』（日本経済評論社、一九九七年）。立岩寧『大久保利通と安積開拓：開拓者の群像』（青史出版、二〇〇四年）、矢部洋三『安積開墾の展開過程：大久保利通の殖産興業の一事例』（日本経済評論社、二〇一〇年）。

(21)『大久保文書』Ⅸ、四〇頁。なお、大久保のこの建策を指して、かねて唱えられていた「国の元気」が「国民の元気」へと向かわずに、「国家の元気」へとからめとられてしまったとの理解が示されている。それによれば、民選議院設立建白書以来、「国の元気」は議会制との関連で説かれるようになっていたが（その主張の例として、明治の代表的啓蒙雑誌『明六雑誌』に公表された津田真道の次のような主張が引かれる。「国ノ元気萎縮シテ振ワズ、国威ノ振ワザル所以ナリ。今コレヲ振作シテ旺盛ナラシムルノ方法ハ他ナシ。人民ヲシテ国事ニ干与セシムルナリ。人民ヲシテ国事ニ干与セシムルハ民選議院ヲ創ムルニ如クハナシ」（津田真道「政論」『明六雑誌』一〇号）、明治政府はそのような「国民の元気」を求める声に対して、あくまで「国家の元気」を掲げて対抗したことになる（神島二郎「総説」同編『権力の思想』（筑摩書房、一九六五年）、一八―一九頁）。

だが、この評価は一面的である。この伺と前後して、三月一一日に大久保は「地方体制等改正之儀上申」（『伊藤文書（憲政）』〈その一〉書類の部、二八七）と題する上申書をも取りまとめ、「固有ノ慣習」に配慮した「住民社会独立ノ区画」に地方制度を再編し、「独立共同ノ公事人」をもつ町村を構想した。それは、住民の「独立ノ公権」として「地方会議」＝府県会の設置を説くものだった。

また、この翌月の四月六日に第二回地方官会議が開かれているが、その代議制機関としての不十分な形態と権能に照らして、政府内では独立の会議ではなく、内務省内の諮問会議にしてはとの意見もあったが、大久保は木戸が設けた地方官会議のかたちに固執した（『大久保文書』Ⅸ、一三六頁以下）。前島密によれば、大久保は伊藤博文らの異議に抗い、「［地方官会議の］変則なることは承知の上で、他日国会開設のための初歩起頭をなす（其の変則なるを知りつゝも、他日国会開設の事あらん其の初歩起頭を作すに在るを見るべし）」（前島「夢平閑話」高橋編『鴻爪痕』、三八頁）と喝破したという。木戸の衣鉢を受け継ぎ、大久保は、国民の漸進的政治参加へと歩を進めようとしていたと考えられる。彼にとって、「国家の元気」と「国民の元気」は車の両輪だったのである。

(22)『大久保文書』Ⅸ、五五頁。

(23)「福島県下安積郡ノ開墾タル実ニ内国開墾ノ第一着手ニシテ則チ他日ノ標準雛型トモ称スヘシ。尤慎重ヲ加ヘスンハアルヘカラス。事ハ内務省ニ属スト雖殖産等ニ至テハ県庁ニ委任スルハ論ヲ竢タサレハ今ヨリ殊ニ協力同心精誠以テ此業ヲ成スノ決心アルヲ要ス。某等ノ存心如此而地方官亦能ク此精神ヲ体セスンハ大業ヲ成シ得ル能ハス。足下其レ努力セヨ焉。

抑開墾ヲ企望シタル所以ノ原因ハ、海外諸国ノ形況ヲ伝聞シ、且実見スルニ本邦ノ如ク肥沃ナル地味ハ絶テ之レ無シ。又奥羽地方ノ広原平野算スルニ遑アラス。而一方ヲ回看スレハ、無産ノ華士族アリ。已ニ此民アリ。此地何ソ闢カサルヲ得ンヤ。是某ノ決心シテ疑ハサル所以ナリ。

殖産ノ業起ルヤ各地方華士族中尤人望アルモノヲ撰ミ、之ヲシテ率先セシムルヲ良策トス。何ソヤ。従来開拓ノ業ヲ起スモノ多シト雖全成スルモノヲ見ス。而其間痕ヲ留メテ失ハサル者必ス人望家ノ率先ニ由ル不可不注意也」。『大久保文書』Ⅸ、一六七頁。

(24)「前額切創《きず》凡五寸深ク

右頭側面切創凡六寸尤深ク頭蓋骨ヲ切断ス

後頭切創二ヶ所凡六寸尤深ク頭蓋骨ヲ切断ス

左頸部突創尤モ深シ凡二寸

右頸部切創凡二寸

右鼻側切創二寸浅

左下顎切創凡五寸尤モ深ク骨ヲ切断ス

右肩胛突創七寸尤モ深ク肋骨ニ貫通ス

右腕切創凡三寸深

右手背切創二ヶ所一二寸浅

左腕切創二寸中等

左手背切創二寸中等

右ノ腰部切創一尺強尤モ深シ

左膝下内側面切創七寸最モ深シ」。

「大久保参議死去届附葬送日時届」『公文録』明治一一年・第一四八巻・明治一一年四月～五月・官員。

(25)「変状残毒を極む。余茫然自失するが如く、兀立数分時、皆裂けて却て涙なし。漸くにして気を復し、公の遺体を点検す。肉飛び骨摧け、又適々頭蓋割けて、脳の猶微く揺くを見る。是何等の景ぞ」。前島「夢平閑話」高橋編『鴻爪痕』、六六頁。

(26) 同前。

(27) 鈴木鶴子『江藤新平と明治維新』(朝日新聞社、一九八九年)、三三七頁。

(28) 参照、一坂太郎『暗殺の幕末維新史―桜田門外の変から大久保利通暗殺まで―』(中公新書、二〇二〇年)。

(29)『国民新聞』明治四三年(一九一〇)三月九日付は、奉公先の吉原の芸妓屋で窃盗を働いた古河ミネなる婦人の捕縛を報じ、彼女が武田耕雲斎の非嫡出子で、島田一郎の妻だったと伝えているが、もとより信憑性は定かでない。大川真「尊王攘夷運動と天皇の『祈り』」中島敬介『奈良に蒔かれた言葉と思想。【Ⅳ】』(公立大学法人奈良県立大学ユーラシア研究センター、二〇二〇年)、一六頁。

人　物　索　引

ま行

や行

ら行

わ行

新潮選書

大《おお》久《く》保《ぼ》利《とし》通《みち》　「知《ち》」を結《むす》ぶ指導者《しどうしゃ》

著　者……………… 瀧《たき》井《い》一博《かずひろ》

発　行……………… 2022年7月25日
3　刷……………… 2023年11月5日

発行者……………… 佐藤隆信
発行所……………… 株式会社新潮社
〒162-8711 東京都新宿区矢来町71
電話　編集部 03-3266-5611
読者係 03-3266-5111
https://www.shinchosha.co.jp
シンボルマーク／駒井哲郎
装幀／新潮社装幀室

印刷所……………… 株式会社三秀舎
製本所……………… 株式会社大進堂

乱丁・落丁本は、ご面倒ですが小社読者係宛お送り下さい。送料小社負担にてお取替えいたします。価格はカバーに表示してあります。

ISBN 978-4-10-603885-3 C0323